中国象棋特色丛书

中国象棋

孙尔康 编著

实战长局谱

经济管理出版社
ECONOMY & MANAGEMENT PUBLISHING HOUSE

图书在版编目(CIP)数据

中国象棋实战长局谱/孙尔康编著．—北京：经济管理出版社，2009.5

ISBN 978－7－5096－0607－0

Ⅰ.中…　Ⅱ.孙…　Ⅲ.中国象棋－对局（棋类运动）　Ⅳ.G891.2

中国版本图书馆 CIP 数据核字（2009）第 059664 号

出版发行：**经济管理出版社**

北京市海淀区北蜂窝 8 号中雅大厦 11 层

电话：(010)51915602　　邮编：100038

印刷：北京银祥印刷厂　　　　　　　经销：新华书店

组稿编辑：郝光明　　　　　　　　责任编辑：郝光明

技术编辑：蒋　方　　　　　　　　责任校对：超　凡

880mm×1230mm/32　　　　15.625 印张　435 千字

2009 年 6 月第 1 版　　　　2009 年 6 月第 1 次印刷

印数：1—11000 册　　　　　　定价：33.00 元

书号：ISBN 978－7－5096－0607－0

前　言

中国象棋是一项高尚的智力游戏和体育运动，有悠久的历史和丰富的内涵，集文化、军事、艺术、哲理、科学等为一体，长期以来深受各阶层人士的喜爱，具有广泛的群众基础。进入新时代，象棋一直在健康地发展着，其内容无论在广度和深度上都有极大的提高。

中国象棋特色丛书就是以时代为背景，立足于实战，与时俱进，从象棋趣局、长局、短局三个领域来反映象棋特有的艺术魅力和技术成就，从而使棋艺得到升华。

《中国象棋实战长局谱》是特色丛书的第二部。作者从上万盘对局素材中，筛选了119盘精彩长局（其中70回合以上长局108局，100回合以上超长局11局）。作为特色，它们是长而不腻，长而耐看，长而有味，长中有益。每盘对局开、中、残三个阶段都比较完整，特别是残局部分更是细致微妙，引人入胜，值得慢慢品赏，缓缓咀嚼，从中获教，得到快乐，对提高棋艺水平大有帮助。

孙尔康

2008 年 10 月 26 日于上海

目 录

第二部分　超长局（100 回合以上　共 11 局）

第一部分 长 局

(70 回合以上，共 108 局)

一、20 世纪 50 年代
（8 局　1～8）

第 1 局
上海何顺安（红先胜）辽宁薛家语
（1956 年 12 月 20 日弈于北京）

中炮进七兵对单提马

1. 炮二平五　马 2 进 3　　　**2.** 马二进三　马 8 进 9

3. 车一平二　车 9 平 8

本局弈自 1956 年全国第一届象棋锦标赛。象棋从此列入体育项目，开启了发展的新时期。当头炮对单提马，黑方采用直车走法，改走车 9 进 1 则成横车阵式，另有不同变化。一般认为，横车比直车更多变化和弹性，就看棋手的理解和应用。

4. 兵七进一　象 3 进 5　　　**5.** 马八进七　炮 2 进 4

6. 马七进六　……

黑方右炮过河意在对抢先手，但不如士 4 进 5 固中稳健。红方跳七路马不如兵三进一。两头蛇通双马，红方可稳持先手。

6. ……　　　炮 2 平 7　　　**7.** 车九平八　士 4 进 5

8. 相三进一　车 1 平 4　　　**9.** 马六进五　车 4 进 3

10. 车二进四　炮 8 平 7　　　**11.** 车二平六　……

先抢中卒后兑车，进攻黑方相对薄弱的中路和右翼，"牵着黑方鼻子走"。

11. ……　　　车 4 进 2

12. 马五退六　　车 8 进 4（图 1）

13. 炮八平六　……

平仕角炮，虽稳但欠凶。可改走炮八进五，黑如车 8 平 4（如前炮平 1，红马三进四），马六退七，以后有炮八平九侧攻之势，红方占优。

13. ……　　　　卒 3 进 1

14. 兵七进一　　车 8 平 3

15. 仕四进五　　卒 9 进 1

16. 马六进五　　车 3 平 6

移车保持变化。亦可考虑车 3 平 2 兑车，局势平稳。

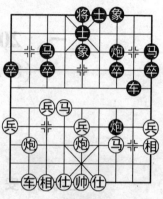

辽宁薛家语

上海何顺安

图 1

17. 车八进六　　马 9 进 8　　　**18.** 车八平七　　马 3 退 4

19. 马五退六　　车 6 退 1

红方此时可改走车七平九抢卒，黑如车 6 退 1，炮六平九，红方占优。黑方兑车减轻压力，要紧，否则受攻。

20. 车七平四　　马 8 退 6

21. 兵九进一　　马 4 进 3

22. 马六进四（图 2）　马 3 进 2?

跳马随手，平稳中失去应有的警惕，劣着。应改走卒 7 进 1。

23. 炮五平四!　马 6 进 4

24. 相一进三!　……

卸炮赶马，飞相挡隔，妙，由此夺子。

辽宁薛家语

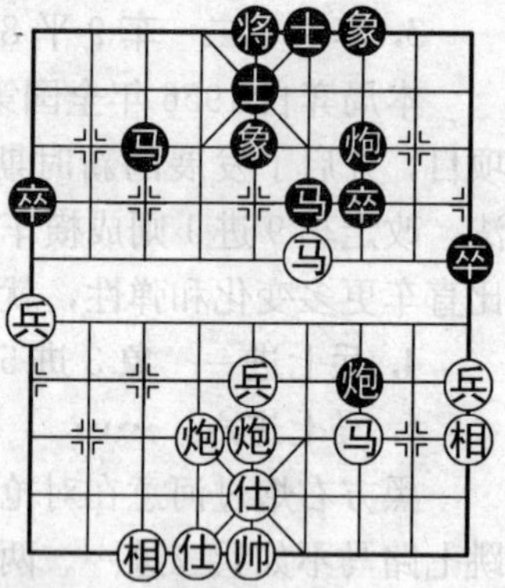

上海何顺安

图 2

24. ……　　　　卒 7 进 1　　　**25.** 马三进四　　马 4 进 5

26. 炮四平五　　马 5 退 3　　　**27.** 前马退四　　卒 7 进 1

28. 马三进五　　马 3 进 5　　　**29.** 马四退五　　……

兑子简化，红方以多子优势斗无车棋，占尽上风。

29. ······　　卒 7 平 8　　**30.** 马五进四　炮 7 退 2

31. 炮六平九　马 2 进 3　　**32.** 炮九进四　马 3 退 1

33. 炮九平三　马 1 进 3

红方平炮"阴着"。黑如不察走卒 8 进 1，马四进五！象 7 进 5，炮三进三，红胜。

34. 炮五平一　卒 9 进 1　　**35.** 兵一进一　卒 8 平 9

36. 炮一平八　马 3 退 2　　**37.** 炮八平五　将 5 平 4

38. 仕五进四　马 2 进 3　　**39.** 炮五平七　马 3 退 5

40. 仕六进五　卒 9 平 8　　**41.** 炮七进二　卒 8 进 1

42. 炮七平六　将 4 平 5　　**43.** 炮三平九　士 5 进 4

44. 炮九退二　马 5 进 7　　**45.** 马四进六　······

马双炮联手进攻，由此渐入佳境。

45. ······　　炮 7 平 5　　**46.** 帅五平六　士 6 进 5

47. 炮九进五　象 7 进 9　　**48.** 炮六平八　将 5 平 6

49. 炮八进五　将 6 进 1　　**50.** 炮九退一　士 5 退 4

51. 马六退八　炮 5 平 4　　**52.** 马八进九　马 7 退 5

53. 马九进七　将 6 进 1

54. 帅六平五　炮 4 平 3

55. 马七进五！（图 3）　将 6 退 1

马踹将座打将，"反客为主"，有趣。黑如士 4 进 5，马五退三，红方破象速胜。

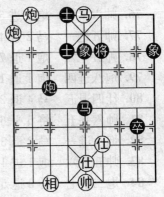

辽宁薛家语

上海何顺安

图 3

56. 马五退六　······

踩士撕开缺口，红方优势扩大。

56. ······　　炮 3 退 2

57. 马六退五　象 5 进 7

58. 马五进六　象 7 退 5

59. 炮九进一　士 4 进 5

60. 马六退五　象 5 进 7　　**61.** 炮八退三　卒 8 平 7

62. 马五进三　　炮3平7

63. 炮九平五（图4）……

前面"马占将座"，现在又来
"炮抢将座"。轮番上阵"过帅瘾"，
有趣。

辽宁薛家语

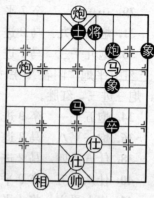

63. ……　　　　马5退3

64. 炮五平二　　将6退1

65. 炮二退八　　将6平5

66. 炮八退四　　卒7平6

67. 马三退五　　马3进5

68. 相七进五　　卒6平5

69. 相五进七　　炮7平5

70. 炮二进五　　卒5平6

71. 炮八进二　　炮5进1

72. 帅五平六　　卒6进1？

上海何顺安

图4

以卒换仕为什么？既不合算又无必要，且卒子的存在，有利于
马炮卒活动以求对抗的机会。失着也，应改走卒6平7。

73. 马五退三　　马5进3

74. 仕五进四　　马3进2

75. 帅六进一　　炮5平1

76. 帅六平五　　炮1进5

77. 帅五进一　　马2进4

78. 帅五平六　　炮1退7

79. 炮八进四　　炮1退1

80. 仕四退五　　马4退2

81. 帅六平五　　将5平6

82. 炮八进一　　马2退3

83. 帅五平六　　炮1进1

84. 炮二平七　　马3退5

85. 帅六退一　　炮1平4

86. 马三进五　　士5进4

87. 仕五进六　　马5进4

辽宁薛家语

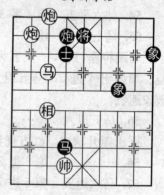

上海何顺安

图5

黑方马炮极力反扑。虽攻但无势，徒劳，真是勉为其难也。

88. 炮七进三　将6进1　　　**89.** 马五进七　将6平5

90. 炮八退一（图5）　……

马双炮一举入局。下面：炮4退1（如将5退1，红马七进六），马七进六！将5进1（如将5平4，炮七退一杀），炮七退二，士4退5，炮八退一。重炮杀，红胜。

第 2 局
上海徐天利（红先负）湖北李义庭
（1957 年 11 月 8 日弈于上海）

中炮七路马对屏风马

1. 炮二平五　马8进7　　　**2.** 马二进三　马2进3

3. 兵七进一　卒7进1　　　**4.** 马八进七　车9平8

5. 马七进六　炮8进3

这是两位名手在 1957 年全国赛上的交锋。中炮七路马缓开车对屏风马，红方快马出槽，意在急攻，改走车一进一比较稳健。黑方骑河炮反击，针锋相对，局势即刻紧张起来。将双方推向风口浪尖上。

6. 车一进一　……

出右横车，接应六路马。如改走马六进七，炮2进4，兵五进一，象3进5，另成攻防激烈变化。

6. ……　　　　　卒7进1　　　**7.** 兵三进一　炮8平4

8. 车一平六　炮4退3　　　**9.** 兵七进一　卒3进1

先夺马，施以手段。现在吃兵正着。如改走士4进5，兵七进一，马3退4，兵三进一，双兵左右渡河深入，已强过一子。得子失势，黑方不好应付。

10. 炮八平七　象3进5

11. 炮七进五　士4进5（图6）

12. 马三进四 ……

抢回一子后，红方跃马进攻。亦可改走兵三进一，象5进7，炮七平三，炮2平7，炮五进四，象7退5（如炮4平5，红车九进二），相三进五，红方兵种好，占据主动。

12. ……　　　车8进4

13. 车九平八 ……

缓手。应改走车六进四兑车。车8平4，马四进六，红方占先。

13. ……　　　车8平6

14. 车八进四　车1平3

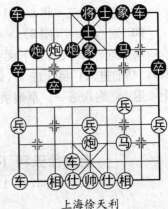

湖北李义庭

上海徐天利

图6

15. 炮五平七 ……

欠细。宜改走炮五平四，卒3进1（如车6平8，红炮四平七），车八平七，车6进1，车七平四，车3进2，车六平八，炮2平1，相三进五，红方占先（比原着法变化结果要好）。

15. ……　　　卒3进1　　**16. 车八平七　车6进1**

一车换双，抢先佳着。

17. 车七平四　车3进2

18. 车六进一　炮2进4

19. 相三进五　车3进4

20. 炮七平九　炮2平5

21. 仕四进五　炮5退2

22. 车六进四　马7进8

23. 兵三进一（图7）　炮4平3!

24. 帅五平四　马8进9!

平炮叫杀，马踩边兵，反击得势，好棋。

25. 车四退三　炮5平3

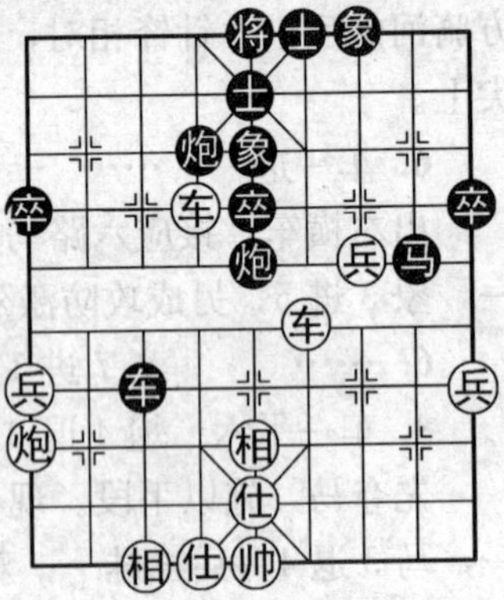

26. 车四平三　卒5进1

湖北李义庭

上海徐天利

图7

27. 仕五进四 ……

如改走兵三进一，卒5进1。同样各过一个兵、卒，但显然黑方要占便宜。

27. ……	前炮平7	28. 炮九进四	车3平1
29. 车三平八	炮3退2	30. 帅四平五	炮3平4
31. 炮九平一	车1平8	32. 车八进八	炮7进2
33. 炮一平五	炮7平5	34. 炮五退三	车8平5
35. 仕六进五	马9退8		

一阵拼抢交换，局面暂时趋于平稳。黑方多中卒、兵种好，继续占有优势。

36. 车八退五	马8进7	37. 车六平三	马7退5
38. 车八平六	马5退7	39. 车六平八	士5进6
40. 相五进三	士6进5	41. 相七进五	卒5进1
42. 车八平七	将5平6	43. 车七平八	象7进9

红方双车扼守，黑方一时难有突破。调整内线士象，为以后借助守子进攻做好准备，走得很有耐心。

44. 车三平四	车5平8	45. 车四退一	卒5进1
46. 仕五退四	象5退7	47. 车八退一	车8平9
48. 车八退一	炮4平5	49. 仕四退五	卒5进1

杀相，既突破红方防线，又开通马路，抓住时机组织进攻。

50. 相三退五	车9平1	51. 车八平七	马7进6
52. 车四退一	马6进7	53. 车四退三	马7退6
54. 车四进一	士5退4		

55. 帅五平六（图8） 车1平4?

56. 仕五进六? ……

如图8，双方都出现了失误。黑方应改走炮5进2，然后再平车打帅，黑方可保持有效攻势。红方撑仕不当，应该改走车七平六强兑车（黑如避兑，红有车六进七杀士凶着；如马6进4吃车，则车四进五杀），即刻走成和局。高手之战，失误难免。

56. ……	炮5进2	57. 仕四进五	将6平5
58. 相五退七	士6退5	59. 车七进二	马6退7

60. 相七进九　车4平2　　**61.** 相九退七　车2平8

62. 车七进三　马7进5

63. 车四进二　马5进3（图9）

64. 车七平五　……

湖北李义庭　　　　　　　　　　湖北李义庭

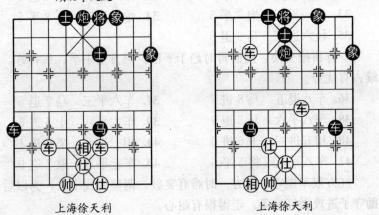
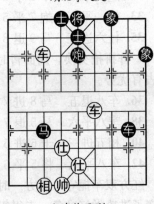

上海徐天利　　　　　　　　　　上海徐天利

图8　　　　　　　　　　**图9**

红方残相，面临车马炮攻势，承受很大压力，纠缠下去凶多吉少。故用车杀炮，认为车单缺相可以守和车马（有士象），选择没有错。

64. ……　　　　象7进5　　**65.** 帅六平五　马3进2

66. 相七进五　车8进3　　**67.** 车四退四　车8退2

68. 相五退七　……

黑方退车捉相，诱着。红退相正着。如误走车四进二，马2退4！帅五平六（如帅五平四，黑车8进2），马4进2，黑方破仕胜势。

68. ……　　　　车8退1　　**69.** 车四进二　车8平3

70. 相七进五　车3平1　　**71.** 帅五平四　马2退3

72. 车四平三　车1进3

73. 帅四进一　车1平9（图10）

74. 车三平四??　……

败着。车单缺相守和车马的要领
是车控三、7 线,相跟随车而走。现
在车离要道,授黑方以机会,可惜。
应改走相五进三,马 3 退 4,相三退
一,马 4 进 6,车三进二,马 6 退 5,
车三退二,马 5 进 7,相一进三,
和棋。

74. ……　　　车 9 平 7!

75. 相五进七　　……

"你走我占",黑车抢道,好棋。
红如改走车四平二,马 3 退 5,黑方
有"侧面虎"杀势。

湖北李义庭

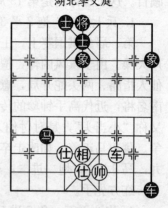

上海徐天利

图 10

75. ……　车 7 退 4	**76. 相七退五　车 7 平 5!**
77. 相五退七　马 3 进 4!	

车马攻相,妙。

78. 车四进一　车 5 平 3	**79. 相七进九　车 3 进 2**
80. 车四平九　马 4 进 2	

捉死红相。下面为:相九退七,车 3 进 2,车九退三,车 3 平
7。以后打帅,车马可以脱身,成车马(有士象)必胜车双仕残局。
红方认输。

第 3 局
黑龙江王嘉良(红先胜)广东陈松顺
(1957 年 5 月 18 日弈于广州)

仙人指路对卒底炮

1957 年全国赛前夕,以黑龙江王嘉良和北京侯玉山组成的北
队与以广东杨官璘和陈松顺组成的南队在羊城进行了 12 场 24 局的
对抗赛。四位高手都有上乘的表演,吸引了无数的棋迷,为棋界所

瞩目。这里选评的是第 15 局精彩比赛。

1. 兵七进一　炮 2 平 3　　**2.** 兵三进一　马 2 进 1

第一届象棋国赛上，王嘉良以其精湛的棋艺荣获亚军，由此名声大噪。由于棋风凶悍，擅长攻杀，得"东北虎"之雅号。本局以仙人指路、两头蛇开局，意在斗散手，较量中残功夫。陈松顺是岭南名将，近代高手钟珍的传人，棋风绵密锋利，中残老练。卒底炮又称"小当头"，是对付仙人指路的常着。双方短兵相接，展开竞争。跳边马正着，如改走卒 3 进 1，炮八平五，卒 3 进 1，马八进九，马 8 进 7，炮二进二，马 2 进 1，炮二平七，车 1 平 2，马二进三，红方先手。

3. 炮八平五　象 7 进 5　　**4.** 马八进七　车 1 平 2

5. 车九进一　马 8 进 7　　**6.** 马七进六　士 6 进 5

7. 马六进五　马 7 进 5　　**8.** 炮五进四　卒 3 进 1

9. 相七进五　车 2 进 3

红方七路马快奔抢中卒，先得实惠。黑方担子炮严阵以待。此时升车捉炮是步缓手，可改走卒 3 进 1，相五进七，车 9 平 6，黑势通畅。

10. 炮二进四　……

过河担子炮，针锋相对，好棋。

10. ……　卒 3 进 1　　**11.** 相五进七　车 9 平 6

12. 相三进五　车 2 进 1

如改走炮 8 进 7，车一平二，车 6 平 8，车九平二，红优。

13. 马二进三　车 2 平 8　　**14.** 车九平六　车 8 进 3

红方亮肋车，与前线担子炮相呼应，是步重要的紧着。黑如改走卒 7 进 1，炮二平九，卒 7 进 1，相五进三，车 8 平 3，车六进五，车 3 进 1（如炮 3 进 3，相三退五，炮 3 平 2，车一平二，红优；又如炮 8 进 1，炮五平一，炮 8 平 1，车六平九，红优），相三退五，红方占优。

15. 车一平三　车 6 进 7（图 11）

16. 车六进五　……

弃子抢攻，着眼取势，是目前形势下最佳的选择，也显示了"东北虎"大刀阔斧的斗争风格。如改走车六平三，卒7进1，炮二平九，卒7进1，相五进三（如仕四进五，黑车6退1），炮8平7。红方丢子，黑方反先。

广东陈松顺

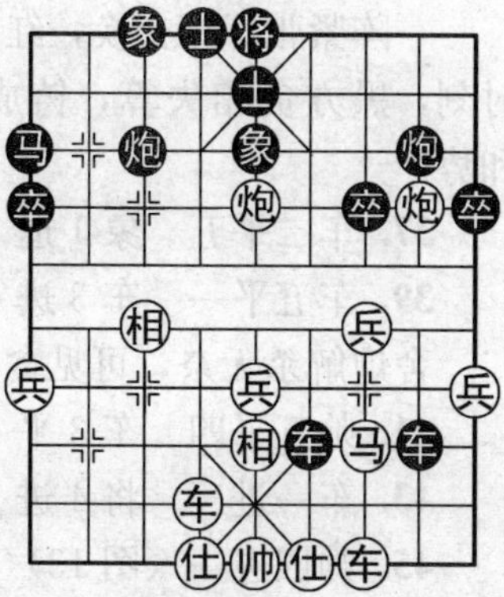

图 11

黑龙江王嘉良

16. ……　　　车6平7

17. 车三进二　车8平7

18. 炮五平九　卒7进1

如改走车7退1，车六平五，车7平9，兵九进一，车9退2，兵五进一，卒7进1，兵三进一，车9平7，兵五进一，红方先手。

19. 兵九进一　卒7进1　　　20. 车六平三　车7平8

21. 相五进三　车8退3　　　22. 相三退五　炮8平9

23. 兵九进一　……

黑方开边炮，准备从边线切入，以争对抗。如改走卒9进1，兵五进一，红先。红方乘机过边兵，加重进攻分量。黑如接走车8平1吃兵，炮二进三，红方有攻势。

23. ……　　　炮9进4　　　24. 兵五进一　将5平6

25. 车三平四　士5进6　　　26. 兵九平八　车8平2

弃兵抢先，佳着。黑如改走炮9平5，相五退三，车8进3（如车8平2，炮二进三，车2进3，炮二平六），兵八进一，红方先手。

27. 炮二退三　炮9进3　　　28. 相五退三　车2进2

29. 炮二平四　炮3进1

如改走士4进5，炮九平一，红方三子归边有攻势。

30. 炮四进四　将6平5　　　31. 炮四平九　象3进1

32. 车四平七　车2平5　　　33. 仕六进五　车5退1

34. 车七平一　炮9平8　　　35. 车一平二　炮8平9

36. 炮九退四（图12）　车 5 平 3？

　　一阵紧张开打交换，红方夺回一子，局势简化趋于平衡。关键时刻，黑方贪相失算，铸成大错，落入困境。应改走士 4 进 5，和势。

37. 车二平五　象 1 退 3　　　　**38.** 炮九平五　士 4 进 5

39. 车五平一　车 3 进 4　　　　**40.** 仕五退六　炮 9 平 6

　　舍炮解杀无奈，可见贪相后果。残局失子，局面难走了。

41. 帅五平四　车 3 平 4　　　　**42.** 炮五退二　将 5 平 4

43. 车一进三　将 4 进 1　　　　**44.** 车一平七　车 4 退 5

45. 帅四进一（图13）　车 4 平 6

广东陈松顺　　　　　　　　　　　广东陈松顺

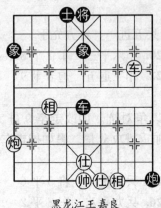
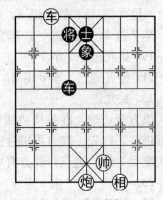

黑龙江王嘉良　　　　　　　　　黑龙江王嘉良

图 12　　　　　　　　　　　　**图 13**

　　"残局车占中"，这是很重要的一条棋理。特别是取守势时更要紧。黑方可能迫于时限，匆忙走了一步肋车打帅，真可谓帮了倒忙（反让红帅占中），坏棋！应改走车 4 平 5，炮五平四（如车七退九，黑车 5 进 3），士 5 进 4，限时情况下，有可能守和。

46. 帅四平五　车 6 平 4

　　如改走车 6 平 7，车七退一，将 4 退 1，车七平五，车 7 进 4，帅五进一，车 7 进 1，炮五进七，红胜。

47. 车七退一　将 4 退 1　　　　**48.** 车七平五　象 5 进 7

49. 车五退二　将4进1	50. 车五平四　将4退1
51. 相三进一　将4进1	52. 相一进三　将4退1
53. 帅五平四　车4进5	54. 车四平五　车4退7
55. 炮五进三　车4平6	56. 帅四平五　车6平4
57. 车五退一　车4进4	58. 炮五平三　……

红方紧紧抓住中路，车炮相攻守子一起行动，推进杀势。现在攻象控制，佳着。

58. ……　　　象7退9	59. 炮三退三　车4退4
60. 车五进三　车4进3	61. 车五退三　将4进1
62. 炮三进二　车4进2	63. 相三退一　车4进1
64. 帅五退一　车4进1	65. 帅五进一　车4退2
66. 炮三平二　车4进1	67. 帅五退一　车4退1
68. 相一进三　将4退1	69. 车五进二　象9进7
70. 车五进二　将4进1	71. 车五退四　象7退5

如改走象7退9，炮二进七，将4退1，车五进二，象9进7，车五进二，将4进1，车五退四，象7退9，炮二平七，红胜。

72. 炮二进五　……

下面为：象5退7，炮二平七，车4退2，车五进三，将4退1，车五进一，将4进1，炮七进二。海底捞月，红胜。

第4局
陕西王羽屏（红先胜）辽宁任德纯
（1958 年 11 月 20 日弈于广州）

五七炮进三兵对屏风马

1. 炮二平五　马8进7	2. 马二进三　马2进3
3. 车一平二　车9平8	4. 兵三进一　卒3进1
5. 马八进九　卒1进1	6. 炮八平七　马3进2
7. 马三进四　……	

本局弈自1958年全国赛。五七炮进三兵对屏风马开局，红方快马出击，矛头直指中路。亦可改走车九进一，成直横车阵式，另有变化。

7.·······　　　车1进3　　　8. 车二进六　······

黑方出卒林车，有一个布局陷阱在里面。红方过河车正着。如误走马四进五，马7进5，炮五进四，车1平5，炮七平五，车5退2! 炮五进六，炮8平5，相三进五，车8进9，黑方得子胜势。

8.·······　　　象7进5

9. 炮七平六　　　士6进5

10. 炮六进三（图14）　······

及时转换进攻阵式，变五七炮为五六炮，骑河攻马，走得灵活积极。

10.·······　　　卒3进1

弃卒通车，但让红方双马盘活。不如马2进1，车九平八，炮2平4，车八进三，卒1进1，相互对峙。

11. 兵七进一　　　车1平3

12. 兵七进一　　　车3进1

13. 炮六平八　　　车3平2

14. 马九进七　　　车2平6

如改走车2退1，马七进六，象5进3，车九进一，红方占先。

15. 马七进六　卒5进1　　16. 车九平八　卒5进1

冲卒兑子，消极，由此丢失中卒，损失不小。不如改走炮2平4保持变化为好。

17. 兵五进一　　　车6平4　　18. 车八进七　　　车4平6

19. 马四退三　　　车6进3　　20. 马三退一　　　炮8平9

21. 车二进三　　　马7退8（图15）

22. 车八退四　······

退车扼住兵林，要紧! 由此控制局势。

22.·······　　　车6进1

辽宁任德纯

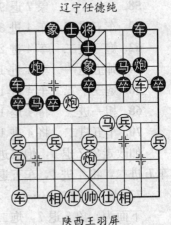

陕西王羽屏

图14

23. 车八平二　马8进6

如改走车6平9，车二进六，士5退6，车二退三，车9退2，车二平三，卒9进1（如车9平1，红车三平一），车三退一，红方占优。

24. 马一进三　车6退1

25. 马三进二　车6退3

26. 马二进一　……

踏边卒，红方净多双兵，由此确立优势。

26. ……　　　　士5退6

27. 马一进三　马6进4

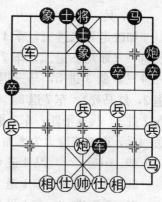

辽宁任德纯

陕西王羽屏

图15

如改走车6退2，马三进二，兑子后红方以优势进入残局。

28. 车二平五　车6退2

29. 马三退一　炮9退1

30. 兵五进一　炮9平5

31. 仕六进五　车6平8

32. 兵一进一　车8进1

33. 兵一进一　……

再过边兵。双兵渡河敌一子，红方优势得以扩大。

33. ……　　　　卒7进1

34. 兵三进一　象5进7

35. 兵五平六　象7退5

36. 车五平八　车8平3

37. 马一进二　炮5进6

38. 相三进五　士4进5

39. 车八进二　车3平8

40. 马二退一　车8平1

41. 车八退一　……

兑炮后成车马双兵仕相全对车马士象全，另有边路对头兵卒，红方已掌胜势。

41. ……　　　　车1平6

42. 车八进一　车6平1

43. 相七进九　象5退7

44. 马一退三　马4进6

45. 兵六平五　马6退4

46. 相五进七　卒1进1

47. 兵九进一　车1进2（图16）

48. 马三进二？……

进马似凶实软。应改走兵五进一控制卒林，黑很难应付。

48. ……　　　　车1退2

49. 兵一平二　……

如改走马二进三，车1平7，马三退一（如马三退二，车7平8，马二进三，象3进5，马三退一，车8退2，红马死），车7退2，马一退二，车7进3，兵五平四，车7平9。红方丢一兵，取胜难度大为增加。

49. ……　　　　马4进6

50. 马二进一　　车1退1

51. 兵五进一　　车1平9

52. 兵五平四　　车9退2

53. 兵二进一　……

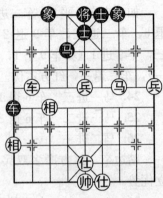

辽宁任德纯

陕西王羽屏

图16

兑马后，成车双高兵仕相全对车士象全。黑方虽然得到喘息机会，理论上讲也有守和可能，但红方子位好，仍可取胜。

53. ……　　　车9进2	54. 车八平三　象7进5
55. 车三平二　车9进4	56. 兵二进一　车9平6
57. 车二进一　车6退2	58. 兵四平三　车6平7
59. 兵三进一　象5退7	60. 车二平一　象3进5
61. 车一进二　车7退1	62. 兵三进一　象7进9
63. 兵三平四　象5进7	64. 相九退七　士5退4
65. 兵二进一　士4进5	66. 兵二平三　车7退1
67. 车一平二　象7退5	68. 车二退二　车7平6
69. 仕五进六　车6进2	70. 车二平六　象9进7

71. 车六进二　……

"三鬼迫门"，下面入局。

71. ……　　　车6退2	72. 仕六退五　象5进3
73. 车六平八　象3退1	74. 仕五进四　车6平5

75. 帅五平六　　士5退4

红方露帅巧用棋规助攻。黑方退士无奈，因为不可以长将。

76. 兵四进一！ 将5平6　　　**77. 兵三平四 将6平5**
78. 车八平六（红胜）

第5局
辽宁孟立国（红先胜）黑龙江王嘉良

（1958年11月23日弈于广州）

中炮七路马对屏风马

1. 炮二平五　马2进3　　　**2. 马二进三　马8进7**
3. 兵七进一　卒7进1　　　**4. 马八进七　炮2进2**

这是两位东北著名棋手在1958年全国赛上的交锋。人们戏称为"老虎之争"。中炮进七兵缓开车而跳七路马，既脱俗套又保留变化的余地，显示了布局的灵活。黑方右炮巡河，封锁红方出直车，因时应对，有针对性。如车9平8，可参阅前面第2局。

5. 车九进一　象3进5　　　**6. 马七进六　炮2平4**
7. 炮八平七　士4进5

补士固中，准备以后出贴身车。亦可改走车1平2，兵七进一，象5进3，车九平四，象7进5，黑方严阵以待。

8. 兵七进一　象5进3　　　**9. 车九平四　车1平4**

如炮8进2封锁河沿亦是可以考虑的选项。

10. 马六进四　马7进8

红方踩河硬进，黑如马7进6，车四进四，象7进5，车一平二，炮8平6，车二进六，红方较好。

11. 兵五进一　象3退5

落象还是飞象？黑方选择了前者，意在拓展右翼空间，但影响左车的活动余地，各有利弊。这里面，读者可以细细品味。

12. 兵五进一（图17）……

冲中兵从中路发起进攻，双方由此展开争夺。

12. ……　　　炮4平6

13. 兵五平四　　车 4 进 6

14. 兵四平三　　马 8 进 7

15. 车一平二　　车 9 进 2?

升车保炮让红方有攻象腰机会，不如改走炮 8 平 6，红如接走兵三进一，再车 9 进 2，黑势无碍。

16. 车四进七　　马 7 进 5

17. 相三进五　　车 4 平 3

18. 炮七平六　　象 5 进 7

19. 炮六进二　　炮 8 平 4

20. 炮六平三　　象 7 退 5

21. 马三进四　　炮 4 退 1

22. 马四进三　　车 9 退 2（图 18）

23. 马三进五　　……

黑龙江王嘉良

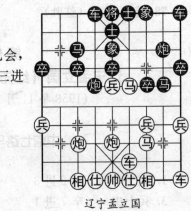

辽宁孟立国

图 17

孟立国出道以来，在棋坛上素有"杀象能手"之称。凡是在对局中有杀象的机会，他绝对不会放过。本局即是如此。红方马踩中象兑子抢先，佳着。

黑龙江王嘉良

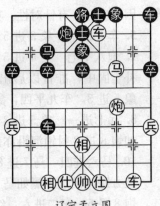

辽宁孟立国

图 18

23. ……　　　　炮 4 平 6

24. 马五进三　　将 5 平 4

25. 马三进一　　炮 6 进 4

26. 马一退三　　象 7 进 5

27. 仕四进五　　车 3 平 4

28. 炮三退四　　炮 6 平 5

29. 车二进四　　炮 5 退 1

另有两种着法：①卒 5 进 1，车二进二，马 3 进 5，马三退五，红优。②车 4 平 7，车二平五，车 7 退 5，车五平六，将 4 平 5，车六进二，车 7 进 2，车六平七，马 3 退 4，车七平九，红优。

30. 车二平八　　象 5 退 3　　　31. 马三退二　　车 4 平 7

32. 帅五平四 象 3 进 5	**33.** 炮三平一 车 7 平 6
34. 帅四平五 车 6 平 4	**35.** 兵一进一 ……

挺兵保存实力，又是一步良好的等着。

35. …… 卒 3 进 1	**36.** 马二退三 卒 1 进 1
37. 马三进五 ……	

黑方挺边卒同样在观察和等待，如炮 5 平 7，炮一进六，红优。红方兑子简化，准备斗残局，以决高下。明智的选择。

37. …… 卒 5 进 1	**38.** 炮一进六 马 3 进 5
39. 车八进五 将 4 进 1	**40.** 车八退一 将 4 进 1

如误走将 4 退 1，炮一进三，象 5 退 7，车八平五，红方大优。

41. 炮一平四 卒 5 进 1	**42.** 车八退一 将 4 退 1
43. 车八平五 马 5 进 6	
44. 车五退三（图 19） ……	

平炮轧马，打将劫象，吃卒控河，红方由此以优势拼残局。

黑龙江王嘉良

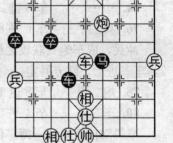

辽宁孟立国

图 19

44. …… 马 6 进 8	
45. 车五平三 卒 3 进 1？	

弃卒意在车马抢攻，但难以突破红方防线，损失太大。宜改走车 4 平 1 抢兵，以求抗衡，慢慢来。

46. 车三平七 马 8 进 7	
47. 炮四退五 车 4 平 6	
48. 帅五平四 马 7 退 9	
49. 炮四进一 马 9 进 7	**50.** 车七平三 马 7 退 8
51. 炮四退一 车 6 平 1	**52.** 炮四进七！……

黑方此时抢边兵不是时候，宜走士 5 进 4。红方象腰打将，脱颖而出，机灵。

52. …… 士 5 进 4	**53.** 炮四平二 车 1 平 6
54. 帅四平五 卒 1 进 1	**55.** 炮二退四 卒 1 进 1
56. 兵一进一 卒 1 平 2	**57.** 车三进四 士 4 退 5

58. 炮二进四　将 4 退 1　　　**59. 兵一平二　……**

车炮兵斗车马卒，黑方残双象，优劣不言而喻。

59. ……　　　卒 2 平 3　　　**60. 车三退二　士 5 进 4**

61. 炮二进一　将 4 进 1　　　**62. 车三退四　……**

退车防守，势不急展，火烛小心，稳健又老练。

62. ……　　　卒 3 进 1　　　**63. 相五退三　车 6 平 3**

64. 兵二进一　卒 3 进 1　　　**65. 相七进九　卒 3 平 4**

66. 车三平二　马 8 退 6　　　**67. 车二平八　将 4 平 5**

68. 兵二进一　车 3 平 7　　　**69. 相三进一　马 6 进 4**

70. 车八平五　将 5 平 6　　　**71. 仕五进六　士 6 进 5**

72. 仕六进五　将 6 退 1　　　**73. 车五进四　车 7 平 6**

74. 车五退四　……

退车清醒。如兵二进一，车 6 进 3! 仕五退四，马 4 进 6，
黑胜。

74. ……　　　车 6 进 2　　　**75. 车五平三　车 6 退 4**

76. 兵二平三　车 6 平 8　　　**77. 兵三进一! 车 8 进 1**

冲兵，成车炮兵联攻之势。黑如车 8 退 4，兵三进一，车 8 平
7，车三进七，红方胜定。

78. 炮二退一　车 8 退 1　　　**79. 相九退七　车 8 进 4**

80. 车三进一　卒 4 平 5　　　**81. 仕六退五　马 4 进 3**

卒拼双仕，垂死一搏，但无济于事。如改走车 8 平 5，帅五平
六，马 4 退 5，车三平一，将 6 平 5，兵三平四，红方胜势。

82. 帅五平六　车 8 退 5　　　**83. 帅六进一　将 6 平 5**

84. 兵三平四　将 5 平 4　　　**85. 车三平七　马 3 进 1**

86. 车七进六　将 4 进 1　　　**87. 车七退一　将 4 退 1**

88. 兵四平五　……

杀士叫杀，下面入局。

88. ……　　　马 1 退 2　　　**89. 帅六进一　车 8 平 4**

90. 帅六平五　车 4 平 5　　　**91. 帅五平六（红胜）**

第 6 局
广东杨官璘（红先负）浙江刘忆慈
（1958 年 11 月 24 日弈于广州）

顺炮直车对横车

1. 炮二平五　炮 8 平 5　　　　**2.** 马二进三　马 8 进 7

3. 车一平二　车 9 进 1　　　　**4.** 车二进六　卒 3 进 1

这是 1958 年全国个人赛中的一盘精彩角逐。斗顺炮，红方直车急进，意在抢先，也是 20 世纪 50 年代流行的走法。黑方挺卒活动右翼，针对性的竞争之着，改走车 9 平 4 则相对平稳。

5. 炮八平七　……

兵底炮迎接挑战。如改走马八进九，马 2 进 3，炮八平六，马 3 进 4，车九平八，炮 2 进 3，仕六进五，马 4 进 5，马三进五，炮 5 进 4，车二平三，车 9 平 4，帅五平六，象 5 进 7，相互牵制，各有千秋。

5. ……　　　马 2 进 3

6. 兵七进一　马 3 进 4

7. 兵七进一　马 4 进 5（图 20）

走成"天马行空"阵式。黑方马踏中兵，直接叫板。如改走马 4 进 6，兵三进一，车 9 平 6，仕六进五，车 1 平 2，马八进九，马 6 进 7，炮七平三，车 6 进 3，车九平八，车 6 平 3，炮五平六，炮 5 进 4，相七进五，炮 2 进 5，车二退三，红方较主动。

8. 车二平三　车 9 平 4

9. 仕四进五　马 5 退 6

10. 马八进九　车 4 进 5

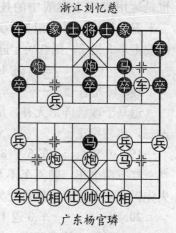

浙江刘忆慈

广东杨官璘

图 20

车占兵林，攻守兼备，紧着。

11. 车九平八　炮2进4　　**12.** 炮七平六　……

平仕角炮，活动边马，平稳。如改走兵三进一，车4平7，兵三进一，士4进5，炮五进五，象3进5，相三进五，象5进3，兵三平四，车7退3，车八进三，大体均势，红方易走。

12. ……　　　炮2平7　　**13.** 车八进四　车4平6

14. 炮五进五　象3进5　　**15.** 相三进一　……

飞边相为肋炮留出通路，老练。

15. ……　　　车1平3

16. 炮六平四　象5进7（图21）

17. 车三退一　……

黑方弃象轰车，必着。如图21，红车吃象虽有实惠，但使黑方连环马变活，得到宽松，赢得喘息时机。建议改走相一进三，马7退5（如象7退5，相三退一，象5进7，相一进三，黑炮不能长轰车，否则违例。这也是运用棋规于实战中的技巧），车三平五，红优。另外黑如不退窝心马而改走车3进2，则红兵七进一。

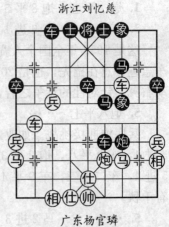

浙江刘忆慈

广东杨官璘

图21

17. ……　　　车3进4　　**18.** 相七进五　车3平5

19. 马九退七　……

退马于改善阵形无补，反而成为攻击对象，不妥。应改走相一退三，比较稳正。

19. ……　　　车6平3　　**20.** 车八平七　……

红方两个车，骑河车不及巡河车通畅，现在把"活车"兑掉，失先。应马七进九还原待变为好。

20. ……　　　车3退1　　**21.** 相五进七　车5进1

进车封河，抢占要道，使红车位置即刻显得尴尬，佳着。

22. 相七退五　象7进5　　**23.** 车三退一　……

兑车以透松。如车三进一，炮7平3，黑方先手。

23. ……　　　车5平7

24. 相五进三　马6进5（图22）

斗无车棋，黑方子活多卒，已掌局势主动而领跑。

25. 炮四进一　马7进6

26. 马七进五　……

如马三进五，马6进5，黑优。

26. ……　　　炮7平8

27. 马三进四　马6进4

28. 炮四平三　卒1进1

纠缠之中挺边卒，良好的等着，老练。

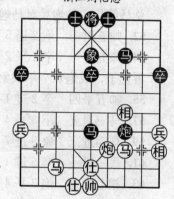

浙江刘忆慈

广东杨官璘

图22

29. 马四进三　马4退6

30. 炮三平四　士4进5

31. 马五退三　炮8平7

32. 前马进二　马5退3

33. 炮四退一　马6进8！

跳马制马又保卒，好棋。

34. 相三退五　马3退5！

退马取势，比马3进1吃兵有力。

35. 相一进三　马8进7　**36.** 马三进一　马5进4

37. 炮四退一　炮7平1　**38.** 马二退一　……

连攻带消，黑方吃兵恰到好处。红方退马吃卒不当，应改走仕五进六，保持九宫安宁。

38. ……　　　炮1进3　**39.** 相五退七　马7进5

攻中破仕，撕开缺口，红势急转直下，处境困难了。

40. 相三退五　马5退3　**41.** 后马进三　马3进4

再劫仕，摧枯拉朽。

42. 炮四平六　后马进2　**43.** 帅五进一　马2进3

又杀相，势不可挡。

44. 马一进三　卒 5 进 1	45. 前马退四　马 3 退 1
46. 马四退五　炮 1 平 2	47. 兵一进一　炮 2 退 3
48. 帅五退一　炮 2 进 3	49. 帅五进一　卒 1 进 1
50. 炮六平七　马 4 退 3	51. 马五退七　马 1 退 3

兑马简化，马炮兵对马炮双卒，红方孤相，败局已定。

52. 帅五退一　炮 2 退 5	53. 炮七平五　马 3 进 5
54. 帅五进一　卒 1 平 2	

再兑子，成炮双卒单缺象必胜马兵相残局。

55. 帅五平四　卒 2 进 1	56. 相五退七　卒 2 平 3
57. 马三退五　卒 3 平 4	58. 马五进四　卒 5 进 1
59. 马四进三　象 5 进 7	60. 马三退五　炮 2 平 3
61. 兵一进一　卒 5 进 1	62. 兵一平二　将 5 平 4
63. 相七进九　炮 3 平 4	64. 相九进七　象 7 退 9
65. 兵二进一　炮 4 进 1	66. 兵二平三　炮 4 平 5
67. 兵三平四　卒 5 平 6	68. 兵四平五　卒 4 进 1
69. 马五进三　卒 4 进 1	70. 马三退四　炮 5 退 1
71. 相七退九　炮 5 平 6	

已成杀局，黑胜。

第 7 局

北京谢小然（红先胜）黑龙江王嘉良

（1959 年 6 月 6 日弈于北京）

五七炮对屏风马

1. 炮二平五　马 8 进 7	2. 马二进三　马 2 进 3
3. 车一平二　车 9 平 8	4. 兵七进一　卒 7 进 1
5. 马八进九　炮 8 进 2	6. 车二进四　象 3 进 5
7. 炮八平七　车 1 平 2	

本局弈于访京交流赛。五七炮进七兵巡河车对屏风马右象左炮

巡河，这在 20 世纪 50 年代是比较流行的。黑方出车以逸待劳，也可改走炮 2 进 4 对抢先手。

8. 兵九进一 ……

挺兵活马，又是一步良好的等着。如改走车九平八，炮 2 进 4，相三进一（如兵三进一，黑炮 2 退 1），炮 2 平 3，红方先手消失。

8. ……　炮 2 平 1　　**9. 车九平八 ……**

"暗车"兑"亮车"，适宜的紧着。如改走兵七进一，炮 8 平 3，车二平八（如车二进五兑车则局势平稳，红方无便宜），车 2 进 5，马九进八，马 7 进 6，马八进六，马 6 进 4，炮七进二，车 8 进 8，黑方有反击之势。

9. ……　车 2 进 9　　**10. 马九退八　卒 1 进 1**

兑卒缓手。宜改走车 8 进 1，炮七进四，车 8 平 2，马八进七，卒 9 进 1，双方对抢先手。

11. 兵九进一　炮 8 平 1　　**12. 车二进五　马 7 退 8**

13. 炮七进四 ……

抢卒并为左马开辟通道，好棋。

13. ……　马 8 进 7

14. 马八进七（图 23）　马 7 进 6

跃马无可非议，但改走后炮退 1 更为含蓄、灵活。

15. 炮五退一　士 4 进 5

补士太呆板。宜改走卒 9 进 1，以后再走后炮退 1，黑势较为活跃。

16. 炮五平三　卒 9 进 1

17. 兵三进一　卒 7 进 1

18. 炮三进三　马 3 进 1

19. 相三进五　后炮平 3

20. 炮三进二　马 1 退 2

黑龙江王嘉良

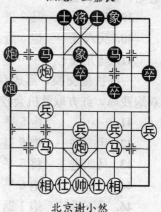

北京谢小然

图 23

22. 马七进八　炮 1 平 2

21. 马三进四　卒 5 进 1

23. 炮七平四　炮 3 进 1

24. 炮三退五　炮3平5　　25. 马八退七　马2进4

26. 炮三平四　炮5平1　　27. 后炮进四　……

兑去双车后，双方进行了激烈的无车棋争斗。红方运子细腻有力，始终掌握主动。现在兑子抢先，为多兵创造条件，佳着。

27. ……　　　炮2平6　　28. 炮四平六　……

压马，兑子后的连续手，要紧！

28. ……　　　炮1退3　　29. 马四退二　炮1平4

30. 炮六平五　炮4平2　　31. 马二进一　……

顺势抢卒，形成净多双兵之势，红方胜利有了保证。

31. ……　　　炮6进3　　32. 马七进九　马2进5

33. 炮五平六　卒5进1　　34. 兵五进一　炮2平5

35. 仕四进五　马4进2　　36. 马一退三　炮6退2

37. 马三进四　炮5退2（图24）

38. 兵七进一　马2退3

七兵渡河，扩大优势。黑如改走马2进1，兵七平六，炮5进3，马九进七，红方大优。

39. 兵七平六　马3进4

40. 兵六进一　炮5进1

41. 马九进七　……

一阵拼抢交换，形成双马双兵对双炮残局，红方取胜机会较多。

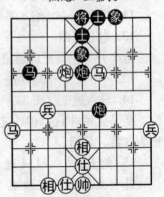

黑龙江王嘉良

北京谢小然

图 24

41. ……　　　炮5平7

42. 兵一进一　炮6退1　　43. 马四进三　将5平4

44. 马七退五　炮6平1　　45. 马三退二　炮7平8

46. 马五进三　炮1退1　　47. 马二退四　象5进7

48. 马四退六　炮1进2　　49. 马三退二　象7进5

50. 兵一进一　炮8进2　　51. 马二进四　炮1退1

52. 马六进八　象7退9　　53. 马八进七　将4平5

54. 兵一平二　炮8平7	**55.** 兵二进一　炮7退4
56. 马七退九　象9退7	**57.** 马四进六　炮7平6
58. 马六进四　象5进7	**59.** 兵六平七　炮1平5
60. 马九退八　炮6平1	**61.** 马四退三　象7进5
62. 兵二平三　象7退9	**63.** 兵七进一　象5退3
64. 兵七进一　炮1平6	**65.** 马八进七　象5平3

66. 兵七平六　炮6退1

67. 兵三进一　炮3平4

68. 马三进五　炮4退2

69. 兵三进一　炮6进4（图25）

70. 马五进四　……

黑龙江王嘉良

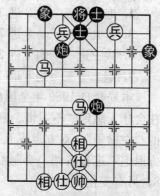

北京谢小然

图 25

红方四子推进，步步深入。黑方双炮极力抵挡，但难以解围。现在兵临城下，红方发起最后攻击，逼宫入局。

70. ……　　　炮4进1

71. 马四退六　炮6退1

72. 兵三平四　士5进4

73. 马六退五　炮6退1

74. 马五进四　炮6平3
75. 马四进六　士6进5	

出帅催杀，妙手。

76. ……　　　炮3退1

77. 马六退八　炮3进1

78. 马八进七　炮3平6

79. 兵六平五　士4退5

80. 兵四平五　将5平6

81. 帅四进一　……

成马兵杀局，下面红马可以调整到中相位置，再从右翼挺进而胜。着法请读者自己排演，以提高兴趣。

第8局
宁夏马宽（红先胜）辽宁孟立国

（1959 年 9 月 21 日弈于北京）

五三炮对屏风马

1. 炮八平五　马2进3		**2.** 马八进七　车1平2	
3. 车九平八　马8进7		**4.** 马二进一　卒3进1	
5. 兵三进一　炮2进2		**6.** 车八进四　象7进5	
7. 炮二平三　炮8退1			

本局弈自 1959 年全国象棋锦标赛。红方反方向使用中炮，往往会让人感到"不习惯、别扭"。一旦适应就好了，犹如打乒乓球的"左撇子"。双方走成五三炮对屏风马右炮巡河的传统阵式。黑方退炮，准备右调，牵制红方左翼。也可改走炮 8 进 4 或车 9 平 8，另有变化。

8. 车一平二　炮8平3　　　**9.** 车八平六　马3进4

10. 兵三进一 ……

弃兵吊象，压制黑方左马，是五三炮维持先手惯用的手法。

10. ……　　炮3平4

11. 车六平二　象5进7

12. 前车进三（图26）　车9平7？

横车保马，随手，正好撞在红方三路炮的"枪口"上，由此陷入被动，失着。应改走车 2 进 2，炮五进四，马 4 进 6，炮三平五，马 6 退 5，炮五进四，车 9 平 7，炮五退二，炮 2 进 1，炮五进一，车 2 平 4（改走炮 2 退 1 不变亦可），黑势无碍。

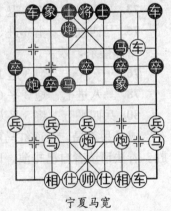

辽宁孟立国

宁夏马宽

图26

13. 炮三进四　马7退5　　　　**14.** 炮五进四　象7退5

15. 炮三退五　……

炮轰中卒镇住窝心马，继而退炮生根，红方就此确立优势。

15. ……　　　　车2进3　　　　**16.** 前车退一　炮4平3

17. 后车进四　马4进3　　　　**18.** 后车平六　马3退4

19. 马七退九　炮3平4　　　　**20.** 车六平八　马4进5

21. 车八平五　马5进4　　　　**22.** 仕四进五　车2平4

23. 车二退三　车7进3

24. 车二进三　车7退3

25. 车二平四　炮2进4（图27）

26. 马一进三！……

跃马弃马轰车，妙。黑如车7进
6吃马，帅五平四，车7退6，车五
平四，红胜。另外红如误走帅五平
四，炮4平3，车五平四，炮3进8，
帅四进一，马4退5，帅四进一，车7
进7，黑胜。

辽宁孟立国

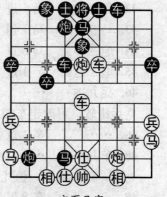

宁夏马宽

图27

26. ……　　　　车7平8

27. 马九进八　炮4平3

28. 马八退七！马4退3

弃马挡炮，遏制黑方攻势，好棋。黑如炮3进7轰马，马三进
四，车4进1，马四进二，红胜。

29. 车五平四　车4平5

舍车啃炮解危，无奈。如改走马3退4，炮五退一，车4平6，
车四进二，炮3进7，炮三平七，象3进1，帅五平四，红方胜势。

30. 前车平五　马5进3　　　　**31.** 车五平六　后马进4

32. 车四进一　车8进9　　　　**33.** 马三退一！车8退3

如改走车8平7，车四退五，逼兑黑车，红方胜势。

34. 车六进二　炮3进2　　　　**35.** 车六平四　士6进5

36. 炮三进八　炮3平6

37. 炮三平一　　炮 2 退 7（图 28）

38. 后车进一　……

一车换双，保持多子优势，手法
简明有效。

38. ……　　　马 4 退 6

39. 车四退二　马 3 退 5

40. 车四退二　马 5 退 4

41. 马七进五　马 4 退 6

42. 兵一进一　马 6 进 7

43. 马五进三　马 7 退 8

44. 炮一平二　马 8 进 7

45. 炮二退四　卒 1 进 1

46. 兵九进一　……

辽宁孟立国

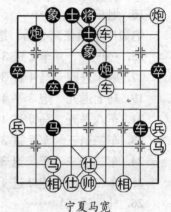

宁夏马宽

图 28

兑兵嫌软。可改走车四进二，以后抢卒侧攻，黑难应付。

46. ……　　　卒 1 进 1

47. 车四平九　士 5 进 6

48. 车九平二　……

兑车，以多欺少，稳扎稳打。

48. ……　　　车 8 退 1

49. 马一进二　炮 2 平 7

50. 马三进四　炮 7 平 9

51. 马四进六　士 4 进 5

52. 炮二平七　马 7 进 9

53. 炮七平五　将 5 平 4

54. 炮五平六　将 4 平 5

55. 马二进一　……

打光兵、卒，炮双马仕相全可胜马炮士象全。

55. ……　　　马 9 退 7

56. 马一退二　炮 9 平 6

57. 马二进三　炮 6 平 9

58. 炮六平九　象 5 退 7

59. 仕五进四　象 3 进 5

60. 仕六进五　炮 9 进 2

61. 马六进七　将 5 平 4

62. 炮九平六　炮 9 退 2

63. 马七退八　将 4 平 5

64. 帅五平六　马 7 退 5

65. 炮六平五　炮 9 平 7

66. 马三退一　将 5 平 6

67. 马一进二　炮 7 平 9

68. 炮五平四　将 6 平 5（图 29）

69. 马二进一！……

马入边角，佳着。帅炮占两肋，双马左右窥卧槽，形成入局之势。

69. ……	士5退4	
70. 马一退三	将5进1	
71. 马三退二	马5退7	
72. 炮四退二	炮9进3	
73. 马八进七	炮9退1	
74. 炮四平九	将5平6	
75. 马七退五	……	

踏象有杀势，黑方认输。

辽宁孟立国

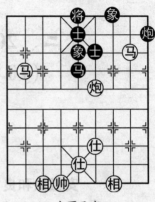

宁夏马宽

图 29

二、20世纪60年代
(10局 9～18)

第9局
安徽徐和良（红先和）浙江沈志弈
(1961年4月29日弈于温州)

顺炮直车对横车

1. 炮二平五 炮8平5 **2.** 马二进三 车9进1

3. 车一平二 马8进7 **4.** 仕四进五 车9平4

这是皖、浙两位名手弈自1961年温州4省市象棋友谊赛。斗顺炮，红方补仕先固中防，也是当时流行的走法。黑方横车右肋，常见的应着，亦可选择车9平6，变化各异。

5. 车二进六 炮5退1

退中炮给人有冷门的感觉，一般走马2进3居多。

6. 兵三进一 卒3进1

红方冲三兵活右马，如改走车二平三，马2进3，马八进九，卒3进1，炮八平七，炮5平7，车三平四，马3进4，黑势活跃。黑如改走车4进4，相三进一，马2进3，车二平三，炮5平7，车三平四，红方先手。

7. 马八进九 车4进4 **8.** 车二平三 象3进5

9. 炮五平四 ……

卸中炮不是当务之急。不如改走相三进一，巩固右翼阵地来得明快。

9. ……   炮 5 平 7

10. 车三平四   车 4 平 7（图30）

11. 马三进四 ……

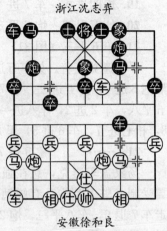

浙江沈志弈

安徽徐和良

图 30

弃相跃马，旨在领先，也是目前形势下的最好选择。另有两种走法均不理想：①炮四进七，车 7 进 2，相三进五，车 7 退 3，炮四平六，马 2 进 4（如将 5 平 4，炮八进七，黑有顾忌），车四进二（如炮六平三，象 5 退 7，车四进二，马 7 退 5，黑多子胜定），车 1 平 4，车四平三，炮 2 退 1，打死红车，黑胜。②车四进二，马 7 进 8，车四平八，马 2 进 4，车八平六，炮 7 进 6，炮八平三，车 7 进 2，相七进五，炮 2 进 4，黑方优势。

11. ……   车 7 进 4   **12.** 炮四退二   士 4 进 5

补士嫌软。可改走炮 7 平 8，车四平二，炮 8 平 9，相七进五（如炮八平一，炮 2 进 1，车二进二，马 2 进 3，黑先），车 7 退 3，马四退三，马 2 进 3，黑方占先。

13. 炮八平五   马 2 进 3

架中炮抢先，好棋。黑如改走炮 2 进 1，车四进二，马 2 进 3，车九平八（不能车四平三吃炮，否则炮 2 退 2 打死车），车 1 平 2，车四平三，炮 2 退 2，车八进八，车 2 进 1，炮五平三，红方可得子占优。

14. 车九平八   车 1 平 2   **15.** 车八进六   车 7 退 4

16. 马四进五   马 7 进 5

红马抢中卒发起进攻，黑马交换势在必然。如改走马 3 进 4，车四进二，马 7 进 5，炮五进四，卒 3 进 1，炮四进九，马 4 退 2，炮四平八，炮 2 平 3，车四平五，将 5 平 6，炮五平九，炮 3 平 1，相七进五，车 7 退 1，兵七进一，红方大优。

17. 炮五进四   马 3 进 5   **18.** 车四平五   炮 7 进 1

19. 炮四进八　　车7进4

20. 仕五退四　　炮7平8

21. 车五平三（图31）……

平车邀兑正着。如车五进一贪象，黑炮8进7，帅五进一，车7平6，车五平八，车2进2，车八进一，车6退8，相七进五，车6进5，黑方占优。

21. ……　　　　象5进7

扬象盖车避兑，意在强攻，但右翼受制，弊多利少，有嫌勉强。宜改走车7退6，车八平三，炮2进6，成对攻局势，黑方不差。

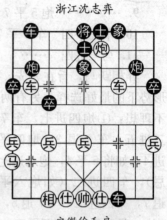

浙江沈志弈

安徽徐和良

图31

22. 相七进五　　车7退2　　23. 马九退七　　炮8进7

24. 仕四进五　　车7进2　　25. 炮四退八　　车7退3

26. 炮四进四　　象7进5　　27. 炮四平五　　……

平中炮确立优势。亦可改走车三平二（如径走炮四平八，炮8平9，炮八进三，车7进3，仕五退四，车7平8，黑方可以夺回一子，红方无便宜），炮8退3，炮四平八，炮8平5，车二退六，下面可炮八进三夺子占优。

27. ……　　　　车7平5　　28. 车三平五　　车5平9

29. 车五平四　　车9退1（图32）

30. 炮五进一　　……

欠细腻！同样进炮，应改走炮五进二。一着之内，得失微妙也。

30. ……　　　　车9进4　　31. 马七进六　　车2平4

黑方车炮底线要抽，红方必须作出反应。跃马不如炮五进一为好。由此可见，红方第30回合如多进一步炮，则现在可走帅五平四占优。黑车捉马，乘机脱身。

32. 马六进七　　炮8退5

跃马杀卒，保持进攻态势。如改走车八进一，车4进6，局面简化，黑势满意。黑方退炮争取变化。如改走车4进4，马七进八

（如误走车八进一，黑炮 8 退 7 抽车），车 4 平 5，车四平一，炮 8 平 4，车一退六，炮 4 平 9，车九平八，红方多兵残仕相，基本和势。

33. 车四退六　　车 9 平 6

34. 帅五平四　　炮 8 平 5

35. 马七进八　　车 4 进 6

浙江沈志弈

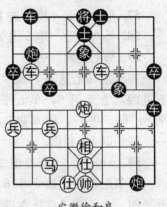

安徽徐和良

图 32

进车寻求搏杀，显示敢于拼搏的精神。如改走车 4 平 2，马八退六，车 2 进 3，马六进七，将 5 平 4，马七退八，和棋。

36. 兵七进一　　车 4 平 1

37. 车八平四　　……

也可改走车八平一吃边卒。

37. ……	卒 9 进 1	**38.** 马八退六	车 1 平 4
39. 兵七进一	卒 9 进 1	**40.** 兵七进一	炮 5 平 3
41. 兵七进一	卒 9 平 8	**42.** 兵七进一	卒 8 进 1
43. 马六退五	车 4 退 2	**44.** 车四平九	……

红方接受挑战，双方展开残局决斗。如改走马五进七兑子则立成和局。

44. ……	车 4 平 5	**45.** 兵七平六	士 5 退 4
46. 车九平四	士 4 进 5	**47.** 车四平七	士 5 退 4
48. 马五退七	车 5 平 6		

49. 帅四平五（图 33）　　卒 8 进 1

欠细！同样动卒，应改走卒 8 平 7。

50. 马七进八	士 6 进 5	**51.** 车七平二	卒 8 平 7

只能避卒，在第 49 回合如改进卒为平卒，则黑方现在可以走将 5 平 6，车炮卒联攻有优势。

52. 马八进七	炮 3 平 5	**53.** 车二进三	车 6 退 4
54. 车二退六	车 6 进 4	**55.** 马七进六	象 5 退 7

56. 马六退八　　将5平6

57. 车二平五　　将6进1

58. 马八退七　　炮5退2

59. 马七退六　　……

如改走马七进五，象7退5，车五进四，士5退6，车五平三，卒7平8，车三进一，将6进1，车三进一，将6退1，和棋。

59. ……　　　　车6退2

退车正着。如改走车6平4，车五平四，士5进6，马六进四，红方有攻势。

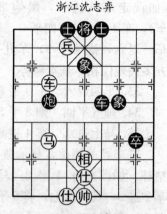

浙江沈志弈

安徽徐和良

图33

60. 马六进五　　象7进9	61. 马五进七　　士5进4
62. 马七进六　　将6退1	63. 马六退八　　车6退1
64. 马八退七　　卒7进1	65. 仕五进四　　车6进6
66. 仕六进五　　车6退6	67. 帅五平六　　卒7平6
68. 仕五进六　　士4退5	69. 马七进五　　象7退5
70. 车五进四　　车6进1	

一场激战，化干戈为玉帛。下面为：车五进一，车6退1，强兑车和。如车五退一，士5进4，单车领士，和棋。

第10局
上海何顺安（红先胜）安徽徐和良
（1962年8月12日弈于上海）

五八炮对屏风马

1. 炮二平五　　马8进7	2. 马二进三　　车9平8
3. 车一平二　　马2进3	4. 兵三进一　　卒3进1
5. 马八进九　　象7进5	6. 炮八进四　　卒1进1

1962 年 8 月，在上海新成溜冰场举行了五省市象棋友谊赛。本局是第 9 轮中的一盘对局（何、徐分获比赛第 2、5 名）。五八炮对屏风马左象开局，黑方挺边卒准备出车，改走马 3 进 2，则另有变化。何顺安先生对此有很深的研究，曾著有《当头炮进三兵对屏风马》一书，至今还在市场上流传，可见其影响之深。

7. 炮八平七　车 1 进 3　　　**8.** 车九平八　车 1 平 3

9. 车八进七　炮 8 平 9　　　**10.** 车二进九　马 7 退 8

11. 车八退六　卒 3 进 1

红方退车掉转方向，准备攻击黑方左侧。如改走车八进一，士 4 进 5，车八退七，马 8 进 6，车八平二，卒 5 进 1，红方并不便宜。黑方弃 3 卒意在打通 3、七线，但毕竟有损失，可改走车 3 平 4 肋道亮车，黑方不难走。

12. 车八平二　马 8 进 6　　　**13.** 炮五平七　……

卸炮既夺卒又容易控制局势，稳健。如车二进七，马 6 进 4，马三进二，卒 5 进 1，炮五平一，卒 7 进 1，兵三进一，象 5 进 7，兵七进一，车 3 进 2，黑方可以抗衡。

13. ……　　　车 3 平 2

14. 炮七进二　车 2 进 4

15. 相三进五　马 3 进 4

16. 炮七平四！（图 34）……

平炮暗护左翼安全，兑子化解黑方攻势，佳着。

16. ……　　　马 4 进 6

17. 马三进四　炮 9 进 4

18. 车二进七　马 6 进 4

19. 车二退五　炮 9 退 2

同样退炮，不及炮 9 退 1 灵活。

20. 车二进二　马 4 进 5

21. 仕四进五　车 2 退 2　　　**22.** 马四进五　马 5 进 6

23. 车二平四　马 6 进 7　　　**24.** 车四退四　马 7 退 8

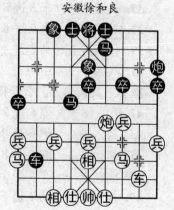

安徽徐和良

上海何顺安

图 34

25. 车四平二（图35）　车2退2?

车双马斗车马炮、红方多兵稍
好。如图35，黑方退车互捉，失算，
由此露出破绽，为红方所乘。应改走
马8退6，局势平稳。

26. 马五进三！　马8退6

27. 车二平四！　车2平6

跳马伏着，捉马有杀，逼黑车来
保，从而车马受制。红方争得扩先得
势机会，好棋。

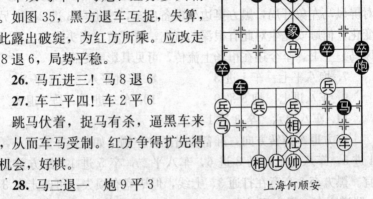

安徽徐和良

上海何顺安

图35

28. 马三退一　炮9平3	
29. 车四进二　炮3退3	
30. 兵五进一　车6退1	**31. 马一退二　车6平8**
32. 马二退三　马6退5	**33. 兵五进一……**

抢边卒，过中兵，红方由此确立优势。

33. ……　马5退3	**34. 兵七进一　车8进2**
35. 兵五平四　车8进3	**36. 马三进五　炮3平9**
37. 车四平一　炮9平6	**38. 仕五退四　马3退2**
39. 仕六进五　马2进4	**40. 兵四进一　士4进5**
41. 兵四平三……	

净多三兵，黑方怎么受得了？

41. ……　炮6进7	**42. 马五进六　车8退3**
43. 马六进八　炮6退2	**44. 车一进三　炮6退5**
45. 前兵进一　炮6平8	**46. 车一平四　车8平5**
47. 前兵进一　车5退1	**48. 车四平五　炮8进8**
49. 相五退三　马4退5	**50. 帅五平六……**

兑车后进入残局。红方多兵，黑方马炮即使兵种好，也难
抗衡。

50. ……　马5进4	**51. 马九退七　炮8退3**
52. 前兵平四　炮8平3	**53. 马七进六　马4退3**

54. 帅六平五　将5平4　55. 相七进五　马3进4
56. 仕五进四　炮3平2　57. 仕四进五　炮2退2
58. 马六进四　马4进3　59. 马四进六　马3退1
60. 马六进七　将4进1　61. 马八退六　炮2退2
62. 马七退五　将4退1　63. 马五进七　将4平5

如改走将4进1，马六进四，红方有攻势。

64. 马六进四　炮2退1　65. 兵四平五　士6进5
66. 马七进五　……

一兵换双士，撕开黑方防线，向前推进。

66. ……　　炮2进5　67. 马五退七　炮2平5
68. 马四进六　将5平6

安徽徐和良

69. 马六退五　卒1进1
70. 帅五平四　卒1平2（图36）
71. 兵七进一　……

弃七兵，进三兵，下面双马兵入局，好棋。

71. ……　　象5进3
72. 兵三进一　炮5进2
73. 马五退六　马1进3
74. 兵三进一　炮5平1
75. 兵三进一　象3进5
76. 马六进四　马3退5
77. 马四进三　炮1平7　78. 兵三平四　马5进7
79. 兵四进一　……

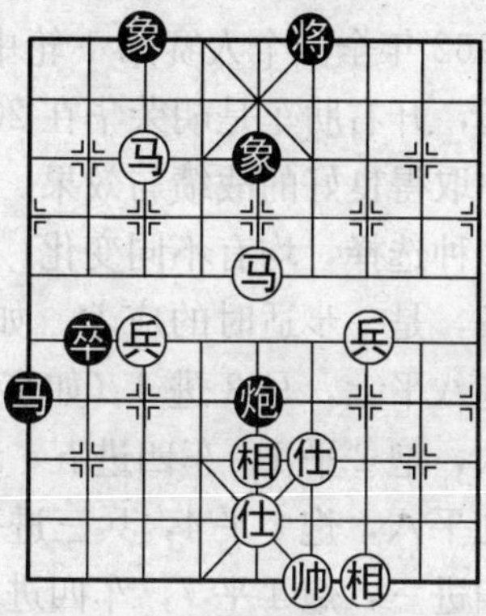

上海何顺安

图36

下面：将6平5，兵四平五，将5平6，马三进二，红胜。

第 11 局
上海胡荣华（红先胜）北京刘文哲
（1962 年 11 月 4 日弈于合肥）

中炮横车七路马对屏风马

1. 炮二平五　马 8 进 7	**2.** 马二进三　马 2 进 3
3. 兵七进一　卒 7 进 1	**4.** 马八进七　车 9 平 8
5. 车一进一　象 3 进 5	**6.** 车一平四　士 4 进 5

本局是沪、京两位名将（也是本届比赛冠军与第 6 名）在1962 年全国个人赛第 1 轮中的一场激战。中炮横车七路马对屏风马，开右肋车是胡荣华在 20 世纪 60 年代前期的创新之着，在实践中取得良好的战绩与效果。另有车一平六、马七进六、炮八平九等多种选择，均有不同变化。黑方补士固中，又为开启贴身车作好准备，是一步适时的应着。如改走炮 8 进 2，马七进六，卒 3 进 1，炮八平七，马 3 进 4（如卒 3 进 1，炮七进五，卒 3 平 4，车九平八，炮 2 平 1，车四进五，红方有攻势），兵七进一，象 5 进 3，车九平八，炮 2 平 4，兵三进一！卒 7 进 1，马六进四，象 7 进 5，马四进三，炮 4 平 7，车四进四，红方占先。

7. 炮八平九　炮 2 进 4	**8.** 车九平八　炮 2 平 7

轰兵压马，意在牵制红方右翼，伺机反击。如改走车 1 平 2，马七进六，炮 8 进 6，马六进七，车 2 进 3，炮五平七，马 3 退 1，相七进五，炮 8 退 1，车四进三，马 7 进 8，车四平二，马 8 退 7，车二平六，炮 8 退 4，兵三进一，炮 8 平 3，炮七进四，车 8 进 4，炮七平九，卒 7 进 1，车六平三，马 7 退 9，车三平六，红方先手。

9. 相三进一　卒 7 进 1	**10.** 车八进七　……

进车先扣一手，以后再飞相吃卒，次序正确。如改走相一进三，炮 8 进 7，仕四进五（如马三退二，炮 7 进 3，仕四进五，车 8 进 9，黑方有攻势），车 1 平 4，车八进七，炮 8 平 9，相三退一，

车8进9，车四退一，车8平6，帅五平四，车4进4！（弃马抢攻），车八平七，车4平6，炮五平四，车6平8，黑方侧攻有势而反占优势。

10. ……　　马7进8　　　**11. 相一进三　卒3进1**

弃卒出马，旨在反击，积极。

12. 兵七进一　马3进4

13. 车八退三　马4进6（图37）

14. 车八平四！……

一车换双，既可消除黑方威胁，又可保持主动，佳着。

14. ……　　马8进6　　　**15. 车四进三　炮8进7**

底炮打帅太急，让红方从容上仕，以后出帅，反而增加自己的压力，欠细致。应改走车1平3先牵制一手，观动静后再计较。

16. 仕四进五　车1平3　　　**17. 帅五平四　车3进4**

18. 炮五进四　象7进9

19. 马七进六（图38）　车3进1

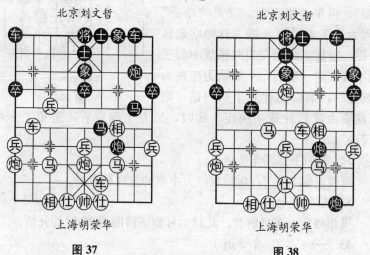

北京刘文哲

上海胡荣华

图37　　　　　　　　　　**图38**

进车封吊车马，准备退炮轰双谋子，但似是而非。因为红方有相应化解之策。宜改走炮8退4，相三退五，炮8平4，车四平六，车8进4，兑去河口马后，双车巡河，黑势可以抗衡。

20. 相三退五　车3平2　　　**21. 马三退二　车8进9**

22. 相五退三　……

两步落相，以马换炮，又有攻势在手，红方运子出色。

22. ……　　　车8退9　　　**23. 兵九进一　炮7平8**

红方挺边兵清醒，因为黑有炮7平1、再炮1退1夺子之举。黑方平炮，被红方反平炮以后，有落空之感。不如改走车2平1吃兵来得现实。

24. 炮九平二　车8平7　　　**25. 相三进五　将5平4**

26. 相七进九　车7进7

27. 炮二退二（图39）车7平8

28. 炮二平三　车8平7

29. 炮三平二　车7平8

30. 炮二平三　车8平7

31. 炮三平二　车7退4

黑方车7平8有捉带兑，应视为"捉"，再车8平7时，又是"暗捉"（因为连下来可炮8进3打帅吃炮），一捉一暗捉，此例在当时棋规中似乎无明确规定（事后，一般认为应视为"长捉"），如果临枰有争执的话，则

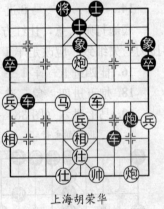

北京刘文哲

上海胡荣华

图39

可能要由裁判仲裁来决定。此时，黑方主动变着，避免了一场"议决"。

32. 车四平二　车7进3

可改走炮8平7，保持对红方中炮的监视和牵制。

33. 相九进七　……

飞相挡车，车马解套。此时也可验证前面图38时的分析。

33. ……　　　车2退1

退车软着。应改走车7平5吃中兵，以后不失对抗机会。

34. 马六进七　车2平6

打帅不一定有必要，不如炮8平5抢中兵，又可护中象。

35. 帅四平五　车 6 平 4

现在只能移车守将门。如炮 8 平 5 吃兵，马七进八，将 4 进 1，车二平六，士 5 进 4，车六进三，红胜。

36. 兵五进一　车 4 退 1　　　**37.** 马七进八　将 4 平 5

38. 兵五进一　车 7 平 2　　　**39.** 车二进三　象 9 退 7

红方中兵渡河后，确立了优势地位。黑如改走车 2 退 5 吃马，车二退四去炮，车 2 进 4（如车 2 进 3，红车二平五），车二平三（车二进四亦可），红方有攻势。

40. 炮二平三　炮 8 平 5（图40）

41. 车二平五 ……

弃车杀象抢攻，大胆有魄力。犹如大海冲浪，不怕风险我搏击，好看。

41. …… 炮 5 退 3

42. 车五平三　炮 5 平 7

43. 兵五平六　车 4 进 1？

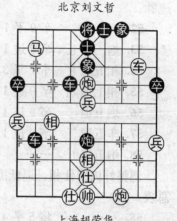

北京刘文哲

上海胡荣华

图 40

吃兵舍炮为何？可能时限告急意在简化局势所为，但缺象以后将陷入被动。另有两种着法可供选择：①车 4 平 2，马八退七（如车三平九，炮 7 平 4，兵六进一，后车退 2，炮三进六，前车平 1，黑方足可一战），后车平 3，车三平七，车 2 平 7，车七退一，炮 7 进 6，相五退三，车 7 退 2，黑方可以守和。②车 4 平 5，车三平九，士 5 退 4，马八退六，将 5 进 1，车九进一，将 5 进 1，形成红方得势、黑方多子的复杂局面，可说是各有顾忌，胜负难料。

44. 车三退一　象 7 进 5　　　**45.** 马八退九　车 2 平 9

46. 车三平五　象 5 退 7　　　**47.** 马九进七　车 4 退 2

48. 马七退八　车 9 退 2　　　**49.** 兵九进一　象 7 进 9

50. 炮三进四　象 9 退 7

51. 仕五退四（图41）　象 7 进 5？

52. 仕六进五？……

图41，双方均已进入紧张的限时阶段，都出现了差错，黑方飞象误着，应改走车9平4；而红方补仕则看花了眼，应车五进一吃象，可以速胜。

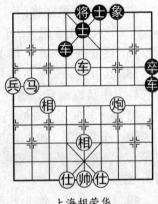

北京刘文哲

上海胡荣华

图 41

52. ……	车9平7	
53. 炮三平五	卒9进1	
54. 相五退七	车7平3	
55. 相七退九	卒9进1	
56. 炮五退二	卒9进1	
57. 车五退三	卒9进1	
58. 炮五进五	……	

调整好内线仕相，逼低黑卒，继而轰象，时机已到，红方发起总攻。

58. ……	将5平4	**59.** 炮五退二	车4进3
60. 相七进五	卒9平8	**61.** 炮五平三	士5进6
62. 炮三进五	士6进5	**63.** 车五平二	卒8平7
64. 车二进六	将4平5		

如改走将4进1，马八进九，士5进4，炮三平九，红方胜势。

65. 炮三退一	士5退6	**66.** 炮三平一	车4平9
67. 炮一进一	将5进1	**68.** 车二退一	将5进1
69. 炮一平三	车9平5	**70.** 马八进七！	车5进2
71. 马七进六	将5平4	**72.** 马六退八	将4平5
73. 车二退二	将5退1	**74.** 马八退七	车3退1

75. 车二平七（攻中夺车，红胜）

第 12 局
广东杨官璘（红先胜）四川陈新全
（1962 年 11 月 6 日弈于合肥）

中炮过河车对屏风马左马盘河

1. 炮二平五　马 8 进 7　　　　**2.** 马二进三　车 9 平 8

3. 车一平二　马 2 进 3　　　　**4.** 兵七进一　卒 7 进 1

5. 马八进七　象 7 进 5

本局弈自 1962 年全国个人赛第 3 轮，是粤、蜀两位名将的交手。中炮进七兵对屏风马，黑方飞左象，在 20 世纪 60 年代曾经流行，它的特点是左翼空间有所拓宽，但右翼相对受到挤压，与传统的飞右象（象 3 进 5）各有利弊，关键在于临场的发挥和运用。

6. 车二进六　马 7 进 6

红方采用过河车打法，如改走炮八进二则另有变化。黑方左马盘河，牵制对抗，是一种"外向性"的走法，改走车 1 进 1 则属于"内向性"走法，各有攻防之道。

7. 兵五进一　卒 7 进 1　　　　**8.** 车二平四　马 6 进 7

如改走卒 7 进 1，车四退一，卒 7 进 1，兵五进一，炮 8 平 7，相三进一，卒 5 进 1，车四平五，士 6 进 5，马七进五，炮 2 平 1，炮八平三，车 1 平 2，车九进一，红方占先。

9. 兵五进一　……

冲中兵打开中路通道。如改走马三进五，车 8 平 7，兵五进一，卒 5 进 1，炮五进三，士 4 进 5，车九进一，卒 7 平 6，车四退二，车 7 进 4，车四平三，车 7 平 5，车三退一，炮 2 进 4，车三进三，炮 2 平 3，均势。

9. ……　士 4 进 5　　　　**10.** 车九进一　……

黑方补士固中，严阵以待。红方启横车，蓄势待发。如急走兵五进一，炮 2 进 1，马三进五，炮 8 进 5，兵七进一，炮 8 平 3，兵七进一，车8进6，形成对攻场面，黑方不乏对抗机会。

10. ……　　　卒5进1

11. 马三进五　　卒5进1

12. 马五进三　　车8平7

13. 炮五平三（图42）　　炮2进1?

升炮轰车为什么？"引火烧身"，失先。应改走卒3进1，兵七进一，象5进3，车四平七，车7进4，车七进一，象3进5，车七退一，卒5平6，马七进五，车1平4，黑方先弃后取，形势不错。

四川陈新全

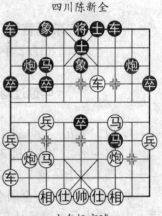

广东杨官璘

图42

14. 车四平七　　车7进4

15. 车九平二　　……

亮车捉炮抢先，佳着。

15. ……　　　炮8平7　　　16. 车二进二　　炮7进3

17. 车二平三　　炮7平3

巧使兑子术，红方紧紧掌控局势的发展。黑如改走炮7进2，车三进二，象5进7，炮八平三，马3退1，炮三平二，象3进5，炮二进六，士5退4（如车1平3，车七平三，红方有攻势。又如炮2进3，车七平九，都是红优），车七平三，象7退9，车三进一，红方有攻势而占优。

18. 车三进二　　炮3进4　　　19. 仕六进五　　炮3退6

20. 炮三平二（图43）　　……

兑子后成图43局势。黑方虽多一卒一象，但有三个致命弱点：①右车一步未动。②马双炮壅塞不展。③左翼空虚。红方车炮有侧攻之势，优势不言而喻。

20. ……　　　炮3平8

弃炮阻挡红方攻势，无奈。如改走将5平4，炮二进七，将4进1（如象5退7，车三进四，将4进1，车三退二，车1进2，马七进八！炮2进4，马八进七，红方胜势），车三平六，士5进4，车六平八，红方夺子胜势。

21. 车三进一　炮 2 平 5

22. 车三平二　车 1 平 2

此时出车不如象 5 退 7 补厚左翼。红如马七进八，象 3 进 5，马八进七，车 1 平 4。黑方有过河卒，尚可周旋。

23. 车二平三　士 5 进 6

24. 炮八退二　车 2 进 8

25. 炮八平六　车 2 平 3

26. 马七进八　士 6 进 5

27. 炮二进四　车 3 退 3

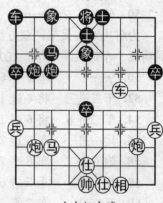

四川陈新全

广东杨官璘

图 43

兑子简化，维持多子优势，着法简明有效。黑如炮 5 进 1，车三平七，车 3 退 5，马八进七，红仍以多子优势斗无车棋。

28. 炮二平五　马 3 进 5　　　**29.** 车三平五　车 3 平 2

30. 车五平九　卒 9 进 1

车炮兵斗车卒，另有边路对头兵卒，红方以优势进入残局。

31. 炮六进六　卒 5 进 1

如改走车 2 进 1，炮六平一，红方将扩大优势。

32. 炮六平五　车 2 平 5　　　**33.** 车九平七　象 3 进 1

34. 车七平九　象 1 退 3　　　**35.** 炮五平八　车 5 平 2

36. 兵九进一　士 5 退 4　　　**37.** 兵九进一　车 2 平 7

38. 炮八进三　车 7 平 2　　　**39.** 炮八退四　卒 9 进 1

40. 炮八平五　士 4 进 5　　　**41.** 车九平一　将 5 平 4

42. 车一平六　……

如车一退二贪卒，则黑车 2 进 4，仕五退六，车 2 平 4，帅五进一，车 4 平 6，黑方车卒有势，红方有顾忌。

42. ……　　　将 4 平 5　　　**43.** 帅五平六　将 5 平 6

44. 车六平一　车 2 平 4　　　**45.** 帅六平五　车 4 退 1

46. 车一进三　将 6 进 1　　　**47.** 炮五进一　士 5 进 4

48. 兵一进一　车4平1　　　**49.** 车一退一　将6退1

50. 车一退二　……

为解决对头兵卒，双方都展开了细致的争夺，显示了扎实的残局功底。车炮兵斗车卒，红方已掌胜势。

50. ……　　　车1平6　　　**51.** 车一平二　士6退5

52. 车二进三　将6进1　　　**53.** 车二退六　车6进2

54. 车二进五　将6退1　　　**55.** 车二进一　将6进1

56. 兵一进一　车6退2　　　**57.** 兵一平二　车6退1

58. 炮五退二　车6平7

59. 相三进一　士5进6

60. 兵二进一　车7平5

61. 车二退一　将6退1

62. 车二进一　将6进1

63. 炮五平一（图44）　……

三子归边，黑已难抵挡。下面入局。

四川陈新全

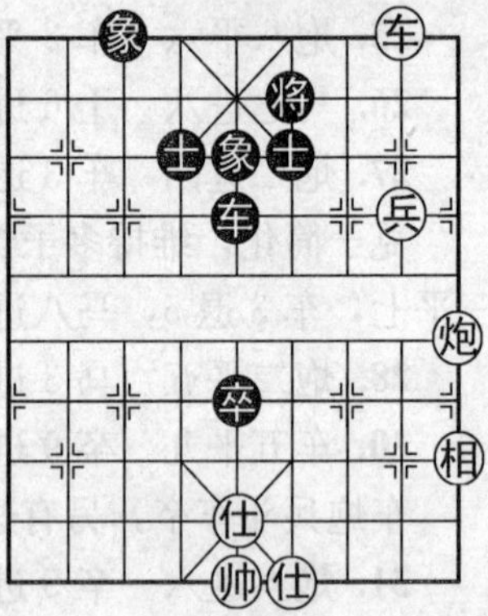

广东杨官璘

图44

63. ……　　　将6平5

64. 炮一进二　车5进2

65. 车二退一　将5退1

66. 车二进一　将5进1

67. 车二平六　车5平8　　　**68.** 兵二平三　车8平9

69. 炮一平二　车9进2

如车9平4，兵三进一，将5平6，炮二进二，红胜。

70. 兵三进一　象5进7　　　**71.** 车六退二　车9平1

72. 车六退二　卒5平6　　　**73.** 车六平五　将5平4

74. 炮二平六　车1退5　　　**75.** 炮六退六　士6退5

76. 仕五进六　士5进4　　　**77.** 兵三平四（红胜）

第13局
湖北李义庭（红先胜）江苏季本涵

（1962年11月11日弈于合肥）

中炮七路马对屏风马双炮过河

1. 炮二平五　马8进7　　　2. 马二进三　马2进3
3. 车一平二　车9平8　　　4. 兵七进一　卒7进1
5. 马八进七　炮2进4　　　6. 兵五进一　炮8进3

本局弈自1962年全国个人赛第8
轮，是鄂、苏两位名手的较量。中炮
七路马对屏风马，黑方一反双炮过河
传统，改炮8进4为骑河，成为新型
的过河鸳鸯炮，这在20世纪60年代
前期曾经流行一时。

7. 马七进五　象3进5

8. 兵五进一（图45）　炮2平7

红方冲中兵，打通中路，寻求攻
势。黑方轰兵压马，一来给红方右侧
施压，二来为出右车作准备，是对抗
型的选择。如改走卒5进1，炮五进

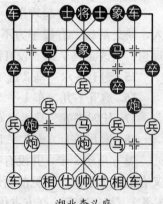

江苏季本涵

湖北李义庭

图45

三（亦可走兵三进一，卒5进1，车二进四，卒5进1，车二进五，
马7退8，马三进五，士4进5，马五进六，马3进5，马六进四，
马8进9，兵九进一，车1平4，车九进三，红方占先），士4进5，
兵三进一，炮8退1（如卒7进1，马五进三，炮2平7，炮八平
五，红方有攻势），炮五平二，车8进4，车二进五，马7进8，兵
三进一，马8进7，马五进六，马3进5，马六进四，士5进6，马
三进五，红方先手。

9. 炮八平七　卒5进1

红方平炮及时，既有冲七兵强手，又可避免黑车来捉。是配合中路攻势的佳着。黑如改走车 1 平 2，兵七进一，象 5 进 3，兵五平六，象 7 进 5，兵六进一，士 4 进 5，车九进一，红方占先。

10. 兵七进一　马 3 进 5　　　　11. 兵七平六　卒 5 进 1

12. 炮五进二　士 4 进 5　　　　13. 车九平八　马 5 进 4

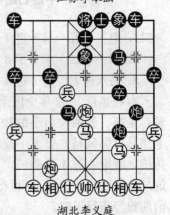

江苏季本涵

湖北李义庭

图 46

红方抢出直车紧着，否则被黑车先出，局面被动。黑方跃马构不成对红方威胁，不如改走卒 7 进 1，强渡为积极。另如改走车 1 平 4，炮七平六，红优。

14. 炮七退一（图 46）　马 4 进 2?

马进卧槽，发起攻击，但孤马深入，缺乏后援，有嫌子力不协调，不理想。宜改走马 7 进 6 较有针对性。

15. 炮七平六　马 2 进 4

16. 炮五平九　车 1 平 3

17. 仕四进五　马 4 退 6

18. 炮九平七　炮 7 平 5

黑方马动 3 步，并没有得到什么便宜，红方反而巩固了内线，又有炮攻车手段，可见前面进马之不妥。现在兑子必着，如改走车 3 平 1，相三进五，红方占优。

19. 马三进五　炮 8 进 1　　　　20. 车二进三　……

兑子与反兑子，红方把握时机，兑车抢先，佳着。

20. ……　　　　车 8 进 6　　　　21. 炮七进五　象 5 退 3

22. 马五进七　卒 3 进 1

大兑子后，黑方右翼空虚，红方车马炮兵集结一侧，优势已经确立。黑方舍卒挡马，逼着。否则红马进卧槽，黑难应。

23. 兵六平七　车 8 退 1　　　　24. 相三进五　车 8 平 4

回车捉马，肋车捉炮，黑方扼守要道，走得正确，局势有所缓和。

25. 仕五进六　马6进4　　　**26.** 马七退六　车4进2

27. 炮六平三　……

弃仕换马，消除黑方前马的威

胁，又可牵制黑方后马，保持优

势，值。

27. ……　　　　马7退9

28. 车八进六　……

抢占卒林，好棋。

28. ……　　　　象7进5

29. 车八平九　车4进1（图47）

如改走马9退7，车九平一，红

方多兵占优。

江苏季本涵

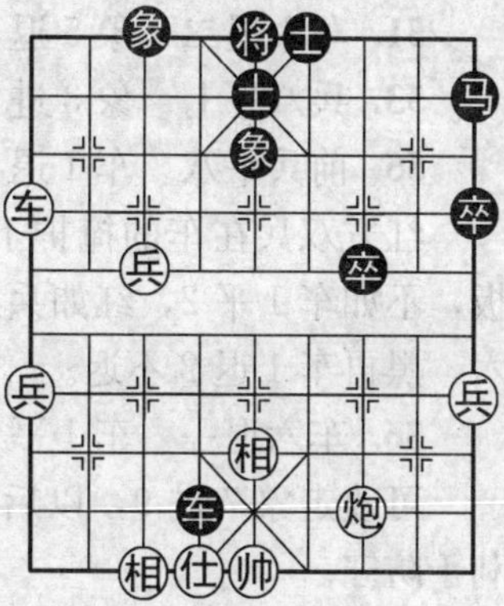

湖北李义庭

图47

30. 仕六进五　……

撑仕轰车，看来很自然，也是习

惯性的应着。但仔细推敲，却没有必要，可改走炮三退一，要灵活

有力。

30. ……　　　　车4退2　　　**31.** 车九平一　车4平7

32. 车一进二　……

兑马意在造成多兵残局，但很难保全三个兵，为胜或和的前景

带来不确定因素。不如改走炮三退一，马9退7，兵七平六，车7

平1，兵一进一，红方胜面比较大。

32. ……　　　　车7进2　　　**33.** 兵七平八　车7退2

34. 兵九进一　车7平6　　　**35.** 兵九进一　卒7进1

36. 兵一进一　卒7平8　　　**37.** 兵一进一　车6退2

38. 兵一进一　车6平9　　　**39.** 车一平二　……

换卒无奈，以后形成车单缺仕双兵对车士象全残局。正常情况

下，黑方可以守和。

39. ……　　　　车9进5　　　**40.** 仕五退四　车9退6

41. 车二退四　车9平5　　　**42.** 车二平七　士5退4

43. 车七进四　士6进5　　　**44.** 车七平八　车5进1

45. 兵九进一　车5平4　**46.** 兵八进一　车4退1

47. 车八平七　车4进1　**48.** 兵八平七　车4平3

49. 兵九平八　车3平6　**50.** 车七平六　车6平2

51. 车六退二　象5退7　**52.** 兵七进一　车2平3

53. 兵八平七　象3进5　**54.** 前兵进一　车3平1

55. 前兵平八　车1退2

红方双兵在车的掩护下，向纵深方向推进。黑方退车有嫌刻板，不如车1平2，红如兵八平七，则车2平1。红若接走前兵平六，黑再车1退2不迟。

56. 车六退一　车1平4　**57.** 车六平八　车4退1

可改走象7进9，以后象5退7，打通黑车在内三线的通道，利于防守。

58. 车八进一　士5退6　**59.** 相五进七　车4平5

60. 兵七平六　象5进7　**61.** 相七进五　车5平4

62. 兵六平五　象7退5?

退象不当（即使退象也应象7退9）。此时应走车4平5长跟兵，红如兵五平四，车5平6，车八平五，车6平5，车五平八，车5平6，红方无法取胜。

63. 车八退三　士6进5

64. 仕四进五　士5退6

65. 兵五平四　士6进5

66. 兵四平三　车4进2

67. 兵三进一　车4平7

68. 兵三平二　车7平6

69. 兵八平七　车6退1

70. 车八平二（图48）　士5进4?

车士象全要守和车双兵有三个要领：①车要守住内三线并通畅。②伺机兑车或控制车兵的活动。③注意士象安全，特别是车与象互相呼应。关

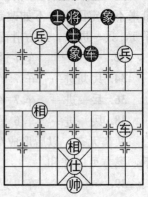

江苏季本涵

湖北李义庭

图48

键是对此类残局的变化要熟悉，仅靠临场应对，特别是时限紧的情况下，是困难的，容易出错，本例就是。如图48形势，黑方撑士不对，应改走象5进7通车。

71. 车二进三　车6退1　　　　**72.** 车二平七　车6进1

73. 车七平二　车6退1　　　　**74.** 车二平七　车6平7？

黑车不能长捉，必须变着。但应走车6进1，车七平二，士4退5！以后再象5进7，复原前面的局面，还有守和机会。

75. 帅五平六　车7平9？

车离象道3、7线，有误。应走将5平6，看住二路兵，还有和局机会。

76. 兵二平三　车9进8　　　　**77.** 帅六进一　车9退7？

捉兵败着，送兵深入，等于自己打自己一拳，也犹如足球中的"乌龙球"。应改走车9退8，还可支撑。

78. 兵三进一　车9退1

再捉兵帮助对方入局。但如改走车9平7，兵三平四，车7平6，兵四平三，士4退5，车七平六，象5进7，兵六平五，将5进1，车七平六，红胜。

79. 车七平三　象5进3　　　　**80.** 兵七平六　象7进5

如改走士4退5，车三平六，车9平7，兵六进一，士5退4（如将5平6，车六平四，车7平6，兵六平五，红方夺车胜），车六进三，将5进1，车六退一，将5退1，车六平三，红胜。

81. 兵三平四　……

下面：车9平6，车三进三，车6退1，兵六进一！将5平4，车三平四，红胜。

第14局
上海朱剑秋（红先负）辽宁孟立国
（1963年5月23日弈于上海）

顺炮直车对横车

1. 炮二平五　炮8平5　　　　2. 马二进三　车9进1

3. 车一平二　马8进7　　　　4. 马八进九　马2进3

1963年5月，东北象棋联队（由王嘉良、孟立国、韩福德组成）访问上海，与上海市队（由胡荣华、何顺安、朱剑秋组成）进行了六场友谊对抗赛。本局是第三场中的一场较量。顺炮直车对横车，红方跳边马是传统的"官着"（现在已很少见，都被跳正马所替代），黑方跳正马却是一反常态（传统也是马2进1跳边马）的新着，加强中心阵地争夺，无疑要积极得多。实际上，两步棋的差异，却是"新老"之争，"守旧"与"革新"之争。创新是象棋发展的核心所在，本局的实践充分证明了这一点。

5. 炮八平七　车1平2　　　　6. 车九平八 ……

如改走兵七进一，车9平4，兵七进一，卒5进1，兵七进一，马3进5，黑方弃卒抢先，富有反弹力。

6. ……　　　　炮2进4

7. 仕四进五　车9平6

车走左肋控帅门，比常见的车9平4更有力，更有见识。

8. 车二进四　卒3进1（图49）

9. 车二平六 ……

黑方挺3卒活马，不怕红方七路炮攻击，佳着。红如改走兵七进一，马3进4，兵七进一，马4进5，马三

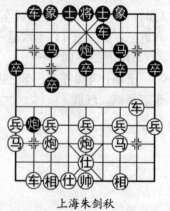

辽宁孟立国

上海朱剑秋

图49

进五，炮5进4。炮镇中路，黑方占先。

9. …… 车6进3 **10.** 兵九进一 马3进4

11. 兵三进一 象3进1

飞边象巩固右翼阵地，又是一步良好的等着。

12. 兵七进一 ……

如改走炮七平六（如车六平八，车2进5，马九进八，炮5平2，黑方主动），炮5平4，车六平八，车2进5，马九进八，炮4平2，车八平九，卒3进1，黑方优势。

12. …… 炮2平3

兑车"脱封"抢先，机灵。

13. 车八平九 炮3平1 **14.** 车九平八 车2进9

辽宁孟立国

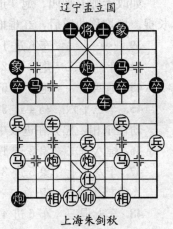

上海朱剑秋

图50

15. 马九退八 炮1进3

16. 马八进九 卒3进1

17. 车六平七 马4退2（图50）

18. 车七进二? ……

进车捉马放弃河沿阵地，失先。应改走车七平四，黑如车6平3，炮七进一；如车6进1，马三进四，红方都不难走，可保持局面的平衡。

18. …… 马2进1

19. 马九进七 马1进3

20. 车七退三 卒7进1

21. 兵三进一 车6平7

兑子后，黑方子活多卒，已经反先。

22. 炮五平六 ……

卸中炮软手。可改走车七平九，炮1平2（如车7平1，车九进二，兑车以后红方并不难走），车九进三，车7平3，仕五进六，抢卒后争取对攻，要比原着法顽强得多。

22. …… 车7平2 **23.** 车七进一 马7进6

24. 车七平四 炮5平6 **25.** 车四平七 车2进2

26. 马三进四　车 2 平 5　　　　27. 炮六平四　炮 6 进 3
28. 车七平四　马 6 退 7　　　　29. 炮四平五　士 4 进 5

至此，车双炮斗车马炮，黑方多卒，兵种又好，优势已经确立。

30. 车四平九　炮 1 退 3　　　　31. 车九进二　象 1 退 3
32. 车九进三　象 7 进 5　　　　33. 炮七进五　马 7 进 6
34. 炮五进四　炮 1 平 3　　　　35. 车九退四　马 6 进 4
36. 车九平六　马 4 进 6

马闯卧槽反击，由此一路雄风。

37. 炮五平四　马 6 进 7　　　　38. 炮四退五　车 5 平 6
39. 仕五进四　……

如改走帅五平四，炮 3 退 3，车六进一，炮 3 进 2，红车不能长捉。黑炮移肋道后，红难抵挡。

39. ……　　　车 6 进 1　　　　40. 帅五进一　车 6 退 4
41. 车六退二　炮 3 退 2　　　　42. 车六平三　马 7 退 6
43. 炮四进一　炮 3 平 5　　　　44. 炮七平八　马 6 进 4
45. 车三平六　马 4 进 3

劫仕杀相，黑方在进攻中扩大优势。

46. 炮八进二　象 3 进 1
47. 车六平七　象 5 进 3

飞象挡车兑子，巧着。

48. 车七退三　车 6 进 4
49. 车七进三　车 6 平 7
50. 车七平四　车 7 进 1
51. 车四退二　车 7 退 2
52. 车四进五　炮 5 退 2
53. 车四平一　车 7 平 5 （图 51）

车炮攻车炮兵，红方残仕相，黑方又控制中心阵地，且看黑方车炮冷着的运用。

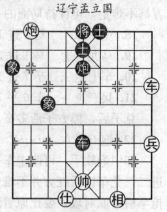

辽宁孟立国

上海朱剑秋

图 51

54. 帅五平六　车5平4　　55. 帅六平五　将5平4
56. 炮八退七　车4进2　　57. 帅五退一　车4进1
58. 帅五进一　车4退1　　59. 帅五退一　车4退1
60. 炮八进二　士5进6

撑士，调动守子间接助攻，在车炮残局中十分重要。

61. 车一平四　炮5退2　　62. 车四退三　士6进5
63. 帅五平四　车4进2　　64. 帅四进一　车4退4
65. 炮八进二　车4退2　　66. 炮八退二　炮5平6
67. 炮八平四　车4平6　　68. 帅四平五　车6进2
69. 车四进一　炮6进5　　70. 兵一进一　炮6平7
71. 兵一进一　炮7退5

夺炮兑车，成炮士象全必胜单兵相，红方认输。

第15局
江苏戴荣光（红先负）湖北李义庭
（1963年6月21日弈于武汉）

仙人指路对卒底炮

1. 兵七进一　炮2平3　　2. 马二进三　马2进1

本局是苏、鄂两位名将在省市交流赛中的一盘对局。仙人指路
对卒底炮，红方跳右马，以后再补左中炮，是当时流行的走法。黑
方跳边马启动右翼。如改走卒3进1，炮八平五，马8进7，马八
进九，卒3进1，兵五进一，象3进5，炮二进二，马2进4，炮二
平七，红方先手。

3. 炮八平五　马8进7　　4. 马八进七　车1平2

如改走卒3进1，马七进六，卒3进1，马六进五。抢中卒攻
中路，红方占先。

5. 马七进六　象7进5　　6. 兵三进一　士6进5
7. 炮二平一　车2进4　　8. 车一平二　车2平4

亮车捉炮，亦可改走马六进五抢中卒或炮五平六卸中炮，红方都具工整。黑方平车挡马准备兑子交换，改走炮 8 平 9 避一手也可。

9. 车二进七　　车 4 进 1 　　　10. 车九进一　　车 4 平 7

11. 马三进二　　卒 7 进 1 　　　12. 马二进一　　马 7 进 6

13. 车二退四　　车 9 平 6

14. 马一进二　　车 6 进 3

15. 车九平四　　炮 3 退 1（图 52）

16. 炮五平八?　……

湖北李义庭

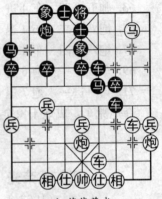

红方调动和集结兵力，从边线切入，走得有声有色，掀起中局波澜。图 52，红方突然卸中炮于左侧，令人费解，是一步无助于进攻的空棋，失先。应改走马二退一，车 6 退 3，车四进四！车 6 进 4，马一进三，车 7 平 6（如车 6 退 2，炮五进四，车 7 平 6，车二进六，后车退 2，马三进四，车 6 退 5，车二退三，卒 1 进 1，兵五进一，红方占优），马三退

江苏戴荣光

图 52

四，车 6 退 1，炮五进四，将 5 平 6，仕四进五，红方优势。

16. ……　　　　车 7 进 2 　　　17. 炮八进六　　卒 3 进 1

18. 炮八退二　　车 6 退 2 　　　19. 马二退三　　车 6 退 1

20. 兵七进一　　车 7 平 2 　　　21. 兵七平八　　……

红方炮动三步，却是"无功而滞"，落入险境。现在舍兵无奈。如炮八退一，炮 3 进 8，仕六进五，车 2 进 2，黑方有攻势，红方不好应付。

21. ……　　　　车 2 退 3

22. 车二平四（图 53）　　马 6 进 5！

马踩中兵，既可"解套"，又可夺子，一举夺势，佳着。

23. 前车进六　　士 5 退 6 　　　24. 车四进二　　马 5 退 3

25. 相三进五　　马 3 退 2 　　　26. 炮一平二　　象 5 退 7

退象过于小心，软弱。可改走卒7
进1，炮二进七，士6进5，炮二平一
（如车四平二，黑车2平7），车2平8，
马三进一，车8退3，黑方车炮扼守下
二路，红方车马炮难以突破，黑方多
子多卒胜势。

27. 车四进四　炮3进2
28. 马三进四　士4进5
29. 车四平八　车2平6
30. 炮二平三　象7进9
31. 马四进二　车6平2
32. 马二退一　炮3进3
33. 炮三平二　炮3平8（图54）
34. 仕四进五?……

抓住黑方落象软手，红方车马炮
左右联攻，吃掉一象，吊拴黑方车
马，取得相应抗衡之势，为战局带来
一线生机。如图54，红方补仕为何?
软着。应改走兵九进一紧一手为好。

34. ……　　　卒1进1!

你不挺兵我挺卒。黑方边卒一
拱，河口车即刻生根，双马皆活，黑
方又掌优势。

35. 车八平七　马2退4
36. 马一进三　将5平4
37. 车七退四　炮8退1
39. 炮二平六　马4退6
41. 车七退二　车2平7
43. 车七进一　将4退1
45. 炮六退一　炮8退3

湖北李义庭

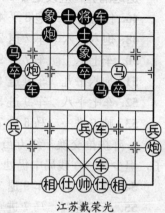

江苏戴荣光

图53

湖北李义庭

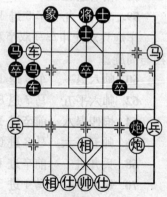

江苏戴荣光

图54

38. 相五进三　卒7进1
40. 车七进六　将4进1
42. 马三退一　马1进2
44. 车七进一　将4进1

退炮漏算，应改走卒 7 平 6，黑可保持多子优势。

46. 仕五进六　炮 8 平 4　　　　**47.** 车七退一　将 4 退 1

48. 炮六进六　车 7 退 2　　　　**49.** 炮六进一　士 5 进 4

50. 车七退三　车 7 平 9

51. 炮六平九　车 9 进 4

52. 车七平八　车 9 进 3

53. 帅五进一　马 6 进 7（图 55）

一阵拼抢交换，红方虽然夺回失
子，但少兵，在残局中仍处于劣势。

54. 帅五平六　车 9 退 3

55. 仕六进五　马 7 进 6

56. 相七进九　马 6 进 7

57. 相九进七　卒 7 平 6

58. 相七退五　车 9 平 5

59. 车八平九　车 5 进 1

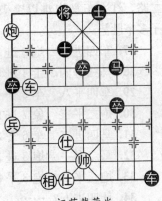

湖北李义庭

江苏戴荣光

图 55

车炮兵双仕斗车马双卒双士。黑有过河卒的存在，红方很难抵
挡与周旋。

60. 帅六退一　车 5 退 1　　　　**61.** 兵九进一　车 5 平 3

62. 帅六平五　马 7 退 8　　　　**63.** 炮九平四　卒 6 平 5

64. 炮四退八　前卒进 1　　　　**65.** 车九平六　士 6 进 5

66. 帅五平六　马 8 进 6　　　　**67.** 仕五进四　马 6 退 5

68. 兵九进一　前卒进 1　　　　**69.** 仕六退五　马 5 进 4

70. 炮四平五　马 4 进 5!　　　**71.** 炮五进二　……

弃马杀仕，凶。红如仕四退五，卒 5 进 1，炮五进六，车 3 进
3，黑胜。

71. ……　　车 3 进 3　　　　　**72.** 帅六进一　车 3 退 1

73. 帅六退一　马 5 退 3

车马杀局，下面为：车六退三，车 3 进 1，帅六进一，车 3 平
4，黑胜。

第 16 局
吉林王佩臣（红先和）上海何顺安

（1964 年 5 月 8 日弈于杭州）

中炮过河车对屏风马平炮兑车

1. 炮八平五　马 2 进 3　　**2.** 马八进七　车 1 平 2

3. 车九平八　马 8 进 7　　**4.** 兵三进一　卒 3 进 1

5. 车八进六　士 6 进 5　　**6.** 马二进三　炮 2 平 1

7. 车八平七　炮 1 退 1　　**8.** 车一进一 ……

本局弈自 1964 年全国个人赛第 10 轮。中炮过河车对屏风马平炮兑车，红方此时启横车是新颖的走法，一般都走炮二平一或马三进四。

8. …… 　　炮 1 平 3

9. 车七平六　象 7 进 5（图 56）

10. 车一平六　车 9 平 6

双车集结左肋，意在下面卸中炮含有轰士的攻势，但黑方可以化解，并不构成真正威胁，而让黑方可以从容开出贴身车，似乎并不"高明"。可改走车一平四，黑如车 9 平 6，车

上海何顺安

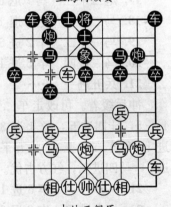

吉林王佩臣

图 56

四进八，将 5 平 6（如士 5 退 6，红车六进二），马三进四，红方先手。

11. 炮五平六　象 3 进 1

飞象使阵形不整，不利于防守。应改走炮 3 平 1，局面稳正。

12. 相三进五　车 6 进 4　　**13.** 马三进二　炮 8 进 2

红方跃马兑子抢先，黑方升炮顶，正着。如炮 8 进 5，炮六平二，红方有攻势。

14. 兵三进一 ……

弃兵抢攻，意图积极，但少了一个步骤。应先走前车进二先侵一手，黑如炮3退1（如炮3平2，兵三进一，车6平4，前车退三，炮8平4，车六平八，马3进2，车八平三，卒7进1，马二进三，炮4平5，兵五进一，炮2进2，马三进一，炮5平6，马一进三，炮6退3，车三平四，红优），兵三进一，车6平7，后车平四，炮8进3，炮六平二，车7平4，车六退三，马3进4，马二进四，红方占优。

14. ……	车6平4
15. 前车退一	炮8平4
16. 车六平二	卒7进1
17. 炮二平三	马7退6
18. 马二进一	炮4退1
19. 马一退二	车2进3
20. 马二进四	卒5进1（图57）
21. 兵五进一	……

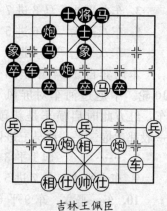

上海何顺安

吉林王佩臣

图57

冲兵缓着。可改走车二进五，炮4平5，仕四进五，象1退3（如卒5进1，红车二进三），帅五平四，马6进8，马四进三，红方占优。

21. ……	卒5进1	**22. 车二进三**	炮4平8
23. 炮六进四	炮8退2	**24. 仕四进五**	马3进4

同样跳马，不及马3进2来得灵活。红如接走车二平五，炮8进3，马四退三，车2平4，马三进二，车4平8，马二退三，马2进3，黑方反先。

25. 车二平五	炮8进3	**26. 车五平六**	炮8平6
27. 车六进一	炮6进2	**28. 兵一进一**	……

又是一步缓着。应改走马七进五。跃出红马后，红方有机会组织攻势。

28. ……	卒7进1	**29. 兵一进一**	马6进8

---

30. 马七进五？ ……

此一时彼一时。此时跃马已不适时宜。应改走兵七进一，卒3进1，马七进五，卒3进1，马五进四，象1退3，炮六进二，车2平6（如车2退1，红车六平七），炮三平四，红方占优。

30. …… 　卒7平6

31. 兵一平二 　卒6平5

32. 马五退七 ……

退马损失步数，且马路被堵，明显影响阵势的通畅。

32. …… 　象1退3

33. 炮三平二 　马8进7

34. 兵二平三 　象5进7

35. 炮二进四 　马7退5

36. 车六退二（图58）　炮3平4

一阵争执，黑方争得过河卒屹立

上海何顺安

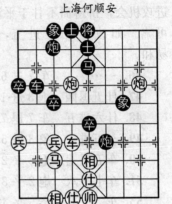

吉林王佩臣

图58

河头，局面已经反先。图58形势，黑方亦可改走卒5进1，马七进五，炮6平4，炮二平八，炮3进5，马五进三，马5退3，炮六平五，将5平6。斗无车棋，黑方占优。

37. 车六平四 　车2平4　　**38. 炮二退四** 　车4平8

39. 炮二平四 　炮4平3

平炮没有针对性，似乎有落空的感觉。可改走马5退3，兵七进一，卒3进1，相五进七，象7退5，相七进五，马3进2，这样调整以后，黑方车马炮卒子位得到很大改善，拓展的机会很大。

40. 车四平三 　马5进4　　**41. 车三进二** 　车8平4

红方乘机劫象，重又取得抗衡机会。黑方平车保马不及马4退3比较活络。

42. 车三平五 　卒5平6　　**43. 马七进五** ……

逼兑黑马，黑方优势无形之中消失。

43. …… 　马4进5　　**44. 车五退二** 　车4平8

45. 相五退三　车8平7（图59）

46. 炮四平五　……

　　兑马之后，双方进入车炮兵（卒）残局。红方弃相平中炮，寻求进攻机会，拼搏而不甘于平淡，精神可嘉。如改走相三进五，则保守易和。

46. ……　　车7进6

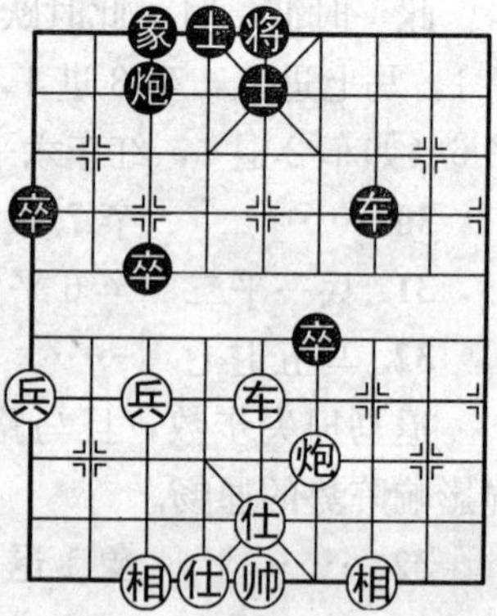

47. 仕五退四　炮3进1

48. 仕六进五　车7退7

49. 车五进二　象3进5

50. 车五平七　炮3平2

51. 车七平八　炮2平3

上海何顺安

吉林王佩臣

图59

52. 车八平二　卒6平5

53. 车二平五　卒5平4

54. 炮五进五　……

　　红方车炮运动，吃卒掠象，走得出色，显示残局功力。

54. ……　　士5退6

55. 炮五平四　……

　　也可改走炮五退一，车7进1，相七进五，红方不难走。

55. ……　　士6进5

56. 炮四退五　车7平6

57. 炮四平八　炮3平2

58. 车五平六　卒4平5

59. 兵七进一　车6进4

60. 炮八进二　……

　　轰卒保边兵，老练。

60. ……　　卒5进1

61. 兵九进一　车6退3

62. 车六平五　卒5平4

　　让卒还想等待机会，搏一搏。如车6平2强兑炮，则立刻成和。

63. 车五进二　炮2退1

64. 兵七进一　车6进2

65. 炮八进三　车6平3

66. 车五退二　将5平6

　　出将清醒。如车3进4贪相，仕五退六，车3平2（如车3退4，红炮八平七），炮八平七，炮2平3，兵七进一，红方占优。

67. 相七进九　车3平1

68. 车五平四　将6平5

| 69. 炮八平九 车 1 平 2 | 70. 炮九进二 炮 2 退 1 |

71. 兵七平八 ……

横兵监视边卒，紧着。

71. …… 士 5 进 6	72. 车四平五 将 5 平 6
73. 车五平六 将 6 进 1	74. 炮九退一 将 6 平 5
75. 相九退七 车 2 进 4	76. 车六退二 ……

换兵卒，消除险情，时限已紧情况下采取的简化措施。如改走车六平七，则继续成为各有顾忌的对攻形势。

76. …… 车 2 退 5	77. 车六进六 车 2 平 3
78. 相七进五 炮 2 进 6	79. 车六退六 炮 2 退 1
80. 车六平五 将 5 平 6	81. 炮九平六 车 3 平 4
82. 炮六平七 车 4 平 6	83. 炮七退六 炮 2 退 4
84. 相五退三 炮 2 平 5	85. 炮七平五 ……

兑炮即刻和棋。如改走帅五平六（如误走炮七平四，车 6 进 3！车五进五，将 6 平 5！黑方胜），车 6 平 4，帅六平五（如炮七平六，黑炮 5 平 4），车 4 平 6，一将一闲，也是和棋。

第 17 局
广东杨官璘（红先胜）上海胡荣华
（1965 年 11 月 12 日弈于银川）

五八炮对屏风马

1. 炮二平五 马 2 进 3	2. 马二进三 马 8 进 7
3. 车一平二 车 9 平 8	4. 兵三进一 卒 3 进 1
5. 马八进九 象 3 进 5	6. 炮八进四 卒 7 进 1

本局是棋坛两位泰斗在 1965 年全国赛上的交锋，特别引人注目。五八炮对屏风马，黑方以飞右象应对，此时兑 7 卒活马，又避红方炮八平三轰卒窥底象的压制手段，必着。

| 7. 兵三进一 象 5 进 7 | 8. 炮八平七 车 1 平 2 |

9. 车九平八   炮2进4

进炮封车，争取对抗。否则被红方左车抬起，黑方被动。

10. 兵七进一   卒3进1

冲兵拆炮架，先弃后取抢主动，紧着。黑如改走炮8进2，兵七进一，炮8平3，车二进九，马7退8，马三进四，红方占先。

11. 车二进四   马7进6（图60）

12. 马九退七   ……

退马捉炮，从两翼加强对黑方的牵制，着法大气，全局感强。如车二平七吃卒，炮8平7，红方右侧反受累。

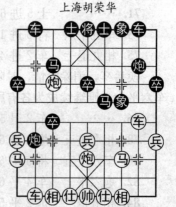

上海胡荣华

广东杨官璘

图60

12. ……   卒3进1

此时黑方中路"敞开"，挺卒让红方从容开车，且难以保存，欠稳健。可改走象7退5，车二平七，炮8平7，相三进一（如车八进三，车2进6，马七进八，炮7进7，黑方弃子抢攻。又如马三进四，炮2进2，黑方对抗），炮2进2，黑势抗衡。

13. 车二平七   象7进5

如炮8平7，炮七退三，黑方全线受攻。

14. 炮七退三   炮2平5   **15. 炮五进四   马3进5**

16. 车八进九   炮8平7   **17. 车八退七   ……**

弃车与反弃车，双方短兵相接，一触而爆发，走得精彩，局势骤然紧张起来。红方退车保马，正着。如马三进五，炮7进7，仕四进五，马6进5，车七平五，炮7平9，车五退一，车8进9，仕五退四，车8退3，仕四进五，车8平5，黑方大优。

17. ……   炮7进5   **18. 车八平三   马5进4**

19. 车三平六   炮5退3（图61）

20. 车七平六   ……

一车换双，化解黑方攻势，有多
子之利。走法简化而便捷。

上海胡荣华

20. ……　　　　　马 6 进 4

21. 车六进二　　车 8 进 6

22. 炮七进一　　车 8 平 5

23. 仕六进五　　……

补左仕便于出帅车攻杀士，以优
势进入残局，老练。如仕四进五，车
5 平 4，车六平五，炮 5 平 3，夺回弃
子后，即刻成和势。

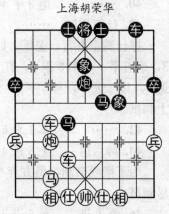

广东杨官璘

图 61

23. ……　　　　车 5 平 3

24. 帅五平六　　车 3 进 2

25. 车六进五　　将 5 进 1 　　　　26. 相七进五　　车 3 退 2

27. 车六退三　　炮 5 进 2

同样进炮，似乎不及炮 5 进 1。

28. 兵一进一　　卒 1 进 1

车炮残局，另有两路边线对头兵卒，因为黑方残一士，故成为微
妙的胜、和未定局。黑如改走车 3 平 1，车六平一，卒 1 进 1，车一平
五，炮 5 平 8，兵一进一，红优。

29. 炮七进二　　车 3 平 1 　　　　30. 炮七平一　　将 5 平 6

31. 车六退一　　……

退车正确。如误走车六平四，将 6 平 5，车四进三（贪着），
车 1 平 4，帅六平五，将 5 平 4，黑方反取胜局。

31. ……　　　　士 6 进 5 　　　　32. 兵一进一　　将 6 退 1

33. 炮一进三　　卒 1 进 1 　　　　34. 车六退一　　炮 5 退 1

35. 兵一进一　　炮 5 平 3 　　　　36. 兵一平二　　炮 3 退 4

37. 炮一退五　　车 1 平 3 　　　　38. 帅六进一　　卒 1 进 1

39. 车六平四！将 6 平 5 　　　　40. 车四平九！……

先打将，再控卒，过门清爽，既利于牵制又可摆中炮进攻，
佳着。

40. ……　　炮3平4　　**41.** 炮一平五　将5平6

42. 仕五进四　……

撑仕腾空九宫，老练。如改走兵二平三（如炮五进四，车1平3，炮五平一，车3退6，红兵不保），车1平3，车九退一，车3退6，兵二进一，车3平4，仕五进六，车4平8，吃掉红兵，大致上和棋。

42. ……　　车1平6　　**43.** 车九退一　车6退1

44. 帅六退一　士5进4　　**45.** 帅六平五　车6退1

为了摆脱牵制，黑方弃卒换得双仕，也可谓是"物有所值"，尽到努力。

46. 车九进六　车6进2　　**47.** 帅五进一　车6退1

48. 帅五退一　炮4平3　　**49.** 兵二平三　车6退4

50. 兵三进一　车6进5　　**51.** 帅五进一　车6退8

红方快步疾进，逼黑方退车防守，形成红攻黑守的残棋格局。

52. 车九平八　士4退5　　**53.** 车八退四　炮3进2

54. 车八进四　炮3退2

55. 炮五平二（图62）　炮3平5

平中炮过急而出错，授红方以机会。应改走车6平8，红方很难突破。

56. 炮二进五　象5退3

57. 车八平七　士5退4

58. 炮二平五　将6平5

59. 车七退四　……

抓住时机，红方换炮夺象，形成车兵对车士象残局。黑方子位未归正，红方有胜局的可能。

上海胡荣华

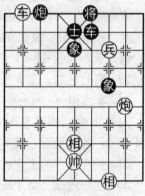

广东杨官璘

图62

59. ……　　象7退9

如改走象7退5，车七平五，车6平5，兵三平四，象5退7，车五平三，象7进9，车三平六，车5平7，帅五平六，士4进5，车六进三，象9进7，车六平八，红胜。

60. 车七平五　士4进5　　　**61.** 相五进三　象9退7

62. 相三进一　将5平4　　　**63.** 车五平六　将4平5

64. 车六平八　将5平4　　　**65.** 相三退五　将4平5

66. 相五退三　将5平4　　　**67.** 帅五退一　象7进9

68. 相一进三　象9退7　　　**69.** 车八平六　将4平5

70. 车六平九　将5平4

71. 车九平八　象7进9

72. 车八平六　将4平5（图63）

73. 车六进二　……

上海胡荣华

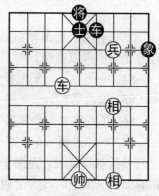

广东杨官璘

图63

经过一段着法的思考、试探和摸索，红方找到了突击的线路，车兵控制下三路，使黑方陷入尴尬境地。

73. ……　　　　象9退7

74. 兵三平四　车6平9

兵入九宫赶车，刁。黑方另有两种着法：①车6平7，车六进一，将5平6，车六平八，红胜。②车6退1，帅五进一，象7进5（如象7进9，车六平八，将5平4，兵四平五，车6进1，兵五平六，红胜），车六平五。破象后，红方胜定。

75. 车六进一　车9平8　　　**76.** 车六退三　车8进1

另有两种着法：①将5平6，车六平八，士5退4，车八平三，车8平5，相三进五，象7进9，车三平六，将6平5，帅五平六，红胜。②车8平7，相三退一，车7进2，兵四进一，车7平5，帅五平六，车5平6，车六平八，车6平4，帅六平五，车4平5，帅五平六，士5退4，车八平六，士4进5，车六进三，红胜。

77. 兵四进一　车8平5　　　**78.** 帅五平六　象7进9

如改走士5进4（如车5平4，红兵四平五打将夺车胜），车六平八，将5平4，兵四平五，红胜。

79. 车六平八（图64）　车5平4

80. 帅六平五　车4平5　　　**81.** 帅五平六　车5平4

82. 帅六平五　　车4平5

83. 帅五平六　　士5退4

红方露帅游移助攻，车兵左右虎视，黑方顾此失彼，难以周旋。图64，红方巧用棋规，妙在其中。黑车不能长将，只能退士。

84. 相三进五　　……

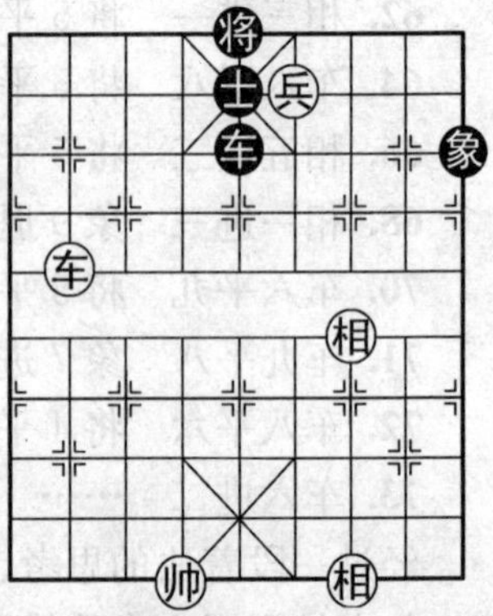

飞相老练，比退相微妙。这在以后的变化中可以看到。

上海胡荣华

图64

广东杨官璘

84. ……　　　　车5平4

85. 帅六平五　　车4平5

86. 车八平二　　象9退7

87. 车二进四　　车5平7　　**88.** 车二退一　　……

车兵双塞象眼，逼黑车离开内三线，妙。在此也可看到前面飞相的细腻（如当时改为退相，则黑现有吃相手段，红要应付）。

88. ……　　　　车7平5

如改走车7进2，车二退一，车7平5，车二平三，象7进9，车三平一，红胜。

89. 车二平三　　象7进9　　**90.** 车三平二　　……

下面为：车5平7，车二退二，士4进5，车二平五，红胜。杨官璘残局功夫炉火纯青，本例可见一斑。

第18局
广东杨官璘（红先负）黑龙江王嘉良
（1966年4月24日弈于郑州）

中炮巡河炮对屏风马左象横车

1. 炮二平五　　马8进7　　**2.** 马二进三　　卒7进1

3. 兵七进一　　马2进3　　**4.** 车一平二　　车9平8

5. 马八进七　车1进1

本局是两位高手在 1966 年全国赛上的对局。中炮七路马对屏风马开局，黑方启横车旨在对抗，具有强烈的竞争意识。另有两种着法可供选择：①炮 2 进 4，兵五进一，炮 8 进 4，成对攻性很强的双炮过河阵式。②象 3 进 5，侧重于防守。

6. 炮八进二　象7进5

形成巡河炮对左象横车局式，这在当时是相当流行的。红方采用巡河炮，伺机兑三兵活马，使左右子力畅通，然后稳扎稳打，徐图进取。另也可改走车二进六，兵五进一等走法，则比较急进。

7. 车九进一　车1平6　　　**8.** 车九平六　车6进6

双方横车占肋，展开争斗。黑方进车捉马显示特色。在 1965 年全国赛中，杨官璘与四川刘剑青对阵时，黑方走炮 2 进 2，车二进六，马 7 进 6，马七进六，车 6 平 4，帅五进一（进帅妙！），马 6 进 7，马六进七，车 4 平 8，帅五退一，炮 2 退 1，炮五平七，炮 8 平 7，车二平三，红方占先。

9. 炮八退二（图 65）　车 6 平 7

善于创新是王嘉良大师的特点。黑车杀马，一车换双，新颖的抢先佳着。从静态来讲，一车的战斗力要大于马炮的力量，但从棋局的动态来看，则"势大于子"。着眼于取势，是高明棋手的高明之处。在此战之前的另两盘对局中，黑方应着为车 6 退 2，车六进七（侵象腰抢先。如改走相七进九，炮 8 进 4，仕六进五，士 6 进 5，车二进二，炮 2 进 2，相三进一，车 6 退 5，兵五进一，马 7 进 6，

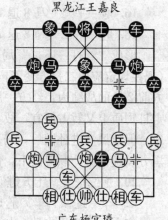

黑龙江王嘉良

广东杨官璘

图 65

车六进七，炮 8 退 5，车六退五，炮 8 平 7，车二进七，车 6 平 8，黑方局势开朗。选自四川刘剑青与上海朱剑秋在 1965 年全国赛上的对局），士 6 进 5。此时红方有两种攻法：①车六平八，炮 2 平

1，相七进九，炮8平9，车二进九，马7退8，兵五进一，炮1进4，车八退五，炮1退1，兵三进一，车6退5，兵三进一，炮1平5，车八平五，红先（选自广东杨官璘与北京朱学增1966年4月21日的对局）。②兵五进一，炮8平9，车二进九，马7退8，马七进五，炮2进4，炮五平七，炮9退1，炮七进四，马3退1，车六退二，红方占先（选自广东蔡福如与北京朱学增1966年4月16日的对局）。

10. 炮五进四	马3进5	11. 炮八平三	马5进6
12. 炮三平一	马7进8	13. 炮一平二	车8平7
14. 炮二进二	……		

经过交换，黑方子力开畅，双马活跃，布局获得成功。红方另有两种应着：①炮二进五，炮2平8，车二平一，马6进8，相三进五，后马进7，黑方占优。②车六进三，马8进7，炮二平四，马6退8，黑优。

14. ……	马8退7	15. 炮二平一	马7进8
16. 炮一平二	马8退7	17. 炮二平一	马7进8
18. 炮一平二	马8退7	19. 车二平一	马6进8

形成"二打一还打"局面，根据当时棋规，双方不变可判和（现在规定应由二打方变着，否则判负）。从战时心理上来分析，双方前2轮的战绩为：红方一胜一负，黑方一胜一和。此战红方持先走且物质上又暂占便宜，故不肯轻易言和，主动避车求变，意在进取。但让黑马进卧槽后，局面受到牵制，为此将付出沉重的代价。黑方以逸待劳，顺势而下，恰到好处。

20. 炮二平五　士6进5

21. 车一进二　车7平6（图66）

红方高车寻找出路。如改走车六平四，马7进8，黑方占先。黑车贴身亮出，是控制局面的紧要之着。

22. 车一平三　……

"车无用武之地"，无所适从，难占好位。如改走车一平六，马7进5，前车进四，车6进3，马七进六，将5平6，马六退五（退马必着，如仕六进五，马8进7，帅五平六，炮2平4，黑方胜势），卒7进1，兵三进一（如仕六进五，卒7平6，黑优），炮8平7，相三进一，炮2进1，前车平七（如改走车六退一，黑炮2进4有攻势），炮2进4，车六平二，马8进7，马五退三（如车二平三，炮7进6，马五退三，车6进6，帅五进一，车6退1，帅五退一，马5进4，黑胜），车6进6，帅五进一，车6退1，帅五退一，马5进4，车七平三，车6进1，帅五进

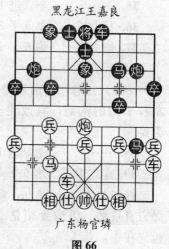

黑龙江王嘉良

广东杨官璘

图 66

一，马4进3，帅五平六，车6平4，黑胜。

22. ……	马7进5	23. 相三进五	车6进4
24. 仕四进五	马5进6	25. 车三退二	马8进9
26. 车三平四	马9退7	27. 车四进一	炮8进7

抓住红方暗车的弱点，黑方"双马戏车"，底炮取势，由此发动反击，红方疲于应付。

28. 仕五进四	马6进8	29. 车四平二	将5平6
30. 车六平四	炮8平9	31. 车二进二	马7进8
32. 车四退一	炮9平6	33. 车二退三	炮6退1

局势戏剧性地向前发展。在黑方咄咄逼人的攻势之下，红方为救后宫之危，无奈还以一个"一车换双"，但量同质异，此一时不是彼一时，区别是一个主动，而一个却是被动，棋势之争就在于这两个"动"也。

34. 车二进九　将6进1（图67）

35. 仕六进五　……

兑子以后，局面迅速简化，双方进行残局较量，以决高下。在时限已紧的情况下，红方出于求稳的心理，补了一手仕，看来好像很自然，但实质上有嫌软弱，不如改走车二退三占卒林，对抢先手为好。

35. ……　　　卒 3 进 1

36. 兵七进一　车 6 平 3

37. 炮五平七　炮 6 平 9

38. 兵五进一　……

冲中兵过急，目前形势下不利于
左右子力的沟通。宜改走车二退三
为妥。

38. ……　　　炮 9 进 1

39. 车二退三　炮 9 平 3

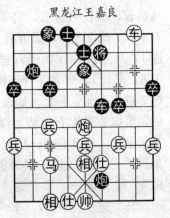

黑龙江王嘉良

广东杨官璘

图 67

红如改走相七进九，炮 2 进 5，
黑方有攻势。黑炮轰相兑子得实惠，
抢先在手，老练。

40. 炮七退四　车 3 进 3　　　41. 车二平八　炮 2 平 1

42. 车八平九　车 3 平 5　　　43. 炮七进八　士 5 进 6

44. 车九平一　车 5 退 2　　　45. 车一进二　将 6 退 1

46. 车一进一　将 6 进 1　　　47. 车一平六　车 5 进 1

红方残双相，黑方残单士。双方智斗车炮，兵卒的参战将成为
战局的关键。现在黑车占兵林，紧握先手。

48. 炮七平九　炮 1 平 3

平炮正确。如误走车 5 平 7，车六退一，士 6 退 5（如将 6 退
1，炮九进一，红胜），车六退五，红抽车胜。

49. 兵九进一　……

如改走车六退一，将 6 退 1，炮九进一，象 3 进 1，车六退一，
炮 3 进 7，黑方占先。

49. ……　　　车 5 平 7　　　50. 车六退一　将 6 退 1

51. 炮九进一　象 3 进 1　　　52. 车六退一　炮 3 进 4

53. 车六平五　将 6 进 1　　　54. 兵一进一　车 7 进 3

55. 仕五退四　炮 3 平 9　　　56. 炮九平三　车 7 平 8

57. 车五退四　炮 9 进 3

58. 车五平一　卒 7 进 1（图 68）

小卒及时渡河，形成车炮卒联攻之势，赢得时间和速度。红方纵然多兵，但兵力分散，鞭长莫及。

59. 兵一进一　　炮 9 平 6

60. 兵一进一　　炮 6 平 7

61. 炮三平六　　……

如改走炮三退九，车 8 平 7，帅五进一，卒 7 进 1，黑方车卒将捷足先登。下面车炮卒抓紧入局。

61. ……　　　　炮 7 退 3

62. 帅五进一　　车 8 退 5

63. 炮六退九　　炮 7 平 8

64. 车一进一　　车 8 平 5

66. 车一平三　　车 5 进 2

68. 仕五进四　　将 6 平 5

70. 车二退二　　卒 7 平 6

72. 车三平二　　车 5 进 2

74. 帅六退一　　炮 6 平 9

76. 炮六平五　　卒 6 进 1

78. 车一平五　　将 5 平 6
黑胜。

黑龙江王嘉良

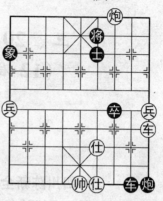

广东杨官璘

图 68

65. 帅五平六　　卒 7 进 1

67. 仕四退五　　炮 8 进 2

69. 车三平二　　炮 8 平 7

71. 车二平三　　炮 7 平 6

73. 帅六进一　　车 5 退 1

75. 车二平一　　车 5 平 3

77. 车一进二　　炮 9 平 7

79. 炮五平三　　车 3 进 2

三、20世纪70年代
(12局 19~30)

第19局
四川陈新全（红先胜）广东刘星
（1974年7月17日弈于成都）

顺炮直车对横车

1. 炮二平五　炮8平5　　　　**2.** 马二进三　车9进1

3. 车一平二　马8进7　　　　**4.** 仕四进五……

本局是蜀、粤两位大师在1974年全国个人赛中的角逐。顺炮直车对横车，红方补仕固中稳健，是传统的走法，在20世纪50年代和60年代比较多见。目前已少见，多走马八进七。

4. ……　　马2进3　　　　**5.** 马八进七　车9平4

横车过宫似乎早了一点。可改走卒7进1，兵七进一，车9平4，局势比原着法要开扬。

6. 炮五平四　卒5进1

红方卸中炮避免黑车占兵林攻击，由对攻阵形转换成防守阵式。黑方冲中卒嫌急，应车4平6先控一步，再从中路发动进攻才正确。

7. 炮四进五……

见缝插针，打黑方一个措手不及，机灵。

7. ……　　士4进5

如炮5进4，马七进五，炮2平6，炮八平五，炮6平5，车二进六，红方先手。

8. 炮四平七　马7进5　　　　**9. 车二进六　马5退3**

如改走卒5进1，兵五进一（如车二平三，黑马5进4），炮5进3，相七进五，马5退3，车二平三，红方占先。

10. 车二平三　车4进5

黑方先弃后取，虽然夺回一子，但被红车打通卒林后，左右受攻，局面尴尬。现在进车寻找攻势，只能如此。如炮5平7，兵三进一，红先。

11. 车三平七　士5进4（图69）

广东刘星

12. 炮八进一　车4退1

13. 炮八进三　炮2退1

14. 兵七进一　车4平8

15. 炮八平一　……

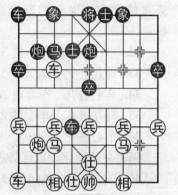

四川陈新全

图69

红方吃卒压马控制住左翼后，抬炮轰车再进卒林，继而冲兵逐车，炮轰边卒，一套组合拳抢攻占势，走得漂亮。

15. ……　　炮2平3

16. 车七平四　车8平3

17. 马七退九　车1平2

18. 炮一进三　士4退5　　　　**19. 车四平三　车2进8**

红方车炮侧攻，黑方无法阻挡，只好"放弃"。进车扣马意在右侧找回一点便宜。

20. 车三进三　车3平8　　　　**21. 相七进五　炮5平6**

22. 兵三进一　象3进5　　　　**23. 车三退三　车8退5**

24. 炮一退四　炮6进6　　　　**25. 仕五退四　车8进4**

如改走炮6平1吃马，车三进一，车2平3，车三平五，红方弃子抢攻，黑方残双象又少卒，多有顾忌。

26. 兵一进一　马3进2

如改走炮6平1，兵三进一，红有攻势。

27. 车三平八　炮 3 平 1　　28. 马三进四　炮 1 进 5

29. 车九平七　卒 5 进 1

如炮 6 平 1，马四进三，红方有踏象、炮轰中卒等严厉手段，黑方不好应付。

30. 炮一平八　车 8 平 2

31. 车八退一　车 2 退 4

32. 马四进三（图 70）　……

广东刘星

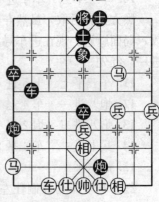

四川陈新全

图 70

一番争斗交换，形成车双马斗车双炮棋局。黑方残象、少卒，红方优势自然存在。现在踏马窥象，逼黑接着。

32. ……　　　　象 5 进 3

33. 马九进七　炮 1 平 3

34. 马七进九　车 2 进 2

35. 马九进八　车 2 退 2

36. 车七进三　……

逼黑兑子简化，以优势进入残局，走来流畅、老练。

36. ……　　　　炮 6 平 7　　37. 马三进四　卒 5 进 1

38. 车七平五　车 2 退 2　　39. 马四退五　车 2 平 5

40. 兵三进一　……

渡兵参战，力在其中。

40. ……　　　　炮 7 平 2　　41. 兵三平四　士 5 退 4

42. 兵四平五　象 3 退 1　　43. 马五退三　炮 2 进 1

44. 仕六进五　士 4 进 5　　45. 车五平八　炮 2 平 1

46. 兵五进一　车 5 平 3　　47. 仕五进六　车 3 进 7

48. 帅五进一　车 3 退 5　　49. 马三进二　车 3 进 4

50. 帅五退一　车 3 进 1　　51. 帅五进一　车 3 平 6

52. 马二退四　炮 1 退 5　　53. 车八进二　炮 1 进 2

54. 兵一进一　炮 1 平 5　　55. 相五进三　车 6 退 4

56. 车八进二　炮 5 平 6（图 71）

57. 兵五平六！……

横兵叫杀，好棋。

57. ……　　　将 5 平 4

58. 兵六进一！……

再冲兵，献兵又献马，妙，黑方不能吃。

58. ……　　　象 1 退 3

59. 车八进二　车 6 平 3

60. 车八退六　炮 6 平 3

61. 车八进三！……

抢占卒林再弃兵，毫不放松。

广东刘星

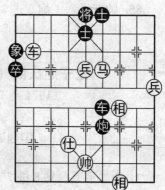

四川陈新全

图 71

61. ……　　　士 5 进 4

62. 马四进六　车 3 平 5　　　　**63. 相三退五　炮 3 平 5**

64. 相五退七　车 5 退 3　　　　**65. 马六进七　士 6 进 5**

66. 车八平九　……

车马兵单缺仕攻车炮卒孤士，黑难抵挡。黑如改走卒 1 进 1，车八进三，将 4 进 1（如将 4 平 5，马七退六，将 5 进 1，车七退一，杀），车八退四，黑卒仍要被消灭。吃掉边卒后，黑方回天无术了。

66. ……　　　将 4 平 5　　　　**67. 车九平八　炮 5 平 6**

68. 相七进五　车 5 平 3　　　　**69. 马七退八　炮 6 退 4**

70. 马八进九　车 3 退 2　　　　**71. 马九退八　车 3 平 2**

如车 3 进 2，马八进九，形成"二捉一还捉"，黑方违例。

72. 相五进七　将 5 平 6　　　　**73. 车八退三　将 6 进 1**

74. 兵一进一　士 5 进 4　　　　**75. 马八退九　……**

兑车简化，下面马兵入局。

75. ……　　　车 2 进 6　　　　**76. 马九退八　士 4 退 5**

77. 兵一平二　炮 6 平 4　　　　**78. 马八进六　将 6 退 1**

79. 马六进五　士 5 进 6　　　　**80. 兵二平三　炮 4 平 5**

81. 马五进七　炮 5 平 4　　　　**82. 兵三平四　士 6 退 5**

83. 兵四平五　炮4退2　　　　84. 马七进五　炮4平5

85. 帅五平六　炮5进3　　　　86. 马五退三　红胜

第 20 局
辽宁赵庆阁（红先和）广东蔡福如
（1974 年 7 月 24 日弈于成都）

中炮进三兵对屏风马

1. 炮二平五　马8进7　　　　2. 马二进三　车9平8

3. 车一平二　马2进3　　　　4. 兵三进一　卒3进1

5. 马八进九　卒1进1　　　　6. 车九进一　卒1进1

本局出自 1974 年全国个人赛。中炮进三兵对屏风马，是炮马布局体系中的一大门类，套路繁多，不断发展。红方起左横车，成直横车攻势，另有五六炮（炮八平六）、五七炮（炮八平七）、五八炮（炮八进四）等多种打法，均有丰富的变化。黑方兑边卒抢出右车，适时的应着。

7. 兵九进一　车1进5　　　　8. 车九平四　……

抢肋亮车。如车二进四，象7进5，车九平四，车1平4，黑方严阵以待。

8. ……　　　　车1平7　　　9. 马三进四　炮2进4

一个是铁骑追风，一个是炮动如飞。弈来针锋相对，各不相让。

10. 炮五退一　炮8进3　　　11. 相七进五　车7进1

12. 马四退三　……

缩马回槽固防中路又牵制黑方左侧，以退为进，佳着。

12. ……　　　　士6进5　　　13. 车四进三　炮8进2

炮封内三线，正着。如改走炮8进1，兵七进一，马3进1，炮八平七，以后有抬炮轰车抢子的手段，红方先手。

14. 兵七进一　马3进1　　　15. 炮五平三　车7平6

16. 车四退一　炮2平6　　　17. 炮三进五　炮6退3

兑子、退炮，保持局面均衡，走得老练。

18. 车二进一　象 7 进 5　　**19.** 车二平四　车 8 平 6

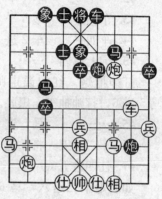

广东蔡福如

辽宁赵庆阁

图 72

20. 炮八进五　士 5 进 4

21. 车四进三　卒 3 进 1

22. 车四平二　马 1 进 3

23. 炮八退六（图 72）　炮 6 进 5

24. 车二退二　炮 6 退 1

炮动两步，巧手兑子，妙，走得精彩。

25. 马三退二　……

如改走马三进二，炮 6 平 1，相五进七，炮 1 进 2，仕六进五，车 6 平 8，马二退四，车 8 进 7，马四退二，卒 5 进 1。局势平稳，红方先手消失。

25. ……　　炮 6 平 1　　**26.** 相五进七　炮 1 进 2

27. 仕六进五　车 6 进 6　　**28.** 车二平九　炮 1 平 3

29. 炮三退五　车 6 平 5

红方退炮联成担子，又为底马留出通道，是调整阵形的一步好棋，舍此都要被动。黑车抢兵意在打通兵林，着眼进取，准备弃子一搏。如改走马 7 进 6，马二进三，形成僵持，较难发展。

30. 相三进五　炮 3 退 3　　**31.** 马二进三　车 5 平 6

32. 炮三进六　车 6 平 7　　**33.** 相五进三　车 7 退 1

34. 炮三平二　炮 3 平 8

35. 炮八平七　马 3 进 5（图 73）

黑方弃子抢攻，得相多卒，子位好，以少攻多，并不吃亏，走得有胆识。

36. 炮二平六　马 5 退 7　　**37.** 车九平七　车 7 平 4

38. 炮六平八　马 7 进 6　　**39.** 车七平四　马 6 退 5

40. 相七退九　车 4 进 3　　**41.** 炮七进三　炮 8 平 5

42. 仕五进六　……

如误走车四平五，马 5 进 6。黑
方攻势凌厉，红方不好应付。

42. ……　　　车 4 平 2

43. 车四进二　炮 5 平 8

44. 车四平二　车 2 进 1

45. 炮七退四　……

打帅拖炮。红如误走帅五进一，
马 5 进 6，打帅抽车，黑胜。

45. ……　　　马 5 进 6

46. 车二进五　将 5 进 1

47. 仕四进五　……

广东蔡福如

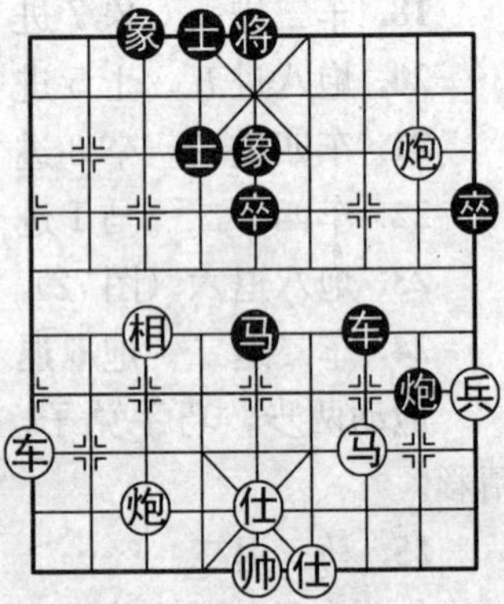

辽宁赵庆阁

图 73

如改走车二退六，马 6 进 4，帅
五平六（如帅五进一，车 2 退 1，帅五进一，马 4 进 3，黑方胜
势），马 4 进 2，帅六平五，车 2 平 3，帅五进一，车 3 退 1，帅五
退一，车 3 退 1。黑方有攻势，红方有顾忌。

47. ……	车 2 退 3	**48.** 车二平四	马 6 退 7
49. 炮八平七	车 2 平 7	**50.** 前炮退五	卒 5 进 1
51. 车四平六	炮 8 退 1	**52.** 车六平四	炮 8 平 7
53. 马三退二	炮 7 平 5	**54.** 帅五平四	炮 5 平 2
55. 后炮平五	马 7 进 6	**56.** 马二进一	车 7 平 9

以少打多，黑方攻得紧凑。红方受攻不惊，防守得当。现在吃
掉边兵，也是对失掉双士的补偿。

57. 车四退五	炮 2 平 5	**58.** 炮五进四	卒 5 进 1
59. 车四平五	卒 9 进 1（图 74）		

60. 车五平四　……

红方通过兑炮消灭黑方中卒，局面得到缓和。红方虽然多子，
但黑方挺边卒，车马又控制兵林，局势大致相当。红方平车让黑方
有杀仕交换机会。但如改走帅四平五，卒 9 进 1，车五平四，卒 9
平 8，也是相互对峙。

60. ……	马 6 进 5！	**61.** 仕六退五	车 9 进 1

62. 炮七退二　车9平1
63. 炮七平五　车1退1
64. 仕五进六　象5进3
65. 车四进四　将5退1
66. 车四退三　将5进1

车炮仕对车卒双象残局，红方易走。黑方高将正确！如误走卒9进1，车四平五，象3退5，车五进二，将5平4，炮五平六，红胜。

67. 车四平五　象3进5
68. 车五平一　象5进7
69. 车一进三　将5退1
70. 车一平四　车1平4

高将，火烛始终小心。

72. 帅四进一　车4退1
74. 炮五平六　车4平6
76. 帅六平六　将5平4
78. 帅六退一　车6退4
80. 炮五进三　车6进5
82. 帅六退一　车6平5！

黑方防守严密，滴水不漏。红方无懈可击，和棋。

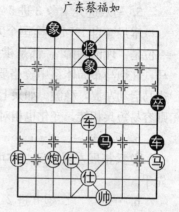

广东蔡福如

辽宁赵庆阁

图74

71. 车四退六　将5进1！
73. 车四平五　象7退5
75. 帅四平五　车6进4！
77. 炮六平五　车6退1
79. 车五平二　将4退1
81. 帅六进一　车6退1

第21局
甘肃钱洪发（红先和）天津黄少龙
（1974年8月4日弈于成都）

中炮巡河车对屏风马

1. 炮二平五　马8进7
2. 马二进三　卒3进1
3. 车一平二　车9平8
4. 车二进四　马2进3

5. 马八进九　象3进5

本局弈自1974年全国个人赛。交战双方，一位是"西北棋王"，一位是"理论大师"，都是棋坛上的有名人物。中炮巡河车对屏风马，在炮马布局体系中资格要算最老，在古谱中已有记载。红方跳边马启动左翼，稳健。如兵七进一，卒3进1，车二平七，炮2退1，则容易短兵相接，变化也相对激烈。黑方飞象固中，着法正常。

6. 兵七进一　……

兑兵拓展左翼空间，亦可改走炮八平六，用五六炮进攻，红占先手。

天津黄少龙

6. ……　　炮8进2

7. 兵七进一　象5进3

8. 车九进一　士4进5

9. 车九平六　象3退5

10. 车六进五　车1平4

11. 车六平七　车4进2（图75）

12. 兵九进一?……

挺边兵缓着，被黑炮一退，先手即刻动摇。应改走车二平七，炮8平3，炮八平七，炮3进3，后车退二，马3退4，兵三进一，红方占先，且局势容易掌控。

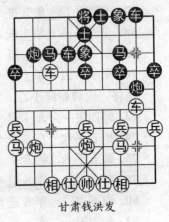

甘肃钱洪发

图75

12. ……　　炮2退2

进炮轰车逼着，别无选择。

13. ……　　马3退4

兑子抢先，黑方乘机反击。

15. 车七进二　炮2进3

二度兑子，佳着。

17. 车二进五　前炮退3

13. 炮八进五　……

14. 炮八退一　马4进2

16. 车七平八　炮8平2

18. 车二退二　象5进3

红如改走车二退八（如车二退五，黑车4平3），前炮进4，黑方占优。黑方扬象攻守兼备，巧着。

19. 炮五平七　卒 7 进 1　　　**20.** 仕四进五　马 7 进 6

21. 车二退三　……

跃马三度兑子，好棋。红如改走车二平六，士 5 进 4，炮七进一，后炮平 7，黑先。

21. ……　　　车 4 进 3

四度兑子再换车。黑方巧施兑子术，漂亮，令人赞叹。

22. 车二平六　马 6 进 4

23. 炮七进二　马 4 退 6

24. 炮七平四（图76）　前炮进 4

25. 马三退四　……

斗无车棋，黑方进炮轧脚"欺双马"，好棋。红如改走马三退二，前炮退1，马二进一，士5进4（卒9进1亦可），黑优。

天津黄少龙

甘肃钱洪发

图76

25. ……　　　前炮退 1

26. 相三进五　……

如改走马四进五，后炮平 3，马九退七，炮 3 进 7（走马 6 进 4 亦可），马五退七，炮 2 平 7，黑优。

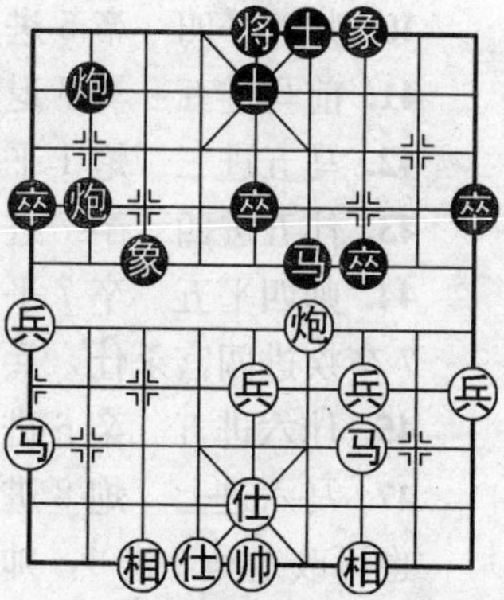

26. ……　　　前炮平 7　　　**27.** 马九进八　炮 2 进 3

28. 炮四退二　……

如马四进二，炮 7 平 6，炮四平二，卒 7 进 1，炮二进一，象 7 进 5，黑优。

28. ……　　　马 6 进 5　　　**29.** 炮四平一　马 5 退 6

30. 炮一进四　马 6 进 4　　　**31.** 马四进二　……

如炮一平九，马 4 进 6，仕五进四，象 3 退 5，黑方有攻势。

31. ……　　　炮 7 平 1　　　**32.** 马二进四　马 4 进 6

33. 马八退六　象 3 退 5　　　**34.** 炮一平九　……

先弃后取，抢卒兑炮，舍此无更好的选择。

34. ……　　　炮 1 退 3　　　**35.** 兵九进一　卒 7 进 1

36. 兵九平八　　卒 7 进 1

37. 相五退三　　卒 5 进 1（图 77）

双马双兵对马炮双卒，从力量上来讲，似乎相仿，但红方兵种差，黑方子位好，优劣已经分明。

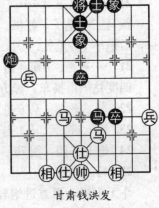

天津黄少龙

甘肃钱洪发

图 77

38. 兵八进一　　炮 1 进 1

39. 马四退六　　马 6 进 7

40. 帅五平四　　卒 5 进 1

41. 前马进五　　马 7 退 6 ．

42. 马五进三　　炮 1 平 6

43. 仕五进四　　卒 7 进 1

44. 帅四平五　　卒 7 平 6

7 卒疾进闯宫杀仕，兵临城下，红势危也。

45. 仕六进五　　卒 6 进 1	46. 仕五进四　　炮 6 平 8
47. 马六进七　　炮 8 进 5	48. 相三进一　　马 6 进 8

也可改走马 6 进 4，帅五平六，卒 5 平 4，帅六进一，马 4 退 3，兵八平七，卒 4 进 1。黑方胜势。

49. 仕四退五　　马 8 进 7	50. 仕五退四　　马 7 退 6

如改走卒 6 进 1，帅五进一，卒 6 平 5，帅五平四，马 7 退 8，帅四平五，卒 5 进 1，黑方也是胜势。

51. 仕四进五　　马 6 退 4	52. 仕五进六　　炮 8 平 3
53. 帅五平六　　炮 3 平 1	54. 马七退九　　马 4 进 2
55. 兵八平七　　卒 5 进 1	

56. 马三退四（图 78）　　卒 5 平 4？

破相后，黑方 4 子联攻，胜利在即。却不料黑方随手平卒出错，一着不慎，前功尽弃。应改走马 2 退 3 或将 5 平 4，黑方胜定。

57. 马四退六！　……

吃卒弃马，机灵。算准可以不败。机不可失，妙。

57. ……　　　　马 2 退 4	58. 马九退七　　马 4 进 2
59. 马七退九　　马 2 进 1	60. 相一进三　　将 5 平 4

61. 兵七平六 ……

仕相双兵对马低卒，用兵遮将，可以守和。

61. …… 马1退2

62. 兵一进一 马2退3

63. 帅六进一！ ……

舍兵高帅保仕，正确。如兵六平五，卒6平5，黑胜。

63. …… 马3退4

64. 仕六退五！ 士5进4

65. 仕五退六！ ……

两步退仕，形成"太公坐椅"之势。另有兵、相存在，以后可走闲着，和势已定。

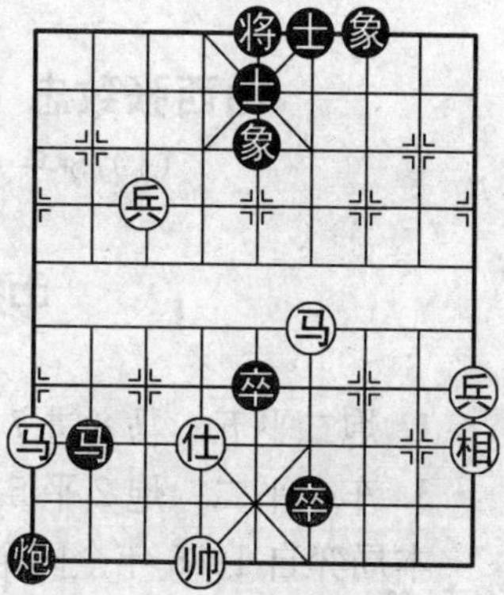

65. …… 马4进5　　**66. 兵一进一** 马5进3

67. 帅六进一 将4平5　　**68. 兵一进一** 象5退3

69. 兵一平二 马3退5

70. 帅六退一 马5进6

71. 相三退五 马6退8

72. 兵二进一 ……

小兵冲得"越远越好"。因为它的任务是走闲着而已，后宫无忧矣。

72. …… 将5进1

73. 兵二进一 马8进6

74. 兵二平一 将5进1

75. 兵一平二 士4退5

76. 兵二平一 马6进8

77. 兵一平二（图79） ……

黑方"束手无策"，只得认和。

天津黄少龙

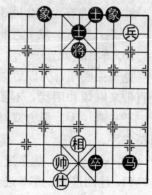

甘肃钱洪发

图78

天津黄少龙

甘肃钱洪发

图79

第 22 局
山西张致忠（红先负）上海于红木
（1975 年 6 月 11 日弈于上海）

中炮对小列手炮

1. 炮二平五　马 8 进 7　　　　**2.** 马二进三　车 9 平 8

3. 车一平二　炮 2 平 5　　.　　**4.** 马八进七　……

本局弈自 1975 年全国个人赛预赛。双方中炮对小列手炮开局，对攻意图开门见山。红方跳七路马启动左翼，也可改走车二进六，另有变化。

4. ……　　　　炮 8 进 4　　　**5.** 兵三进一　车 1 进 1

6. 车九平八　车 1 平 8　　　**7.** 兵七进一　炮 8 平 7

形成两头蛇对双联车阵式。黑方平炮压马，兑子抢先。如改走马 2 进 3，马三进四，红方先手。

8. 炮八进五　马 2 进 3

9. 炮八平五　象 7 进 5（图 80）

10. 车二进八？……

兑车丢底相，为以后局势的发展一直带来麻烦和困扰，不妥。应改走车二平一避一手。黑方双马呆滞，红可持先手。

上海于红木

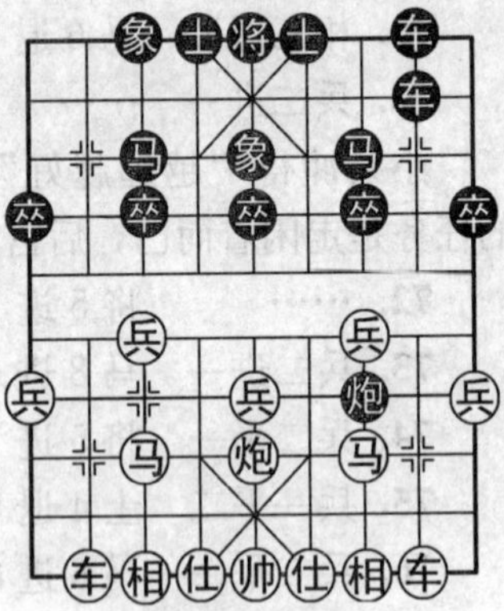

图 80

山西张致忠

10. ……　　　　炮 7 进 3

11. 仕四进五　车 8 进 1

12. 车八进七　马 3 退 5

13. 马三进四　炮 7 平 9

14. 仕五进四　车 8 进 8

15. 帅五进一　车 8 退 5　　　**16.** 车八平六　……

抢占肋道，要紧。如马四进五，炮 9 平 3，黑方有攻势。

16. ……　　　马 5 退 7　　　17. 马四进五 ……

抢中卒虽得实惠，但张力不够，构不成真正的威胁。不如改走马四进三窥中象，以后还有跃出七路马手段，较有攻击力。

17. ……　　　士 6 进 5　　　18. 车六退三 ……

退车嫌粗糙。宜改走车六进一，为七路马留出通道。

18. ……　　　前马进 5

19. 炮五进四　车 8 平 6

20. 师五平六　将 5 平 6

21. 仕六进五　炮 9 退 1

22. 师六退一　卒 3 进 1

23. 相七进五　卒 3 进 1

24. 车六平七　马 7 进 6（图 81）

25. 师六平五 ……

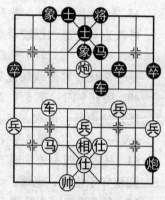

上海于红木

山西张致忠

图 81

目前进师没有必要，缓着。应改走兵九进一，为以后抢卒奠定基础。

25. ……　　　车 6 进 2　　　26. 车七进二　卒 1 进 1

如改走马 6 进 5，车七平九，马 5 进 7，炮五平一，炮 9 退 5，车九平三，马 7 进 9，车三平一，红方多兵占优。

27. 兵五进一　车 6 平 9

冲中兵丢边兵，后患无穷。应改走炮五平四，将 6 平 5，兵一进一。红方虽残一相，但多一中兵，以后有得一战。

28. 炮五平四　将 6 平 5　　　29. 兵五进一　车 9 平 8

30. 兵五进一　车 8 进 3　　　31. 仕五退四　炮 9 进 1

32. 车七退二　象 5 进 3

飞象挡车，巧手。

33. 兵九进一　卒 1 进 1　　　34. 车七平九　卒 9 进 1

35. 车九退三　车 8 退 2　　　36. 仕四进五　卒 9 进 1

黑方车炮侧攻，无多大杀伤力，但边卒渡河参战，威力就大增，这将是致命的。由此可见红方前面对兵卒处置不当而带来的后果。

37. 车九进二　车8进2　　38. 仕五退四　马6退7

39. 车九平三　车8退3　　40. 车三退三　炮9退2

41. 兵三进一　卒7进1　　42. 车三进五　马7进8

43. 车三退三　炮9进2　　44. 相五退三　车8平3

45. 仕四退五　卒9进1　　46. 炮四平二　……

可改走马七退六摆脱牵制。

46. ……　　车3平8　　47. 炮二平四　马8进6

兑子简化，算准残局优势，有戏。

48. 兵五平四　车8平3　　49. 车三平二　……

还是应走马七退六。

49. ……　　车3平7　　50. 马七进六　车7进3

51. 马六进四　士5退6　　52. 车二平五　士4进5

调整守子位置，老练。

53. 车五平二　车7退5　　54. 车二退二　炮9退2

55. 马四退六　炮9平7

56. 仕五进六　车7平5

57. 仕四进五　车5进1

58. 车二平三　炮7平8

59. 马六进五　炮8平5

60. 帅五平六（图82）　卒9平8

卒子向纵深推进，红方难以抵御
了。下面车炮卒联攻入局。

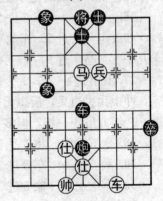

上海于红木

山西张致忠

图82

61. 马五退七　车5平3

62. 车三进五　象3进5

63. 马七进五　炮5平9

64. 车三平二　车3进4

65. 帅六进一　炮9进1　　66. 仕五进四　卒8平7

67. 车二退三　车3退4　　68. 帅六退一　卒7平6

69. 车二平一　炮9平6　　70. 帅六平五　炮6平1

71. 车一进五　炮1退5　　　**72.** 帅五平六　卒6进1

73. 车一平五　卒6平5　　　**74.** 兵四进一　车3进4

75. 帅六进一　炮1平4

下面：仕六退五，车3退1，帅六退一，卒5进1，黑胜。

第 23 局

河北刘殿中（红先胜）北京朱学增

（1975 年 6 月 11 日弈于上海）

中炮过河车对屏风马高车保马

1. 炮二平五　马8进7　　　**2.** 马二进三　车9平8

3. 车一平二　马2进3　　　**4.** 兵七进一　卒7进1

5. 车二进六　炮8平9　　　**6.** 车二平三　车8进2

这是冀、京两位大师在 1975 年全国个人赛预赛中的较量。中炮过河车对屏风马平炮兑车，黑方采用高车保马阵式，改走炮9退1则另有变化。

7. 马八进七　……

选择七路马进攻。亦可选用五七炮打法，举例如下：炮八平七，炮2退1，车九进一，炮2平7，车三平四，马7进8，车九平二，车1平2，车四平三，车8平7，车三进一，马8退7，车二进六，马7退5，马八进九。红方先手。

7. ……　　　象3进5　　　**8.** 马七进六　炮2退1

退右炮呼应左翼。如改走士4进5，炮八平七，炮2进4，马六进四，车1平4，兵七进一，车4进7，炮七进四，车4进1，车九平八，炮2进2，炮七平六，红方先手。

9. 炮五平四　……

卸中炮既有升炮攻车手段，又可化解黑炮左移轰车后的压力，稳健实用。也可改走车九进一，炮2平4，炮八进四，车1平2，马六进五，马7进5，炮八平五，马3进5，炮五进四，炮4平5，炮五平一，车8进5，车九进一，红方占先。

　　9. ……　　　　炮2平7

　　10. 车三平四　　炮7平4

　　11. 相七进五（图83）　　车1平2?

　　12. 炮八平六　……

出车前漏掉一个次序，黑方运子
欠细腻。应先走炮4进2，车四进二，
士4进5，以后再车1平2，黑势卒林
巩固。红方顺势兑炮抢先，恰到好处。

　　12. ……　　　　炮4进6

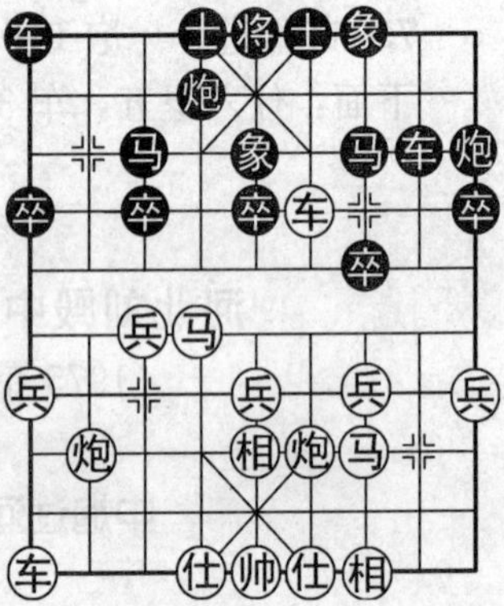

　　13. 炮四平六　　马7进8

此时跳马被红车顺手掳去边卒，
留下后患。宜卒9进1应一手。

北京朱学增

河北刘殿中

图83

　　14. 车四平一　　马8进7　　　　15. 仕六进五　　车2进4

　　16. 马六进七　　士4进5　　　　17. 车九平七　　车8平6

　　18. 兵九进一　　炮9平8

红方挺边兵观望、等着，老练。黑方平炮空棋，应走车6进
6，炮六退一，车6退3，黑势尚可。

　　19. 车一平二　　炮8平9　　　　20. 兵一进一　　车6进6

　　21. 炮六退一　　车6退3　　　　22. 兵一进一　　……

边兵乘机渡河，以后潜力巨大，残局中将起到决定性作用。这
是黑方在布局时没有料到的。

　　22. ……　　　　炮9平6　　　　23. 车二平三　　……

平车管7卒，着法滴水不漏，可见功力。

　　23. ……　　　　车2平4　　　　24. 车七平六　　车4进2

　　25. 炮六平七　　车4进3　　　　26. 帅五平六　　车6退1

　　27. 帅六平五　　车6平4　　　　28. 车三平四　　象5退3

　　29. 兵一进一　　象7进5　　　　30. 兵一进一　　车4平6

相峙之下，红兵顺势推进至黑方内线，等于埋下一支伏兵，伺
机待发。黑方兑车求简化以减轻压力，难有好的选择。

31. 车四退一　马7退6　　　　**32.** 兵一平二　马3退1

33. 马七进六　马1进3　　　　**34.** 兵七进一　……

斗无车棋，红方七兵强渡，左右两支"兵队"，黑方承受的负重可想而知。

34. ……　　　将5平4　　　**35.** 马六退八　象5进3

36. 马八退七　象3进5　　　　**37.** 马七退六　将4平5

38. 马六退八　马3进2　　　　**39.** 马八进七　……

以兵劫象，将黑方阵线撕开一个缺口，然后调整好马位，继续再战。

39. ……　　　炮6进1　　　**40.** 兵二进一　马2进3

41. 兵二平三　马3退1　　　　**42.** 马三进二　卒7进1

43. 马二进三　卒7进1　　　　**44.** 仕五进六　……

撑仕通炮，又可以后作炮架，佳着。

44. ……　　　马1退3　　　**45.** 炮七平一　士5进6

46. 兵三平四　士6进5　　　　**47.** 炮一进六　将5平4

48. 炮一退六　马3退2

红炮进退做试探，黑方退马不当，应将4平5。

49. 兵五进一　马2进1（图84）

50. 兵五进一　卒5进1

兵冲河沿，由此突破，妙。黑如马1进3，兵五平四，炮6退2，马三进四，马3进4，帅五平六。红方多子胜势。

51. 炮一平六　士5进4

如将4平5，马七进六，红方叫杀夺马胜势。

52. 仕六退五　将4平5　　　**53.** 马七进八　马1退3

54. 马八进七　马3退4　　　**55.** 炮六进七　……

攻中夺子，由此确立优势。

北京朱学增

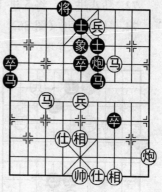

河北刘殿中

图84

55. ……　　　　将5平4　　　　**56.** 马七退九　将4进1

57. 马九退七　将4退1　　　　**58.** 马七进五　士4退5

59. 马五退四　……

还子夺子，保持优势。形成双马兵仕相全对炮三卒双士残局，红方可握胜势。

59. ……　　　　卒7平6　　　　**60.** 兵四平三　卒1进1

61. 马三退一　炮6平4　　　　**62.** 马一退三　炮4退2

63. 马三进二　卒5进1

64. 马四进六　卒5进1（图85）

65. 马二进四　炮4平7

踏士闯宫，发起总攻，好棋。黑如士5进6，马六进四，炮4平5，兵三平四，炮5进1，兵四平五，卒1进1，马四退五，炮5进1，马五进七，红胜。

66. 马六进五　炮7平6　　　　**67.** 马五进七　将4平5

68. 马四退六　卒5平4　　　　**69.** 马七退六　将5进1

70. 前马退八　将5退1　　　　**71.** 马六退七　卒6平5

72. 马八进六　将5进1　　　　**73.** 马六退四　将5退1

74. 马七进九（图86）　……

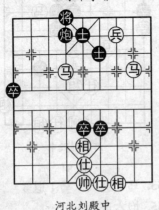

北京朱学增

河北刘殿中

图85

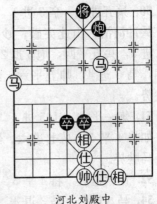

北京朱学增

河北刘殿中

图86

消灭边卒，下面双马入局。

74. ……	炮6平8	**75.** 马九退七	炮8平6
76. 马七进五	卒4平3	**77.** 相五进三	卒3平4
78. 相三退一	卒4平3	**79.** 马四进六	将5进1
80. 马五退三	卒3平4	**81.** 马三进四	将5进1
82. 马六退五	炮6平9	**83.** 马五进七	将5平6
84. 马四进二	炮9平5	**85.** 帅五平六	炮5平1
86. 马七进八	炮1进1	**87.** 马二进三	将6退1
88. 马八退六	将6退1	**89.** 马三退一	炮1平3
90. 马一退二	卒5平6	**91.** 马二退四	炮3退1
92. 马四进三	炮3平7	**93.** 马六退四	红夺炮胜。

第24局
安徽蒋志梁（红先和）江西陈孝堃
（1975年9月17日弈于北京）

中炮进七兵对屏风马分右边炮

1. 炮二平五　马2进3　　　　**2.** 马二进三　马8进7

3. 兵七进一　炮2平1

本局弈自1975年全国个人决赛。中炮进七兵对屏风马，双方都走出了新意：红方先挺七兵缓开车，在棋路的选择上留出余地。黑方针锋相对，因时而变，应以右边炮，意在抢出右车，提高速度。双方在"变"字上面做文章。

4. 车一平二　车9平8　　　　**5.** 马八进七　车1平2

6. 车九平八　车2进4　　　　**7.** 炮八平九　车2进5

兑车应该。如改走车2平4，车八进六，红方先手。

8. 马七退八　卒7进1　　　　**9.** 车二进四　……

巡河车着法稳健。另有两种走法可供选择：①车二进六，炮8平9，车二平三，炮9退1，马八进七，士4进5，马七进六，炮9

平7，车三平四，象7进5，马六进七，红方占先。②马八进七，炮8进4，车二进一，炮8平5（如马7进6，红车二平八），车二平五，炮5退2，马三进五，红方先手。

9. ……　　　炮1进4

边炮抢兵，积极。如改走炮8平9，车二进五，马7退8，炮九平七，马8进7，炮七进四，象3进5，马八进七，红方先手。

10. 兵五进一　炮1退1　　**11. 车二进二　炮1平5**

12. 马三进五　卒5进1　　**13. 炮五进二　卒5进1**

14. 炮九平五　象7进5　　**15. 炮五进二　马3进5**

16. 马八进七　士6进5

17. 兵三进一（图87）　炮8平9

进入中局，双方环绕中路阵地展开激烈的争夺。黑方平炮兑车正着。如改走卒7进1，马五进三，马5进7，炮五退二，红先。

18. 车二平三　炮9退1

红方避兑保持攻势，紧凑。若是兑车则先手消失。黑如改走车8进4（如车8进6，兵三进一，炮9进4，马五进三，红优），炮五进一，卒7进1，马五进三，车8平7，车三退一，马5进7，马七进六，红方占先。

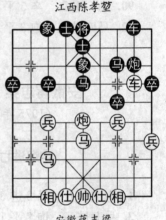

江西陈孝堃

安徽蒋志梁

图87

19. 兵三进一　炮9平7　　**20. 车三平四　炮7进3**

21. 相七进五　车8进5　　**22. 炮五平三　……**

平炮正确。如改走马五进三，炮7进5，仕四进五（如相五退三，车8平7，黑方反先），车8进4，马三进二，炮7退5，仕五退四，车8退2，黑方先手。

22. ……　　　炮7平5　　**23. 仕六进五　炮5进1**

24. 车四平三　象5进7　　**25. 马七进六　马5进4**

26. 炮三平六　车8进1　　**27. 炮六进一　象3进5**

28. 炮六平五　马7进5

29. 车三平一（图88）　车8平6

你来我去，双方咬得很紧。随着战局的发展，局面摆开"一字长蛇阵"，形成中路顶格直线，有趣。黑方平车似乎嫌软，可考虑改走卒1进1，着眼进取较为有力。

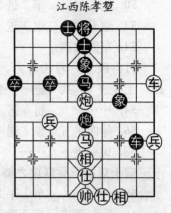

江西陈孝堃

安徽蒋志梁

图88

30. 兵一进一　马5退7

如改走卒1进1，兵一进一，卒1进1，兵一平二（黑方上一手如冲边卒，红方就没有这步平兵棋了。事过境迁也），红方先手。

31. 车一平三　将5平6　　32. 车三进一　炮5平7

33. 车三平二　车6平5　　34. 车二进二　将6进1

35. 炮五平六　车5平4　　36. 炮六平五　炮7平5

37. 车二退一　将6退1　　38. 车二退四　车4退1

39. 车二进五　将6进1　　40. 车二退六　车4平3

41. 车二平五　车3平2　　42. 兵一进一……

黑方通过兑子手段，使局面迅速简化，着法明智。双方由此进入车炮兵（卒）残局。黑方多卒，红方子力结构较好，基本均势。

42. ……　　　　　　　　车2进4　　43. 仕五退六　炮5平1

44. 仕四进五　车2退5

这步退车是局势转换关头的关键一手，动机是寻机对攻以决胜负，精神可嘉，但为此也付出相应的代价。改走炮1进4，车五平九，车2退5，立即兑子成和。

45. 炮五进一　卒1进1

如改走车2平6，炮五平九，炮1平8，相三进一，炮8进4，仕五进六，车6进5，帅五进一，炮8平4，兵一进一，红先。

46. 车五平四　士5进6　　47. 帅五平四　象5退3

48. 车四进四　将6平5　　49. 车四进一　将5退1

50. 炮五退二　　车 2 进 2　　　**51. 车四退三　　车 2 平 5**

52. 炮五平七　　炮 1 进 4　　　**53. 炮七退四　　卒 1 进 1**

54. 车四进四　　……

打将破士，着法有力。如车四平三吃象，象 3 进 5，车三平四，士 4 进 5，兵一进一，卒 3 进 1，以后成对攻局势，各有顾忌。

54. ……　　　　将 5 进 1　　　**55. 车四平六　　车 5 平 6**

56. 帅四平五　　象 7 退 5　　　**57. 车六退三　　卒 3 进 1**

58. 兵一进一　　……

破士后成车兵联攻之势，黑方后宫告急。

58. ……　　　　卒 1 平 2　　　**59. 兵一平二　　卒 2 进 1**

60. 兵二平三　　卒 2 进 1　　　**61. 车六平八　　卒 2 平 3**

62. 兵三进一　　……

江西陈孝堃

冲兵挺进，看似自然，但左翼受到牵制。宜走车八退六捉炮后再拱兵，更为稳妥。

62. ……　　　　前卒进 1

63. 炮七平八　　卒 3 平 4

64. 车八退五　　卒 4 平 5

以卒换仕，损大得小，于攻守都不利。应改走车 6 平 4 保持牵制为好。

65. 帅五进一　　车 6 平 7

66. 车八进七　　将 5 退 1（图 89）

67. 车八平九？　　……

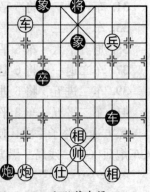

安徽蒋志梁

图 89

已经到了决胜的关键时刻。双方激斗近 5 小时，绞尽脑汁，神经处于高度紧张状态。由于限时紧迫，红方不及细算，走出平车捉炮的误着，很显然，临局嗅觉发生差错，殊为可惜。应改走兵三进一，红方胜定。

67. ……　　　　车 7 退 4

以炮换兵，消除险情，机灵。如退炮，红方冲兵胜。

68. 车九退八　　象 5 退 7　　　**69. 炮八进九　　象 3 进 1**

退左飞右，两着象步走得出色，可说是残局运象的经典，显示功力。

70. 相三进一	车7进6		**71.** 帅五退一	车7退1
72. 相一进三	车7进2		**73.** 帅五进一	车7退4

红方得子错机，杀势消失。黑车破相弃象，占据要点，局面重新趋于平缓。

74. 车九进七	车7进3		**75.** 帅五退一	车7退1
76. 车九退五	车7进2		**77.** 帅五进一	车7平4
78. 车九进二	车4退7			

杀仕、退车，黑方走得沉稳、顽强。

79. 炮八退九 ……

如改走炮八平三，车4平5，车九退二，卒3进1，红方反而有后顾之忧。

江西陈孝堃

79. ……	车4平2
80. 炮八平四	车2平7
81. 车九平六	将5进1
82. 帅五平六	车7平6
83. 炮四平五	象7进5
84. 车六进四	将5退1（图90）
85. 车六退三	……

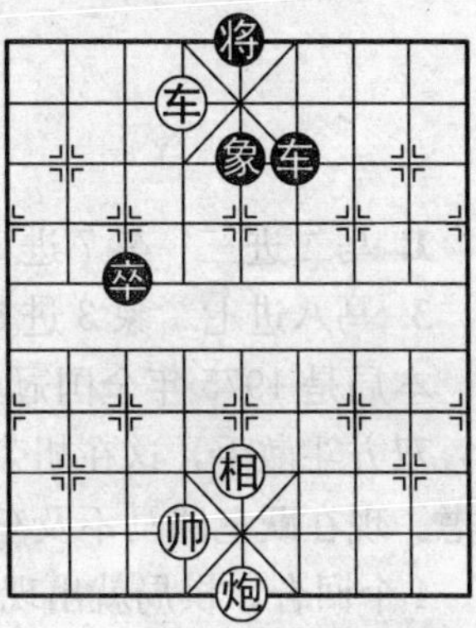

安徽蒋志梁

图90

图90，车炮相对车卒象，是一个非常实用的残局。从理论上来讲，黑卒未过河，红方取胜的机会是存在的。但实战中难度很大，尤其在时限极紧情况下，难度更大。同样退车，红应改走车六退一，将5进1，炮五进一，纠缠下去，红方胜势。江苏吴县周孟芳先生曾为此撰文作了专题研究和介绍（见《象棋》1982年第5期23页），可参阅。

85. ……	将5平6		**86.** 帅六退一	将6进1
87. 车六进三	将6退1		**88.** 车六退一	车6进3
89. 帅六进一	……			

如改走炮五进七，车 6 平 5（破相后和局，红如逃相，则黑冲卒），红亦无法胜。

89. ……　　车 6 进 3	90. 帅六进一　车 6 进 1
91. 炮五进一　车 6 平 4	92. 炮五平六　车 4 平 2
93. 炮六平四　车 2 退 1	94. 炮四进三　车 2 退 1
95. 帅六退一　车 2 平 5	96. 车六退三　……

双方经过近 6 小时的激战，终于成和。

第 25 局
上海胡荣华（红先和）安徽蒋志梁
（1975 年 9 月 20 日弈于北京）

起马对挺卒

1. 马二进三　卒 7 进 1	2. 兵七进一　马 8 进 7
3. 马八进七　象 3 进 5	4. 马七进六　炮 8 进 3

本局是 1975 年全国冠亚军在决赛第 6 轮中的较量。起马对挺卒，双方斗散手，这在胡荣华的对局中比较少，有出其不意的战术考虑。现在跃七路马不及车九进一稳健。黑方骑河炮反击，针锋相对。4 个回合，棋局就出现波澜，引起争斗。

5. 马三退五　……

退马接应盘河马，同时改善右马的位置，正着。如改走马六进七，炮 2 平 3，相七进五，马 2 进 4，炮八平七，车 1 平 2。开出右车，黑势满意。

5. ……　　卒 7 进 1	6. 马五进七　炮 8 平 4

兑子准备抢出主力，抢先。如卒 7 进 1，相三进五，以后红方出相位车，黑方损失步数。又如卒 7 平 6，车九进一，过河卒难保。

7. 马七进六　车 9 平 8	8. 相三进五　卒 7 进 1
9. 车一平三　车 8 进 5	

10. 马六进七 **炮2进4**（图91）

11. 车九进一 ······

黑方骑河车、过河炮左右联动，运子紧凑。红方出横车虽稳，但似乎不及兵九进一，以后升车赶炮更好一些。

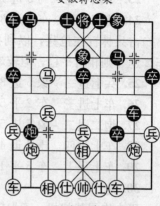

安徽蒋志梁

上海胡荣华

图91

11. ······ **炮2平3**

12. 马七进八 ······

马走象腰，必着。如马七退八，马2进3，车九平七，马3进4，兵七进一，车8平2，兵七平六，车1平3，炮八平九，马7进6，黑方反先。

12. ······ **车8退4**　　　　**13. 车九平七** **炮3进3**

14. 车七退一 **车8平2**　　　　**15. 车三进三** ······

再兑子，黑方得一象，红方多一兵。双车双炮斗双车双马。

15. ······ **马7进6**　　　　**16. 车三平四** **马6进4**

17. 车四进一 **马4进5**　　　　**18. 炮八进七** ······

黑方端马劫相，大有单骑闯营气概，但右翼大子尚未启动是其弱点。红方轰马让黑方有连车对攻机会，欠考虑。可改走车四退二，车2进6，炮二平五，士4进5（如车2退4，兵七进一），兵七进一，有兵渡河，可以弥补缺相的不足。

18. ······ **车1平2**　　　　**19. 车四退二** **车2进8**

强兑车活马，佳着。

20. 车七平八 **马5进3**　　　　**21. 帅五进一** **车2进9**

22. 帅五平四（图92）　　**士4进5**

补士既保后宫稳固又可保持变化，等待时机寻求对决。如改走车2平4，车四平七（如车四进七，将5进1，红虽夺一士，但黑马一活，红有麻烦），马3进1，车七平九，马1退3，车九平七，马3进1，互捉不变可和（其中红车一捉是有根子，不算捉而算闲）。

23. 车四平七　　马3进1
24. 仕四进五　　车2退3

占兵林旨在抢兵，以利再战。如车2退5则相对平稳，但较难拓展。

25. 兵七进一　　象5进3
26. 车七进三　　车2平5
27. 炮二退二　　象7进5
28. 车七进四　　士5退4
29. 车七退七　　车5平1
30. 炮二平五　　……

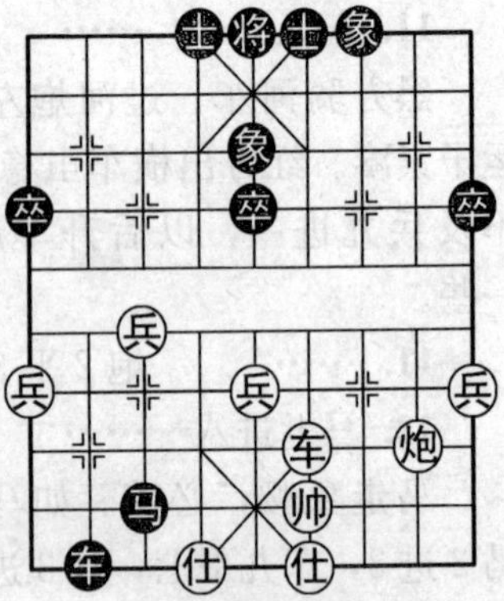

安徽蒋志梁

平中炮寻找战机，不肯轻易成和，有一分希望就尽力去争取，高手善战，值得肯定。如炮二平九，车1进3，车七平五，即刻和棋。

上海胡荣华

图 92

30. ……　　　　车1平6　　31. 仕五进四　　车6平9

黑马处于死角，一时难以救活，影响残局对决。现在抢卒弃马为上策，以车卒对攻而立于不败，走得很有自信。如车6平1，仕六进五，红方有攻势。

32. 炮五平九　　车9进2
33. 帅四退一　　车9进1
34. 帅四进一　　车9平4
35. 炮九进二　　车4退5
36. 车七进四（图93）　车4平5

车炮斗车卒，黑车保中卒有嫌刻板。应走卒5进1，车七平九，卒9进1，车九退二，车4进2。以后双卒伺机渡河，足可一战。

安徽蒋志梁

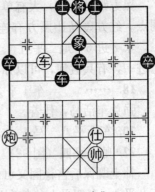

37. 车七平九　　卒9进1
38. 车九平七　　士6进5
39. 炮九进七　　象5退3　　40. 炮九退七　　……

上海胡荣华

图 93

退炮再求变化，斗志很顽强。如车七进三，车5平1，车炮受制，和棋。

40. ……　　象 3 进 1　　　**41. 车七退三　士 5 进 6**

欠细。同样撑士应士 5 进 4，红如车七进四，车 5 进 3，车七平九，将 5 平 6！黑方反击有戏。

42. 车七进四　士 4 进 5　　　**43. 车七平九　卒 9 进 1**

44. 炮九平八　卒 9 平 8　　　**45. 车九进二　士 5 退 4**

46. 炮八进七　士 4 进 5　　　**47. 炮八退七　士 5 退 4**

48. 车九退五　卒 8 进 1　　　**49. 车九退一　车 5 平 2**

50. 炮八平六　车 2 平 4　　　**51. 炮六平八　车 4 平 2**

捉子试探，同时为限时减压。如误走车 4 进 3，炮八进七，黑方丢卒。

52. 炮八平六　车 2 平 8　　　**53. 车九平五　将 5 平 6**

54. 仕四退五　……

退仕老练。如车五进三吃卒，车 8 平 6，车五退三，士 6 退 5，车五平二（如车五退一，卒 8 平 7，红有麻烦），车 6 进 3，和棋。

54. ……　　卒 5 进 1　　　**55. 炮六平四　将 6 平 5**

56. 炮四平五　将 5 平 6　　　**57. 帅四退一　卒 8 进 1**

58. 帅四平五　……

如炮五进三吃卒，车 8 平 6，帅四平五，士 6 退 5，车炮被牵制，无法脱身，和棋。

58. ……　　车 8 平 6

59. 炮五平四　将 6 平 5（图 94）

60. 车五平三　……

平车求变，做最后努力。如炮四平五，将 5 平 6，炮五进三，士 6 退5，和棋。

60. ……　　卒 5 进 1

61. 车三进六　将 5 进 1

62. 车三退三　将 5 平 6　　　**63. 车三平五　卒 8 平 7**

安徽蒋志梁

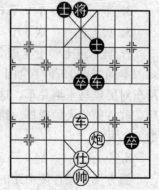

上海胡荣华

图 94

弃卒捉炮，清醒。如卒 5 平 4，车五进一，士 4 进 5，炮四退二，卒 8 平 7，仕五进六，卒 7 进 1，车五进一，将 6 退 1，车五退一，红胜。

64. 炮四退二	卒 7 进 1		65. 车五退二	车 6 进 4
66. 炮四平一	车 6 退 2		67. 炮一平四	车 6 进 2
68. 炮四平一	车 6 退 2		69. 炮一进六	卒 7 平 6
70. 仕五进六	车 6 进 1		71. 车五平六	车 6 平 5
72. 帅五平六	将 6 平 5		73. 车六进五	车 5 进 2
74. 帅六进一	卒 6 平 5		75. 仕六退五	车 5 退 1

车士正和车炮。虽是一盘和局，却是非常精彩，令人赏心悦目。

第 26 局
内蒙古李日纯（红先负）甘肃钱洪发
（1976 年 6 月 13 日弈于兰州）

中炮过河车对屏风马平炮兑车

1. 炮二平五	马 8 进 7		2. 马二进三	卒 7 进 1
3. 车一平二	车 9 平 8		4. 车二进六	马 2 进 3
5. 兵七进一	炮 8 平 9		6. 车二平三	炮 9 退 1
7. 马八进七	士 4 进 5		8. 马七进六	……

本局弈自 1976 年全国个人赛预赛（决赛因故未举行）。中炮过河车对屏风马平炮兑车，这是一个庞大的布局体系。黑方补士固中后，红方面临大的选择。跳七路马是一种打法，而目前多见的则是炮八平九。

8. ……	炮 9 平 7		9. 车三平四	象 3 进 5

黑方飞中象，使中路的防守变得厚实，同时又可随时开启贴身车。另有 4 种应着：①马 7 进 8，炮八进三，卒 7 进 1，炮八平三，象 7 进 9，车九平八，车 1 平 2，马六进五，马 3 进 5，炮五进四，象 3 进 5，兵三进一，象 9 进 7，兵三进一，马 8 进 7（如炮 7 进

6，兵三平二，车8进4，车八进二，红方占先），车四平三，红方弃子抢攻，占有主动。②象7进5，车九进一，车1进1，马三退五，车8进5，炮八进二，卒3进1，马六进五，车8平3，前马进七，车3平2，马五进七，车2平3，车九进一，相互对峙，红方易走。③车8进5，炮八进二，象3进5，炮五平六，卒3进1，兵三进一，车8退1，兵七进一，象5进3，炮八平七，马3进4，炮六进三，卒7进1，炮六进三，炮7平4，炮七平三，车8平7，相七进五，红方占先。④卒7进1，兵三进一，炮2进3，马六进七，炮2平7，相三进一，车1平2，车九平八，前炮进1，炮八进五，车8进4，车八进四，车8平6，车四平二，象3进5，炮五平八，士5进6，相七进五，红方较好。

10. 炮八平七 ……

采用五七炮进攻。另有3种攻法可供参考：①炮八平六，车8进5，车九平八，车1平2，兵三进一，车8退1（如车8平7，马三进四，炮2进3，马六进五，马3进5，马四进五，马7进5，炮五进四，车7平3，车八进三，卒7进1，仕四进五，红优），车四进二，炮7平9（如炮2退1，车八进八，车2进1，车四平三，车8退2，兵三进一，象5进7，马三进四，红优），兵三进一，车8进2，兵三平四，红方占先。②炮五平六，马7进8，车四平三，马8退9，车三平一，炮7进5，相三进五，卒7进1，车九进一，车8进4，车九平四，红方稍好。③马六进七踩卒先得实惠，以后伺机而动。

10. …… **车8进5**

11. 兵三进一 车8平7（图95）

吃兵旨在对抢攻势。如车8退1，车九平八，炮2退1，兵七进一，卒7进1，兵七进一，马3退1，炮七平六，卒7进1，马三退五，车8进1，马五进七，卒7平6，马六退四，车8平3，兵五进一，车3退2，马七进六，红方占先。

12. 马三进四？ ……

跃马参战，无可非议。问题是此时漏掉一个必要的步序，粗心大意，棋步的严密是不可疏忽的。应改走车九平八，车1平2（如

炮 2 退 1，马三进四，车 1 平 4，马六
进七，红先），马三进四，炮 2 进 3，
相三进一，车 7 平 8，炮五平三，马 7
进 8，炮三进六，卒 7 进 1，车四进
二，马 8 进 6，马六进四，车 8 退 3，
相一进三，红方占先。

12. ……　　　炮 2 进 3

骑河炮轰双马，"一炮两响"，
佳着。

13. 相三进一　车 7 平 8

14. 炮五平三　车 1 平 4

出贴身车，呼应骑河炮，先弃后

甘肃钱洪发

内蒙古李日纯

图 95

取，实行反击，紧凑。由此可见，红方前面第 12 回合如先出车捉
炮，黑方就没有此变化了。

15. 炮三进五　车 4 进 5　　**16. 马四退三　车 8 退 3**

17. 炮三平七　车 4 退 3　　**18. 车四平三　炮 2 退 4**

19. 车九平八　车 4 平 3

甘肃钱洪发

连兑两子，局势简化，回归到相
对平静之中。黑方内线担子炮"牢不
可破"，又多卒，布局取得满意而与
红方展开中局较量。

20. 仕六进五　车 3 平 4

21. 相七进五　车 8 进 4

车占兵林并准备压制红马从而带
动全局发展，用意深远，抓住了棋局
的核心和关键。

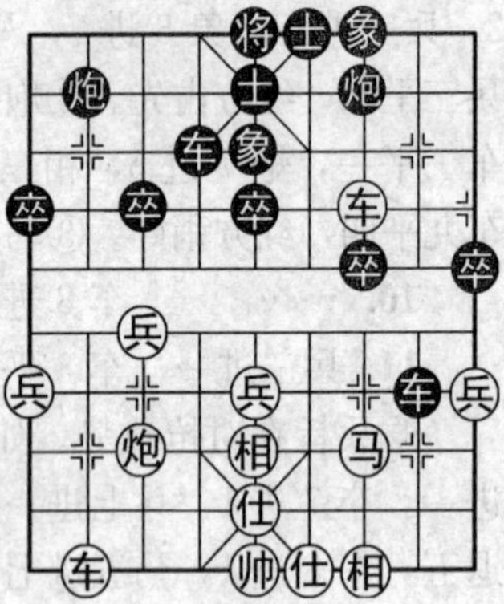

内蒙古李日纯

图 96

22. 相一退三　卒 9 进 1（图 96）

23. 炮七进一？……

抬炮轰车，诱黑车 4 进 4 来捉，然后马三进四捉双车；高手之
战，这种简单的"花招"对手马上就会看出来，是不起作用的"虚

棋", 失先。应改走车三平五抢卒。

23. ……　　　车 8 进 2　　　**24.** 炮七退一　……

进而复退, 损失步数。

24. ……　　　车 4 进 4　　　**25.** 兵九进一　车 8 平 6

26. 炮七平六　炮 7 平 8　　　**27.** 车三平二　炮 8 平 7

28. 车二平三　炮 7 平 8　　　**29.** 车三平二　车 6 退 2

退车扼相腰, 主动变着, 当然不愿意"双方不变成和"。

30. 相三进一　车 6 平 7　　　**31.** 炮六平七　炮 8 平 9

32. 车二平一　车 4 平 1　　　**33.** 车一退一　车 1 退 1

34. 车一进一　卒 1 进 1　　　**35.** 相一退三　车 1 进 1

36. 车一平五　卒 1 进 1　　　**37.** 车五平七　车 1 平 3

38. 炮七平六　卒 1 进 1

红方灭掉三个卒, 黑方只抢到一个兵, 但黑方边卒却已深入到兵林, 红马被压制。对比之下, 黑方明显占优。

39. 车八进五　车 3 平 4　　　**40.** 兵七进一　炮 2 平 4

41. 兵七平六　炮 4 退 1　　　**42.** 兵一进一　车 4 退 1

43. 兵一进一　卒 7 进 1 (图 97)

甘肃钱洪发

黑方炮贴老将, 安顿好内线, 双车分占要道。图 97, 双方都有两个兵 (卒) 渡河, 但红马始终会受到攻击, 是红方解不开的结。

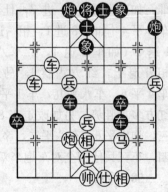

44. 车七平一　炮 9 进 1

45. 车一平九　卒 7 平 8

弃卒横卒, 发起攻击, 好棋。

46. 车九退三　炮 9 平 7

47. 马三退一　车 7 进 2

48. 马一进三　车 7 平 6

49. 相三进一　卒 8 进 1

内蒙古李日纯

图 97

50. 兵五进一　卒 8 进 1　　　**51.** 车九平三　车 4 平 1

开车抢攻, 正确。如炮 7 进 5, 炮六平三, 卒 8 平 7, 车三退一，车4平5，相一退三，双车双兵对双车炮，仕（士）相（象）全，和棋趋势。

52. 马三退二 ……

另有两种应着：①炮六进七，炮7进5，炮六退三，炮7平9，炮六平七，炮9进2，车三退三，车1进4，炮七退六（如仕五退六，车6进1，黑胜），炮9退2，车八退三，车1平3，相五退七，炮9平2，黑方胜势。②车三进四，炮4进7，马三进五，车1进4，仕五退六，车6平4，仕四进五，炮4进2，马五退七，炮4退5，马七退八，卒8平9，黑方胜势。

52. ……　　　　　车6平8

53. 炮六进七（图98）　象5进7!

飞象轰车通炮路，妙。

54. 车三进二　车1进4

55. 仕五退六　炮7平4!

56. 仕四进五　士5退4

57. 兵六进一　炮4平9

开炮从边线切入，看得清，走得准。如急躁走炮4进7，仕五退六，车8平4［如车8进1，相一退三，车1退2（如车8退1，红车八平六），相五退七，红方占优］，马二进四，

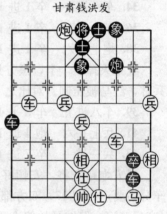

甘肃钱洪发

内蒙古李日纯

图98

车4平6，车八平九，车1平2，车三平八，车2退5，车九平八，红方多兵胜势。另如改走车8进1，车三退五，车8平7，相一退三，炮4平6，车八平二，卒8平7，车二平三，卒7平8，车三进四，车三兵仕相全对车炮卒双士，红方完全可以抗衡。

58. 兵六进一 ……

冲兵找对攻，别无他路，走得顽强。

58. ……　　　　炮9进5　　　**59. 相五退三**　象7进5

60. 车三进二　车1退8

黑方弃象目的是调动红兵，延缓它的攻势，继而退车守住下二

路，老练。

61. 车八平六　车 8 进 1　　　**62.** 兵六进一　士 4 进 5

63. 车三平五　车 8 平 7　　　**64.** 仕五退四　车 1 退 1

65. 车五平七　……

如改走车六平二，炮 9 进 2，车二退三，炮 9 平 6，兵六平五，士 6 进 5，车二进七，炮 6 退 9，帅五进一，车 1 进 8，帅五进一，车 7 退 2，黑胜。

甘肃钱洪发

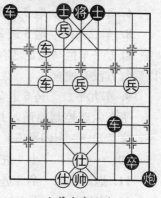

65. ……　　　　　　炮 9 进 2

66. 车六平七　士 5 退 4

67. 兵五进一　卒 8 进 1

68. 兵一平二　车 7 退 3

69. 仕四进五（图 99）　卒 8 进 1！

冲底卒打帅，算准入局时机已经到来，精妙出彩。

内蒙古李日纯

图 99

70. 仕五退四　车 7 平 5　　　**71.** 仕六进五　车 1 进 9

72. 后车退五　车 1 平 3　　　**73.** 车七退七　车 5 退 2

下面：车七进一，车 5 平 1，车七平六（如帅五平六，车 1 进 5，帅六进一，炮 9 退 1，黑方夺车胜），车 1 进 5，车六退一，车 1 退 1，兵六进一，将 5 进 1，车六进二，车 1 平 5，帅五平六，卒 8 平 7，黑胜。

第 27 局
江苏戴荣光（红先胜）福建郭福人
（1976 年 6 月 21 日弈于兰州）

中炮过河车对屏风马左马盘河

1. 炮二平五　马 8 进 7　　　**2.** 马二进三　卒 7 进 1

3. 车一平二　车 9 平 8　　　**4.** 车二进六　马 2 进 3

5. 马八进九　马 7 进 6

这是苏、闽两位名将在 1976 年全国个人赛预赛中的角逐。中炮过河车对屏风马左马盘河，红方跳边马系稳健走法，在 20 世纪 70 年代比较流行。

6. 车二退二　炮 2 退 1　　　7. 车九进一　象 3 进 5

8. 车二平四　炮 8 进 2

红方平车拦马应走之着。如改走车九平四，黑炮 8 平 6，兑车以后红方没有便宜。

9. 车九平二　马 6 退 7　　　10. 车二平六……

平车六路控制要道，并且能够保持多种变化。如改走兵三进一，卒 7 进 1，车四平三，炮 8 平 3，兑车以后，红方先手消失。

10. ……　士 4 进 5

11. 炮八平七　卒 3 进 1

12. 车四平八（图 100）　炮 2 平 3

平炮有嫌呆板，可改走车 1 平 4，车六进八，马 3 退 4，局面平稳，黑方并不难走。

13. 兵三进一　卒 7 进 1

14. 车八平三　炮 8 平 7

15. 车六进七　车 1 平 3

16. 马三进四　车 8 进 3

17. 炮五平四　车 8 进 3

18. 仕六进五　车 8 平 6

19. 相三进五　马 3 进 2　　　20. 兵九进一　马 7 进 6

福建郭福人

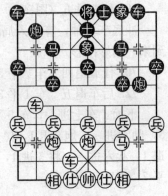

江苏戴荣光

图 100

跃马内肋，作用不大，不及马 7 进 8 有力。试演变化如下：马 7 进 8，马四进五（如车三平二，炮 7 退 3，打车成担子炮），马 8 进 9，车三平五，炮 7 平 8，炮四平二，炮 8 退 3，成相互牵制。黑方有较多的反击机会。

21. 炮七平六　炮 7 退 3　　　22. 车三进四　车 6 退 1

23. 车三平四　车 6 平 4　　　24. 车六退四　炮 3 平 6

25. 车六平八　炮 6 进 6　　　**26.** 炮六平四　马 2 退 3

27. 车八平四　马 6 退 7

　经过一系列子力交换，局势大为简化。红方子力活跃，且车马

炮兵种齐全，优势在握。

28. 炮四平三　马 3 进 4

29. 车四平六　车 3 平 4

30. 炮三进四　卒 5 进 1

31. 仕五进四（图101）　　车 4 进 3

　黑方没有想到红方飞仕的意图，

随手捉炮失算，从此局势一蹶不振。

应改走马 4 退 3，车六平三，马 7 进

5，马九进八。虽吃后手，但尚可

应付。

32. 炮三退五　……

　退炮使优势扩大，黑方不好

应付。

福建郭福人

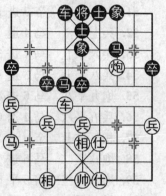

江苏戴荣光

图 101

32. ……　　　马 7 进 6　　　**33.** 车六退一　卒 5 进 1

　送卒出于无奈。如改走马 6 进 5，炮三平六，卒 9 进 1，马九

退八，车 4 平 2，马八进七，黑方要失子。

34. 兵五进一　马 4 进 5　　　**35.** 车六进三　马 6 退 4

36. 兵五进一　马 5 进 7　　　**37.** 兵五平六　马 4 退 2

38. 马九进八　卒 1 进 1　　　**39.** 兵九进一　马 2 进 1

40. 兵六平七　马 7 退 9

41. 兵七平八　马 1 退 2（图102）

　一阵争夺兑子，红方以马炮双兵对黑方双马卒的优势进入残

局，胜势很浓。

42. 马八进六　马 9 进 8　　　**43.** 兵七进一　士 5 进 6

44. 马六进四　士 6 进 5　　　**45.** 马四退五　马 8 退 9

46. 炮三平八　马 2 退 4　　　**47.** 马五进六　马 9 退 8

48. 炮八平九　马 8 进 6　　　**49.** 仕四进五　马 6 进 4

50. 炮九进五　　卒9进1

51. 兵七进一　……

七兵渡河双联兵，奠定胜利
基础。

51. ……　　　卒9进1

52. 兵七平六　马4退6

53. 兵六平五　马4进3

54. 兵八平七　马3退1

55. 炮九平八　马6进4

56. 兵五平六　马4退6

57. 相五进七　卒9进1

58. 炮八退二　马6进4

59. 炮八进三　将5平6　　　60. 兵七平八　马4退6

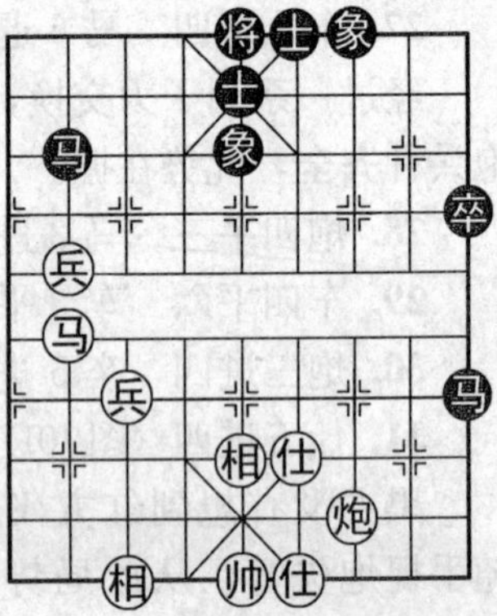

61. 兵六平五　卒9平8

福建郭福人

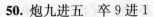

江苏戴荣光

图 102

红方运子取势，着法老练。黑方虽努力应付，但难脱困境。

62. 兵五平四　马6进4　　　63. 兵八平九　卒8平7

64. 兵九进一　马1退2　　　65. 炮八退一　马2进3

66. 马六进七　士5进4　　　67. 炮八平二　马3进4

如改走马3进1吃兵，兵四进一，马1进3，兵四进一，马3
进5，炮二进三，象7进9，兵四平五，红方胜势。

68. 炮二退一　后马进6　　　69. 炮二进四　将6进1

70. 炮二退二　……

清醒。如马七退五贪象，将6平5，红要丢马而前功尽弃。

70. ……　　　士6退5　　　71. 兵九平八　卒7进1

72. 兵八平七　象5进3　　　73. 兵七平六　卒7平6

74. 仕五进四　马4进6　　　75. 帅五平六　前马退5

76. 相七进五　马6退8　　　77. 兵四平五　马5退7

78. 炮二进二　马7进5　　　79. 马七退五　马8退9

80. 炮二退九　将6退1　　　81. 马五退四　象3退1

82. 兵五平六　马5进6　　　83. 炮二平四　将6平5

84. 炮四进一　象 1 退 3　　　85. 前兵平七　象 3 进 5

86. 兵七进一　马 6 退 5　　　87. 炮四平五　马 5 退 6

88. 兵六进一　马 9 退 7　　　89. 相五进三　将 5 平 6

90. 炮五平三　……

下面兵六平五捉死黑马，红胜。

第 28 局
辽宁赵庆阁（红先负）上海胡荣华

（1977 年 9 月 17 日弈于太原）

中炮巡河炮对屏风马

1. 炮二平五　马 8 进 7　　　2. 马二进三　车 9 平 8

3. 兵七进一　卒 7 进 1　　　4. 马八进七　炮 8 平 9

5. 炮八进二　象 3 进 5

本局弈自 1977 年全国个人赛。中炮进七兵缓开车是 20 世纪 70 年代流行的一种走法。它保留着多种选择，有很大的灵活性。黑方应以三步虎，亮出主力，拓展左翼空间，继而形成巡河炮对飞右象局式。黑方亦可炮 2 平 5，用半途列炮对攻。

6. 车一进一　马 2 进 3

红方启横车开动主力，意图没有错，但同样走车，不如车九进一更好，因为可以保留以后右车随时去兑黑方左车的机动性，对棋局的走势也会产生微妙的影响。黑方应屏风马，严阵以待。

7. 马七进六　炮 2 退 1

一个跃马，一个退炮，攻守由此展开。

8. 炮五平七　炮 2 平 3　　　9. 车九平八　士 4 进 5

10. 车一平四　卒 1 进 1（图 103）

11. 兵七进一　……

红方弃兵抢先，开始发力，求攻心切，跃然枰上。但笔者以为，红方此时改走车四进三蓄势待发则更稳健、更含蓄。

11. ……　　　　象 5 进 3

12. 炮八平七　车 8 进 1

13. 车八进八　士 5 进 6

面对红方攻势，黑方矮车、撑士，在内线筑防，构思独具匠心，给人以冷门、奇特的感觉，目的是诱敌深入，斗智斗勇。棋王艺高胆大。

14. 后炮进三　……

轰象急于出手，有些"躁"，欲速则不达。宜改走车四进五控制卒林。黑如车 1 平 4，马六退五，红方先手，局面也容易掌握。

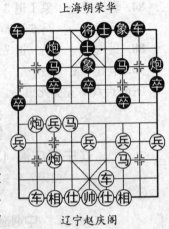

上海胡荣华

辽宁赵庆阁

图 103

14. ……　　　卒 3 进 1　　**15.** 炮七进三　车 1 平 4

16. 马六进五　士 6 退 5

退士巧妙兑子，从容化解红方攻势，耐人寻味。

17. 车四进五　……

如改走马五进三，炮 9 平 3，相七进五，后炮平 4，黑方反先。

17. ……　　　马 7 进 5　　**18.** 车四平五　车 8 进 6

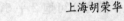

19. 车五平三　……

进车捉马，抓住了红方的弱点。红方平车正着。如车八平七贪炮，炮 9 退 1，红方丢车。

19. ……　　　炮 9 退 1

20. 车八退六　卒 3 进 1

21. 相七进九（图104）　卒 3 进 1

至此，前一轮攻防拼抢已经过去，局面呈现暂时的相对平稳。双车马炮对双车双炮，黑方虽残一象但有过河卒深入的补偿及对红马的牵制，已经反先。

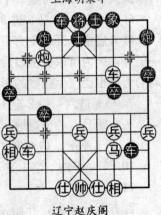

上海胡荣华

辽宁赵庆阁

图 104

22. 炮七平三　象7进5　　　　23. 车三平五　象5退7

24. 车五平三　卒3平4　　　　25. 炮三退二　……

黑方横卒有冲宫之势，威胁极大。红方又苦于不能补仕（因为黑有边炮出击攻势），处境困难。

25. ……　　　象7进5　　　　26. 炮三退一　卒4进1

27. 相九进七　卒4进1

黑卒冲宫蛰伏相腰，犹如钉子插入，红方面临严峻考验。

28. 仕六进五　炮9进5

29. 车三平五　炮3进3（图105）

30. 车八平六?　……

黑方右翼扼帅门，左翼车炮抢攻，红方腹背受敌。关键时刻，红方肋道兑车为什么？自铸大错，失着，由此落入被动困境。应改走车五进一吃象，炮3平7，车五退二，炮7退2，车八进三。呈对攻状态，红方尚可力战。

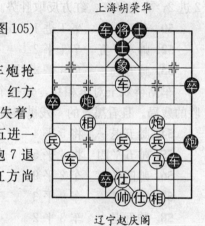

上海胡荣华

辽宁赵庆阁

图 105

30. ……　　　卒4平5

31. 仕四进五　炮9进3

32. 马三退四　车4进7　　　　33. 仕五进六　车8平4

兑车劫双仕，黑方即刻显现优势。

34. 车五平一　炮3平5　　　　35. 炮三平五　车4退2

36. 车一退六　车4平5　　　　37. 车一进五　车5进1

38. 帅五平六　炮5平3

再兑子，双方迅速进入残局。红方边兵不保，这将是致命的。

39. 马四进五　士5进4　　　　40. 兵三进一　车5退1

41. 车一平六　士6进5　　　　42. 车六退一　车5进1

43. 相三进一　车5平1

吃掉边兵也就是掌握了胜券。

44. 车六平五　炮3退2　　　　45. 马五进四　车1平9

46. 相七退五 ……

如相一退三，卒 1 进 1，边卒渡河，黑方可以速胜。

46. ……　　车 9 进 1　　　**47. 车五进一　车 9 平 6**

48. 马四进六　炮 3 平 2　　　**49. 马六进五　炮 2 平 5**

兑马正确，算准车卒有胜机。如改走卒 1 进 1，马五进三，将 5 平 6，车五平八，炮 2 平 3，车八平七，炮 3 平 2，车七进二，炮 2 退 1，车七进二，将 6 进 1，马三退一，车 6 退 4，兵三进一，炮 2 进 2，车七平三，红方反取胜势。

50. 车五进二　卒 1 进 1　　　**51. 车五退四　车 6 退 3**

52. 帅六平五　卒 1 平 2

53. 帅五进一　车 6 平 2（图 106）

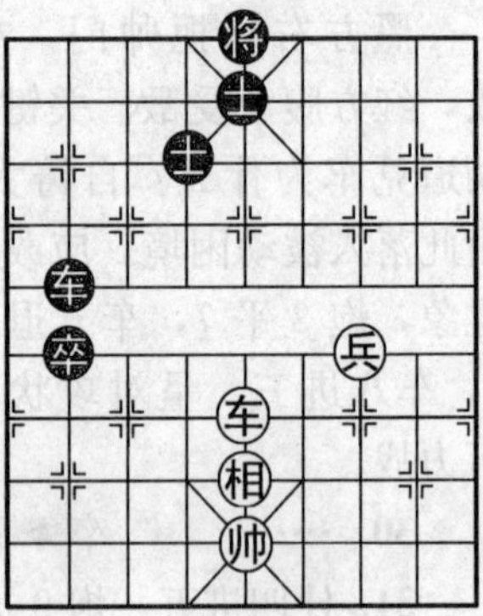

车高卒双士对车相兵，是一个可胜的残局。且看黑方的"残棋表演"。

54. 帅五退一　将 5 平 4

55. 帅五平四　将 4 平 5

56. 帅四平五　车 2 平 9

57. 帅五进一　车 9 平 3

58. 帅五退一　车 3 平 2

59. 帅五平四　卒 2 进 1

双方都走了一些闲着，意在"凑步数而避超时"。

上海胡荣华

辽宁赵庆阁

图 106

60. 车五平六　卒 2 进 1　　　**61. 车六退一　车 2 平 6**

62. 帅四平五　卒 2 进 1　　　**63. 车六退一　将 5 平 6**

64. 车六平二　卒 2 平 3　　　**65. 帅五进一　车 6 平 4**

66. 车二平四　将 6 平 5　　　**67. 帅五退一　车 4 平 8**

68. 车四平三　士 5 进 6　　　**69. 帅五平四　车 8 进 3**

70. 兵三进一 ……

红车控制下二路，守得顽强。如改走相五进七，车 8 进 2，帅四进一，卒 3 平 4，车三进一，车 8 退 1，帅四进一，卒 4 平 5，黑胜。

70. ……　卒 3 平 4　　　**71. 兵三平四　士 6 退 5**

72. 相五退三　车 8 平 4　　　**73.** 相五退三　车 8 平 4

74. 帅四平五　将 5 平 4　　　**75.** 兵四平五　士 5 退 6

76. 帅五平四　士 4 退 5

77. 车三平四　将 4 平 5

上海胡荣华

车卒占九宫，下面冲刺入局。

78. 车四平三　士 5 进 6

79. 帅四平五　车 4 退 1

80. 帅五平四（图 107）　卒 4 进 1!

红如改走相三进五，卒 4 进 1，
帅五进一，将 5 平 4，黑胜。黑卒冲
底叫杀，妙。

81. 车三平四　车 4 平 5

下面：车四进四，车 5 进 2；如
兵五平六，车 5 进 3；如车四平六，
车 5 平 6，车六平四，卒 4 平 5，都是黑胜。

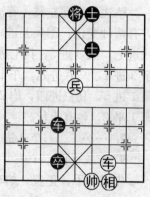

辽宁赵庆阁

图 107

第 29 局
广东杨官璘（红先胜）福建郭福人
（1978 年 4 月 2 日弈于厦门）

顺炮直车对横车

1. 炮二平五　炮 8 平 5　　　**2.** 马二进三　马 8 进 7

3. 车一平二　车 9 进 1　　　**4.** 车二进六　……

本局弈自 1978 年全国团体赛。斗顺炮，直车对横车。直车过
河是杨官璘喜欢走的棋路，另有仕四进五，马八进九，马八进七等
选择，均有不同变化。

4. ……　　　车 9 平 4

横车过宫，平稳应着。亦可改走卒 3 进 1，炮八平七，马 2 进
3，兵七进一，马 3 进 4，成"天马行空"阵式，容易形成激烈对

攻场面。具体可参阅前面第6局。

5. 车二平三　马2进3　　　　6. 仕四进五　炮5退1

7. 马八进九　……

跳边马启动左翼，着法稳健。如改走兵三进一，车4进4，红方有两种变化：①兵五进一，炮5平7，车三平四，士4进5，马八进七，象3进5，兵七进一，车4进1，双方平稳。②相三进一，卒3进1，马八进九，车1进1，炮八平七，炮5平7，车三平四，象7进5，马三进四，炮2进3，车四进一，炮2平6，车四平三，车1平2，各有千秋。

7. ……　　　卒3进1　　　　8. 炮八平七　车4进1

9. 车三平四　……

先避一手，正着。如车九平八，马3进4，对抢先手。

9. ……　　　车1平2

10. 车九平八　马3进4

11. 车四退三　炮5平2

12. 车八平九　士4进5（图108）

13. 兵三进一　……

图108形势，杨、郭两人在1977年全国赛时也曾走成同样局面。当时杨走兵五进一，象3进5，炮七平六，马4退3，马九退七，车4进2，兵九进一，后炮平3，车九平八，卒3进1，兵七进一，车4平2，车八平九，前车进4，马七进六，马3进2，帅五平四，炮2平3，兵七进一，前炮进7，黑方破相有攻势。现在挺三兵，战术做了改进和调整。

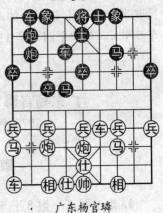

福建郭福人

广东杨官璘

图 108

13. ……　　　象3进5　　　　14. 炮七平六　马4退3

15. 马三进四　车4进3　　　　16. 兵三进一　炮2进3

进炮打马抢先。如改走象5进7，炮五平三，红方先手。

17. 兵三进一　炮2平6　　　　18. 兵三进一　炮6平8

19. 车四平二　卒3进1

亦可改走炮2进5，马九退七，卒3进1（如炮2进3，马七进九，炮2退3，马九退七，不变成和），马七进八，车2进6，兵七进一，炮8平3。红方多一过河兵，黑方子力灵活，各有千秋。

20. 兵七进一　炮8平3　　**21. 炮五平三　炮2进5**

22. 兵五进一　炮3平5　　**23. 相七进五　炮2进1**

24. 兵三进一　马3进4

25. 车九平八（图109）　马4进6

福建郭福人

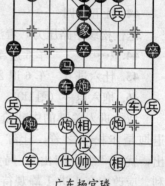

广东杨官璘

图 109

策马急进，嫌躁。一则劳而无功，二则使右翼车炮脱根受牵制，不如改走车4平2紧凑有力。红如接走车二平六（如车八平七，则黑前车进1抢先），马4进6，车六平四，炮5退1，炮三进二，马6退4，黑方局势开扬。

26. 车二平四　炮5退1

27. 兵三平四　马6退8

28. 车八平七　车4平6

29. 车四平二　车6进3　　**30. 炮六退一　车6退1**

退车正着。如改走马8进6，炮六平四，马6进8，车七平八，炮5平1（如炮2退2，红车八进三占优），炮三平八，炮1进3，相五进七，炮1进2，炮八退一，炮1退1，车八平九，黑方将丢炮。

31. 炮三退一　马8进6　　**32. 车二平五　车6平7**

33. 车七进四　马6退7

如误走炮5进3，相三进五，马6进5，炮三进八，车7退7，车五退一，红方得子占优。

34. 车五平四　车2平3

红方自三路兵过河以后，着法细致严密，守中有攻，形成双车兵的有效威胁。黑方兑车意在透松，如改走炮5平1，马九退八，马 7 进 5，车七平五，炮 2 平 1，马八进九，炮 1 进 3，炮六平九，红方优势。

35. 车七进五　象 5 退 3　　　**36.** 帅五平四　……

出帅助攻，小兵长途跋涉立战功。

36. ……　　　象 3 进 5　　**37.** 炮三进五　车 7 退 4

38. 兵四进一　士 5 退 6　　**39.** 车四进六　将 5 进 1

40. 车四退六　炮 5 平 8　　**41.** 车四平二　车 7 平 6

42. 帅四平五　炮 8 平 5 ·　**43.** 车二平五　将 5 平 6

44. 仕五进四　……

送仕松缓中路压力，着法老练。

44. ……　　　车 6 进 4

45. 仕六进五　车 6 退 2

46. 炮六退一 (图 110)　炮 2 退 2?

双方进入关键的中残阶段，黑方退炮是步松软之着，让红方边马跃出，犹如"纵虎归山"，局势顿时不利。应改走卒 1 进 1 静观待变，以后仍是各有千秋。

47. 马九进七　炮 2 进 4

48. 炮六进二　炮 2 平 7

49. 帅五平六　炮 7 退 5

50. 相五退七　……

退相通炮路，好棋。

福建郭福人

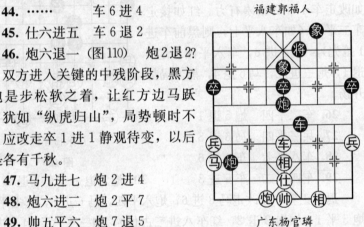

广东杨官璘

图 110

50. ……　　　车 6 平 4　　**51.** 车五平四　将 6 平 5

52. 马七退五　车 4 平 3　　**53.** 相七进九　车 3 平 5

54. 马五进四　炮 5 平 4　　**55.** 帅六进五　炮 7 平 6

56. 马四退二　炮 6 平 5　　**57.** 帅五平四　炮 5 进 4

58. 车四进五　将 5 退 1　　**59.** 车四进一　将 5 进 1

60. 马二进四　炮 4 平 7　　**61.** 马四进二　炮 5 平 7

62. 炮六平三 (图 111)　……

红马跃出后，通过有条不紊的运子过渡，不惜牺牲孤仕，形成车马炮强烈攻势，黑方节节退守，已难抵挡。

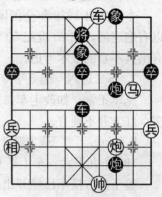

福建郭福人

广东杨官璘

图 111

62. ……　　　将5平4

63. 马二进三　后炮平4

64. 车四退一　将4退1

65. 炮三平二　象7进9

如改走车5平8，马三退五，炮4退1，炮二平六，将4平5，马五进三，红胜。

66. 车四进一　将4进1

67. 车四退四　车5退1

68. 车四退四　炮7退5

69. 马三进四　将4平5

70. 车四进七　将5退1

71. 炮二进七　炮7退3

72. 车四退二　将5进1

73. 马四退三　将5平4

74. 车四退二　将4进1

75. 炮二退二　炮7平5

76. 马三退五　象5进7

77. 车四退一　炮5进2

78. 车四退二　炮5退2

79. 马五进三　象7退5

80. 马三进五　……

车马炮运子入局，一气呵成，着法精彩，令人拍手叫好，现在打将抽车，红胜。

第30局
河北刘殿中（红先和）天津黄少龙
（1979年4月30日弈于苏州）

中炮巡河炮对屏风马右炮巡河

1. 炮二平五　马8进7

2. 马二进三　卒7进1

3. 兵七进一　马2进3

4. 车一平二　车9平8

5. 马八进七　象3进5　　　**6.** 炮八进二　炮2进2

本局弈自1979年全国团体赛。中炮巡河炮对屏风马，黑方应以右炮巡河，在20世纪50年代曾经流行，以后逐渐少见。在这里有出其不意的战术考虑。

7. 车二进六　炮8平9　　　**8.** 车二进三……

兑车正常。如改走车二平三，车8进2，以后黑方反攻机会甚多，红方并不便宜。

8. ……　　　马7退8　　　**9.** 车九进一　车1进1

10. 车九平六　车1平6　　　**11.** 兵五进一……

鉴于黑方横车已经开出，红方冲中兵从中路突破，走得及时。如改走兵三进一，炮9平7；如车六平二，车6进6，黑方都可应付。

11. ……　　　车6进6

12. 马七进五　士6进5

13. 炮八退二　车6退5

14. 炮八平七　炮2进2（图112）

15. 兵五进一　炮2平7

16. 车六平二　马8进7

17. 马五进六　卒5进1

一方弃相中路强攻，一方弃马多卒，短兵相接，形势骤然紧张起来。

18. 马六进七　卒5进1

19. 仕四进五　卒7进1

弃子以后换得双卒过河，成相互威胁之势。

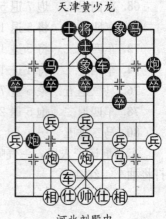

天津黄少龙

河北刘殿中

图112

20. 炮七进四　马7进6　　　**21.** 炮七平八　马6进8

22. 炮八进三　象5退3　　　**23.** 马七进五　象7进5

24. 马五进三　炮7退6　　　**25.** 马三进二　卒7平8

26. 炮八退二……

针对双卒过河，红方为防纠缠过久多生枝节，遂快速进攻，弃马杀士，以马兑马，现在退炮打车追回一子，在兵力上始终占优。

26. ……	车 6 进 3	27. 炮八平一	车 6 平 7
28. 炮五平八	车 7 进 4	29. 仕五退四	车 7 退 4
30. 相七进五	车 7 平 6		
31. 炮八进二	炮 7 进 4 (图 113)		
32. 车二平六	……		

天津黄少龙

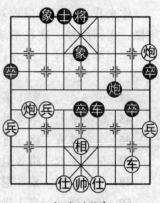

河北刘殿中

图 113

软着！致使紧凑的战局发生透松。应改走兵七进一，车 6 退 3，炮一进二，象 5 进 3，车二进三，红方多子占优。

32. ……	车 6 进 2
33. 仕四进五	……

如改走炮八平五，将 5 平 6，车六进八，将 6 进 1，车六退一，将 6 退 1，仕四进五，车 6 平 5。黑方车炮卒有反击机会，红有顾忌。

33. ……	车 6 平 5	34. 车六进四	炮 7 进 1
35. 炮八进二	卒 5 平 6	36. 兵七进一	卒 6 进 1
37. 车六退一	象 5 进 3	38. 车六平四	车 5 退 1
39. 炮八平三	炮 7 进 2		

升炮机灵，对红方车双炮的攻势是有效的牵制。

40. 炮三进三　……

正着。如改走车四平二，炮 7 平 1，帅五平四（如车二平八，炮 1 进 2，车八退四，车 5 进 2，帅五平四，卒 6 进 1，黑胜），卒 6 平 7，车二平四，卒 7 进 1，黑方胜定。

40. ……　卒 6 平 7

平卒邀兑，正确。如误走炮 7 平 1，帅五平四，将 5 进 1，车四平二，红方胜定。

41. 炮一进二	将 5 进 1	42. 炮三退七	……

此炮须兑，否则失利：炮三平二，炮 7 平 1，帅五平四，炮 1

进2，帅四进一，卒7进1，黑胜。

42. ……　　　卒7进1

43. 车四平二　　车5平1（图114）

44. 兵一进一　　……

你来我去，双方以攻对攻，攻防细微，走得严整。现在形成车炮兵双仕对车三卒单缺士，红方以优势进入残局。

44. ……　　　车1平5

45. 炮一平七　　卒7平6

46. 车二进五　　将5进1

47. 车二平六　　将5退1

48. 车六退四　　象3退5

50. 车六进一　　卒1进1

52. 车一平四　　卒1进1

54. 车四进二　　将5退1

56. 仕六进五　　车5进2

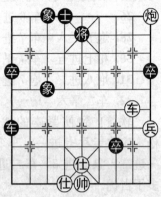

天津黄少龙

河北刘殿中

图114

49. 炮七退七　　卒6平5

51. 车六平一　　象5退7

53. 帅五平四　　卒1平2

55. 炮七进七　　卒5进1

57. 炮七平三　　……

红方乘势进击，走得老练。至此取得车炮兵对车卒的胜势局面，黑方处境危急。

57. ……　　　卒2进1

58. 车四进一　　将5进1

59. 车四退七　　车5退4

60. 兵一进一　　卒2平3（图115）

61. 帅四进一？……

此时，局势到了决胜关键时刻。红方大约受时限所迫，匆匆走了一步动帅闲着，以致宝贵的小兵丢失，胜机也随之消失，前功尽弃。应改走兵一进一，红方胜定。

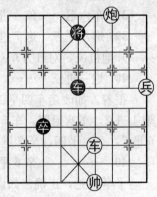

天津黄少龙

河北刘殿中

图115

61. ……   车 5 平 9

顺手牵兵，幸运。算准车卒能够守和车炮。结局改写也。

62. 车四平五	将 5 平 4	**63.** 帅四平五	车 9 进 2
64. 车五进三	车 9 平 4	**65.** 炮三平七	车 4 进 2
66. 帅五退一	车 4 进 1	**67.** 帅五进一	卒 3 进 1
68. 车五进四	车 4 退 1	**69.** 帅五退一	车 4 平 7
70. 车五退六	车 7 进 1	**71.** 帅五进一	车 7 平 4
72. 车五退一	卒 3 平 4	**73.** 车五进六	将 4 退 1
74. 车五进一	将 4 进 1	**75.** 炮七平六	卒 4 平 5
76. 车五退七	将 4 退 1		

以卒换炮，和局。

四、20 世纪 80 年代
(25 局　31～55)

第 31 局
湖北柳大华（红先胜）上海徐天利
（1980 年 8 月 30 日弈于乐山）

起马对挺卒

20 世纪 50 年代中期已经入围国手行列的上海徐天利与 70 年代后期入围国手行列的湖北柳大华，双双进入 1980 年全国个人甲组决赛，展开冠军的角逐。本局是第 6 轮的较量。前 5 轮，徐天利 4 胜 1 和，积分领先，气势正盛。柳大华 2 胜 2 和 1 负，积分居中游，急起直追。

1. 马二进三　卒 7 进 1	**2.** 兵七进一　马 8 进 7
3. 马八进七　象 3 进 5	**4.** 炮八平九　马 2 进 3

为了拿下这盘棋，柳大华事前做了充分计划和准备，从布局大量实践来看，徐天利基本上是先手飞相局，后手反宫马，相当得心应手。因此，红方布下起马开局，来个冷门，出其不意。起马局介于飞相和仙人指路之间，也是属于散手和机动开局范畴，着眼中残功夫较量。黑方挺卒飞象，走成屏风马阵式。如马 2 进 4，车一进一，车 9 进 1，车九平八，车 1 平 2，车八进五，红方先手。

5. 车九平八　车 1 平 2

6. 车八进六（图 116）　马 7 进 6？

跃马立河，意在竞争，但目标过早暴露，马步轻移，值得商

榷。宜改走车 9 进 1 抢出主力比较
积极。

7. 车一进一　炮 8 平 6

8. 炮二进三　马 6 进 7

9. 车一平四　士 4 进 5

10. 炮二进一　车 9 平 8

11. 炮二平七　……

车炮联动，攻马抢先，双方 12
个大子全部启动，相比之下，红方子
力占位及通畅程度要好于黑方。红方
马步开局获得成功。

上海徐天利

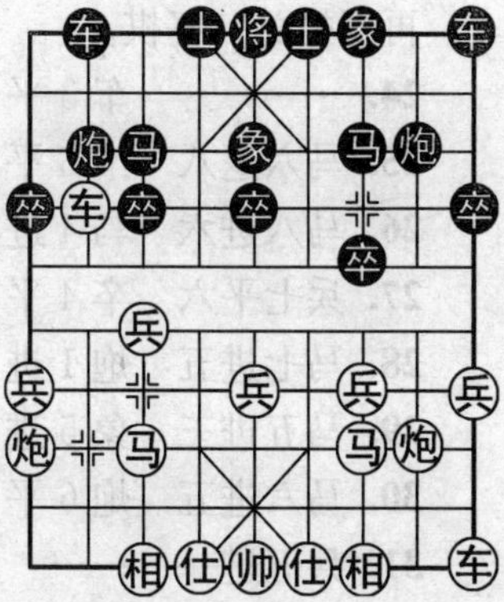

湖北柳大华

图 116

11. ……　炮 2 平 1

如改走卒 7 进 1，相七进五，车 8 进 5，车四进五，卒 7 平 6，
兵七进一，象 5 进 3，炮七平九，炮 2 平 1（如马 3 进 4，车四退
一，马 4 进 3，后炮平八），炮九平五，象 3 退 5，车八进三，马 3
退 2，炮九平八，马 2 进 3，炮五平七，红方先手。

12. 车八进三　马 3 退 2　　**13. 车四平八　马 2 进 3**

14. 炮七平六　马 7 退 6

兑车后，红方重兵集结左侧，现平炮发起攻击。黑如改走马 3
进 4，兵七进一，马 4 进 6，兵七进一，红优。

15. 兵七进一　马 6 退 4　　**16. 兵七进一　卒 7 进 1**

17. 兵七平六　卒 7 进 1　　**18. 马三退五　车 8 进 4**

19. 兵六平七　……

兑子抢渡，各过兵卒，红兵压马，显然有利。

19. ……　马 3 退 4　　**20. 马七进六　车 8 平 3**

21. 马五进七　卒 7 平 6（图 117）

22. 车八进四！……

双马转移联兵，红方运子控制，走得紧凑。现在兑车抢先，
佳着。

22. ……　车 3 进 2　　**23. 兵五进一　卒 6 平 5**

24. 车八退二！……

再度抢兑，好棋。

24. ……	车3平2
25. 马六退八	卒5平4
26. 马八进六	马4进2
27. 兵七平六	卒4平3
28. 马七进五	炮1进4
29. 马五进三	象5进7
30. 马六进五	炮6平5
31. 兵五进一	……

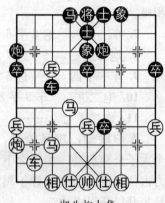

上海徐天利

湖北柳大华

图 117

斗无车棋，双方兵力虽然相仿，但黑马受制，红方再渡中兵，优势可见。

31. ……	卒3进1	32. 相三进五	象7进9
33. 炮九退一	卒3进1	34. 炮九进一	卒3平4
35. 仕四进五	炮1平6	36. 兵五平四	……

舍相横兵，寻求突破，有胆魄。

36. ……	炮5进5	37. 帅五平四	炮5平6
38. 帅四平五	前炮平3	39. 炮九进二	炮3退2
40. 马三退五	炮3平5	41. 兵四平三	卒1进1

如改走象9进7，马五退三，炮6退2，帅五平四，卒4平3，炮九退二。以兵换双象，且有攻势，红方占优。

42. 炮九退二	卒1进1	43. 兵三平四	卒1平2
44. 炮九平二	炮6平8	45. 帅五平四	卒4平3
46. 马五进三	卒2进1	47. 马三退四	炮8平6
48. 马四进六	马2进1		

斗残局，时限已紧，双方精力又消耗很大。黑方跳马意在突围。如改走卒3平4，炮二退一，炮5进1，马六进七，卒4平5，仕六进五，炮5平9，马五退六，红方优势。

49. 马五退三！（图118）……

退马踏炮，象口抢攻，好棋。

49. ……　　　卒2平3
50. 马三退四　卒3平4
51. 炮二进七　象9退7
52. 马四进三　……

兑子再简化，红方马炮攻势向前推进。至此，双方兵力完全相同，但量同质异，有势为上，天平明显倾向红方。

52. ……　　　炮5平8
53. 炮二平一　炮8退4
54. 兵四进一　马1进3
55. 相七进九　炮8进4
56. 马三进二　将5平4
57. 马二进三　将4进1

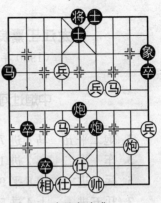

图 118

58. 炮一退一　将4退1
59. 马三退二　炮8退2
60. 兵四平五　士5进6
61. 炮一平三　士6进5
62. 炮三退七　……

劫象再控卒，黑方已难抵挡。

62. ……　　　炮8进5
63. 马二退三　卒3平4
64. 炮三进三　马3进2

65. 兵五进一（图119）……

兵冲九宫，由此入局。

65. ……　　　炮8退7
66. 兵五平四　马2退4
67. 马三退五　马4退2
68. 兵四平五　将4平5
69. 马五进七　后卒平5
70. 炮三平五　马2进3
71. 炮五进一　马3退4
72. 马七进六　将5平4
73. 兵五进一　……

功到事成，红胜。

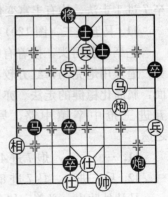

图 119

第32局
黑龙江王嘉良（红先胜）湖北柳大华

（1980年8月31日弈于乐山）

中炮过河车对屏风马平炮兑车

1. 炮二平五	马8进7	**2.** 马二进三	车9平8
3. 车一平二	卒7进1	**4.** 车二进六	马2进3
5. 兵七进一	炮8平9	**6.** 车二平三	炮9退1
7. 兵五进一	士4进5	**8.** 兵五进一	炮9平7
9. 车三平四	卒7进1		

本局弈自1980年全国象棋联赛。中炮过河车急冲中兵对屏风马平炮兑车，是20世纪70年代后期流行起来的布局，实战中见率很高，至今仍是盛行不衰，极具生命力。

10. 马三进五　卒5进1

吃兵，减弱红方中路攻势，属平稳着法。另有卒7平6、车8进8和卒7进1走法，均有丰富变化。

11. 马五进三（图120）⋯⋯

吃卒马跃河头，接着有闯卧槽攻势，逼黑用炮兑马，红方较易控制局面，属简化稳健的走法。亦可改走炮五进三抢中卒镇中路，另有攻防之途。

湖北柳大华

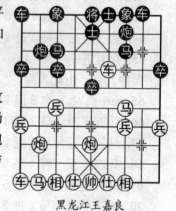

黑龙江王嘉良

图120

11. ⋯⋯　炮7进4

12. 兵三进一　马7进8

马从外肋出，必着。如改走车8进4，车四平三，红方压马，继有冲兵攻击手段，黑方陷入被动。

13. 兵三进一　马8进9　　**14.** 马八进七　车8进6

15. 车四平七　马3退4　　**16.** 炮八进三？……

进炮活动范围变窄，占位不理想，且无有效的进攻作用，软手。应改走炮八退一，灵活积极得多。

16. ……　　象3进5　　**17.** 兵三平四　车8平3

18. 车九进二　马9退7　　**19.** 仕六进五　车1平3

20. 车七进三　象5退3　　**21.** 炮五平三　象3进5

22. 相七进五　马7退9

退马调整马位，正着。如改走马7进9，炮三进四！卒5进1，炮八平五，卒5进1，炮三平七，车3平2，兵七进一，红方优势。

23. 兵四平五　马9退7（图121）

24. 兵九进一　……

挺边兵，准备兑车透松，保持先手，正确。如改走兵五平四，马7进6，炮三平二，马6进4，车九退一，后马进3，黑方反先。

24. ……　　马7进5

25. 车九进一　车3平1

26. 马七进九　马5进4

27. 炮三退一　炮2平1？

兑车以后，双方斗无车棋，局势相应得到缓和。黑方平炮构思没有错，但步骤次序上有问题，显得粗糙。应先走马4进3赶炮，然后再平炮，黑势足可应付。

湖北柳大华
黑龙江王嘉良
图121

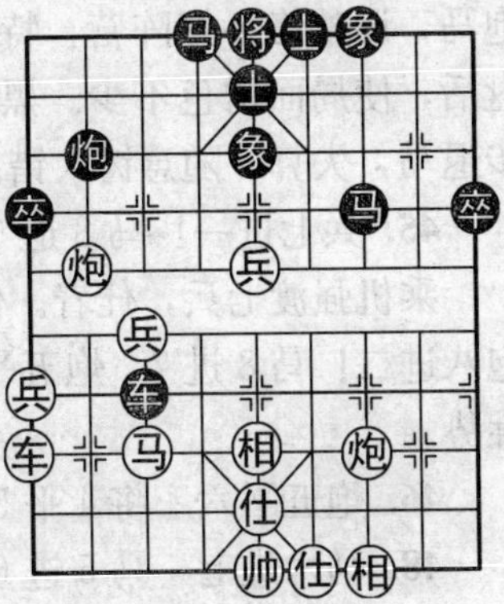

28. 炮八进四　后马进2　　**29.** 炮八平九　炮1平2

30. 仕五进六　马4进6　　**31.** 炮三平四　炮2进4

32. 仕四进五　马6退5　　**33.** 炮四进四　马2进3

34. 炮四平八　士5进4　　**35.** 炮八进四　将5进1

36. 炮八退三（图122）　马5退7？

黑方中马的位置于攻于守都是极好的控制点，现在轻易挪动，失先。应改走卒9进1，以后边卒渡河可形成对攻之势，红方有顾忌。

37. 马九退八　炮2进1

38. 炮八退三　马7进8

39. 帅五平四　卒9进1

40. 炮八平五　将5平4

41. 炮九平八　马3进5

42. 炮八退六　马8退6

43. 炮五进一　将4退1

44. 马八退六　马6退8?

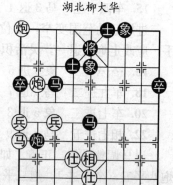

湖北柳大华

黑龙江王嘉良

图 122

红方抓住黑方退马之际，巧运双炮马，调整修补好阵营，特别是马的盘活，使局面增色不少。黑方又是一步退马，失算，随意铸大错。应改走士4退5。

45. 兵七进一!　马8退6

乘机强渡七兵，佳着。优势也随之而来。黑如象5进3吃兵，炮八进二!马8进7，炮五平六，士4退5，炮八平五，红方夺马胜势。

46. 炮五平六　将4平5

47. 炮六进二　士6进5

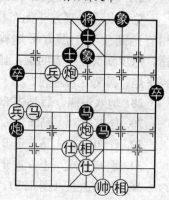

湖北柳大华

黑龙江王嘉良

图 123

48. 马六进七　马5进6

49. 兵七进一　炮2平1

50. 马七进八　后马进5

51. 炮八平五　炮1退1 (图123)

52. 炮六平九　炮1平2

抢卒兑子，开创胜势局面，使枰场发生质的变化。黑如炮1退3，马八进九，马炮双兵仕相全对双马卒士象全，黑方难以守和。

53. 炮九平八　炮2平3

54. 马八进六　炮3退2

55. 兵九进一　……

再冲边兵，双兵渡河敌一子，黑方处境困难了。

55. ……	马6退8	**56.** 帅四平五	马8退6
57. 炮五平九	炮3进4	**58.** 兵九平八	炮3平4
59. 炮八进三	将5平6	**60.** 马六退四	马5进3
61. 炮九进六	将6进1	**62.** 炮九退四	马6进8
63. 兵八进一	马3退4	**64.** 炮八退一	士5进6
65. 马四进五	炮4平3	**66.** 炮八平六	马4进5
67. 兵七进一	将6退1	**68.** 兵七平六	马8进6

七兵闯宫劫士，撕开黑方防线，凶。黑如改走炮3平4，兵六平五！炮4退7，兵五平四，炮4进3，兵四进一，将6平5，炮九退一（改走马五退七亦可），红方胜势。

69. 马五退六	马6进7	**70.** 帅五平六	炮3退2
71. 炮九退四	马7退8	**72.** 炮九平六	士6退5
73. 兵六平七	炮3退2	**74.** 前炮平七	炮3平8
75. 马六进五	将6平5	**76.** 炮六平九	炮8平1
77. 帅六平五	卒9进1	**78.** 兵八平七	马5进3
79. 炮九进三	马8进7	**80.** 帅五平四	马7退6
81. 马五进三	卒9平8		

湖北柳大华

82. 前兵平六　马3退4

83. 兵六进一　……

打马腾挪，兵冲九宫侵象腰，厉害。

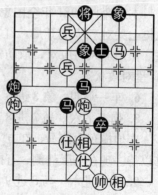

83. ……　士5进6

84. 兵七平六　卒8进1

85. 炮七退五　马6退5

86. 炮七平五　卒8平7

87. 炮五进一　卒7平6（图124）

88. 相五进七　……

扬相轰马，好棋。下面推进入局。

88. ……　马4进3

89. 后兵平五　马3退1

黑龙江王嘉良

图 124

90. 相三进五　马1进2

91. 兵五平四　炮1退2　　　　**92.** 炮九进二　马2退3

93. 炮九平五　象5进3　　　　**94.** 兵四进一　炮1平7

95. 兵四进一　……

弃马再弃炮，妙。

95. ……　马3退5　　　　**96.** 兵四平五　将5平6

97. 兵六进一　炮7平6　　　　**98.** 炮五平四　炮6平5

99. 炮四平八　……

炮双兵杀局。下面：炮5平2，兵六平五杀，红胜。

第33局
广东吕钦（红先胜）湖北胡远茂
（1981年9月10日弈于温州）

中炮进七兵对三步虎

1. 炮二平五　马8进7　　　　**2.** 兵七进一　车9平8

3. 马二进三　炮8平9　　　　**4.** 马八进七　卒7进1

5. 车一进一　马2进3

本局弈自1981年全国象棋联赛，粤、鄂两位名将角逐。中炮抢挺七兵对三步虎开局，红方跳七路马，启右横车，左右均衡推进。黑用屏风马应对，取防守阵式。亦可改走炮2平5或车8进5，呈对攻状态。

6. 车一平四　象3进5　　　　**7.** 炮八进二　士4进5

8. 炮五平六　马7进8

中炮横车七路马，红方采用巡河炮进攻。黑方右士象固中，严阵以待。现在马跃外侧，有抢兵的先手，双方由此展开竞争。

9. 马七进六　马8进9

左马盘河封锁河沿。如车四平二，炮2进2，红方没有便宜。黑马踩边兵，兑子切入，对红方牵制，可取。

10. 马三进一　炮9进4　　　　**11.** 相七进五　车8进3

12. 仕六进五（图125）　卒5进1

挺卒通车，佳着。如炮9平5，马六进四，炮5退2，兵三进一，红方占优。

13. 炮六平七　车1平4

14. 车九平七　炮9平5

轰中兵虽有物质实惠，但子力结构和阵形并不理想，是一步有待商榷的疑问手。宜改走车4进4，炮七平六，车4平1，炮八平九，车1平2。黑方多卒，前景乐观。

15. 车四进二　炮5退1

16. 炮七平六　车4平3

18. 马六退七　车3平4

20. 炮八平七　……

平炮"叶底藏花"，蓄势待发。如改走马七进六，车4进5！炮八平六，车4进2，仕五进六，卒7进1。一车换双，黑方占优。

20. ……　　　车4平2

21. 车七平八　车8平4

22. 车八进三　卒9进1

23. 兵九进一　士5退4（图126）

红方挺边兵，是一步等着，意在观察动静再作计较，但有嫌目标暴露，不够细致。可改走炮七平六，车4平6，马七进六，卒9进1，后炮平七，红方占先。黑方退士软手，应改走炮5平1，车五进二，卒3进1，车五退二，卒3进1，炮七进三。局势平稳，但黑方多卒有利。

24. 马七进九　炮2退3

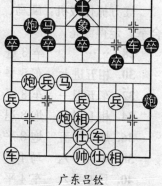

湖北胡远茂

广东吕钦

图 125

17. 炮八退三　炮2进3

19. 车四平五　炮2退1

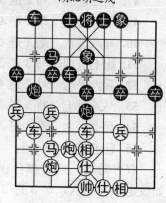

湖北胡远茂

广东吕钦

图 126

25. 兵七进一　炮2平8

26. 车八进六	马3退2	27. 炮七平六	车4平5
28. 兵七平六	……		

红方抓住战机：跃马、冲兵、兑车、轰车、横兵，一套抢先组合拳，走得漂亮。

28. ……	卒3进1	29. 马九退七	卒3进1
30. 相五进七	车5平3	31. 后炮平七	炮8进5
32. 车五退一	车3平2	33. 兵六平五	炮5平1
34. 相七退九	炮8退5	35. 车五进二	卒1进1
36. 炮六平五	炮8平5	37. 炮七退一	马2进4
38. 车五平六	马4进2	39. 帅五平六	车2平4
40. 兵五平六	车4平2	41. 兵六平七	车2平4
42. 兵七平六	车4平2	43. 炮五进六	……

面对红方咄咄逼人之势，黑方奋起反击，毫不示弱，双方咬得很紧。此时形成兑车与反兑之争，如不变可成和。红方兑炮求变，不愿轻易罢兵，积极。

43. ……	士6进5	44. 帅六平五	车2进4
45. 马七进五	车2平1	46. 车六平八	车1进2
47. 相三进五	马2退3	48. 兵六进一	车1退3

湖北胡远茂

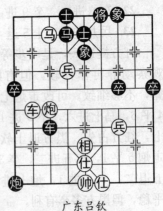

49. 马五进六	车1平4
50. 马六进八	炮1进4
51. 炮七进四	马3进2
52. 兵六平七	马2退4
53. 马八进七	将5平6
54. 兵七平六	车4平3（图127）
55. 仕五进六	……

双方对攻。红方撑仕保留变化。如改走帅五平六，车3进3，帅六进一，车3退3，车八进一（如帅六退一，车3进3，帅六进一，车3退3，不变可和），炮1平3，车八平四，将

广东吕钦

图127

6平5，炮七退四，车3进3，马七退八，车3平2。红方不占便宜。

55. ……　　　　炮1退4?

关键时刻，黑方退炮出错，败着，一着不慎输满盘。应改走炮1平6轰仕，以后可以退炮加强防守，并伺机反击。在红方残仕相、少兵情况下，黑方经得起纠缠和周旋，前景看好。

56. 车八进一　车3平6　　　　**57. 车八平九　炮1进1**

58. 炮七平八　车6平3　　　　**59. 炮八平七　炮1平7**

60. 仕四进五　卒7进1

如改走炮7平5，车九平四，将6平5，帅五平四。如炮7平4，车九平四，将6平5，车四退一，都是红优。

61. 车九平四　将6平5　　　　**62. 帅五平四　炮7平6**

63. 马七退八　马4进2　　　　**64. 兵六平七　车3平2**

65. 车四进一　马2退1

66. 炮七平五　车2平5

67. 炮五平九　卒7进1（图128）

68. 兵七进一　……

将黑马逼向死角，继而冲兵直下，黑方难以抵挡了。下面入局。

68. ……　　　　车5退2

69. 炮九退一　车5进2

70. 炮九进五　……

进炮沉重一击，厉害。

70. ……　　　　车5平3

71. 相五进七　……

飞相盖车，妙。

71. ……　　　　车3进3　　　　**72. 帅四进一　炮6平2**

73. 马八进六　……

弃马打将杀。下面：士5进4，车四进三，将5进1，兵七进一，红胜。

湖北胡远茂

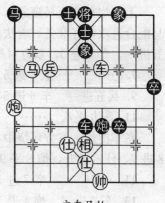

广东吕钦

图 128

第 34 局
上海蔡伟林（红先和）上海邬正伟
（1982 年 2 月 18 日弈于上海）

五七炮过河车对屏风马横车

1. 炮二平五　马 2 进 3　　　**2.** 马二进三　马 8 进 7

3. 车一平二　车 9 平 8　　　**4.** 兵七进一　卒 7 进 1

5. 车二进六　车 1 进 1　　　**6.** 炮八平七　车 1 平 6

这是 1982 年上海市象棋邀请赛冠军邬正伟与 1981 年上海市"沪工杯"冠军蔡伟林的一盘精彩对局。双方走成竞争性很强的五七炮过河车对屏风马横车的开局阵式。

7. 炮七进四　……

七路炮打卒压马窥象，与过河车左右呼应，同时为出动左翼车马配合进攻作好准备，着法稳健。如改走马八进九，炮 2 进 4，兵五进一，车 6 进 5，双方对抢攻势。

7. ……　　　　象 3 进 5　　　**8.** 马八进七　炮 2 进 4

9. 兵五进一　车 6 进 5　　　**10.** 马三进五　马 7 进 6

11. 车九平八　……

亮车捉炮，双方环绕中心阵地展开争夺。如误走车二平四，炮 8 进 7，仕六进五，炮 8 平 9。黑方攻势强烈，红方难以应付。

11. ……　　　　卒 7 进 1　　　**12.** 车二退一　炮 2 平 4

13. 车八进三　炮 4 退 5　　　**14.** 兵五进一　马 6 退 7

15. 车二进一　炮 4 进 2　　　**16.** 车二退五　卒 5 进 1

17. 车二进五　炮 4 平 5　　　**18.** 车八进四　卒 5 进 1

19. 车八平七　卒 5 进 1　　　**20.** 炮五进四　马 7 进 5

21. 车七进一　马 5 进 6

22. 马七进六（图 129）　……

在红方咄咄逼人攻势之下，黑方不甘示弱，强渡双卒，力争主动。但右翼空虚，车炮受制，为此也付出了沉重的代价。对比形势，还是红方占先。现在红方奔马争于抢攻，引起黑方反扑，改走仕六进五则比较稳当。黑方如卒7进1，车二平六。数子归边，红方优势。

22. ……　　炮8平6

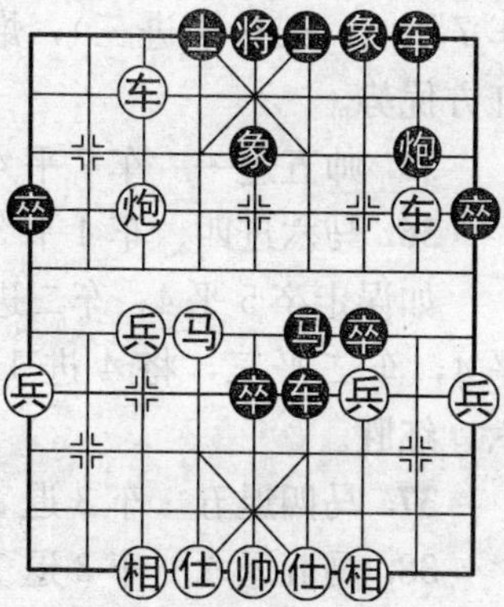

弃车抢攻，破釜沉舟，目前形势下的唯一去路！

23. 车二平四　……

如改走车二进三，车6进3，帅五进一，马6进7（改走车6平4亦胜），帅五平六，车6退1，仕六进五（如帅六进一，马7进6），车6平5，帅六退一，卒5平4，黑胜。

23. ……　　车6进3

再度弃车抢攻，背水一战，决心干到底。舍此无路！

24. 帅五平四　　车8进9

再弃一炮，悬崖搏斗，局势惊险。如改走士6进5，车七平六，马6进7，帅四平五，将5平6，炮七进三，将6进1，车四平一，红方胜定。

25. 车四进一　车8平7　　26. 帅四进一　士6进5

27. 车四退三　……

杀马解杀，必着。形成车马炮对车双卒对攻之势。双方刀光剑影，紧张之极，但红方仍以多子占优。

27. ……　卒7平6　　28. 炮七平八　卒6进1

29. 炮八进三　象5退3　　30. 车七进一　卒6进1

31. 帅四平五　车7退1　　32. 帅五退一　士5进4

33. 车七退三　士4进5

34. 车七平二（图130）　车7进1

如改走卒6进1，车二退六，车7退2（如卒5平4，马六进

上海邹正伟

图 129

上海蔡伟林

四，红优），马六进四，车 7 平 9（如
车 7 平 6，红马四进三），炮八退六，
红方优势。

35. 帅五进一　　车 7 平 4

36. 马六进四　　车 4 平 3

如误走卒 5 平 4，车二进三，将 5
平 4，车二平三，将 4 进 1，马四退
六，红胜。

37. 马四退五　　车 3 退 1

38. 马五退六　　车 3 退 1

39. 车二平五　　象 7 进 5

40. 炮八退九　　……

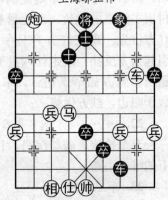

上海邬正伟

上海蔡伟林

图 130

黑方飞象诱着！红退炮正着，如贪吃象，黑将 5 平 6 立取胜局。

40. ……　　车 3 进 2	**41.** 车五平九　　车 3 退 4
42. 车九进三　　士 5 退 4	**43.** 炮八进九　　士 4 进 5
44. 炮八退六　　士 5 退 4	**45.** 车九退五　　车 3 进 2
46. 车九平五　　士 4 进 5	**47.** 车五进三　　将 5 平 6
48. 炮八平四　　车 3 平 4	**49.** 车五退一　　卒 9 进 1

50. 车五退一　　将 6 平 5

51. 兵九进一　　将 5 平 4

52. 炮四平七　　士 5 进 6

53. 炮七退三　　车 4 退 2（图 131）

54. 炮七平六　　……

进入残局，黑方车卒力敌车马
炮，巧与周旋，进行了顽强的抵抗。
图 131，红方多子多兵已呈胜势，但
在限时情况下，不及细算，走了平炮
打车似是实非的假棋，给黑方以喘息
脱身之机。应改走兵九进一，以后边
兵扑九宫，红方胜矣。

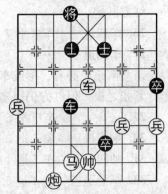

上海邬正伟

上海蔡伟林

图 131

54. ……　　　　卒 6 进 1　　　　**55.** 帅五退一　……

如改走帅五平四，车 4 进 3，帅四进一，车 4 进 1，车五平一，车 4 平 6，帅四平五，车 6 平 5，帅五平四，将 4 平 5，帅四退一，车 5 退 3（如车 5 退 4，红车一退一），车一平四，车 5 平 7，车四进二，车 7 平 9，车四平五，士 4 退 5，帅四平五，车 9 退 5，车士可以守和车兵。

55. ……　　　　车 4 进 3　　　　**56.** 车五进四　将 4 进 1

57. 车五退二　卒 6 进 1　　　　**58.** 炮六平四　车 4 退 2

59. 车五退二　……

退车再失胜机。应改走炮四平一，红方胜定。

59. ……　　　　车 4 平 7　　　　**60.** 车五平一　……

吃卒车离中路，又失胜机。应改走帅五进一，车 7 平 9，炮四平六，车 9 平 4，炮六进一，以下车五进二，红胜定。

60. ……　　　　车 7 平 5　　　　**61.** 帅五平六　将 4 平 5

62. 车一平六　车 5 进 3　　　　**63.** 帅六进一　车 5 平 6

64. 兵九进一　车 6 退 4　　　　**65.** 车六进二　……

吃士急于求成，弄巧成拙，结果白丢一兵，增加了取胜的难度。应改走兵九平八，红方还是胜势。

65. ……　　　　车 6 进 1

66. 兵一进一　车 6 退 1

67. 兵一进一　车 6 退 1

68. 兵一进一　车 6 平 1

69. 兵一平二　将 5 退 1（图 132）

70. 车六平五　士 6 退 5

随手打将，错失最后取胜机会。应改走车六进二打将，将 5 进 1，兵二进一，车 1 平 7，兵二进一，将 5 平 6，车六退三，车 7 进 2，车六平五，车 7 退 2，帅六平五，车 7 退 4，车五进一，车 7 进 8，帅五退一，车 7

上海邹正伟

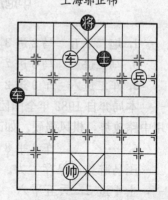

上海蔡伟林

图 132

退 8，帅五平四，车 7 进 2，车五进二，车 7 进 2，帅四平五，车 7
进 2，兵二进一，车 7 退 2，兵二平三，士 6 退 5，车五退一，将 6
进 1，车五进一，红胜。

71. 帅六平五　车 1 退 3		**72.** 兵二进一　将 5 平 4	
73. 兵二进一　车 1 平 4		**74.** 兵二平三　车 4 进 7	
75. 帅五退一　士 5 进 4		**76.** 兵三平四　车 4 退 2	
77. 车五退二　车 4 退 1		**78.** 车五平七　将 4 进 1	
79. 帅五进一　车 4 进 1		**80.** 车七退三　车 4 退 2	
81. 车七进六　将 4 退 1		**82.** 兵四进一　车 4 平 5	
83. 帅五平六　车 5 退 1		**84.** 车七退一　将 4 进 1	
85. 车七平六　将 4 平 5		**86.** 车六进一　将 5 进 1	
87. 车六进一　将 5 平 6		**88.** 兵四平三　将 6 退 1	

和局。

第 35 局
山东王秉国（红先负）河南马迎选
（1982 年 5 月 11 日弈于武汉）

中炮过河车对反宫马

1. 炮二平五　马 2 进 3		**2.** 兵七进一　炮 8 平 6	
3. 马二进三　马 8 进 7		**4.** 车一平二　卒 7 进 1	
5. 车二进六　车 9 进 2		**6.** 兵五进一　……	

本局弈自 1982 年全国团体赛。中炮过河车对反宫马，红方采
用中路攻势，棋风强硬。如改走炮八进四，另有变化。

6. ……　　　车 9 平 8		**7.** 车二平三　……	

压马避兑，保存主力。如改走车二进一，炮 6 平 8，兵五进
一，士 4 进 5，兵五平六，局面简化，虽过一兵，但大子出动缓
慢，并不便宜。

7. ……　　　炮 2 退 1		**8.** 兵五进一　炮 6 平 5	

9. 兵五平四　　炮 2 平 7

10. 车三平四　　车 1 平 2

11. 车九进二　　马 7 进 8（图 133）

12. 车四平三　……

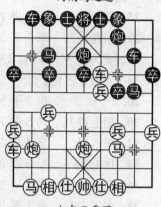

河南马迎选

山东王秉国

图 133

如改走兵四平三，马 8 进 7，车四退三，炮 5 进 5，相七进五，车 8 进 6，仕六进五，马 7 进 9，黑方先手。

12. ……　　　　车 8 平 7

13. 车三平二　　马 8 进 7

14. 兵四进一　　卒 7 进 1

15. 马八进七　　车 2 进 6

16. 炮五进五　　象 3 进 5

17. 马七进五　　马 7 退 5

18. 炮八平五　　卒 5 进 1

19. 兵四平三　　车 7 平 6

20. 兵三平四　　车 6 平 7

21. 兵四平三　　炮 7 进 2

开局以后，双方环绕中路和 3、7 路阵地展开了激烈的争夺，咬得很紧。红兵长捉黑车，持续 10 个回合（着法省略）。根据棋规，双方不变可判和棋。黑方考虑片刻，主动轰兵变着，显示出敢斗的精神。

22. 马五进三　　炮 7 平 5

还架中炮，着法有力。如改走炮 7 进 4，炮五进三，士 4 进 5，马三进四，车 2 平 4，马四退五，车 7 进 3，车九平五，红方占先。

23. 后马进五　　士 4 进 5

24. 仕四进五？（图 134）车 2 平 5

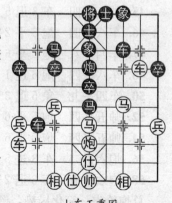

河南马迎选

山东王秉国

图 134

形成中路直线，有趣。红方补仕失算，露出破绽，授人以隙。应走相三进一，相互对峙。黑方抓住战机，弃车杀马，抢先取势，由此夺得主动，一路雄风。

25. 马三退五　车7进7　　　26. 仕五退四　车7退3

27. 车九平八　车7平5　　　28. 车八进五　……

如改走车二平一，车5平3，仕四进五，车3进3，车八进五，马5退7。黑方占优。

28. ……　　　　车5平9　　　29. 仕六进五　车9平3

30. 相七进九　马5退7　　　31. 炮五平六　马3退4

32. 车八退二　卒3进1　　　33. 兵七进一　马4进3

34. 兵七进一　车3退3　　　35. 车八平五　车3进1

36. 车五退二　车3进3　　　37. 帅五平六　车3平1

38. 车二退二　车1平3

河南马迎选

39. 车五平六　炮5平7

40. 仕五进四　卒9进1

41. 仕四进五　卒9进1（图135）

以上着法，黑方走得紧凑有力，优势逐步扩大，红方已难应付。

42. 车二平八　炮7平8

43. 帅六平五　车3进2

44. 炮六退二　炮8平5

45. 帅五平四　车3退5

46. 车八平四　炮5平2

47. 车四平八　炮2平6

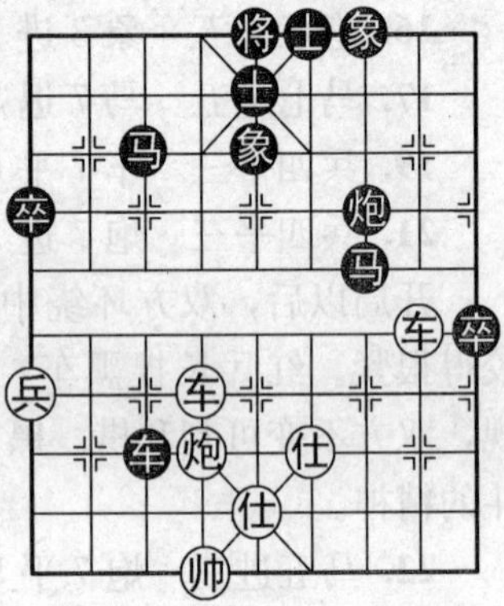

山东王秉国

图135

48. 车八平四　炮6退1　　　49. 帅四平五　马3进5

50. 车四平九　象5退3　　　51. 车九平八　炮6平5

52. 帅五平四　炮5平6　　　53. 帅四平五　炮6平5

54. 帅五平四　炮5平6　　　55. 帅四平五　炮6进3

56. 炮六进二　车3进5　　　57. 仕五退六　炮6退3

58. 炮六平五　车3退2　　　59. 帅五进一　炮6平5

兑炮抢先，简化局势，黑方已操胜券。

60. 炮五进五　象7进5　　　61. 帅五平四　车3平5

62. 车八平三　马5进3　　63. 车六进二　马7进5

64. 仕六进五　车5退1　　65. 帅四退一　卒9进1

66. 车三平四　卒9平8　　67. 仕五退六　卒8进1

68. 仕四退五　卒8进1　　69. 帅四平五　卒8平7

70. 兵九进一　马3进2

车卒双马围攻。下面马5进3捉车入局，红方认输。

第 36 局
广东杨官璘（红先胜）辽宁孟立国
（1982 年 10 月 9 日弈于上海）

中炮两头蛇对半途列炮

由上海文化出版社等单位联合举办的"上海杯"象棋大师邀请赛于 1982 年 10 月 9 日至 28 日在上海举行。两位特级大师和 14 位大师应邀参加。这次大赛开创了社会办象棋的先例，以后各种各样的杯赛应运而生，迅速推动象棋运动向前发展。整个比赛紧张激烈，精彩动人。本局是开场大战，特别引人注目。

1. 炮二平五　马8进7　　2. 马二进三　车9平8

3. 车一平二　炮8进4　　4. 兵三进一　炮2平5

这是两位"老国手"，棋坛上的"老相识"在"上海杯"开幕式上的首场对局。卢湾区体育馆灯火辉煌，大棋盘悬挂于大厅中央，2000 余名棋迷兴致勃勃、热情地观摩欣赏。双方中炮进三兵对半途列炮左炮封车开局，旨在对攻决斗。

5. 兵七进一　车1进1

挺七兵，形成两头蛇阵式，改走马八进七出大子也是有效攻法。黑方抢出右横车，较之马2进3要激烈一些。

6. 马八进七　车1平8

联车增强对攻手段。亦可改走炮8平7，相三进一，车8进9，马三退二，车1平4，炮八进五，炮5退1，马二进三，车4进3，相互竞争。

7. 相三进一　前车进3

面对黑方咄咄逼人的来势，杨特大从容不迫，飞边相稳扎稳打，以逸待劳，大有"任凭风浪起，稳坐钓鱼台"的儒将风度。黑如改走炮8平7，车二进八，车8进1，马七进六，车8进3，炮八平六，红方先手。

8. 车九平八　马2进3　　9. 马七进六　卒7进1

兑卒活马，正着。如改走车8平4，炮八进二，卒3进1，马三进四。红方有攻势，黑方吃亏。

10. 兵三进一　车8平7　　11. 马六进七　炮8退3

12. 马七进五　象7进5　　13. 炮八平七　马3进2

14. 车二进四　炮8退2

如改走炮8平7，车二进五，马7退8，马三进四，车7平6，炮五进四，士4进5，兵七进一，马2进3，车八进四，红方占先。

15. 车八进三　炮8平2　　16. 车八平六　车8进5

17. 马三进二　炮2平8　　18. 兵五进一　士4进5

19. 仕四进五　马7进8

跃马打马急于抢先，但阵势有嫌不稳。宜改走炮8进3，对峙中静观待变为妥。

20. 马二退四　车7进2（图136）

21. 兵七进一　马8进6

乘机过兵抢先，好棋。黑方弃马强攻，以争出路。如改走象5进3，炮五进一，车7退3，车六平八，红方占优。

22. 兵七平八　马6进8

如改走炮8进8，炮七进一，车7进3，仕五退四，车7退2，仕四进五，车7平9，马四退三，车9平7，炮七退二，红方多子胜势。

辽宁孟立国

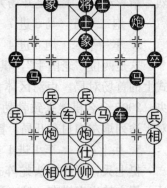

广东杨官璘

图136

23. 炮七退一　马 8 退 7　　　**24.** 炮七进二　炮 8 进 8

25. 兵八进一　……

软手，错过扩大优势的机会，应改走兵五进一。黑如马 7 进 5（如卒 5 进 1，红马四进五），车六进六，将 5 平 4，炮七平三，马 5 进 7，兵五进一，红方多兵胜定。

25. ……　　　马 7 进 5　　　**26.** 车六进六　……

抢吃中兵，逃过危机，车马炮形成攻势颇有威胁。红方兑车还子保持微弱优势，准备以残棋功力智胜，走法稳健。如车六平五，卒 5 进 1，红方兵力受制，并不便宜。

26. ……　　　将 5 平 4　　　**27.** 炮七平三　马 5 进 7

28. 炮五平二　卒 1 进 1　　　**29.** 相一进三　马 7 进 6

进马不当。应改走卒 9 进 1 相互牵制。

30. 炮二平一　炮 8 平 9

平炮保卒弄巧成拙，失先。应改走炮 8 退 3，可以抗衡。

31. 马四退三　炮 9 退 3　　　**32.** 仕五进四　炮 9 退 2

33. 帅五进一　……

抓住战机，退马轧马，撑仕禁马，高帅捉马，走得漂亮，由此夺得残局中的控制权。

33. ……　　　炮 9 平 7　　　**34.** 相三退五　炮 7 退 1

35. 兵八进一　……

保存过河兵，老练。如帅五平四吃马，炮 7 平 2，马三进四，炮 2 平 1，炮一进一，卒 9 进 1，黑方可以守和。

35. ……　　　象 5 进 7　　　**36.** 相五进三　象 7 退 5

37. 相三退五　象 5 进 7　　　**38.** 相五进三　象 7 退 5

39. 相三退五　象 5 进 7

40. 相五进三（图 137）　象 7 退 9

图 137，红帅捉住黑马，与黑炮扬落中象长打红马是两回事，黑方必须变着，否则长打判负。黑方急中生智，变退边象于炮口，有意造成"二打一还打"。根据当时棋规，象也属于子的范围，构思可谓精巧。

41. 相三退五　　象9进7
42. 相五进三　　象7退9
43. 马三进四　　……

对于黑方的机智，老杨报以微笑的赞许。现在主动跃马求变，再创局面，斗志顽强。在场观众报以热烈的掌声。

43. ……　　　　马6进8
44. 炮一进七　　马8退7

轰象消灭对方有生力量，紧着。黑方退马嫌软，宜走象3进5为好。

辽宁孟立国

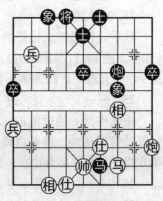

广东杨官璘

图137

45. 炮一进二　　将4进1
46. 马四进六　　马7退6　　47. 帅五退一　　马6退4
48. 炮一平七　　……

再度轰象，积小胜为大胜，抽丝剥茧，蚕食而进。

48. ……　　　　炮7退1　　49. 炮七退八　　将4退1
50. 相七进五　　将4平5　　51. 马六进四　　炮7平8
52. 炮七平九　　士5进4　　53. 马四进三　　马4进6
54. 炮九进四（图138）　……

运动中再夺一卒，为以后胜利争得十分宝贵的一只小兵！

54. ……　　　　卒5进1
55. 仕六进五　　马6进4
56. 兵八平七　　士4退5
57. 马三退二　　士5进6
58. 兵七进一　　炮8退1
59. 炮九进四　　士6进5
60. 兵七进一　　士5退4
61. 马二进四　　马4退3
62. 炮九平八　　卒5进1

辽宁孟立国

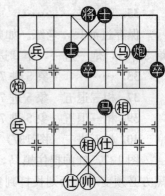

广东杨官璘

图138

63. 马四退六　马 3 退 4

退马有嫌呆板。可走卒 9 进 1，保持河口马的监视作用，以观待变。如改走马 3 进 4，马六进七，炮 8 平 3，兵九进一，红方占优。

64. 兵九进一　……

挺边兵比底兵吃士更为有力、含蓄。

64. ……　马 4 退 3　　　**65.** 马六进七　炮 8 进 1

66. 马七退五　……

退马正确。如改走马七进九或马七进六，则将 5 进 1，局势将会松动。

66. ……　将 5 进 1　　　**67.** 兵九进一　马 3 进 2

68. 马五退三　炮 8 进 2　　　**69.** 兵九进一　马 2 进 3

70. 兵九平八　将 5 平 6

至此，双方已经激战 4 个小时。封棋后第 2 天再行续弈，可谓是绞尽脑汁，一场苦斗。杨大师功力过人，始终主动在手。

71. 马三进二　将 6 平 5　　　**72.** 兵八平七　炮 8 退 1

73. 相五进七　将 5 平 4　　　**74.** 炮八退八　将 4 平 5

75. 仕五进六　炮 8 平 5　　　**76.** 帅五平六　马 3 进 1

77. 炮八平四　马 1 进 3　　　**78.** 仕六退五　将 5 退 1

79. 马二退三　炮 5 平 7

80. 炮四进六（图 139）　……

辽宁孟立国

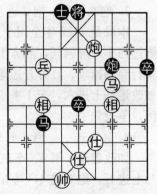

杨官璘的马炮兵残局，水平之高棋坛公认，可谓是炉火纯青，首屈一指。加上时限又紧，孟立国实难招架。现在挥炮轰士，胜势已定。

80. ……　卒 5 平 4

81. 相三退五　马 3 退 5

82. 马三退四　卒 4 进 1

83. 马四进五　炮 7 平 5

随手棋。应改走炮 7 进 3。

84. 炮四平五　将 5 进 1

广东杨官璘

图 139

85. 炮五平八　卒 4 平 5　　**86.** 兵七平六　炮 5 退 1

87. 炮八退三　马 5 退 3　　**88.** 炮八进二　马 3 退 5

89. 马五退三　马 5 进 6　　**90.** 炮八平一　……

连攻带消，推进入局。

90. ……　卒 5 平 4　　　**91.** 马三进四　将 5 平 6

92. 炮一退五　马 6 进 5　　**93.** 炮一平四　马 5 退 4

94. 兵六进一　炮 5 进 2　　**95.** 马四进二　将 6 平 5

96. 马二进三　……

下面：将 5 退 1，马三退四抽炮胜。

·

第 37 局

广东杨官璘（红先胜）上海于红木

（1982 年 12 月 8 日弈于成都）

五九炮过河车对屏风马

1. 炮二平五　马 8 进 7　　**2.** 马二进三　卒 7 进 1

3. 车一平二　车 9 平 8　　**4.** 车二进六　马 2 进 3

5. 兵七进一　士 4 进 5　　**6.** 马八进七　象 3 进 5

7. 炮八平九　炮 2 进 4

本局是 1982 年全国个人赛中两位老、少大师的一盘对局。中炮过河车对屏风马，黑方上士象不动左翼马炮，诱红车压马，准备实行弃马抢攻。红方开边炮稳扎稳打，避开黑方有准备的弃子术。如改走马七进六，车 1 平 4，炮八进二，成平稳局势。黑方右炮过河，争抢先手。

8. 兵五进一　炮 8 平 9　　**9.** 车二平三　车 8 进 2

如改走车 1 平 4，车三进一，车 4 进 6，炮五进一，炮 2 平 5，马七进五，炮 9 进 4，马五退四，红方多子占优。

10. 车九平八　炮 2 平 4　　**11.** 车三平四　马 7 进 8

12. 车四退三　炮 4 平 7　　**13.** 相三进一　卒 7 进 1

14. 相一进三　车1平4

如改走车8平6，车四进四，士5进6，车八进三，车1平4，车八平四，士6进5，马七进八，红方占先。

15. 车八进七　车8进1

16. 炮九进四　炮9进4（图140）

开局以后，双方全线展开争夺，咬得很紧。红方均衡出子，在占位、协调方面都处理得比较好，始终占有先手。黑方不甘落后，翻边炮力图弃子抢攻，走得颇有胆量。如改走车8平6，车四进三，马8退6，马七进五，红方占先。

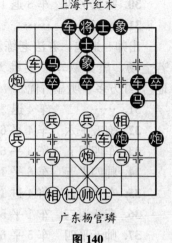

上海于红木

广东杨官璘

图140

17. 马三进一　炮7进3　　18. 仕四进五　马8进9

19. 车四平一　车8进6　　20. 车一平四　……

车占要道，紧着！如车八平七贪吃，炮7平4，仕五退四，炮4平6，车一平四，炮6退2，帅五进一，炮6平3，炮五进四，车8平4，红方难堪。

20. ……　　炮7平4　　21. 仕五退四　炮4平6

22. 车四退三　车8退1　　23. 相七进九　车4进7

在黑方连弃两子、咄咄逼人的攻势之下，红方沉着应付，滴水不漏。现在飞边相正确！黑如改走车8平3，车八平七，车4进8，车七平八，将5平4，车八退七，车3退1，炮五进四，红方多双炮胜定。

24. 炮九进三　将5平4　　25. 车八进二　将4进1

26. 车八退九　车8平4　　27. 车四进八　……

车侵象腰，攻守兼备，佳着。

27. ……　　后车平3　　28. 炮九平三　马3退4

退马是唯一解围之着，非走不可。

29. 炮三平六　将4退1（图141）

30. 帅五平四　车 3 退 1
31. 炮五退二　……

出帅、退炮，着法老练。阵势固若金汤，黑方双车"英雄无用武之地"，红方多子明显占优。

31. ……　　　车 4 退 2
32. 炮五平六　车 4 平 6
33. 车四退五　车 3 平 6
34. 帅四平五　车 6 平 1
35. 车八进九　将 4 进 1
36. 车八退三　车 1 平 5
37. 帅五平四　车 5 平 6
38. 帅四平五　车 6 平 5

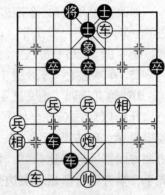

上海于红木

广东杨官璘

图 141

39. 帅五平四　车 5 退 1
40. 车八平七　将 4 退 1
41. 车七平六　将 4 平 5
42. 炮六平八　卒 9 进 1
43. 炮八进四　车 5 退 1
44. 炮八进二　士 5 退 4
45. 炮八平五　……

经过兑车和一番争夺，局势迅速简化，红方取得车炮兵双相对车卒单缺象的优势局面。

45. ……　　　象 5 退 3
46. 相九退七　卒 9 进 1
47. 相三退五　卒 9 平 8
48. 帅四平五　卒 8 平 7
49. 帅五平六　卒 7 进 1
50. 车六进三　……

杀士挺进，奠定胜势。

50. ……　　　将 5 进 1
51. 炮五平八　车 5 平 2
52. 炮八平九　车 2 平 1
53. 炮九平八　车 1 平 2
54. 炮八平九　卒 7 进 1
55. 炮九退四　车 2 进 3
56. 车六退一　将 5 退 1
57. 炮九进七　象 3 进 1
58. 车六进一　将 5 进 1
59. 炮九平四　卒 7 平 6（图 142）
60. 车六退四　……

进入残局，红方运子取势，颇见功力。退炮打卒，进炮打将，平炮扫士。现在退车含蓄有力，既伏灭卒之举，又有暗护红兵渡河之妙，好棋。

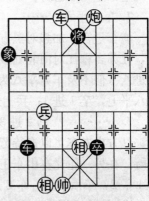

上海于红木

广东杨官璘

图 142

60. ……　　　象 1 退 3

61. 车六平四　车 2 平 4

62. 帅六平五　卒 6 平 7

63. 兵七进一　……

小兵渡河，势不可挡，胜利在望。

63. ……　　　车 4 进 1

64. 兵七平六　卒 7 进 1

65. 兵六平五　车 4 退 5

66. 炮四退三　车 4 平 3

67. 车四退一　车 3 平 4　　68. 兵五平四　车 4 进 1

69. 车四平五　象 3 进 5　　70. 车五进一　车 4 退 2

71. 炮四进一　车 4 进 6　　72. 相五进七　将 5 平 6

73. 兵四进一　车 4 退 3　　74. 车五进二　车 4 退 2

75. 兵四平五　……

下一步退炮立成杀局，红胜。

第 38 局

广东吕钦（红先胜）安徽蒋志梁

（1983 年 6 月 10 日弈于哈尔滨）

中炮进七兵对三步虎转列炮

1. 炮二平五　马 8 进 7　　2. 兵七进一　车 9 平 8

3. 马二进三　卒 7 进 1　　4. 马八进七　炮 8 平 9

5. 车一进一　车 8 进 5　　6. 相七进九　炮 2 平 5

这是粤、皖两位名手在 1983 年全国赛上的交锋。红方中炮进七兵，横车七路马；黑方三步虎，抢出左翼主力控制出击点，继而补列炮，呈对攻态势。如改走象 3 进 5 则侧重防守，另有变化。

　　7. 车一平六 ……

横车过宫，加强对黑方右翼的牵制。在哈尔滨象棋大师邀请赛中，江苏言穆江对河北刘殿中时，言曾走车一平四，马 2 进 3，马七进八（似不及车九平八为好），卒 3 进 1，马八进七，车 1 平 2，炮八平七，卒 1 进 1，兵七进一，炮 5 退 1，双方对抢先手。

　　7. ……　　　　马 2 进 3　　　　8. 车九平八　　车 1 平 2

红方出左车，以逸待劳。黑方亦可改走车 1 进 1 启横车，相互对峙。在另一轮比赛山东王秉国对安徽蒋志梁时，王走车六进四，车 1 平 2，车六平三，车 8 退 3，兵七进一，卒 3 进 1，车三平七，马 7 进 8，车七退一，车 2 进 6，车九进一，马 8 进 7，车七平三，马 7 进 5，炮八平五，车 2 平 3，成对攻形势。

　　9. 炮八进四　　车 8 进 1　　　　10. 炮八退三　　士 4 进 5

因时而变，红炮进退自如，走得灵活。黑如改走车 2 进 4，炮八平七，车 2 进 5，马七退八，象 3 进 1，马八进七，红方先手。

　　11. 兵三进一　　车 8 退 2　　　　12. 马三进四　　卒 7 进 1

　　13. 马四进六　　炮 5 平 4

弃兵奔马抢先，走得积极。黑方卸炮打车，势在必走。如改走马 3 退 1（如车 2 进 2，马六进七，车 2 平 3，炮八进七，红有攻势），炮八进二，车 8 退 1，马六进四，车 8 平 6，炮八平三，红方夺车胜势。

　　14. 马六进七　　车 2 进 2

　　15. 车六进三　　卒 7 平 8（图 143）

　　16. 兵七进一　　车 2 平 3

　　17. 马七进八　　卒 3 进 1

　　18. 炮五平七　　车 3 平 1

　　19. 炮七进七 ……

安徽蒋志梁

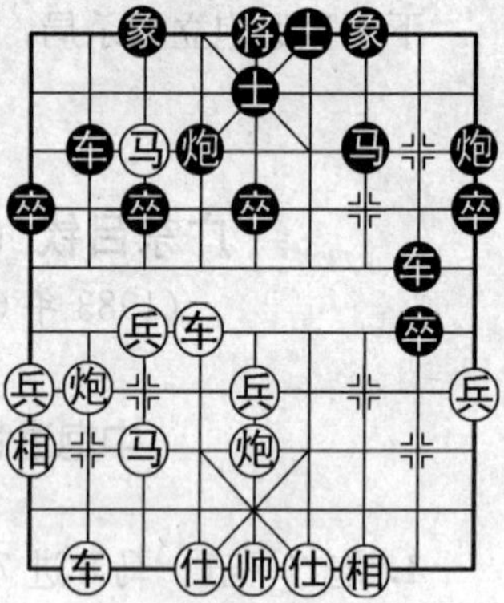

广东吕钦

图 143

红方抓住战机：弃兵强渡、跃马出槽、平炮打车，继而炮轰底象，取得侧翼攻势，着法紧凑有力。

19. ……	车1退2	**20.** 炮七退一	车1平3
21. 炮八平七	车3平2	**22.** 马八退七	车2进9
23. 马七退八	马7进6	**24.** 车六平八	……

兑车保持左翼攻势，红方始终掌握主动。

24. ……	马6进5
25. 车八进五	炮4退2
26. 前炮平九	炮9平5
27. 仕六进五	马5退7
28. 炮七平三	马7进5（图144）
29. 炮三平四	……

安徽蒋志梁

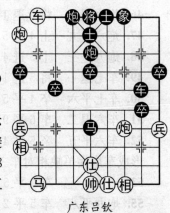

广东吕钦

图144

在红方侧攻之下，黑方不甘示弱，以对攻还以颜色。红方平炮先避一手，稳当。如改走炮九进一，车8平7，炮三平四，车7进5，成纠缠互攻状态，红方有顾忌。

29. ……	车8平6

30. 炮四退一	马5退7	**31.** 炮四平五	马7进8

进马着意抢攻，但低估红方潜在的攻击力，有嫌急躁。宜走炮5进5兑炮，相三进五，马7退5，局势相对简化，黑方可以抗衡。

32. 炮五平八	马8进7	**33.** 马八进七	卒5进1
34. 炮九进一	卒5进1	**35.** 车八平七	马7退6

红方卸炮跃马动车，局面顿时可观。黑方退马兑炮，逼走之着，否则红方退车伏杀，黑难应付。

36. 炮八平四	车6进3	**37.** 马七进八	车6退4
38. 车七退四	炮4进3	**39.** 车七退四	士5退4
40. 车七退三	将5进1	**41.** 车七进二	炮4退2
42. 马八进七	卒5平4（图145）		
43. 马七进五	……		

咬炮，然后退炮谋子，以优势斗残局，走得老练。如误走仕五进

六，车6平5，帅五平六，炮5平3，车七退一，车5进6，帅六进一，卒4进1，车七平六，卒4进1，黑胜。

43. ……　　　　象7进5

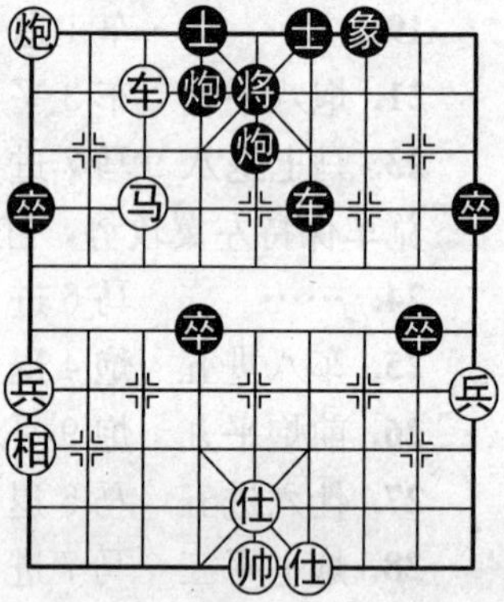

44. 炮九退一　　卒1进1

45. 炮九平六　　车6进3

46. 炮六退二　　将5退1

47. 炮六平九　　士4进5

48. 炮九进三　　士5进4

49. 车七退一　　将5进1

50. 车七平六　　卒4平5

51. 车六退二　　车6平9

52. 车六平五　　卒5平4　　　53. 车五平九　　……

形成车炮兵单缺相对车三卒单士象的残局，红方优势。

安徽蒋志梁

图 145

广东吕钦

53. ……　　　　车9平5　　　54. 兵九进一　　车5退3

55. 炮九平八　　车5平2　　　56. 炮八平六　　车2平5

57. 车九平六　　卒4平5　　　58. 兵九进一　　卒8平7

59. 兵九平八　　卒5进1　　　60. 相九进七　　卒7进1

61. 炮六退三　　卒7进1

急于冲卒，太躁。宜改走卒9进1，以后三个卒过河，有利于抵抗。

62. 兵八进一　　卒7进1　　　63. 兵八平七　　卒7平6

64. 车六平四　　卒6平5　　　65. 仕四进五　　将5退1

66. 车四平六　　象5退3　　　67. 帅五平六　　士6进5

68. 兵七进一　　车5退1（图146）

69. 炮六平八　　象3进1　　　70. 炮八进三　　将5平6

71. 车六平四　　车5平6　　　72. 车四平五　　车6平3

73. 车五退二　　……

车炮兵联攻，以兵换卒，胜势已定。

73. ……　　　　车3平2

74. 炮八平九　将6平5

75. 帅六平五　车2平3

76. 仕五退六　车3退1

77. 车五进三　卒9进1

78. 车五平一　将5平4

79. 车一退一　……

安徽蒋志梁

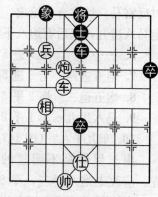

再灭小卒，下面车炮运子入局，一气呵成。

79. ……　　　　　车3进4

80. 车一平六　将4平5

81. 车六平五　车3退4

82. 炮九平八　车3平2

83. 炮八平七　将5平4

广东吕钦

图 146

84. 炮七退七　车2平4

85. 仕六进五　士5退6

86. 车五平四　将4平5

87. 帅五平四　车4进7

88. 车四平五　士6进5

89. 帅四平五　车4退6

90. 炮七平五　车4平3

91. 炮五进六　将5平4

92. 车五平六　将4平5

93. 炮五退六　车3进7

94. 仕五退六　车3退2

95. 车六平五　将5平4

96. 炮五平四　车3平4

97. 仕六进五（红胜）

第39局
北京臧如意（红先负）上海胡荣华
（1983年6月13日弈于哈尔滨）

中炮进三兵对反宫马

1. 炮二平五　马2进3　　2. 马二进三　炮8平6

3. 车一平二　马8进7　　4. 兵三进一　卒3进1

5. 马三进四　……

这是 1983 年全国赛上京沪两位名将之间的对局。中炮进三兵对反宫马，红方奔马抢攻，意在求速度、寻变化，避开熟套。一般走马八进九，以后有炮八平六、炮八平七、炮八进四等多种攻法。

5. …… 象 7 进 5	**6. 马四进五** 马 3 进 5

上海胡荣华

7. 炮五进四 士 6 进 5	
8. 炮五退二 炮 2 平 3	
9. 马八进九 车 1 平 2	

10. 车九平八？（图 147）……

出车保炮是不明显的软手，失先。应改走炮八平三，车 9 平 8，车二进九，马 7 退 8，相七进五，红方较先。

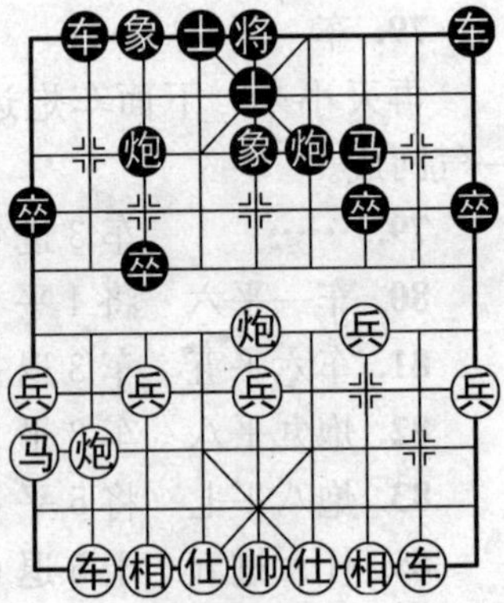

10. …… 卒 3 进 1！

弃卒强攻，含义深刻，佳着。

11. 兵七进一 车 2 进 6

红方吃卒无奈。如改走炮八进

北京臧如意

图 147

五，卒 3 平 2，车八进四，炮 3 进 7，仕六进五，车 2 进 2，黑方得子胜势。黑车占兵林，弃卒后的连续动作，紧凑有力。

12. 车二进三 炮 3 进 7

杀相兑子，打开缺口，前呼后应。

13. 车八平七 车 2 进 1	**14. 马九退八** 卒 7 进 1！

再弃卒，先予后取，精巧。真是高手多妙着，令人赞叹。

15. 兵三进一 车 2 平 7	**16. 相三进五** 车 7 退 3
17. 车七进一 马 7 进 6	**18. 车七平二** 马 6 进 7

19. 后车进一 ……

可改走前车进六，车 9 平 8，车二进八，炮 6 退 2，马八进六，虽失相但多兵，可以周旋。

19. …… 车 9 平 6	**20. 马八进六** 炮 6 进 4
21. 车二进六 炮 6 平 9	**22. 车二平四** 将 5 平 6
23. 车二进七 将 6 进 1	**24. 车二退六** 炮 9 进 3

25. 相五退三　　卒9进1

26. 马六进四（图148）　马7进6

27. 车二退二　　马6退4

28. 车二平六　　马4退3

29. 车六进三　　马3进1

马旋九宫，连踏两兵，黑方反以多卒占优。

30. 炮五进二　　车7平6

31. 仕六进五　　车6退1

32. 炮五平六　　将6退1

33. 马四进三　　车6平7

34. 车六平四　　将6平5

35. 炮六退四　　马1进2　　36. 炮六进三　……

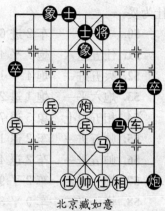

上海胡荣华

北京臧如意

图148

如改走炮六平三，车7平3，马三进四，车3进6，仕五退六，车3平4，帅五进一，士5进6，黑方胜势。

36. ……　　　　炮9平8　　37. 炮六平五　　炮8退7

退炮攻不忘守。如误走车7平3，马三进四，红胜。

38. 马三退四　……

如改走相三进一，炮8平7（如炮8进7，相一退三，炮8退7，相三进一，双方不变可判和），车四进二，车7平6（如车7进1，车四平一，红可抗衡），马三进四，卒9进1，黑方优势。

38. ……　　　　车7平5　　39. 车四进一　卒9进1

40. 车四平二　　炮8平7　　41. 相三进五　马2退3

42. 仕五进六　　士5退6　　43. 马四进五　马3退5

44. 兵五进一　　士4进5　　45. 车二进二　炮7进2

46. 车二退四　　卒1进1

47. 仕四进五　　卒1进1（图149）

兑马之后，局面简化。黑方双卒过河，以优势进入残局。

48. 车二平五　　车5平2　　49. 炮五平六　炮7进3

50. 兵五进一　……

冲中兵嫌急，宜改走车五平六保
仕为妥。

50. ……	车 2 进 6
51. 仕五退六	炮 7 平 4
52. 兵五进一	炮 4 平 1
53. 炮六平一	炮 1 进 2
54. 相五退七	象 5 退 7
55. 帅五进一	车 2 退 1
56. 帅五进一	车 2 退 4
57. 炮一进四	车 2 平 9
58. 炮一平二	车 9 平 8
59. 炮二平一	炮 1 平 4（图 150）

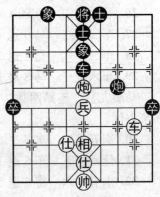

上海胡荣华

北京臧如意

图 149

杀双仕奠定胜局，红方已难抵挡。

60. 车五平三 ……

如改走车五进一，卒 1 进 1，车
五平一，车 8 平 5，帅五平四，车 5
退 1，黑方胜定。

60. ……	车 8 平 5
61. 帅五平四	车 5 退 1
62. 车三进六	车 5 平 6
63. 帅四平五	车 6 平 9
64. 帅五平四	士 5 进 6
65. 炮一平四	炮 4 退 8
66. 炮四平七	将 5 进 1
67. 炮七平四	卒 9 平 8
68. 帅四退一	车 9 进 5

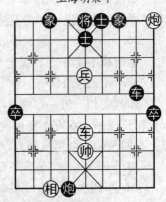

上海胡荣华

北京臧如意

图 150

69. 帅四退一	车 9 进 1
70. 帅四进一	车 9 平 3
71. 车三退二	卒 8 进 1
72. 车三平四	车 3 平 5（黑胜）

第40局
河北刘殿中（红先胜）湖北柳大华
（1983年8月12日弈于兰州）

中炮进三兵对半途列炮

1. 炮二平五　马8进7　　**2.** 马二进三　车9平8

3. 车一平二　炮8进4　　**4.** 兵三进一　炮2平5

5. 马八进七 ……

本局弈自"敦煌杯"象棋邀请赛。中炮进三兵对半途列炮在20世纪80年代相当流行。红方跳正马均衡启动两翼子力，稳健且富于变化。另有兵七进一、马三进四、马八进九等着法，均有不同变化。

5. …… 马2进3　　**6.** 车九平八　卒3进1

7. 马三进四　车1进1

跃右马在当时是新着，刘大师以此战胜过赵国荣、孙志伟、陈孝堃等名手，取得满意的效果。黑方出横车争取对攻，如改走炮8进1，马四进五，马3进5，车二进二，车8进7，炮五进四，马7进5，炮八平二，红方先手。

8. 炮五平四（图151） ……

卸中炮着法新颖，意在战略转移，既阻止黑车过宫，又伺机上仕相巩固中防。旨在稳扎稳打，徐图进取。亦可改走炮八进四或炮八进六，红方先手。

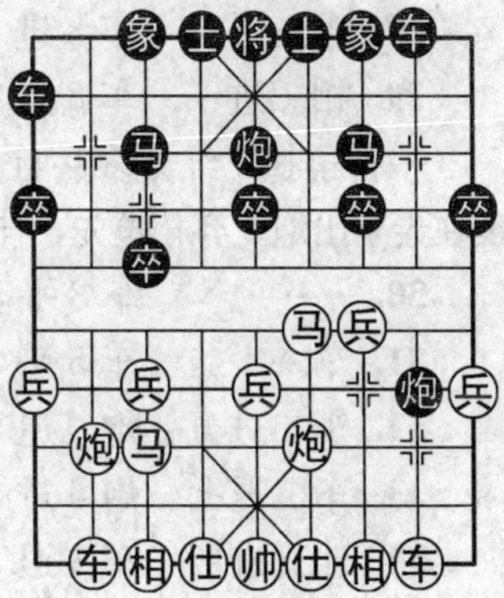

湖北柳大华

河北刘殿中

图151

8. …… 车1平4　　**9.** 相七进五　马3进4

如改走炮8平3，车二进九，马7退8，马四进三，红方占先。

10. 马四进六　车 4 进 3　　　**11.** 炮八平九　炮 8 进 1

如改走车 4 退 1，炮四平三，炮 8 平 7，车二进九，马 7 退 8，车八进四，红方先手。

12. 车二进一　车 4 平 6　　　**13.** 炮四平三　车 6 进 3

14. 车二平三　炮 5 平 6　　　**15.** 仕六进五　车 6 退 1

16. 炮九退二　象 7 进 5　　　**17.** 车八进四　士 6 进 5

18. 炮九平六　炮 8 进 2　　　**19.** 兵七进一　炮 8 退 4

进入中局，双方争夺激烈，走得都很严谨工稳。黑炮进而复退，有嫌阵形不正。宜改走卒 3 进 1，车八平七，车 8 进 4，保持左翼的牵制，可以对抗。

20. 炮三平二　卒 3 进 1

平炮打车好棋！黑如改走车 8 平 7，炮六进四，卒 3 进 1，车八平七，炮 8 平 4，马七进六，红方占先。

21. 炮二进七　卒 3 平 2　　　**22.** 炮二平一　车 6 平 8

23. 车三平四　炮 8 退 4　　　**24.** 车四进五　车 8 退 4

25. 车四平三　卒 2 平 3　　　**26.** 炮六平七　炮 8 平 7

27. 车三平一　车 8 进 4　　　**28.** 车一退二　炮 6 进 6

29. 相三进一　车 8 进 1　　　**30.** 炮七进四　……

一番争执，红方多兵且右翼有势。

现在轰卒出炮，弃相抢先，佳着。

30. ……　　　　　　车 8 平 5 (图 152)

31. 车一平二　车 5 平 3

32. 车二进五　炮 6 退 8

33. 车二退七　炮 6 进 7

34. 仕五进四　车 3 退 2

35. 车二进七　士 5 退 6

36. 车二退二　炮 7 退 1

37. 车二平三　……

利用车炮攻势先弃后取。大量兑子以后，局势迅速简化，红方以车炮

湖北柳大华

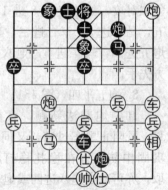

河北刘殿中

图 152

有利位置和多兵的优势进入残局。

37. ……	车3进4	**38.** 帅五进一	车3退3
39. 兵一进一	车3平1	**40.** 兵五进一	车1平5
41. 帅五平四	车5退1	**42.** 兵一进一	车5进1
43. 兵一进一	卒1进1	**44.** 兵一进一	卒1进1
45. 仕四进五	士4进5	**46.** 兵一平二	车5平9
47. 炮一平二	车9退5	**48.** 车三退一	卒5进1
49. 车三平五	车9进6	**50.** 车五退一	……

红方疾冲边兵控制黑方左翼，继而运车吃掉中卒，使黑方无还手之力，继续保持攻势，走得很老练。

50. ……	车9进1	**51.** 帅四退一	车9退7
52. 兵三进一	象5进7		

用兵杀象，打开缺口，为以后入局创造条件，否则黑方车9平7，红方难以攻击。

53. 车五平三	象3进5	**54.** 车三进二	车9平6
55. 车三退三	……		

退车正确。如误走车三平五吃象，黑车6进1兑车窥兵，立成和局，红方前功尽弃。

湖北柳大华

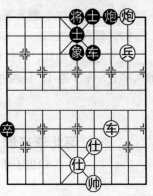

55. ……	卒1进1
56. 车三退一	车6进1（图153）

如改走卒1进1（变成低卒），车三进六，车6进6，仕五进四，象5退7，帅四平五，炮兵仕可胜低卒单缺象。

河北刘殿中

图153

57. 兵二进一	车6进2		
58. 车三平九	车6退3		
59. 车九平二	象5退3		
60. 炮二平一	象3进5	**61.** 帅四平五	士5退4
62. 车二进三	士4进5	**63.** 帅五平六	象5退3

64. 帅六进一 象3进5	65. 车二退三 象5退3
66. 帅六退一 象3进5	67. 炮一退一 车6进1
68. 炮一退五 车6进3	69. 炮一进六 车6退4
70. 车二进三 象5退3	71. 炮一退三 车6进1
72. 车二平七 车6平4	73. 帅六平五 象3进1
74. 炮一进三 车4平8	75. 兵二平三 炮7平8
76. 车七平一 象1退3	77. 兵三平四 车8退1
78. 车一平四 象3进5	

双方激战，精力消耗很大，出现了一个阶段的拉锯状态，攻守都很顽强，加上限时，可谓是一场苦斗。黑方飞象无奈，如改走车8平9，仕五退四，象3进5（如车9退1，兵四进一杀），兵四进一，士5退6，车四进三，将5进1，车四平二，红方胜定。

79. 帅五平六！……

出帅精妙，关键性的胜着，黑方已难应付。

79. …… 车8进8	80. 仕五退四 车8退7
81. 车四平八 象5退3	82. 车八平七 车8平4
83. 帅六平五 车4平5	84. 帅五平六 象3进1
85. 车七平二 炮8平7	86. 车二平六 炮7平8
87. 车六进二 ……	

红方巧运车炮兵，恰到好处。现在进车催杀，妙极！黑车5平4，帅六平五，车4退1，兵四进一，将5平4，兵四平五，杀！红胜。

第41局
河北李来群（红先胜）上海胡荣华
（1984年1月10日弈于广州）

顺炮直车对横车

| 1. 炮二平五   炮8平5 | 2. 马二进三   马8进7 |
| 3. 车一平二   车9进1 | 4. 马八进七   车9平4 |

5. 兵三进一　马2进1　　　**6.** 仕六进五　车4进7

这是两位特级大师在第4届"五羊杯"全国象棋冠军赛中的角逐。顺炮直车对横车，红方跳正马挺三兵对黑方横车过宫跳边马，红方补仕固中，稳健。如改走马三进四抢攻亦可。黑车侵相腰作用并不大，改走车4进4，车二进四，车1进1，较有竞争力。

7. 相七进九　炮2平3　　　**8.** 炮八进四　士4进5

9. 车二进五　……

左炮过河，右车骑河，双向控制，佳着。

9. ……　　　车1平2　　　**10.** 车九平八　车4退3

11. 相三进一　车4进1

12. 兵七进一　车4平3

13. 车八进二（图154）　车2进3

在红方高压下，黑方阵形和子力都难以展开，又面临着红方右马跃出的攻势，现在一车换双也是明智的选择。

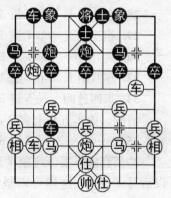

上海胡荣华

河北李来群

图154

14. 车八进四　车3进1

15. 相一退三　车3平1

16. 车二平八　车1平2

17. 后车退五　卒1进1

如改走车3退2，前车退二，车3退1，前车进一，车3进1，后车进四。双车欺单车，红方占优。

18. 马三进四　炮5进4　　　**19.** 马四进六　炮3平5

20. 马六退五　炮5进4　　　**21.** 前车退三　炮5退2

22. 前车平五　车3退2

红方巧使兑子术，步步进逼。黑如改走炮5进3，相三进五，象7进5，车八进七，下一手有车五平六凶着，红方优势。

23. 炮五进三　卒5进1　　　**24.** 车五进二　车3平7

25. 车五平九（图155）　马1退3

兑炮以后，红方抢得边卒。有兵作为储备力量，红方取胜有了

物质保证。黑方退马不当，应走象7
进5。红如车八进八，象5进3。士象
安全了，求和才有可能。

26. 车八进九　　马3进5

27. 车九平五　　……

黑方跃马舍象无奈。如改走象7
进5，车九进三，马3进4，车九平
六，红方叫杀夺马胜。红车控制中
路，老练，好棋。

27. ……　　　　士5退4

28. 车八平七　　士6进5

29. 相三进五　　车7进1

30. 兵九进一　　车7平9

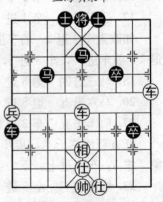

上海胡荣华

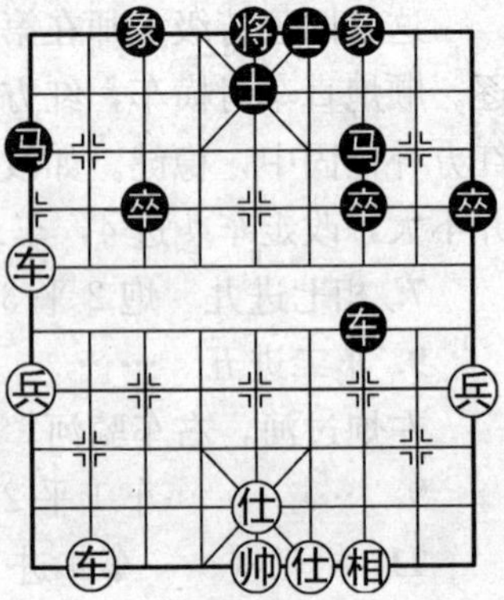

河北李来群

图 155

31. 车七平八　　卒9进1

32. 车八退五　　卒9进1　　**33.** 车八平四　　卒3进1

34. 车四进四　　马5进3　　**35.** 车五退一　　……

清醒。如车五平七贪卒，马7进5提双车，红方前功尽弃。

35. ……　　　　马7退6　　**36.** 车四平三　　卒3进1

冲卒弃象不妥。应象7进5保留，红如车三退二，马3退2，
以后马2进4，这样可以坚守，也比
较顽强。

37. 相五进七　　车9平1

38. 相七退五　　马6进5

39. 车三进一　　士5退6

40. 车三平一　　卒9进1

41. 车一退四　　卒9平8（图156）

42. 兵九进一　　士4进5

边兵乘机渡河。秤砣虽小压千
斤，要紧。黑如马3进1，车五进三，
士4进5，车一平八，红胜。

43. 兵九平八　　马5退7

上海胡荣华

河北李来群

图 156

44. 车一平四 马 3 退 5 　　　**45.** 车四进三 车 1 退 4

46. 车五退一 马 5 进 4 　　　**47.** 车五进二 马 4 退 5

48. 兵八平七 ……

小兵一横，黑方车双马均在压制之下，大有"喘不过气"的感觉。

48. …… 卒 7 进 1 　　　**49.** 车四退五 卒 7 进 1

50. 车四平二 卒 7 平 6 　　　**51.** 车五进一 车 1 进 3

52. 车二平五 ……

双车占中捏紧拳头，不让黑方有
丝毫喘气的机会。

52. …… 车 1 平 4

53. 后车进二 马 7 进 9

54. 后车平六 车 4 退 1

55. 兵七平六（图157）……

兑车后，成车高兵可胜双马卒双
士残局。

55. …… 马 5 进 7

56. 仕五进六 卒 6 进 1

57. 车五平四 马 7 进 8

58. 车四退二 马 9 进 7 　　　**59.** 车四平三 卒 6 平 5

60. 相五退三 马 7 退 5 　　　**61.** 兵六平五 ……

改走车三平二吃马，马 5 进 4，单车可胜马卒双士。

61. …… 马 8 退 9 　　　**62.** 兵五进一 马 5 进 3

63. 兵五平六 马 3 退 1 　　　**64.** 车三平五 马 1 进 2

65. 兵六平七 马 2 进 1 　　　**66.** 车五平八 马 1 进 3

67. 车八平七 马 3 退 1 　　　**68.** 车七退一 马 1 进 2

69. 车七平五 马 2 退 4 　　　**70.** 帅五平六 马 9 进 7

71. 车五平六 马 7 进 5 　　　**72.** 帅六进一 马 4 进 6

73. 车六平九 马 6 退 4 　　　**74.** 相三进五 士 5 退 4

75. 车九平五 ……

擒马，红胜。

上海胡荣华

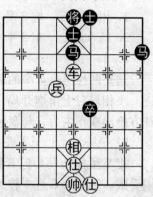

河北李来群

图 157

第 42 局
安徽蒋志梁（红先胜）浙江陈孝堃

（1985 年 3 月 8 日弈于嘉兴）

飞相局对士角炮

1. 相三进五　炮 8 平 6　　　**2.** 兵七进一　马 8 进 7

3. 马八进七　车 9 平 8　　　**4.** 马七进六　马 2 进 3

5. 车一进一　……

这是两位出自上海的著名象棋大师在"王冠杯"邀请赛中的角逐。飞相局对士角炮开局，演成七路快马、担子炮对反宫马阵式。红方抢出横车主力，与盘河马相呼应，紧凑。

5. ……　　　士 4 进 5　　　**6.** 车一平四　卒 7 进 1

挺卒虽能活马，但 8 路车活动范围受限，不如车 8 进 4 较为稳正。

7. 马二进一　象 3 进 5

8. 炮八平六　车 8 进 5

9. 马六进七　炮 2 进 4（图 158）

如改走炮 2 进 2，车四进五，红优。

10. 兵一进一　……

弃兵攻车，先发制人，佳着。

10. ……　　　车 8 平 9

11. 炮二退二　车 9 进 1

12. 马七退六　炮 2 平 7

13. 仕四进五　车 1 平 2

14. 车四进二　马 7 进 8　　　**15.** 车四进一　……

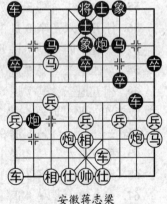

浙江陈孝堃

安徽蒋志梁

图 158

退炮、回马，继而两步动车，红方走得都具功力。下一手有车捉马、打死车的凶着，逼黑兑子。

15. ……　　　炮 7 进 1　　　**16.** 炮六平三　车 9 进 1

17. 炮三退二　卒 7 进 1

如改走车 9 平 8，炮二进五，车 8 退 3，兵七进一，卒 7 进 1，车四进一，车 8 平 6，马六进四，卒 7 平 6，兵七进一，红优。

18. 车四平三　车 9 平 8　　19. 炮二平一 ……

平炮避兑，保持变化，立意积极。如炮二进五，则局势平稳。

19. …… 　　车 2 进 4

20. 车九进二　车 8 平 9

21. 炮一平二（图 159）　马 8 进 9?

马跳边线，于势无补，子位结构更不合理。宜改走卒 9 进 1，以后有退车邀兑透松的机会。

22. 炮二进三　车 2 平 8

同样捉炮，应车 9 平 8。

23. 炮二平三　车 9 进 2

24. 仕五退四　象 7 进 9

25. 车三平四　车 8 平 4

26. 前炮进四　象 9 退 7

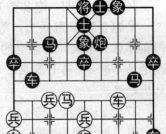

浙江陈孝堃

安徽蒋志梁

图 159

退象正着。如马 9 退 8，炮三平五，将 5 平 4，车四平二，炮 6 平 8（如象 9 退 7，兵七进一，车 4 平 3，车九平六，黑方不好应付），车二进一，车 4 平 8，炮五平一，车 9 平 8，炮一平七，红方优势。

27. 前炮退六　炮 6 平 8?

平炮松着。应车 9 退 1 盯炮。

28. 炮三平六　车 4 平 2

29. 车九平六　炮 8 进 5（图 160）

30. 车四退二? ……

红方兵力集结中心阵地，已成攻击之势。面对黑炮轰车，红方退车随手，失着，贻误战机。应改走车六进一，以后将有全方位的攻势。

30. …… 　　马 9 退 7!　　31. 车四平三　车 9 平 7

32. 车三退二　　炮8平4

33. 车三进四　　炮4平2

34. 炮六平七　　马3进4

如误走炮2退2，炮七进六，车2
平4，兵七进一，红方夺子胜势。

35. 马六退七　　炮2进2

36. 炮七平四　　炮2平1?

平炮企图保留兵力，等待机会。
但实际意义不大，有落空的感觉。可
改走马4进3，马七退八，车2进5，
和棋趋势。

37. 马七进六　　马4退3

退马不及炮1平2。

38. 马六进七　　车2平4

40. 炮四进七　　车4平6?

浙江陈孝堃

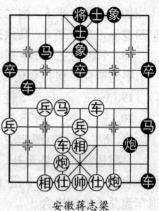

安徽蒋志梁

图 160

39. 仕四进五　　炮1平2

匆忙提炮导致丢象，劣着。是造成以后失败的根源。应改走象
5进7。

41. 马七进五　　士5进4　　　　　**42.** 马五退三　　马3进4

43. 车三平六　　炮2退6　　　　　**44.** 马三退二　　车6退3

45. 车六进一　　车6平8　　　　　**46.** 马二退三　　士4退5

47. 车六进一　　炮2退1　　　　　**48.** 车六平五　　……

兑子后，局面简化后进入残局，红车吃卒打通卒林，多兵多
相，已呈胜势。

48. ……　　　　卒1进1　　　　　**49.** 马三进四　　卒9进1

50. 兵七进一　　车8进1　　　　　**51.** 马四进六　　车8平2

52. 车五平八　　炮2平6　　　　　**53.** 兵五进一　　卒9进1

54. 仕五退四　　车8平6　　　　　**55.** 仕六进五　　卒9进1

56. 马六进四　　象7进5　　　　　**57.** 兵七平六　　车6进2

58. 兵五进一　　……

双兵过河联结敌一子，战斗力大为加强。

58. ······　　　　车 6 平 1　　　　**59.** 兵五进一　　象 5 退 7

60. 兵五平六　　象 7 进 5　　　　**61.** 前兵进一　　车 1 平 5

兵冲九宫，势不可挡。黑如士 5 进 4，车八进三，将 5 进 1，车八平四，夺炮红胜。

62. 前兵进一　　士 5 退 4　　　　**63.** 马四退三　　车 5 平 3

64. 马三进二　　士 6 进 5　　　　**65.** 马二进三　　将 5 平 6

66. 马三退五　　······

回马踩象，突破防线，下面入局。

66. ······　　　　车 3 退 4　　　　**67.** 马五退四　　车 3 平 4

68. 前兵平五　　士 4 进 5　　　　**69.** 兵六进一　　······

前兵杀士"成仁"，后兵疾冲欺车，厉害。

69. ······　　　　车 4 退 1　　　　**70.** 兵六平五　　将 6 平 5

71. 兵五进一　　炮 6 退 2　　　　**72.** 马四进三　　士 5 退 4

73. 车八平五　　车 4 平 7　　　　**74.** 兵五平六　　士 4 进 5

75. 兵六进一　　炮 6 进 2　　　　**76.** 车五平八　　······

车马兵杀局，红胜。

第 43 局
上海胡荣华（红先负）湖北柳大华
（1985 年 4 月 10 日弈于西安）

中炮过河车对反宫马

1. 炮二平五　　马 2 进 3　　　　**2.** 马二进三　　炮 8 平 6

3. 兵七进一　　马 8 进 7　　　　**4.** 车一平二　　卒 7 进 1

5. 车二进六　　车 9 进 2　　　　**6.** 炮八进二　　车 9 平 8

本局是两位特级大师在 1985 年全国团体赛第 6 轮中的交战。胡荣华对反宫马研究有素，《反宫马专集》就是他的心得结晶。柳大华敢于"班门弄斧"，用反宫马应战当头炮，以其人之道还治其人之身，显示了胆魄。双方 6 个回合，形成中炮进七兵直车过河对反宫马高车保马阵式。红方左炮巡河是一步有意识的变着，旨在避开熟套。通常可走炮八平七、炮八进四、兵五进一、马八进七，各有不同变化。黑方兑车，着法积极。

7. 车二进一 ……

换车正着。如改走车二平三，炮 2 退 1，马八进七，炮 2 平 7，车三平四，马 7 进 8，黑方反先。

7. ……　　　炮 6 平 8　　　8. 马八进七　马 7 进 6

9. 车九进一 ……

抢出主力，正确。如改走兵三进一，车 1 进 1（如炮 8 平 7，兵三进一，炮 7 进 5，马七退五，马 6 退 4，马五进三，马 4 进 3，车九进一，红方先手），兵三进一，车 1 平 7，兵三平四，车 7 进 6，黑方左翼有攻势。

9. ……　　　马 6 进 7　　　10. 炮五平六　象 3 进 5

11. 马七进六　士 4 进 5　　　12. 相三进五 ……

可考虑改走车九平二，炮 8 平 7，车二进五。车占卒林线，红方占先。

12. ……　　　炮 2 平 1　　　13. 炮八退一 ……

如改走车九平二，炮 8 平 7，炮八退一（如车二进五，车 1 平 2，马六退七，车 2 进 4，黑先），炮 1 进 4，黑方多卒易走。

13. ……　　　马 7 退 8　　　14. 马六进七　卒 7 进 1

弃卒恰到好处，扬己马抑彼马，又能牵制红车的活动，老练。

15. 相五进三　炮 1 退 1（图 161）

红如改走马七进九，车 1 进 2，相五进三，车 1 平 2，车九平八，车 2 进 2，黑方占先。黑方顺势退炮，严阵以待。交战至此，可谓棋逢对手，势均力敌，一场好戏在后头。

16. 炮八进四 ……

面对局势的发展，红方沉思片刻，决定飞炮出击，酝酿和实施一套抢先进攻的方案。另有两种着法：①炮八进二，车 1 平 4，仕四进五，车 4 进 4，炮八平二，车 4 平 8，相三退五，卒 1 进 1，相互对峙。②炮八平六，炮 8 进 1，马七退六，车 1 平 2，马六进四，炮

8平7，相三退五，车2进6，前炮进
一，车2平4，仕四进五，卒5进1，
前炮平二，马3进5，黑方占先。

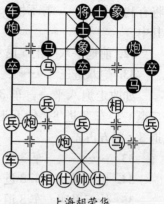

上方：湖北柳大华

16. ……　　车1平4
17. 仕四进五　车4进6
18. 车九平八　炮8进1
19. 马七进九　……

边马取势，前呼后应。如改走马
七进五，象7进5，炮八平五，士5
进6，兵七进一，炮1平7，相三退
五，将5进1，黑方多子占优。

下方：上海胡荣华

图 161

19. ……　　象5退3
20. 炮八进一　炮8退1
21. 兵七进一　……

冲兵挑起争斗，将局势引向紧张和复杂的境地，体现了胡荣华
善斗多变的棋风。如改走马九退七，局面相对平稳。

21. ……　　车4平3　　　**22.** 兵七进一　炮8平1
23. 兵七进一　车3进3

吃相接受挑战，准备厮杀，宁可拼搏，不甘平淡，精神可嘉。
龙虎恶斗，势已难免。如车3退4吃兵，则局势平稳。

24. 兵七平八　前炮进4　　**25.** 兵八平九　后炮退1
26. 兵九进一　后炮平2　　**27.** 炮八平六　车3退8
28. 前炮退二？……

退炮失先。虽意在保存实力，但忽视黑方的反击力，使局势顷
刻瞬变，控制权从此转向黑方。宜改走车八进八，车3平4，车八
平七，士5退4，车七退三，红方仍持先手。

28. ……　　炮1进3
29. 车八退一　炮2进7！（图162）

黑方突出妙手，双炮拖车，打马反先，走得精彩，好棋。

30. 车八平九　炮2平7　　**31.** 车九进六　马8退7

退马稳住阵脚，攻守结合。至此，红方虽多一过河兵，但残

相，黑方又占兵种之优，局势的发展
将有利于黑方。一着不慎，红方亏在
其中。

32. 前炮平八　　士5退4

33. 炮八进三　……

如改走炮八平一，车3平8，相
三退一，车8进8，仕五退四，车8
退3，黑方占先。

33. ……　　　　车3平8

34. 相三退一　　车8进8

35. 仕五退四　　车8退3

36. 车九平六　　车8平5

37. 仕六进五　　士6进5

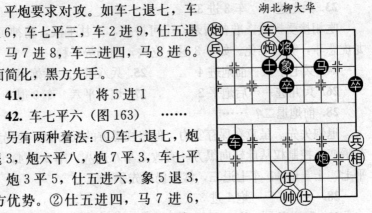

湖北柳大华

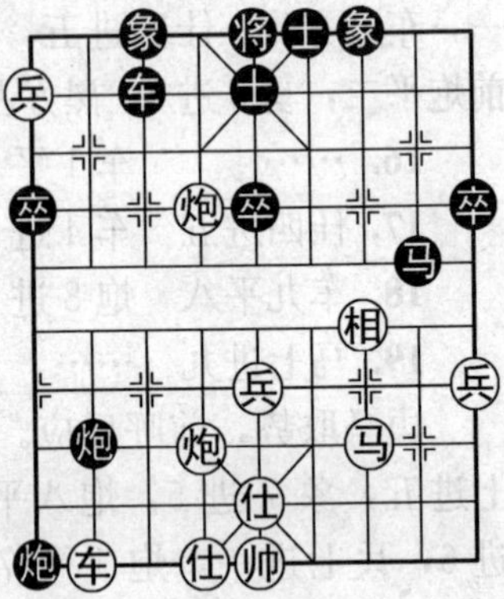

上海胡荣华

图 162

38. 车六平七　……

如改走兵九平八，车5平3，车六进二，马7进8，黑方先手。

38. ……　　　　车5平2

39. 车七进三　　象7进5

40. 炮六进六　　士5进4

平炮要求对攻。如车七退七，车
2退6，车七平三，车2进9，仕五退
六，马7进8，车三进四，马8进6。
局面简化，黑方先手。

41. 炮八平九　……

湖北柳大华

上海胡荣华

图 163

41. ……　　　　将5进1

42. 车七平六（图163）　……

另有两种着法：①车七退七，炮
7退3，炮六平八，炮7平3，车七平
二，炮3平5，仕五进六，象5退3，
黑方优势。②仕五进四，马7进6，
车七平六，车2进3，帅五进一，炮7
退7，炮九平三，象5退7，炮六平
七，车2平6，车六退二，车6退2，黑方占先。

42. ……　　　　车2进3

43. 仕五退六　　炮7平3

44. 炮六平七　炮3进2　　　　**45.** 仕六进五　炮3平6

46. 仕五退六　炮6平4　　　　**47.** 车六平一……

如改走车六退二，炮4退5，帅五进一，炮4平5，以后黑方跃马胜定。

47. ……　　炮4退5　　　　**48.** 帅五进一　车2退1

49. 帅五退一　炮4平9　　　　**50.** 车一平六　车2进1

51. 帅五进一　炮9平5

52. 车六平一　象5退7（图164）

献象腾出将位，赢得更大的活动余地，佳着。

53. 炮七退一　马7进6

54. 车一退一　将5退1

55. 炮七进二　车2退9

56. 帅五平六　士4退5

57. 车一平三　马6进5

58. 帅六退一　炮5平1

逼兑红炮，消除红方威慑力量，着法机智。黑方由此步入佳境。

湖北柳大华

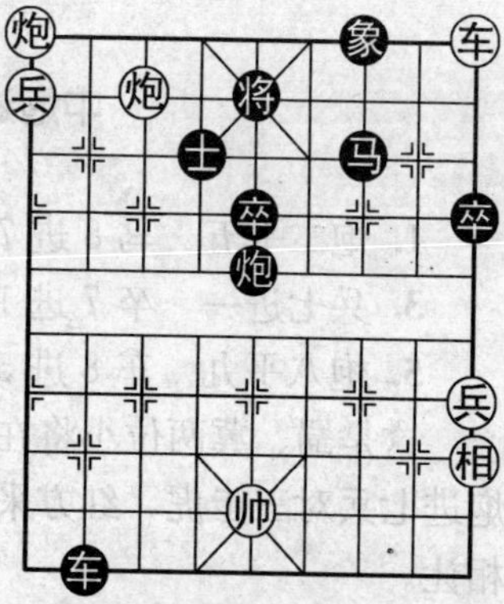

上海胡荣华

图164

59. 车三进一　士5退6　　　　**60.** 车三退三　马5进6

61. 帅六平五　马6退4　　　　**62.** 帅五进一　马4进3

63. 帅五平六　炮1退4　　　　**64.** 车三平五　士6进5

65. 炮七平九　车2进8　　　　**66.** 帅六退一　车2进1

67. 帅六进一　车2退3　　　　**68.** 车五平六　士5进4

解杀还杀，好棋。黑方车马入局，势不可挡。

69. 炮九平七　马3退2　　　　**70.** 炮七退七　车2平5

71. 相一进三　马2退3　　　　**72.** 车六退二　车5进2

73. 帅六退一　马3进1　　　　**74.** 车六退二　马1进2

75. 炮七退一　车5平3　　　　**76.** 车六平五　将5平6

77. 帅六平五　车3进1　　　　**78.** 帅五进一　车3平6

79. 车五平八　车6退3　　　　**80.** 兵九平八　车6平5

81. 相三退五　车 5 平 9　　　**82.** 兵八平七　车 9 平 6

83. 兵七平六　卒 9 进 1

车马卒多子得势，黑胜。

第 44 局
四川李艾东（红先和）河北黄勇
（1985 年 5 月 18 日弈于重庆）

中炮进七兵对半途列炮

1. 炮二平五　马 8 进 7　　　**2.** 马二进三　车 9 平 8

3. 兵七进一　卒 7 进 1　　　**4.** 马八进七　炮 8 平 9

5. 炮八平九　车 8 进 5

这是蜀、冀两位小将在"中国象棋精英邀请赛"中的较量。中炮进七兵对三步虎，红方采用五九炮打法，黑方应以骑河车，各不相让。

6. 兵五进一　炮 2 平 5

冲中兵挡车进攻，黑方半途列炮反击，针锋相对，针尖对麦芒。

7. 车九平八　马 2 进 3

8. 车八进五　车 1 平 2

一个还以骑河车，一个抢兑出车，对攻情景跃然枰上。

9. 车八平三　马 7 进 8

10. 马七进五　车 2 进 6（图 165）

11. 车一进一 ……

现在启横车，嫌缓。可改走兵三进一，车 8 进 1，兵五进一，炮 5 进 2，炮五进三，卒 5 进 1，车三平五，炮 9 平 5，炮九平五。红方多兵，且局势开扬，占有先手。

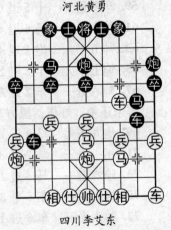

河北黄勇

四川李艾东

图 165

11. ……　　　卒5进1　　　**12.** 车一平四　卒5进1

13. 兵三进一　车8进1

黑方抢冲中卒，对攻取势，走得积极。现在避车软手。可改走卒5进1，炮五进五，象3进5，车三平四，马8退7，马三进二，马7进6，车四进四，卒3进1，兵七进一，马3进5，兵七平六，马5进4，黑方反先占优。

14. 炮五进二　士4进5　　　**15.** 炮九平五　车2平5

一车换双，减轻压力，是目前形势下的正确选择。

16. 马三进五　车8平5　　　**17.** 前炮进一　马8进7

18. 车四进五　炮5进1

抬炮挡车，又可以后飞象固中，防守得当。

19. 仕六进五　炮9进4　　　**20.** 车四进二　……

边炮出击，意在争抢，如改走炮9平5，前炮进二，象3进5，炮五进四，马3进5，双车对车双马，局面平稳，基本均势。红车侵象腰，伏有炮轰中士手段，双方由此掀起战斗高潮。

20. ……　　　马7进5　　　**21.** 相七进五　车5平2

开车既能化解红方攻势，又含有反架中炮反攻措施，一举两得的佳着。

22. 车三平四　将5平4　　　**23.** 后车退二　……

兑车占兵林，防止黑方反击，虽损仕，但必须这样走。如仕五退六，炮9平1，黑方有攻势。

23. ……　　　车2进3　　　**24.** 仕五退六　车2平4

25. 帅五进一　炮9退2　　　**26.** 后车平八　车4退5

27. 炮五退二　卒3进1　　　**28.** 兵七进一　炮9平3

29. 帅五平四　炮5退1　　　**30.** 炮五平三　象7进9

31. 炮三平六　车4平8

嫌软。同样开车应走车4平5比较有力。

32. 车八进三　车8进4　　　**33.** 帅四进一　车8退2

34. 炮六进一　车8平5

35. 炮六退四　车5平8（图166）

36. 相五进七 ……

飞相腾空中宫，旨在一拼高低，精神可嘉。如改走炮六进四，车8平5，炮六退四，双方不变即成和局。

36. ……　　　**炮3平5**

37. 车八平七 ……

如改走车四退三，车8平5，帅四退一，后炮平6，车四进二（如车四平二，炮5平6，车八平四，前炮进5，黑方优势），士5进6，黑方多子胜势。

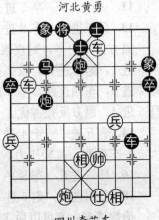

河北黄勇

四川李艾东

图 166

37. ……　　　**后炮平6**

38. 车七进一　车8平6　　　**39. 帅四平五　车6平5**

40. 帅五平四　炮5平6　　　**41. 车四退一　士5进6**

42. 仕四进五 ……

先送仕，再吃士，正着。如直接走车七平四，炮6进5，车四平一，将4平5，黑胜。

42. ……　　　**车5进2**　　　**43. 车七平四　车5进1**

44. 炮六进一 ……

如改走车四退二，车5平4，车四进四，将4进1，帅四退一，车4平7，相七退五，卒9进1，黑方占优。

44. ……　　　**炮6平2**　　　**45. 车四进二　将4进1**

46. 车四退一　将4退1　　　**47. 车四退三　炮2退2**

48. 相三进五　车5平6　　　**49. 炮六平四　将4平5**

50. 兵九进一　炮2平1

51. 车四进二　卒9进1（图167）

52. 车四平七 ……

斗残局，双方兵力对等。但红帅悬在宫顶，是个大问题。现在移车攻右象，方向有误。应改走车四平一，卒9进1（如车6平9，炮四平五，将5平4，车一平六，红胜），车一退三（稳健，如兵

三进一对攻，卒9平8，红有顾忌），
象3进5，车一进二，炮1进3，车一
平九，炮1平2，趋势可成和。

52.…… 卒9进1

53. 车七进二 将5进1

54. 车七退一 将5退1

55. 车七退一 炮1进3

56. 车七平一 卒9平8

57. 车一平二 卒8平7

这一回合，双方都心存顾虑，红
如兵三进一，卒8进1，帅在高位，
怕黑卒来攻。黑卒兑兵也惧红兵过河
的威胁，如卒8平9（离远了），兵三进一，黑方不好办。

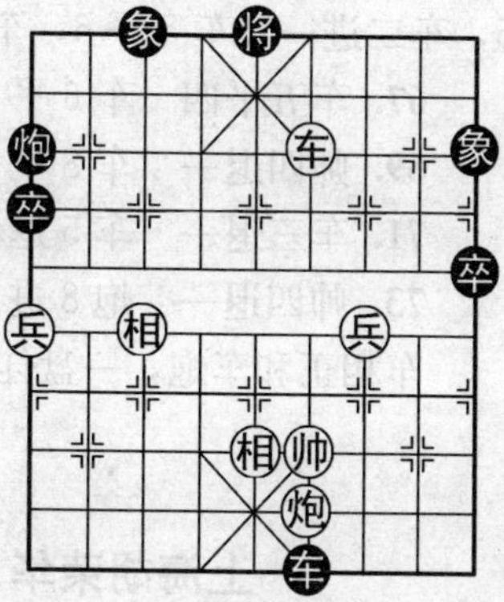

河北黄勇

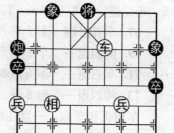

四川李艾东

图 167

58. 相五进三 炮1平7 **59. 车二平五** 将5平4

60. 车五平九 炮7平6 **61. 车九退一** 炮6进3

62. 车九平六 将4平5

63. 车六平五 将5平4

64. 车五退五 车6平8

65. 车五进三 车8平6

66. 车五退三（图168） 炮6平8?

图168，这是一个难得一见的有
趣又实用的残局。一般来讲，车炮无
士象难胜车相帅。但本例由于红方帅
登顶、车位差，黑方有机会获胜。可
惜黑方临枰时错过了。同样动炮，应
改走炮6平7!（与炮6平8看来是一
格之差，但却有天壤之别，因为平8

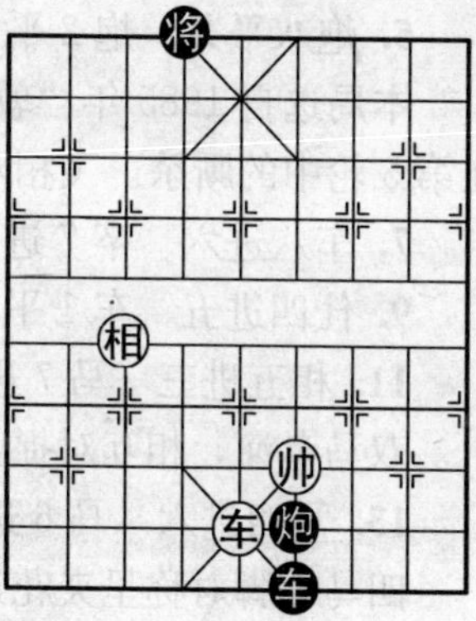

河北黄勇

四川李艾东

图 168

让红车有腾挪的余地，而平7红车就没有向右腾挪的可能，胜与和
的关键就在这里），车五平四（如帅四平五，黑车6平4），车6平
7，车四平六，将4平5，车六平五，将5平4，车五平四，炮7退

4，车四平二，车7平5，帅四退一，车5退4，相七退九，将4平
5，车二进一，车5平6，车二平四，炮7平6，黑胜。

67. 车五平四	车6平8	**68.** 车四平三	炮8退2
69. 帅四退一	车8平5	**70.** 车三进二	炮8退2
71. 车三退一	车5退6	**72.** 车三平四	将4平5
73. 帅四退一	炮8进2	**74.** 车四进二	……

车相正和车炮，一盘佳构也。

第45局
上海胡荣华（红先和）广东蔡福如
（1985年8月26日弈于兰州）

飞相局对左中炮

1. 相三进五	炮8平5	**2.** 马八进七	马8进7
3. 炮二平四	车9平8	**4.** 马二进三	卒3进1
5. 炮八平九	炮2平4	**6.** 车九平八	马2进3

本局选自1985年"敦煌杯"象棋邀请赛，是沪、粤两位高手
在第5轮中的厮杀。飞相对中炮开局，形成反宫马对五六炮阵式。

7. 车八进六	卒7进1	**8.** 车八平七	象3进1
9. 仕四进五	车1平2	**10.** 兵三进一	卒7进1
11. 相五进三	马7进6	**12.** 马三进四	车2进5

双马盘河，相互对捉，楚河相争由此展开。

13. 马四进六	马6进4

四马轧脚对称呈夹花连环，有趣。

14. 相三退五	车2退1	**15.** 炮九进四	卒3进1
16. 炮九平五	士4进5	**17.** 车七进一	车2平4
18. 车七退三	将5平4	**19.** 炮五退二	……

红方先手发难，边炮连抢两卒，黑方面临压力和考验。

19. ……	车8进5

20. 车一平三（图169） 马4进3

21. 炮五进四！……

黑方兑马，后续有右肋发力，来势汹汹。红方不为所动，弃炮轰士，以牙还牙，针尖对麦芒，引发激战，扣人心弦。红如改走炮四平七，炮4进7，车三进九，车8进4，仕五退四，炮4平6，车三退九，车4进5，帅五进一，车8退1，黑胜。

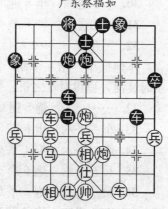

广东蔡福如

上海胡荣华

图169

21. …… 马3进5！

弃马踩仕，还以颜色，漂亮。如改走士6进5吃炮，车三进九，士5退6，车三平四，炮5退2，车七平二，红方夺车胜。又如改走车8平3，兵七进一，士6进5，车三进九，将4进1，炮四平七，红方虽少子，但破士象、多兵，不难走。

22. 车三进九！……

杀象对攻，无所畏惧，正确。如改走仕六进五（如车七平二，黑马5进7占优），炮4平2！红方有麻烦。

22. …… 车8平3 23. 兵七进一 马5进3

24. 仕六进五 将4平5

刀光剑影，兑车后继续搏杀。黑方进将冷静。如炮4平2，车三平四，将4进1，车四平八，将4平5（如车4退2，红炮五平二），相五退七。红方虽少一炮，但多兵、子活，占优。

25. 相五退七 将5进1

26. 兵五进一（图170） ……

再兑子，局面简化。图170，双方进入残局，黑方多子，红方多兵，都残仕（士）相（象）而各有千秋。犹如硝烟弥漫的战场，双方稍作休整后又将进入"你死我活"之争。

26. …… 车4进4 27. 车三退一 将5退1

28. 炮四平二 车4平5 29. 帅五平四 车5平8

30. 车三退六　　车8进1
31. 帅四进一　　将5平4
32. 兵五进一　……

车炮拖车，相互牵制。红方中兵及时渡河，赢得对攻之机，要紧！

32. ……　　　炮5退2
33. 车三平八　　士6进5
34. 炮二平六　　炮4平6
35. 兵五平六　　炮6平4
36. 兵六平七　　炮4平6
37. 车八进四　　炮5平6
38. 帅四平五　　前炮平5
39. 帅五平六　　车8平3
40. 前兵平六　　将4平5
41. 车八平五　　象1退3
42. 兵七进一（图171）……

剑拔弩张，车炮兵斗车双炮，各显其能，精彩。红方以牺牲仕相（成光帅）为代价，再渡七兵，双兵相连敌一子。势均力敌，引人入胜。

42. ……　　　车3退1
43. 帅六退一　　车3退2
44. 炮六平五　……

换炮再简化。三度兑子，形成车双兵斗车炮，真是扣人心弦。

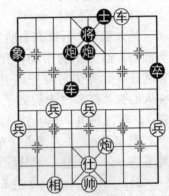

广东蔡福如

上海胡荣华

图 170

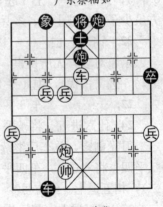

广东蔡福如

上海胡荣华

图 171

44. ……　　　炮5进5　　**45.** 车五退四　炮6进2！

升炮攻守兼备，清醒。如车3平1贪兵，帅六平五，车1退5，兵六进一，炮6进2，车五进四。下面消灭边卒，红方占优。

46. 车五进四　车3平9　　**47.** 兵六进一　炮6平5
48. 车五平三　卒9进1　　**49.** 兵七进一　车9平3

黑方通过车炮运动，消灭了红方一路边兵，增加了对抗实力，使棋局的发展增加了变数。此时如改走卒9进1，车三进三，士5退6，车三退五，士6进5，兵九进一，黑有顾忌。

50. 车三退二　车3平1　　　**51.** 车三平六　车1平3

52. 帅六进一　士5进6　　　**53.** 兵六平五　将5平6

如改走车3退3，车六进五，将5进1，车六退一，将5退1，兵五进一，将5平6，兵五平四，红胜。

54. 兵五进一　象3进5

55. 兵七平六　车3平5（图172）

以兵兑炮，局面进一步简化，成车兵斗车卒残局，有劲。黑方有士象存在，处在有利地位。

56. 车六平四　将6进1

如改走车5平4，帅六平五，车4退3，车四进三，将6平5，车四平五，将5平4，车五退三，和棋。

57. 车四进二　卒9进1

58. 兵六平五　卒9进1

59. 车四平一　将6平5

广东蔡福如

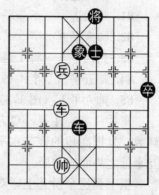

上海胡荣华

图172

如改走卒9平8，车一进二，将6退1，车一进一，将6进1，兵五平四，车5平6，兵四平三，将6平5，车一平六，红方车兵有牵扯攻势，黑方有顾虑。

60. 兵五平四　象5退7　　　**61.** 车一进二　将5退1

62. 车一平六　士6退5　　　**63.** 车六退二　卒9平8

64. 车六平五　车5平6

兑车抢中路，老练。黑如改走车5平4？帅六平五，车4退5，兵四进一，红方胜势。

65. 兵四平三　车6退4　　　**66.** 帅六平五　象7进5

67. 兵三平四　车6平7　　　**68.** 车五退三　卒8平7

69. 兵四平五　象5退7　　　**70.** 兵五平四　车7退1

如改走象7进5，兵四平五，象5退7，兵五平四，象7进5，兵捉子不算长捉，双方不变可判和。

71. 车五平八　将5平4　　**72.** 车八进六　将4进1

73. 车八退六　卒7进1　　**74.** 车八平六　士5进4

75. 兵四进一!　卒7平6　　**76.** 帅五平六!　车7进7

77. 帅六退一　卒6平5　　**78.** 兵四进一!　车7退6

79. 帅六进一　车7平5

80. 车六进三　卒5进1

81. 帅六进一　车5平7

82. 帅六平五　卒5平4

83. 兵四平五　将4退1

84. 帅五平六　卒4平3

85. 帅六平五（图173）……

广东蔡福如

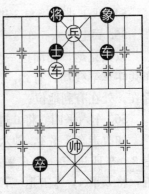

上海胡荣华

图173

车兵（卒）斗智，双方使尽浑身解数，发挥高超的残艺水平，组成相互牵扯之势而成和局。

棋下到这个份儿上，双方都显英雄本色。一盘佳构，令人赏心悦目，真是好看!

第46局
江苏言穆江（红先负）上海林宏敏
（1986年4月26日弈于邯郸）

五七炮对反宫马

1. 炮二平五　马2进3　　**2.** 马二进三　炮8平6

3. 兵三进一　卒3进1　　**4.** 马八进九　马8进7

5. 炮八平七　象7进5　　**6.** 车九平八　车1平2

7. 车一平二　……

　　这是苏、沪两位大师在 1986 年全国团体赛中的一盘对局。五七炮进三兵缓开车对反宫马左象。红方出右直车步入正常的布局套路。另可改走车八进四，车 9 平 8，车一进一，用直横车进攻也是不错的选择，红方先手。

　　7. ……　　炮 2 进 4　　　　**8.** 兵七进一　卒 3 进 1

　　9. 兵三进一　卒 7 进 1　　　**10.** 车二进四　炮 2 平 3

　　红方采用"双弃兵"变例组织攻势，这在 20 世纪 80 年代比较流行，至今久盛不衰。黑方平炮兑车攻相，对抢先手。如改走卒 3 平 2，兵九进一，炮 6 进 4，车二平八，车 2 进 5，马九进八，炮 6 平 7，马八进七，炮 7 进 3，仕四进五，炮 2 平 3，马七进五，象 3 进 5，炮七进五，车 9 平 8，车八进三，红方占先。

　　11. 车八进九　炮 3 进 3　　　**12.** 仕六进五　马 3 退 2

　　13. 炮五进四　士 6 进 5　　　**14.** 炮五退一　……

　　退炮先避一手，稳健。如改走车二平七吃卒，马 2 进 3，炮七平五，马 3 进 5，炮五进四，车 9 平 8，车七退四，车 8 进 7，炮五平三，卒 7 进 1，车七进六，卒 7 进 1，马九进七，卒 7 进 1，马七进五。红方子位好，但残相，黑又有过河卒存在，双方各有千秋。

　　14. ……　　马 2 进 3

　　15. 车二平四（图 174） ……

　　肋车捉炮，迫使黑车贴身来保，从而限制黑方活动范围，是一种比较新颖的攻法。以往一般多走炮七平六，炮 3 退 2，炮六退一，炮 6 进 5，仕五进四，炮 3 平 7，仕四退五，车 9 平 6，车二平七，车 6 进 4，兵五进一，马 3 进 5，炮六进七，将 5 平 6，车七进五，马 5 进 3，马九进七，车 6 退 1，马七进六，马 3 退 2，车七退七，马 2 退 4，车七平三，红方较好。

　　15. ……　　车 9 平 6　　　**16.** 相三进五　卒 3 进 1

上海林宏敏

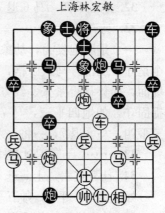

江苏言穆江

图 174

17. 马九进七　……

吃卒先弃后取，应该。

17. ……　　　炮3退3　　18. 车四平七　马3进5

19. 车七退一　……

吃炮平稳。亦可改走车七进五，马5退3（如炮3退4，红炮五进二），车七退二，炮6平3，炮七进五，马7进5，炮五进二，士5进4，炮七进二，将5进1，炮七平四，将5进1，炮四退八，斗无车残局，红方占优。

19. ……　　　炮6进6　　20. 兵五进一　车6进4

21. 炮七平六　炮6平7　　22. 相五退三　卒7进1

退相嫌缓，可炮六进六直攻象腰。黑卒渡河，取得对抗砝码。

23. 炮六进三　车6退2　　24. 炮六进三　将5平6

25. 车七进六　马5进3　　26. 车七退三　车6进4

27. 马三进五　马7进8　　28. 车七平二　马8退6

29. 车二进三　象5退7

30. 炮五平三　卒7平8

31. 兵五进一　马3进4

32. 炮三平四　马6退7（图175）

33. 马五退六　……

一个是肋炮发力，劫象开打；一个是守中反击，马跃卧槽，形成对攻场面，局势显得紧张。红方退马，避捉固守，如炮四平三，马7进6，炮三平四，马6退7，一将一杀，违例。

上海林宏敏

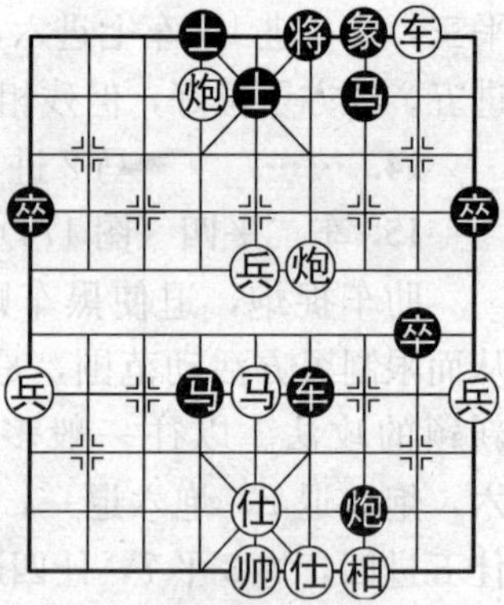

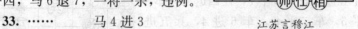

江苏言穆江

图175

33. ……　　　马4进3

34. 仕五进六　士5进4

如改走车6平5，帅五平六，车5退2，炮四退四，红优。

35. 仕四进五　炮7退4　　36. 相三进五　卒8进1

37. 炮六平八　卒8平9

相峙之下，兵卒的潜在作用必须重视。红方开炮疏忽，应兵一进一等一等，边兵不要轻易放弃。黑卒吃兵，形成多卒优势，恰到好处。

38. 炮八退二	将6平5	**39.** 车二退一	炮7平5
40. 车二平三	车6退2	**41.** 车三进一	将5进1
42. 车三退一	将5退1		
43. 车三平七	将5平6		
44. 帅五平六	马3退4		
45. 车七退五	马4退6（图176）		
46. 车七平四	炮5平4		

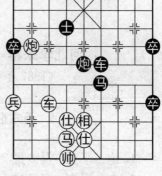

上海林宏敏

江苏言穆江

图176

平车牵制，作用不大，不如马六进八放手一搏，"断尾求生"，尚有一丝希望。黑方平炮吊马，好棋，红方由此难以翻身。

47. 相五进七	炮4进1	
48. 帅六平五	……	

献马无奈。如改走炮八平二，将6平5，炮二退六，车6平8，黑方胜势。

48. ……	炮4进3	**49.** 炮八退二	士4进5
50. 炮八平四	……		

如改走车四进一，车6进1，炮八平四，炮4平2，黑方多卒胜势。

50. ……	士5进6	**51.** 仕五退四	炮4平8
52. 仕四进五	炮8退5	**53.** 相七退五	卒1进1
54. 车四退三	前卒平8	**55.** 炮四退二	炮8平5
56. 帅五平六	将6平5	**57.** 车四平三	炮5平4
58. 帅六平五	卒9进1		

花了"九牛二虎之力"，红方车炮才得以解套。但面对车炮双卒大兵团的压力，红方已经是心有余而力不足。

59. 车三进九	将5进1	**60.** 车三退三	车6平4
61. 车三进二	将5退1	**62.** 车三进一	将5进1

63. 车三退三　将5平4　　**64.** 车三平五　卒8平7

65. 车五平三　卒7平6　　**66.** 炮四平二　卒9进1

67. 车三进二　将4退1　　**68.** 车三进一　将4进1

69. 车三退五　卒9进1　　**70.** 车三平二　卒6平7

71. 车二平三　卒9平8　　**72.** 炮二平一　炮4平1

再轰兵。红方已无力抵抗，认输。

第 47 局
河北李来群（红先胜）江苏徐天红
（1987 年 1 月 19 日弈于昆山）

五六炮过河车对屏风马

1. 炮二平五　马8进7　　**2.** 马二进三　车9平8

3. 车一平二　卒7进1　　**4.** 车二进六　马2进3

5. 炮八平六　卒3进1

这是两位特级大师在"风华杯"象棋邀请赛第4轮中的一场精彩比赛。五六炮过河车对屏风马，黑方挺3卒成两头蛇阵式，改走车1平2则另有变化。

6. 马八进九　炮2进1　　**7.** 车二退二　炮8平9

8. 车二进五　马7退8　　**9.** 车九平八　车1平2

10. 车八进四　象3进5　　**11.** 兵三进一　卒7进1

12. 车八平三　士4进5　　**13.** 兵九进一　炮9平6

14. 仕四进五　马8进9（图177）

15. 马三进四　……

开局以后，双方着法均具工稳。红方跃马争先，力争主动。如改走马三进二，车2平4，马九进八，卒9进1，炮五平二，卒5进1，炮六平三，炮2平5，马八退七，车4进6，马二进一，炮5平8，相三进五，车4退3，成相峙局势。

15. ……　　炮2进3

如改走车 2 平 4，马四进五，马 3 进 5（如车 4 进 3，红马五退六），炮五进四，红方先手。

16. 兵五进一　　车 2 进 3

如改走炮 2 平 9，车三平一，炮 9 平 7，车一进二，红方占先。

17. 兵一进一　　车 2 平 4

18. 马四进五　　马 3 进 5

19. 兵五进一　　炮 2 退 2

20. 兵五进一　　车 4 平 5

中路交换，局面简化，双方子力大致均等。红方各子较畅，易走一些。

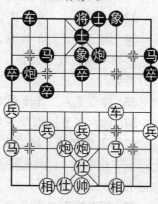

江苏徐天红

河北李来群

图 177

21. 炮五平三　　炮 6 进 2

可考虑卒 9 进 1 兑卒活马。

22. 炮六平五　　炮 6 平 5

23. 马九进八　　车 5 平 4

24. 炮五进一　　车 4 平 6

25. 相三进五　　车 6 进 3

26. 马八退七　　卒 9 进 1

挺边卒失先，被红方有机可乘，改走炮 2 退 2 较为适宜。

27. 车三平八　　马 9 进 8（图 178）

平车跟炮牵制，打开局面的好棋。如改走兵一进一，黑可应车 6 平 9。黑方跃马意在抢攻，如改走卒 9 进 1，兵七进一，红方占优。

28. 兵七进一　　马 8 进 6

29. 车八退一　　车 6 平 8

30. 炮三进二　　车 8 退 2

31. 兵七进一　　马 6 进 7

32. 仕五进四　　……

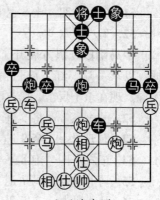

江苏徐天红

河北李来群

图 178

图 178，红方抢先运子：挺七兵逼炮，退车升炮伏抽，继而七

兵渡河。现在扬仕制马，牢牢控制局势，着法相当有力。

32. ……　　　　车8进5　　　　**33.** 帅五进一　车8平6

34. 炮三平五　车6退2

再架中炮，攻守兼备，佳着。黑如改走炮5进2，马七进五，红方胜势。

35. 帅五平六　车6退2　　　　**36.** 车八进一　马7进6

37. 帅六平五　炮5平8　　　　**38.** 相五退三　车6平7

红方退相老练。黑如改走马6退7，帅五平六，马7退5，马七进五，炮8进1，兵七平八，炮8平5，兵一进一，炮5平4，仕六进五，红方胜势。

39. 相七进五　车7进3　　　　**40.** 帅五退一　马6退7

41. 后炮平二　车7平3　　　　**42.** 车八退二　马7进9

43. 相三进一　车3平8　　　　**44.** 炮二平五　车8进1

45. 相五退三　车8退4　　　　**46.** 车八进二　马9退7

47. 仕六进五　车8平6　　　　**48.** 帅五平六　炮8进5

49. 帅六进一　炮8退4

50. 车八进一　车6平5

51. 车八进四　士5退4（图179）

52. 车八平六　……

中局阶段，黑方展开了顽强的拼搏，以求一逞。红方应付得当，滴水不漏。现在杀士反击，黑方已陷困境。

52. ……　　　　将5进1

53. 炮五退一　卒9进1

54. 车六平四　炮8平1

55. 马七进八　马7退5

56. 马八进九　车5平4

57. 仕五进六　炮1进2

58. 马九进七　车4退3

59. 马七退六　……

退马夺子，奠定胜局。

江苏徐天红

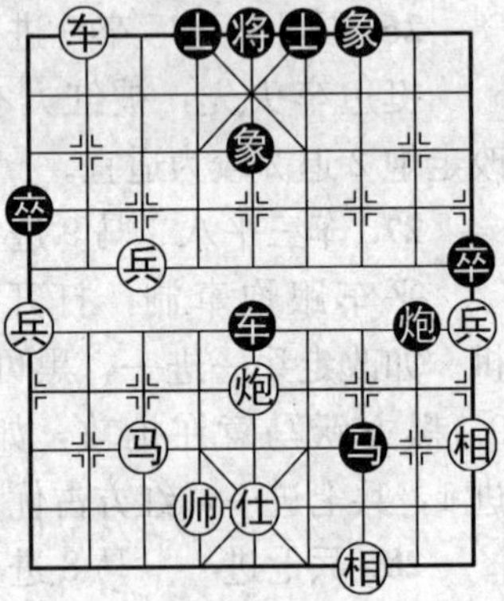

河北李来群

图 179

| 59. ······ 车 4 进 2 | 60. 兵七平六 炮 1 平 5 |

61. 兵六进一 ······

进兵正确。如误走相三进五，马 5 退 4，黑方可以守和。

61. ······ 炮 5 平 6	62. 相三进五 炮 6 退 3
63. 车四退三 卒 9 进 1	64. 兵六进一 卒 9 平 8
65. 车四平七 炮 6 平 4	66. 帅六平五 炮 4 平 5
67. 车七进二 将 5 退 1	68. 兵六进一 将 5 平 6
69. 车七进一 将 6 进 1	70. 车七退三 马 5 退 4
71. 相五退七 将 6 退 1	72. 车七平四 将 6 平 5

夺子，红胜。

第 48 局
上海于红木（红先负）江苏徐天红
（1987 年 2 月 18 日弈于北京）

中炮两头蛇对半途列炮

1987 年，棋事繁忙，紧接着 1 月份的第 7 届"五羊杯"、南北国手对抗赛、"风华杯"、"金星杯"，2 月份，在北京又举行了"金菱杯"象棋大师邀请赛。本局是沪、苏两位大师之间的一场较量。

| 1. 炮二平五 马 8 进 7 | 2. 马二进三 车 9 平 8 |
| 3. 车一平二 炮 8 进 4 | 4. 兵三进一 炮 2 平 5 |
| 5. 兵七进一 马 2 进 3 |

中炮两头蛇对半途列炮，黑方上马比较稳健，亦可改走车 1 进 1，竞争性更强。

| 6. 炮八平七 车 1 平 2 |

七路炮助攻，另辟新道，旨在求变。如改走马八进七，车 1 平 2，车九平八，车 2 进 4，炮八平九，车 2 平 8，对抢先手。黑方亮车正着，如改走象 3 进 1，炮七进四，炮 8 平 7，马八进七，红方先手。

| 7. 兵七进一 车 2 进 8 |

七兵强渡，急进手段，但左翼受攻，留下后患，有嫌浮躁，失先。不如改走马八进九较为稳妥。黑车压马，针锋相对，有力。

8. 兵七进一　马3退1　　　　**9.** 仕四进五　炮8退2

退炮正确。如改走炮5平2，马三进四，炮8退2（如炮2进7，兵三进一，炮8进2，兵三进一，双兵过河，攻势强盛，黑方有顾忌），兵三进一，卒7进1，马四进五，马7进5，炮五进四，卒7进1，炮七进二，红方占优。

10. 炮七进三　车2退4　　　　**11.** 炮七退一　卒7进1

12. 车二进四　……

黑方兑卒活马，紧凑。红如改走兵三进一，车2平7，马三进四（如车二进二，车7进1，炮七退二，炮8平7，黑先），炮8退1，马四进五，炮8平3，炮七平二（如炮七进五，马1退3，车二进九，车7进5，仕五退四，马7退8，黑方得子占优），马7进5，炮五进四，士6进5，黑方占先。

12. ……　　　　炮8退1　　　**13.** 炮七平九　炮8平3

14. 车二进五　马7退8　　　　**15.** 炮九进四　卒7进1

黑方在"得子失先非上策"思想指导下，处处拿主动，走得很有分量。第13回合以马换兵，使子力通畅。现在7卒渡河，成逼马之势，形势有利。

16. 马八进九　卒7进1　　　　**17.** 马三退一　……

同样退马，不及马三退二为好。

17. ……　　　　马8进7

18. 车九平八（图180）　炮5平3!

卸中炮攻相，保持先手的有力着法，好棋。

19. 仕五退四　车2进5　　　　**20.** 马九退八　后炮进7

21. 仕六进五　后炮进5　　　　**22.** 炮九平三　马7进6

23. 炮五进四　马6进4　　　　**24.** 炮五平三　象7进5

25. 前炮退五　……

如改走仕五进四，卒7平6，马一进二，后炮平1，四子联攻，黑方占先。

25. ……　　　后炮平9

一阵争夺，黑方夺回一子，且先手在握，控制着局面的发展。

26. 兵五进一　炮9平6
27. 后炮平六　马4进2
28. 炮三退五　炮3退8

双方以无车进入中残局，在厮杀中较量功底。黑方退炮保持攻势，佳着。如改走炮6退2，相三进五，炮3退8，仕五进四。局势松懈，红方有反击机会。

29. 炮六平四　炮3平5

平炮"锁"炮，红方意在"围"中找出路。如改走兵五进一，炮3平7，相三进一，炮7平5，兵五平六，马2进4，帅五平六，马4退6，炮三平二，炮5平7，黑方占优。黑方摆中炮抢中兵，机灵。

30. 马八进七　炮5进4
31. 帅五平六　炮5平7
32. 相三进一　炮7进1
33. 兵一进一　卒1进1
34. 炮四退一　炮7平4
35. 帅六平五　象5进3 (图181)

扬象露将，妙！出现双炮双仕团团围住黑炮的"四红一黑"奇趣景象，别致。

36. 马七进五　炮4平1
37. 炮四平五　……

抢兵轰马同时弃炮，诱着，可谓是一举两得。红如马五退四吃炮，马2进4，帅五平六，炮2平4杀，黑胜。

37. ……　　士6进5　　**38.** 马五退七　将5平6

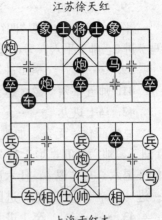

江苏徐天红

上海于红木

图 180

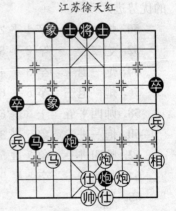

江苏徐天红

上海于红木

图 181

39. 炮五平四 ……

平炮，第2次出现"四红一黑"景象，有趣。红如改走马七进九，马2进3，帅五平六，马3退5，炮三平一，炮6平8，黑方胜势。

39. ……	卒1进1	**40. 相一进三**	将6平5
41. 帅五平六	象3退5	**42. 相三退一**	马2进3

43. 马七进九 ……

兑炮简化，无奈。如改走马七进五，马3退1，马五退四，马1进2，帅六平五，炮1进2，炮三平一（如炮四平八，炮1进1，仕五退六，马2退4，仕六进五，马4退2，黑优），炮1平6，兵一进一，卒9进1，炮一进四，炮6平8，黑方占优。

43. ……	卒1进1	**44. 仕五进六**	马3退4
45. 仕四进五	马4退3	**46. 帅六平五**	马3进5
47. 帅五平四	马5进7	**48. 炮四平三**	马7进9
49. 帅四进一	马9进7		

子力交换后，局面迅速简化。黑方以马双卒士象全对炮兵双仕的优势进入残局。

50. 炮三平二	卒1平2	**51. 炮二退一**	马7退8
52. 炮二进一	卒2平3	**53. 炮二平一**	马8退7
54. 炮一退二	卒3平4	**55. 炮一进三**	卒4平5
56. 炮一退三	卒5平6	**57. 帅四退一**	卒6平7
58. 帅四平五	士5退6	**59. 帅五平四**	将5进1
60. 炮一进一	象5进3	**61. 炮一退一**	卒7平8
62. 帅四进一	象3进5	**63. 帅四退一**	象3退1
64. 帅四进一	卒8平9（图182）		

65. 兵一进一 ……

红方挺边兵让黑马进入有捉双棋步，从而有推进机会。宜改走帅四退一，前卒平8（如前卒进1，兵一进一，前卒进1！兵一平二，马7进5，炮一进六，和棋），炮一进一，保持对黑方边卒的牵制，红方有求和的可能。

65. …… 马7进6

66. 帅四退一　马6进7
67. 炮一进一　马7退8
68. 兵一进一　马8进9

红方以炮换卒无奈。如炮一退一，后卒进1，黑胜定。

69. 兵一平二　马9退7
70. 帅四平五　马7退6

退马管兵，关键性着法，老练。否则红兵横中遮头，黑方取胜难度将会增加。

71. 帅五平四　象5进3
72. 帅四平五　卒9平8

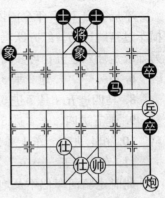

江苏徐天红

上海于红木
图182

73. 帅五平四　卒8平7
74. 帅四平五　象1退3
75. 帅五平四　象3退1
76. 帅四平五　卒7进1
77. 帅五平四　卒7进1

逼红低兵，奠定胜势。

78. 兵二进一　马6退8
79. 兵二进一　马8进7
80. 兵二进一　卒7平6
81. 帅四平五　马7退6
82. 兵二平一　马6进4
83. 兵一平二　马4进3
84. 兵二平一　……

下面为：马3退1，帅五平六，马1进2，帅六进一，将5平4，仕五进四，马2退3，帅六退一，马3退5，破仕黑胜。

第49局
辽宁尚威（红先负）河南王明扬
（1987年4月25日弈于福州）

顺炮直车对横车

1. 炮二平五　炮8平5
2. 马二进三　马8进7
3. 车一平二　车9进1
4. 马八进七　车9平4

5. 兵三进一　马2进1　6. 马三进四 ······

本局弈自 1987 年全国团体赛预赛。顺炮直车跳正马冲三兵对横车过宫跳边马。红方跃马出击，直扑中路，改走炮八进四亦可。另如改走仕六进五，可参阅前面第 41 局。

6. ······　　　炮2平3

8. 马四进五　马7进5

9. 炮五进四　士4进5

10. 相七进五　车1平2（图183）

11. 车二进五 ······

此时走骑河车似不及炮八进四封车为好。黑如卒 3 进 1，炮八平三，车 2 进 9，马七退八，红方有侧攻之势。

11. ······　　　车2进6

12. 兵七进一　车4退2

13. 炮五平一　车4进3

14. 炮一进三　炮5平6

15. 仕六进五　卒3进1

16. 炮八平九　卒3进1

7. 车九平八　车4进4

河南王明扬

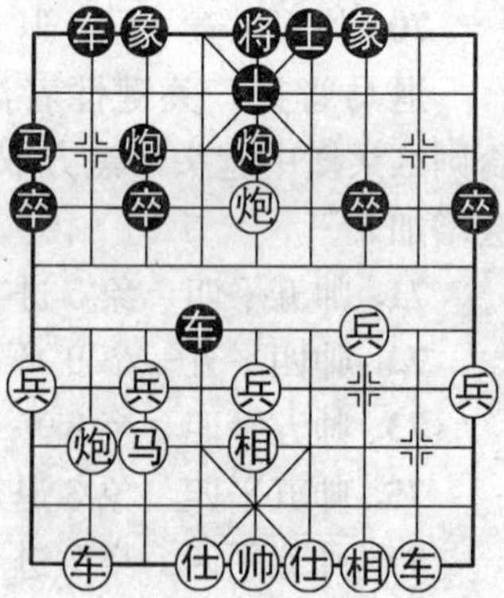

辽宁尚威

图 183

17. 车八进三　车4平2

18. 车二平七　炮3进1

19. 车七退一　炮6平3

20. 车七平八　车2平3

21. 马七退六　车3平5

这一段着法，黑方抓住红方左马的弱点，与红方展开激烈争夺。一阵拼抢交换后，黑方打通兵林，取得有效的抗衡之势。

22. 兵一进一　车5平1

23. 车八进三　后炮平5

24. 炮九平七　车1平4（图184）

25. 炮七进七? ······

轰象贪着，后防底线洞开，招来受攻之祸，失着。应改走兵一进一。黑如将 5 平 4，马六进八，红势不差。

25. ······　　　炮3进6

26. 马六进七　士5进4

撑士打车，巩固内线，妙。

27. 炮七退二　炮3退7

28. 车八平九　车4平3

29. 马七退六　车 3 平 1　　**30.** 车九进二　将 5 进 1

31. 车九退一　将 5 退 1　　**32.** 炮一退三 ……

如改走车九平七，车 1 进 3，黑有强烈攻势，红方将迅速崩溃。

32. ……　　　　炮 3 进 7　　**33.** 马六进七　车 1 平 3

34. 帅五平六　车 3 进 1　　**35.** 相五退七　车 3 进 2

36. 帅六进一　车 3 退 1

37. 帅六退一　车 3 退 3（图 185）

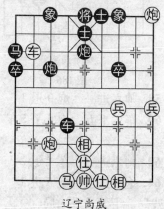

河南王明扬　　　　　　　　　河南王明扬

辽宁尚威　　　　　　　　　　辽宁尚威

图 184　　　　　　　　　　　　**图 185**

马炮交换，双方进入残局。双方兵力完全对等，但量同质异，黑方子力占位和结构都优于红方也。

38. 相三进五　车 3 平 4　　**39.** 帅六平五　车 4 平 7

40. 车九进一　将 5 进 1　　**41.** 车九退三　卒 7 进 1

42. 兵一进一　车 7 平 5　　**43.** 炮一平五　炮 5 平 8

44. 兵一平二　车 5 进 2　　**45.** 帅五平六　车 5 退 3

46. 车九平六 ……

这一回合，双方似乎都有点"小问题"。黑方退车应改走卒 7 进 1，红方平车应改走兵二平三。

46. ……　　　　卒 7 进 1　　**47.** 兵二进一　炮 8 平 9

48. 兵二平三　卒 7 进 1　　　　**49.** 兵三平四　卒 7 进 1

50. 车六进一　车 5 平 6

河南王明扬

51. 车六进一　将 5 退 1

52. 车六退一　将 5 进 1（图 186）

53. 仕五进四　……

黑卒渡河疾进后，迅速形成车炮卒联攻之势。红方弃仕无奈，如改走兵四平三，车 6 平 2，黑方有杀势。

53. ……　　　　车 6 进 3

54. 炮五退六　车 6 退 4

吃仕掳兵，黑方奠定胜势。

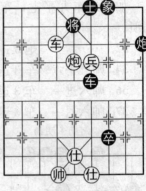

辽宁尚威

图 186

55. 仕四进五　将 5 平 6

56. 车六进一　将 6 进 1

57. 车六退四　炮 9 进 7　　　　**58.** 帅六进一　炮 9 退 1

59. 帅六退一　车 6 进 5　　　　**60.** 车六平五　炮 9 平 5

轰掉孤仕，红势危矣。

61. 车五退二　卒 7 进 1　　　　**62.** 帅六进一　车 6 退 2

63. 车五进一　车 6 平 5　　　　**64.** 炮五进三　炮 5 进 1

兑车后，成炮低卒士象必胜单炮残局。下面推进入局。

65. 炮五平八　炮 5 平 9　　　　**66.** 帅六平五　卒 7 平 6

67. 帅五进一　炮 9 退 8　　　　**68.** 炮八进四　炮 9 平 5

69. 炮八进二　炮 5 退 1　　　　**70.** 炮八退二　士 6 进 5

71. 帅五平六　将 6 平 5　　　　**72.** 炮八平九　炮 5 平 4

73. 炮九平八　炮 4 进 1　　　　**74.** 炮八平九　卒 6 平 5

75. 炮九平八　炮 4 进 2　　　　**76.** 炮八退三　……

如改走炮八平九，炮 4 平 9，炮九平八，炮 9 退 1！炮八退二，士 5 进 4，炮八进二，将 5 退 1，炮八退二，炮 9 平 6，炮八平九，炮 6 退 2，炮九平六，炮 6 平 3，炮六退一，炮 3 进 1，炮六进一，炮 3 平 4，强兑炮，黑胜。

76. ……　　　　士 5 进 4　　　　**77.** 炮八平五　炮 4 平 6

78. 帅六平五　炮6退3　　**79.** 帅五退一　炮6平5
黑胜。

第 50 局
火车头郭长顺（红先负）上海林宏敏
（1987 年 4 月 26 日弈于福州）

五七炮对反宫马

1. 炮二平五　马2进3　　**2.** 马二进三　炮8平6

3. 车一平二　马8进7　　**4.** 马八进九　卒7进1

5. 炮八平七　马7进6

这是 1987 年象棋团体赛预赛中南北两位象棋大师的一盘对局。五七炮缓冲兵对反宫马进 7 卒，是流行布局中的一个分支局式。黑方跃马盘河，攻守兼备，也可改走车 1 平 2，另有变化。

6. 车九平八　炮2平1　　**7.** 车八进四　象7进5

8. 车二进六　……

左车巡河，右车过河，红方左右开弓。改走兵三进一亦可，局势平稳。

8. ……　　　　士4进5

9. 车二平四　马6进7

10. 炮七进四　……

七炮轰卒发力。改走炮五进四，马3进5，车四平五，打通卒林，也是不错的选择。

10. ……　　　　车9平7（图187）

11. 炮五平七　……

卸中炮转换阵形，变化及时。但同样卸炮，应改走炮五平八封住黑车为好。

11. ……　　　　车1平2　　**12.** 车八进五　……

上海林宏敏

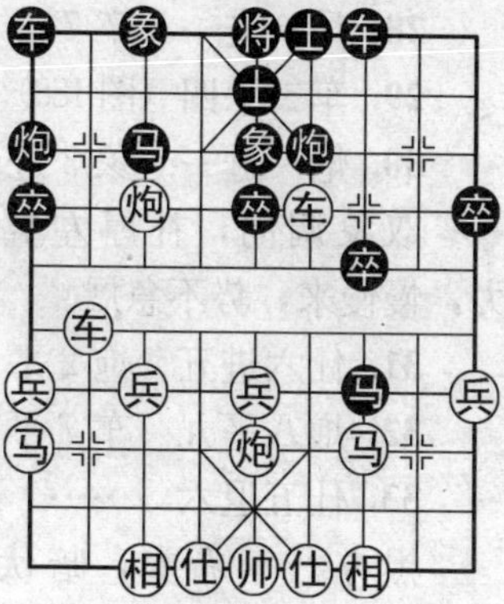

火车头郭长顺

图 187

"暗车兑明车"，机灵。红如改走兵九进一，车 2 进 5，马九进八，卒 7 进 1，前炮进三，车 7 进 4，红虽得一象，但黑方子力通畅，卒又过河，有抗衡对抗的机会。

12. …… 马 3 退 2　　　**13.** 车四平五 卒 7 进 1

14. 兵九进一 卒 7 平 6　　**15.** 相七进五 车 7 进 4

红方飞相缓着，致使边马脱根，应改走前炮平一。黑方升车巡河，阵势得到巩固。

16. 前炮平一 卒 1 进 1　　**17.** 马九进八 卒 1 进 1

黑方乘机攻马，边卒得以渡河。两个卒子蛰伏河沿，红方压力骤增。

18. 马八进九 卒 6 进 1　　**19.** 车五平八 炮 1 平 3

兑子松马，走得巧。

20. 炮七平八 马 2 进 1　　**21.** 车八平四 炮 3 平 2

22. 炮一进三 车 7 退 4　　**23.** 炮一退四 马 7 退 8

24. 车四平二 卒 6 平 7　　**25.** 车二退一 卒 7 进 1

兑子简化又将小卒推进，精明。

26. 车二进一 炮 2 进 4　　**27.** 兵五进一 车 7 进 4

28. 兵一进一 卒 7 进 1

29. 车二平四（图 188）象 5 退 7

30. 炮一进一 象 3 进 5

双象调向，补厚左翼，稳健有力，慢慢来，势不急展。

31. 仕六进五 炮 2 平 1

32. 炮八平九 车 7 平 2！

33. 仕五退六 ……

黑方开车右翼，暗伏杀机，好棋。红如改走炮一进三，车 2 进 5，仕五退六，炮 6 进 7！车四退六，将 5 平 4，马九进七，马 1 退 3，炮九平六（如马七退六，车 2 退 2，炮九退一，车 2 平 4，车四进五，卒 7 平

上海林宏敏

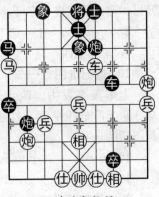

火车头郭长顺

图 188

6，车四退四，车4退3，仕六进五，卒1平2，黑优），炮1进3，黑方占优。

33. ……　　　　卒7平6　　　　**34.** 仕四进五 ……

如车四退五吃卒，车2退1，红方丢子。

34. ……　　　　车2进3　　　　**35.** 炮九退一 ……

如炮九进二，炮1进3，相五退七，车2进2，黑方胜势。

35. ……　　　　车2平5　　　　**36.** 车四退五　　车5退2

一卒换兵、相，撕开红方防线上的口子，由此确立优势。

37. 车四进五　　车5进1　　　　**38.** 炮一退一　　炮1平2

39. 炮九平八　　车5平3　　　　**40.** 炮一平五　　马1进3

41. 炮五进一　　炮2退4　　　　**42.** 炮五退二　　马3进4

43. 车四平八　　马4进2　　　　**44.** 炮八进一　　车3平5

45. 帅五平四　　车5退1

46. 车八退三　　炮2进5

47. 车八退一　　车5平9（图189）

一阵拼抢交换，局势迅速简化而进入残局，形成车马单缺相对车炮卒士象全。这类残局在现代对局中见率很高，一般实践的结果是黑方可胜。

上海林宏敏

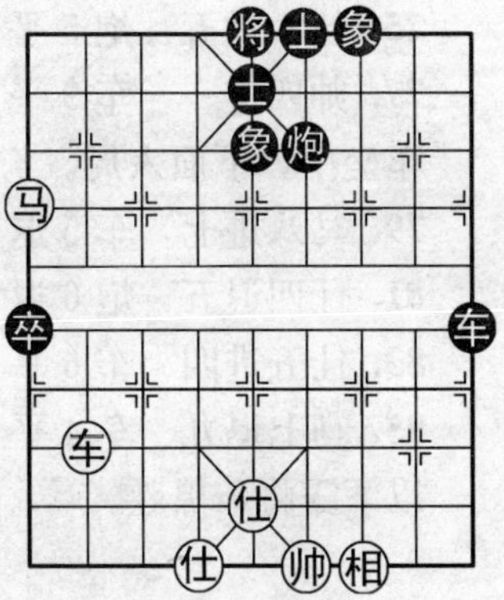

火车头郭长顺

图189

48. 车八进七　　士5退4

49. 车八退三　　车9进4

50. 车八平三　　象7进9

51. 车三退二　　象9进7

52. 车三平九　　车9平7

以卒换相，车炮肋道有势，红方难以求和。

53. 帅四进一　　士6进5　　　　**54.** 车九平六　　炮6退2

55. 马九进八　　象7退9　　　　**56.** 车六进二　　车7退2

57. 马八退七 ……

如改走帅四退一，士5进6，帅四平五，车7进2，仕五退四，车7平6，帅五进一，士4进5，黑方胜势。

57. ……　　　士 5 进 6	58. 仕五进四　车 7 平 6

破仕后，黑方胜定了。

59. 帅四平五　车 6 平 2	60. 车六平三　车 2 退 1
61. 车三退四　象 9 进 7	62. 马七退五　士 4 进 5
63. 车三平五　车 2 退 3	64. 马五退七　象 5 进 3
65. 马七进五　象 7 退 5	66. 马五退七　车 2 进 5
67. 帅五退一　车 2 平 9	68. 车五平六　车 9 退 3
69. 马七退八　象 5 退 3	70. 车六进三　象 3 进 5
71. 车六进一　炮 6 进 1	72. 车六退一　士 5 进 4
73. 马八进六　……	

如车六进二贪士，炮 6 平 5，仕六进五（如帅五平四，车 9 平 6 杀），车 9 进 4，黑胜。

73. ……　　　炮 6 平 5	74. 帅五平四　车 9 退 2
75. 仕六进五　炮 5 平 6	76. 仕五进四　车 9 进 6
77. 帅四进一　车 9 平 4	78. 马六进八　车 4 平 5

车坐中，下面入局。

79. 马八进七　车 5 退 6	80. 马七退九　士 6 进 5
81. 仕四退五　炮 6 退 1	82. 马九退七　车 5 平 6
83. 仕五进四　车 6 平 4	84. 车六平四　车 4 进 2
85. 马七退九　车 4 平 5	86. 马九退七　象 5 退 3

以下露将，黑胜。

第 51 局

安徽蒋志梁（红先胜）北京喻之青

（1987 年 4 月 28 日弈于福州）

顺炮横车对缓开车

1. 炮二平五　炮 8 平 5	2. 马二进三　马 8 进 7
3. 车一进一　马 2 进 3	

这是皖、京两位象棋大师在 1987 年全国团体赛预赛中的手谈。顺炮横车对缓开车，是 20 世纪 70 年代以后逐步流行起来的一种布局，一般多走车 9 平 8。

4. 马八进七　卒 7 进 1　　　**5.** 车一平六　卒 3 进 1

6. 车六进三　马 7 进 6

双跳正马，巡河车对两头蛇，泾渭分明。黑方跃马欺车作挑战，如改走车 9 平 8，兵七进一，象 3 进 1，炮八进四，卒 3 进 1，车六平七，车 1 平 3，炮八平七，红方先手。

7. 车六平四　炮 2 进 2　　　**8.** 兵七进一　炮 5 平 6

9. 车四平二　卒 3 进 1　　　**10.** 车二平七　象 7 进 5

11. 马七进六　马 6 进 4

兑马简化，保持局面平稳，着眼于中残较量。

12. 车七平六　车 9 平 7

有红方巡河车的存在，此时出车似乎改走车 9 平 8 更贴切一些。

13. 炮八平七　炮 2 平 5　　　**14.** 车九平八　车 1 平 2

15. 车八进九　马 3 退 2　　　**16.** 兵五进一　炮 5 进 3

17. 相七进五　马 2 进 3

大兑子。局面继续简化，红方子位好，稍占主动。

18. 马三进五　车 7 进 1

19. 马五进七　马 3 进 2

20. 车六退一　炮 6 进 3

进炮轰马，被动之下明智选择，无更好的良策。

21. 兵五进一　卒 5 进 1（图 190）

22. 车六进二　……

北京喻之青

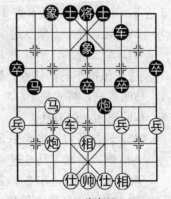

安徽蒋志梁

图 190

进车正着。如改走马七进五，炮 6 平 5，仕四进五（如车六平五，黑马 2 退 4；如仕六进五，黑车 7 平 3），士 6 进 5，红方无便宜。

22. ……　　　　车 7 平 2　　　**23.** 车六平五　士 6 进 5

红攻黑守，攻守基本相当。现在同样补士，不及士 4 进 5 为妥。

24. 炮七平九　马 2 退 3　　　**25.** 马七进六　炮 6 退 4

26. 车五平四　士 5 进 4　　　**27.** 相五退七　炮 6 平 5

28. 仕四进五　车 2 进 6　　　**29.** 车四进三　炮 5 平 2

30. 车四平七　马 3 进 4

31. 马六进四　将 5 平 6

32. 车七平二　炮 2 进 5

33. 相三进五　炮 2 平 5

34. 马四退二　车 2 退 4

35. 马二退四　象 5 退 7

36. 车二退四 (图 191)　　炮 5 退 5

黑方退炮求变，以争再战，显示
良好的棋风。如车 2 平 6，马四退五，
马 4 进 5，大致和棋。

北京喻之青

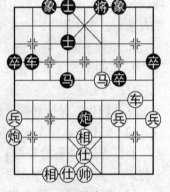

安徽蒋志梁

图 191

37. 车二平六　马 4 退 6

38. 兵三进一　象 7 进 9

飞边象不当，造成阵形有损。可改走卒 7 进 1，车六平三，象
3 进 5，车三进二，马 6 进 4，黑势无碍。

39. 兵三进一　象 9 进 7　　　**40.** 车六平二　炮 5 进 3

41. 车二进二　卒 9 进 1

进车吊拴车马，佳着。黑如改走马 6 进 4，车二进三，将 6 进
1，马四进三，将 6 进 1，车二平四，将 6 平 5，帅五平四，士 4 退
5，车四退四，红方胜势。

42. 炮九平六　将 6 平 5　　　**43.** 炮六进一　象 3 进 5

44. 炮六平四　马 6 进 4　　　**45.** 车二进三　将 5 进 1

46. 车二平六　车 2 平 7　　　**47.** 车六退二　……

攻中破双士，确立优势。

47. ……　　　　马 4 退 2　　　**48.** 车六退三　象 7 退 9

49. 车六平五　马 2 退 4　　　**50.** 炮四平五　……

强兑炮破象，残局中有胜算。改
走马四退二亦可。

北京喻之青

50. ……　　　炮5进2

51. 车五进三　将5平4

52. 车五退四　车7平6（图192）

53. 马四退六　象9退7

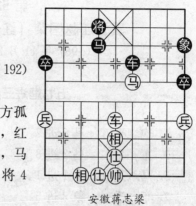

安徽蒋志梁

图 192

形成车马斗车马的局面。黑方孤
象，另有两条边线对头兵（卒），红
方已操胜券。黑如改走象9进7，马
六进五，将4退1，马五进七，将4
进1，车五进六，红方胜势。

54. 车五进六　马4进3

55. 车五平三　马3进4 　　**56.** 车三平七　车6平4

57. 马六进四　车4平6 　　**58.** 马四退五　车6进3

59. 马五进六　车6平9 　　**60.** 相五退三　车9平6

61. 相七进五　将4平5 　　**62.** 马六进七　将5进1

63. 马七退九　……

吃掉边卒，红胜无疑也。

63. ……　　　将5退1 　　**64.** 马九进七　将5平6

65. 马七退五　将6平5 　　**66.** 马五进三　车6退4

67. 车七退二　马4进3 　　**68.** 车七退六　车6平7

69. 车七进七　将5退1 　　**70.** 兵九进一　车7平1

71. 车七退四　将5进1 　　**72.** 仕五进六　将5平6

73. 车七平五　……

车兵必胜，黑方认输。

第52局
黑龙江赵国荣（红先和）河北李来群
（1987年11月27日弈于番禺）

五七炮进三兵对屏风马

1. 炮二平五	马8进7	2. 马二进三	车9平8
3. 车一平二	马2进3	4. 兵三进一	卒3进1
5. 马八进九	卒1进1	6. 炮八平七	马3进2
7. 车九进一	象3进5		

这是第六届全国运动会象棋团体锦标赛决赛第6轮，两位特级大师（也是本年度的个人冠、亚军）的决斗。黑龙江队和河北队在前5轮分别是4胜1和与4胜1负，积分领先。本局是第1台主力之战，又是夺冠路上的关键一仗，双方都全力以赴。五七炮进三兵对屏风马开局，走成直横车对外肋封车飞右象局式。黑方也可改走卒1进1或象7进5，另有变化。

8. 马三进四 ……

跃马直指中心阵地。亦可改走车九平六，车1进3，车二进六，炮8平9，车二进三，马7退8，马三进四，马8进7，马四进三，士4进5，马三进一，象7进9，炮七退一，红方先手。

8. ……	车1进3	9. 车九平六	士6进5

补士固中，严阵以待。也可选择马2进1，炮七退一，炮8进5，马四进三，炮8平1，车二进九，炮1平3，炮七平九，马7退8，马三进四，士4进5，马四进二，车1平2。黑势不亏，可以满意。

10. 车二进六	马2进1	11. 炮七退一	车1平2
12. 车六进三	炮8平9（图193）		

13. 车二平三 ……

吃卒压马避兑，积极进取，走得主动。如兑车则局势平淡。

13. ……	炮9退1	14. 兵三进一	炮9平7

15. 车三平四　炮 7 进 3

16. 车六进一　炮 7 平 6

17. 车四平三　炮 6 退 3

18. 马四进二　车 8 进 2

19. 炮七平二　车 8 进 2

20. 车六平二　炮 6 平 7

21. 车二进一　炮 7 进 2

22. 车二平三　……

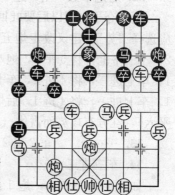

河北李来群

黑龙江赵国荣

图 193

这一段着法，双方走得紧凑又精彩，显示功力。大兑子后，红方虽然弃掉一兵，但取得控马的效果，仍持先手。

22. ……　　　车 2 平 4　　23. 兵五进一　车 4 进 3

车占兵林，对红方是有效的牵制。

24. 炮二平三　马 7 退 9　　25. 炮五进四　车 4 退 1

26. 相三进五　……

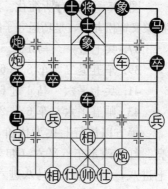

河北李来群

黑龙江赵国荣

图 194

飞相正着。如兵五进一，炮 2 进 2。如车三退二，炮 2 进 3，红方都无便宜。

26. ……　　　车 4 平 5

27. 炮五平九　炮 2 平 1（图 194）

28. 炮三平八　车 5 平 2

这一个回合，双方的着法似可商榷。红方平炮不如车三平一抢卒，黑方拦炮不及卒 1 进 1。

29. 炮八平二　士 5 退 6

既然已经用车拦炮，此时为何退士？可改走车 2 平 8，炮二平八，马 1 退 2，车三平八，马 2 进 1，车八平一，马 9 进 8，炮八进八，象 5 退 3，炮九平五，将 5 平 6，黑势可以抗衡。

30. 炮二进七　车 2 平 8　　31. 炮二平九　车 8 平 2

32. 后炮平五　　士4进5　　　　**33.** 炮九平一　……

轰马夺子，但以后要吐回，不是上策。当子与势发生矛盾时，应选择"势"。建议改走炮五平八，马9进7，炮九进一，炮1平2，车三平七，将5平4，炮八平九，车2平4，仕四进五，炮2平1，车七进三，将4进1，车七退二，车4退3，车七进一，将4退1，车七进一，将4进1，后炮平二，车4平2，炮八平二（或炮八平六），红方有攻势而占优。

33. ……　　　　车2退2

34. 车三进三　……

如改走炮一平二，炮1进1，炮二退二，车2平4，仕四进五，卒1进1，红方车双炮受制，左翼又受攻，得子失先不好受。

34. ……　　　　车2平5

35. 车三退四　　车5平8

36. 车三平五（图195）　　士5进4!

图195，局面有所简化。黑方撑士护象又宽松九宫，是巧运守子的好棋。

河北李来群

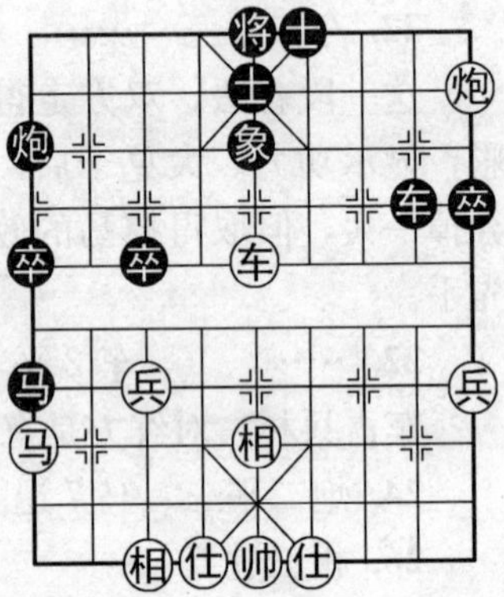

黑龙江赵国荣

图195

37. 兵七进一　　马1进3　　　　**38.** 兵七进一　　马3退4

39. 车五退二　　车8平6　　　　**40.** 马九进七　　士6进5

41. 兵七平六　　马4进6　　　　**42.** 仕六进五　　马6进7

43. 帅五平六　　车6进2　　　　**44.** 帅六进一　　卒1进1

黑方以放行七兵为代价，运马攻卧槽，取得攻势，走得很漂亮。红如改走车五平六（如车五进一，黑车6进1），炮1平2，马七进八，车6平2，马八进六，炮2退2，黑方占优。黑方边卒过河，恰到好处。

45. 炮一进一　　将5平6　　　　**46.** 车五进一　　车6平5

兑车透松，明智。否则演变下去，红方有压力。

47. 马七进五　　马7退5　　　　**48.** 炮一平二　　卒1平2

49. 炮二退七　　将6平5　　　　**50.** 炮二平四　　炮1进4

51. 帅六退一　马 5 退 4　　　52. 马五进四　将 5 平 4
53. 炮四平六　马 4 进 6　　　54. 炮六进一　卒 2 平 3
55. 炮六平八　卒 3 平 4　　　56. 马四进三　象 5 退 7
57. 相七进九　士 5 进 6　　　58. 马三退二　士 4 退 5

河北李来群

59. 马二退三　炮 1 退 1
60. 马三进四　炮 1 平 2
61. 相九退七　马 6 退 8
62. 炮八平九（图 196）　炮 2 平 1？

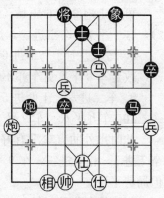

黑龙江赵国荣

图 196

马炮兵斗马炮卒，双方进行残局争夺，咬得很紧。黑方平炮软手，应改走马 8 进 7，马四退二（如炮九进一，黑炮 2 进 4），马 7 退 5，捉兵伏有打帅抽炮手段，黑方有机会拓展。

63. 炮九平二　……

平炮挡马，躲过一劫，机灵。

63. ……　　　　炮 1 进 1
64. 兵一进一　炮 1 退 1　　　65. 炮二平一　马 8 进 6
66. 相七进九　象 7 进 5　　　67. 仕五进四　马 6 退 7
68. 马四退二　卒 4 进 1　　　69. 仕四进五　马 7 进 5
70. 炮一进三　炮 1 平 9

消灭边路兵卒，两难进取，双方同意议和。

第 53 局
湖北陈淑兰（红先负）广东黄子君
（1988 年 4 月 9 日弈于孝感）

五七炮对反宫马

1. 炮二平五　马 2 进 3　　　2. 马二进三　炮 8 平 6
3. 车一平二　马 8 进 7　　　4. 兵七进一　卒 7 进 1

5. 炮八平七　象7进5

本局是两位巾帼大师在 1988 年全国女子团体赛中的对局。五七炮进七兵对反宫马，黑方同样飞象固中，应象 3 进 5 避开七路炮窥视为妥。

6. 炮七进四　车1平2

可改走炮 2 进 6 压马，红如车九进一（如车九进二，黑车 1 平 2），车 1 平 2，车二进一，炮 2 退 2，黑可抗衡。

7. 马八进七　马7进6

改走车 9 平 8 兑车亦不错。

8. 车二进六　士6进5　　　　9. 车二平四　马6进7

10. 车九平八　车9平8

此时出外肋直车没有好的出路。可改走马 7 进 5，相七进五，卒 7 进 1，相五进三，车 9 平 7，相三进五，车 7 进 4。虽处后手，但局势平稳。

11. 车八进五　车8进5

黑车骑河缺乏针对性。应改走马 7 进 5，相七进五，车 8 进 6，黑方还有对抗机会。

12. 相七进九　车8退1

13. 马七进六　马7进5

14. 相三进五　炮2平1

15. 车八进四　马3退2

16. 马六进五（图197）……

马踩中卒，车马炮占据卒林，红方确立优势。

广东黄子君

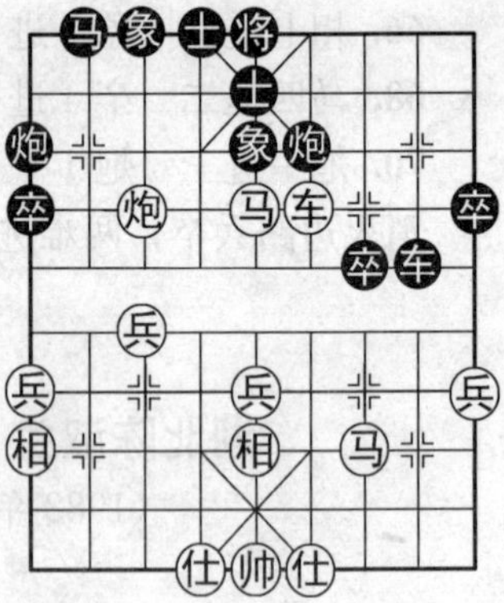

湖北陈淑兰

图 197

16. ……　　　　　车8进3

17. 马五退四　卒9进1

18. 炮七平五　炮6进3

19. 马三进四　车8平6

20. 仕四进五　车6退1　　21. 马四进六　……

大兑子，局面迅速简化。斗马炮残局，红方保持优势。

21. …… 　　车 6 退 3 　　　**22.** 马六进四 炮 1 进 4

23. 兵七进一 ……

冲七兵嫌急，宜兵五进一先避一手，等一等。

23. …… 　　炮 1 平 9 　　　**24.** 兵七进一 卒 1 进 1

25. 马四进二 炮 9 平 6 　　　**26.** 马二退三 炮 6 退 3

27. 马三进四 将 5 平 6 　　　**28.** 马四进二 将 6 平 5

29. 炮五退一 卒 1 进 1 　　　**30.** 兵五进一 马 2 进 1

跳边马不利防守。应走卒 9 进 1，红如兵七平六，马 2 进 3。马向中心跳，保护九宫安全。虽处下风，但有求和机会。

31. 兵七平六 马 1 进 2 　　　**32.** 兵六平五 炮 6 退 3

33. 兵五平四 炮 6 平 9

广东黄子君

34. 兵四进一 马 2 进 4? (图 198)

进马坏棋。应改走炮 9 进 1，马二退三，马 2 退 4，兵四进一，马 4 退 6，炮五平八，卒 9 进 1，还可纠缠。

35. 兵四平五? ……

杀机已临，却未发现。应改走兵四进一，马 4 退 5，兵四进一! 士 5 退 6，马二退四，将 5 进 1，马四退三，将 5 平 6，马三进五。夺马后有兵，红方胜定。战机稍纵即逝，可惜。

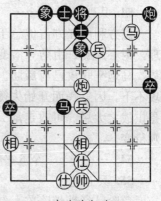

湖北陈淑兰

图 198

35. …… 　　炮 9 进 1

36. 马二退四 炮 9 平 6 　　　**37.** 兵五进一 将 5 进 1

38. 马四退六 ……

可改走相九进七，不要急于打将。

38. …… 　　将 5 退 1 　　　**39.** 相九进七 卒 1 平 2

40. 马六退四 卒 9 进 1 　　　**41.** 炮五平六 ……

黑方沉着应对，双卒相继过河，局势在悄悄发生变化。红如改走马四进五，炮 6 平 5，马五退七，马 4 退 5，红棋无作为。

41. …… 　　马 4 进 3 　　　**42.** 仕五进六 炮 6 平 5

43. 马四进六　……

如改走炮六平七，马3退1，仕六进五，卒2平3，相五进七，马1退3，帅五平六，仍是红优。

43. ……　　卒2平3 　　**44. 马六进四　将5平6**

45. 炮六平四　炮5平6 　　**46. 马四进二　将6平5**

47. 相五进七　卒9平8 　　**48. 仕六进五　卒8平7**

49. 马二退四　……

同样退马，不及马二退三。

49. ……　　士4进5 　　**50. 马四退六　卒7平6**

51. 兵五进一　马3退4 　　**52. 炮四平二　马4进6**

53. 兵五平四　士5进4（图199）

广东黄子君

54. 兵四平五　……

黑方利用红方占优急于求胜的心理，耐心周旋，由防守潜变为对攻之势，马炮卒联攻已有威胁。而红方久攻不下，因急躁而开始失衡，这恰恰是棋战之大忌。可改走炮二进一，静观待变。

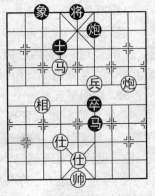

54. ……　　卒6平5

55. 兵五进一　……

湖北陈淑兰

图199

危险已经悄悄降临，红方浑然不知，马六退五吃兵又不愿意（因为黑有炮6平5的反击，或又可马6退5吃兵成和局），故冲兵再搏。

55. ……　　马6进7 　　**56. 帅五平四　卒5进1**

57. 马六进八?　……

跳马攻象败着。应改走炮二平五，将5平6，马六退五，卒5平6，兵五平四。红势尚无大碍。

57. ……　　炮6进3!

升炮挡炮，妙，形成马炮卒攻杀之势。

58. 帅四进一　马7退6 　　**59. 仕五进四　马6进8**

60. 帅四平五　马8进7　　**61. 帅五退一　马7退6**

62. 帅五进一　炮6平5　　**63. 帅五平四　马6退5**

64. 马八进七　士4退5　　**65. 兵五进一　卒5平6!**

平卒解杀还杀，清醒。如误走马5进7，帅四退一，马7退8，兵五进一，将5平4，马七退六，红胜。

66. 兵五进一　将5平6　　**67. 帅四退一　卒6进1**

68. 兵五进一　将6进1　　**69. 马七退六　炮5退2**

70. 相七退五　卒6进1　　**71. 帅四平五　马5退3**

打帅夺马，黑胜。

第 54 局
上海胡荣华（红先胜）广东吕钦
（1988 年 12 月 2 日弈于天津）

进兵对起马

1. 兵七进一　马8进7　　**2. 炮二平三　车9平8**

3. 炮三进四　……

这是"净安杯"中国象棋名人战中两位特级大师的较量。挺兵对起马，双方斗散手，红方兵底炮轰卒的不定式走法，颇为新颖特别，奇特而不失有效。

3. ……　　马2进1　　**4. 马八进七　车1进1**

5. 马二进三　……

跳马成屏风马对单提马散手定式。如改走车九进一，炮8进6，车一进一，车1平8，红方将受牵制。

5. ……　　象7进5　　**6. 炮八平九　炮2平3**

7. 车九平八　卒3进1

挺卒攻马，有嫌阵形不巩固，改走车1平4比较稳正。

8. 车八进七　车1平3　　**9. 马七进八　卒3进1**

10. 马八进七　炮8平9　　**11. 兵三进一　车8进3**

12. 马三进四 ……

跃马盘河，成左右出击之势，红方走得非常紧凑。

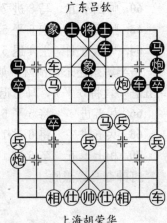

广东吕钦

12. …… 车3平6

13. 车八平七 马7退9（图200）

14. 车七平九 ……

一车换双，保持攻势，有胆魄。

14. …… 炮9平1

15. 炮九进四 ……

边炮轰出，伏抢中夺车凶着，舍车后的连续动作。

上海胡荣华

图 200

15. …… 车8进1

16. 马四进五 炮1进4　　　17. 车一进二 车6平1

捉炮嫌软。不如改走车8平6，仕四进五，卒3进1，兵五进一，卒3进1，车一平七，炮1平5，仕五进四，前车进3，车七平四，车6进6。红方多兵但残仕，黑方有车，足以抗衡。

18. 车一平六 士6进5

红方开车，杀机密布，气势汹汹。黑如炮1平3，马五进七，车1平3，炮三平五，士6进5，炮九进三，将5平6，车六平四，将6平5，后马进五，红胜。

19. 兵五进一 炮1平5

走中炮正着。如车1进2贪炮，马七进五，象3进5（如车1平5，马五进三，将5平6，车六平四，红胜），炮三平九，炮1平5，炮九进三，象5退3，马五进七，红方优势。

20. 车六进一 车1进2

如改走炮5退3，炮九平五，车8平6，兵五进一，车6退1，兵三进一，双兵渡河，红方大优。

21. 车六平五 车8平6

22. 兵三进一 车6退1（图201）

23. 马七进五 ……

弃马杀象，取势不恋子，佳着。

23. ……　　　象3进5

24. 兵五进一　车1平4

25. 相三进五　马9进7

广东吕钦

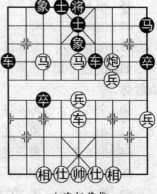

上海胡荣华

图201

红方双兵渡河敌一子。黑方跳马
有嫌松懈。宜改走卒3平4，车五平
三，车4退1，兵三平四，车6退1，
黑方双车退扼双肋，内线得到相应巩
固，红方攻势暂时受到遏制。有过河
卒的存在，黑方可以周旋。

26. 车五平三　马7进5

27. 兵三平四　……

如炮三平五，车6平5，兵五进一，车4平5，和棋。

27. ……　　　车6进1　　　**28. 兵五平四　马5进6**

29. 仕四进五　车4进1

夺回一车后，成车炮兵对车马卒，另有边路对头兵（卒），黑
方残象，红方占优，但尚不足以制胜。黑方以卒换兵软手，以后陷
入被动挨打境地。不如改走卒3进1，下面有马入卧槽，车马卒联
攻，可以牵制红方，求和的机会相对也大一点。

30. 相五进七　车4平6　　　**31. 炮三平九　车6退1**

32. 炮九进三　象5退3　　　**33. 炮九退八　士5进4**

34. 相七进五　士4进5　　　**35. 仕五进四　象3进5**

36. 车三平五　车6平4

如改走车6平5（如车6退1，红炮九进六），车五平四，马6
退7，炮九平五，车5平4，车五平二，红方有攻势。

37. 车五进一　马6进8　　　**38. 仕六进五　车4进5**

39. 炮九退一　车4平1　　　**40. 炮九平六　象5退7**

41. 车五退一　马8退7　　　**42. 帅五平四　车1平5**

43. 相五进三　车1平3　　　**44. 相七退五　马7退6**

如改走车3平5，车五平八，士5退4，相五退三，士4退5，

车八进二，马7退6，车八平四，红方占优。

45. 相五退三　将5平6　　　**46.** 相三进一　将6平5

47. 炮六平五　将5平6　　　**48.** 相一退三　象7进9

49. 车五平八　象9进7

如改走士5退4，车八进六，士4退5，炮五进八，破士后红方胜势。

50. 车八进六　将6进1　　　**51.** 车八平一　象7退5

52. 相三进一　象5进7　　　**53.** 帅四进一　象7退5

54. 炮五平三　象5进7　　　**55.** 帅四退一　象7退5

56. 帅四平五　车3平5

广东吕钦

57. 炮三平四（图202）……

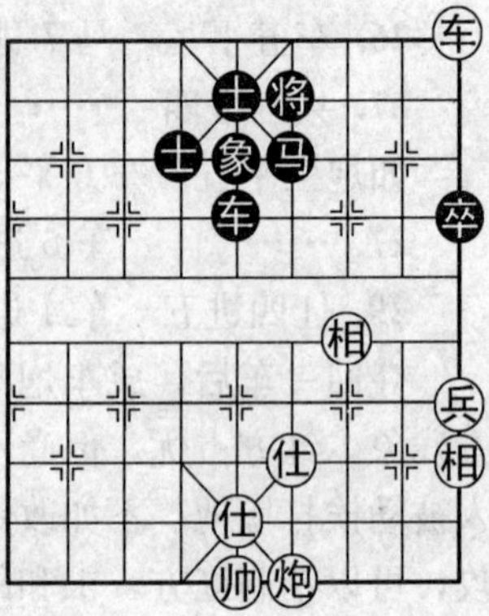

红方巧运车炮和仕相，走得细腻微妙，出神入化，显示了高超的残局功夫。图202，红方犹如撒开无形的大网，将黑方所有子力都罩住。其中心在肋道，牵住牛鼻子，"枰场任我行"。

57. ……　　　　车5平3

58. 相一退三　车3平5

59. 相三进五　车5平4

60. 仕五进六　车4平5

红方献仕诱着，兵不厌诈。黑如

上海胡荣华

图 202

车4进4贪仕，仕四退五，打将夺车，红胜。

61. 帅五平六　车5平4　　　**62.** 仕四退五　马6进7

63. 车一退二　车4平5　　　**64.** 相五退三　车5进3

65. 相三进一　将6退1　　　**66.** 炮四平五　车5平9

67. 车一平五　……

以静态的兵换动态的象，利于车炮攻击，值。

67. ……　　　　卒9进1　　　**68.** 车五退二　马7退6

69. 车五平二　卒9进1　　　**70.** 车二平一　马6进8

71. 炮五平四　车9平8　　　**72.** 车一进四　将6进1

73. 车一平三　卒9进1　　　**74.** 相一退三　马8进9

75. 仕五进四　士5进6　　　**76.** 车三退一　将6退1

77. 车三退一　马9退8

78. 车三退一　马8进9（图203）

79. 车三平六　将6平5

车炮冷着，防不胜防。黑如改走士4退5，车六平一，马9退8，车一进三，将6进1，仕四退五，车8平6（如马8进6，车一退一，将6退1，车一平五，红方破士胜势），车一退六，车6退1，相三退一，红方胜势。

80. 车六进一　士6退5

81. 车六平一　马9进7

82. 车一进二　士5退6

83. 车一平四　……

攻中破双士，奠定胜局。胡特大的功夫确是了得。

83. ……　　　　将5进1　　**84.** 炮四平五　将5平4

85. 车四退一　将4退1　　　**86.** 车四退四　马7进6

87. 仕四退五　马6退5　　　**88.** 车四平六　将4平5

89. 车六平五　……

再夺马，红胜。

广东吕钦

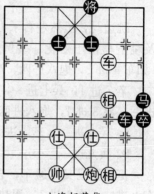

上海胡荣华

图 203

第 55 局
河北黄勇（红先胜）江苏廖二平
（1989 年 5 月 4 日弈于泾县）

顺炮直车对横车

1. 炮二平五　炮8平5　　　**2.** 马二进三　马8进7

3. 车一平二　车9进1　　　**4.** 车二进四　……

本局是 1989 年全国团体赛第 4 轮，冀、苏两位大师的一场激战。斗顺炮，红方直车巡河，四平八稳，但攻击性不强，采用的人比较少。

4. …… 　　　　车 9 平 4　　　**5. 马八进七** 　马 2 进 1

跳边马，虽然左右子力间联系互为依靠，但中路显得单薄，不及跳正马富于变化。举例如下：马 2 进 3，车二平七，卒 3 进 1（如车 4 进 2，炮八进四，卒 3 进 1，车七进一，车 4 平 2，车七进二，卒 7 进 1，兵七进一，红方先手），车七进一，马 3 进 4，兵三进一，象 3 进 1，炮八进四，车 4 进 2，相互对峙。

6. 兵七进一 　车 4 进 5　　　　**7. 炮八进四** 　士 4 进 5

8. 兵九进一 　……

挺兵制马又可通车，含蓄有力。如改走仕六进五，车 4 平 3，车九进二，卒 1 进 1，黑势开扬。另如改走车二平六兑车也是可以考虑的选项。

8. …… 　　　　车 4 平 2　　　**9. 炮八平五** 　马 7 进 5

江苏廖二平

10. 炮五进四 　炮 2 进 1

11. 炮五退二 　卒 3 进 1

12. 兵七进一 　车 2 平 3

13. 兵七平八（图 204）车 3 进 1

吃马兑炮过于平淡简单，嫌软。宜走炮 2 平 5，车九进二，车 1 平 2，车九平八，后炮平 2，兵八平七，炮 2 平 3，车八进七，马 1 退 2，马七退五，车 3 退 2，相三进五，象 3 进 5，黑方易走。

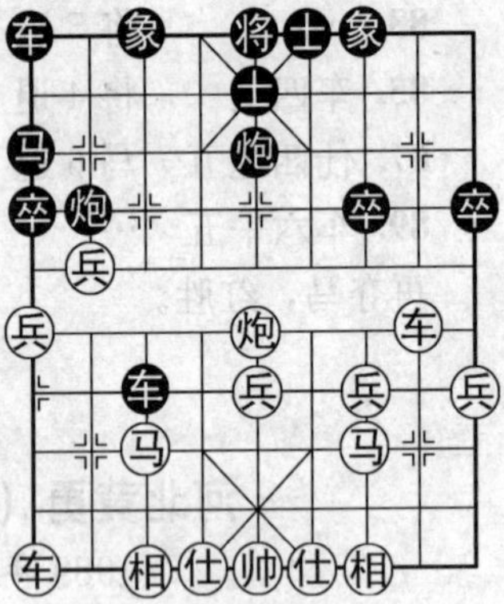

14. 兵八进一 　车 3 平 7

吃马粗糙，被红兵一冲，右翼僵硬。应改走马 1 退 3，让右翼活起来。

河北黄勇

图 204

15. 兵八进一 　车 7 退 1　　　**16. 车九进三** 　卒 1 进 1

挺卒无济于事。应改走车 7 退 2，红方有两种应着：①炮五进二，车7平5，车二平五，车5平4，仕四进五，卒9进1，兵八平九，象3进1，黑势完全可以抗衡。②兵八平九，象3进1，相三进五，车1平3，均势。

17. 车二进一	卒1进1	18. 车九平六	炮5进1
19. 仕六进五	象3进5	20. 车六进三	炮5进3
21. 帅五平六	车7退2	22. 车二平三	卒7进1
23. 兵八平九	卒7进1		
24. 兵九进一	车1平3		
25. 兵九平八	卒7平6		

江苏廖二平

26. 兵八平七（图205） 卒6平5?

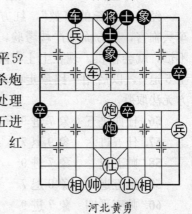

河北黄勇

图 205

车炮兵攻杀有势，黑方弃车杀炮意在求和，想法没有错，但技术处理上有问题。应改走车3平2，炮五进二，卒6平5，兑炮后即成和局。红如避兑，黑方反占中路而占优。

27. 兵七进一	象5退3
28. 车六平一	炮5平4
29. 车一平七	象3进5
30. 车七退二	卒5进1?

至此形成车兵对炮士象全（黑方两个小卒保不住）的残局。从理论上讲，黑方可以守和，但防守上不能出差错，否则红方随时有胜机。由于前面弃车之不妥，黑方可以说自找麻烦。现在冲卒不对，应改走炮4退1，增加红方运子的难度，在争取60回合自然限着中，不让红方吃子而求和。

31. 兵一进一	炮4退6	32. 车七平九	炮4进2
33. 车九退一	炮4退2	34. 车九平五	士5进4
35. 帅六平五	士4退5	36. 兵一进一	炮4进2
37. 兵一平二	炮4退2	38. 兵二进一	炮4进2
39. 兵二平三	炮4平3	40. 车五平八	炮3平4
41. 仕五进六	炮4平3	42. 兵三平四	炮3平4

43. 兵四平五　炮4退2　　　44. 兵五平六　炮4平3

45. 车八进六　炮3平4　　　46. 兵六平七　象7进9

47. 相三进五　象9退7　　　48. 相五进七　炮4平3

49. 帅五进一　炮3平4　　　50. 帅五进一　炮4平3

51. 仕六退五　炮3平4　　　52. 仕五退六　炮4平3

53. 兵七进一　炮3平4　　　54. 兵七进一　士5进6

55. 兵七平六（图206）　士6进5?

江苏廖二平

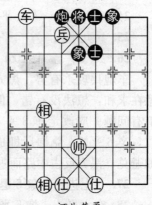

经过"漫长的煎熬"，红方终于
车兵临宫，黑方面临严峻考验，稍有
不慎，就会输棋。现在上士有险，应
士6退5，以后用7路象走闲着，红
方无法取胜。

56. 仕四进五　象7进9

57. 仕五进六　象9退7

58. 帅五退一　象7进9

59. 帅五退一　象9退7

60. 帅五平四　象7进9

61. 车八退二　象9退7?

河北黄勇

图206

败着！应走象9进7，黑方还可守和（低士低象或高士高象，
是炮方守和的"诀窍"）。

62. 帅四进一　炮4平3　　　63. 帅四退一　炮3平4

64. 帅四进一　炮4平3　　　65. 帅四退一　炮3进9

红方化开仕相，巧用棋规造成黑方二打（分别轰仕与轰相）对
二闲（红兵长捉算闲），必须变着，从而创造胜机，走得机灵和聪
明。现在黑炮轰相离开内线，无奈。如改走象5进7，车八平七，
炮3平4，兵六进一！将5平4（如士5退4，红车七平四破士），
车七进二，将4进1，车七平三破象胜（黑如前面第61回合飞高
象，则红方没有这步杀象的棋，可见其奥妙所在）。

66. 帅四进一　士5退4

67. 车八进二　士6退5

68. 兵六平五　　将5进1
69. 车八平六　　炮3退3（图207）
70. 车六退六！炮3进2

兵破双士，形成单车对炮双象残局，黑炮无法归位（在中路就可和），红可胜。着法如下：帅四平五，象7进9，车六平五，象9退7（如象9进7，车五进二，将5平4，车五平六，将4平5，车六平三，破象红胜），车五平七，炮3平2，车七平八，炮2平3，车八进五，将5退1，车八进一，将5进1，车八平三。红破象胜。

江苏廖二平

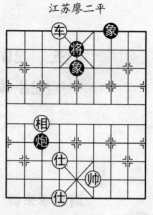

河北黄勇

图 207

五、20世纪90年代
（28局 56~83）

第56局
河北李来群（红先胜）湖北柳大华

（1990年1月5日弈于广州）

五九炮过河车对屏风马平炮兑车

1. 炮二平五 马8进7	2. 马二进三 车9平8
3. 车一平二 马2进3	4. 兵七进一 卒7进1
5. 车二进六 炮8平9	6. 车二平三 炮9退1
7. 马八进七 士4进5	8. 炮八平九 炮9平7
9. 车三平四 马7进8	
10. 车九平八 车1平2	
11. 车四进二 炮7进5	
12. 相三进一 炮2进4	
13. 兵五进一 炮7平3	
14. 马三进四（图208） ……	

湖北柳大华

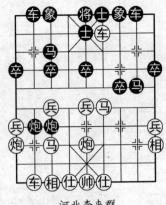

河北李来群

图208

这是第10届"五羊杯"赛中的一场智力角逐。开局后，双方落子飞快，好像在"背棋谱"。五九炮过河车肋车捉炮对屏风马平炮兑车双炮过河，红方右马盘河，是辽宁棋手在1978年全国赛上的创新走法，后在

20世纪80年代成为流行的局式。如改走兵五进一,卒5进1,马七进五,车8进2,炮五进三,车8平5,炮五平二,炮2平5,车八进九,马3退2,马三进五,车5进4,炮九平五,象3进5,黑势开扬。

14. ……　　　炮2退5

轰车护象腰,巩固中防的重要措施。如改走车8进3,炮五平三,象7进9,马四退五,炮3平4,车四退三,象3进5,车四平六,炮4平1,仕六进五,炮1退1,车六退二,炮2进1,马五进六,炮2平7,车八进九,马3退2,炮九平三,卒7进1,相一进三,马8退6,马六进七,红方占先(选自黑龙江赵国荣与河北李来群在1989年10月17日重庆全国赛上的对局)。

15. 车四退三　卒7进1　　16. 马四退三　象3进5

退马再从中路进,以退为进的战术。如改走相一进三,炮3平6,车四平三,象3进5,炮五平二,象5进7,炮二进七,炮2进7,黑方反夺先手。黑方补象固中,稳健。

17. 马三进五　……

盘头马循序而进,着法温和。亦可改走车八进七或兵五进一急进,则攻势较猛(当然,黑方反弹力也相应增强)。

17. ……　　　卒7平6　　18. 兵五进一　炮2进5

19. 仕六进五　……

正着。如误走马五进六,炮3平6打死车。

19. ……　　　卒6平5　　20. 马五进三　卒5平6

21. 炮五平二　马8退9　　22. 马三进四　炮3平6

23. 车四退一　炮6退3　　24. 车四进二　炮2平5

25. 炮二平五　车2进9　　26. 马七退八　卒5进1

27. 马八进七　车8进6 (图209)

进入中局,双方咬得很紧,攻守各不相让,着法均具工稳。经过兑子,局势简化。黑方进车再兑子,正确。如改走炮5平3,车四退三,炮3进3,马七进五,卒5进1(如车8进4,红马五进六大优),炮五进二,红优。又如改走卒5进1,车四退三,马3进5

（如车8进5，红炮九平八），马七进
五，卒5进1，车四平五，红优。

28. 马七进五　　车8平5
29. 车四平七　　马3退4
30. 炮五平六　　车5平1
31. 炮六进六　　车1平2
32. 炮六平九　　马4进2
33. 车七进二　　车2退3
34. 前炮进一　　士5进6
35. 兵七进一　　……

献兵破象，打开缺口，保持先手
的积极着法。

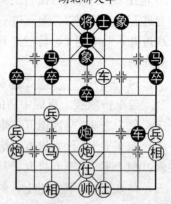

湖北柳大华

河北李来群

图 209

35. ……　　　　象5进3　　　36. 车七进一　　将5进1
37. 车七退四　　象7进5　　　38. 车七平五　　马9进7
39. 车五平四　　马2进4　　　40. 后炮平五　　……

攻着正确。如车四进二贪士，马4进5，车四退五，马5进4，
车四平七，马7进6。双马扑出，红方有顾忌。

40. ……　　　　马4进5
41. 车四退二　　车2平3
42. 相七进九　　车3进4
43. 车四平五　　马5进4
进马巧。
44. 帅五平六　　马4进3
45. 炮五平六（图210）　　车3退3

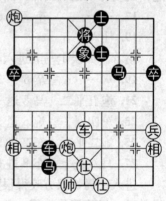

湖北柳大华

河北李来群

图 210

双方以车双炮对车双马进入残
局，黑方虽然多子（一下子还不能起
作用），但残象和将不安位，兵种较
弱（相对而言），势处下风。正鉴于
此，同样退车，不如改走车3退7
（抢一步先），炮九退二，车3进2，炮九进二，车3平4（既能管

炮又有车4进4强占兵线的凶着），车五平七，马3退5，这样，
黑方较容易对抗。

46. 相一退三　马7进5

此时如车3平4，车五平七，车4平3（黑马已不能退中路），
相九进七，黑方丢马。

47. 相三进五　卒1进1

挺右边卒，让红炮有退调的机会，不如改走卒9进1。

48. 相五退七　卒1进1

还是应走卒9进1。

49. 炮九退三　车3退1　　**50.** 炮九进一　车3进1

51. 炮九退一　车3退1　　**52.** 炮九退一　马5进7

53. 车五进一　马7进9　　**54.** 车五平九　……

一阵纠缠，双方虽然同样消灭一个兵（卒），但红方车双炮的
位置要优于车双马，黑方防守的难度增加了。

54. ……　　车3进1　　**55.** 炮九进二　车3退2

56. 炮九进二　马9进7　　**57.** 车九退一　马7退6

58. 车九进一　马6退5　　**59.** 车九平八　车3进4

如改走卒9进1，帅六进一，马3
退2（如马5进7，红炮六平五），炮
九平八，红方有攻势。

61. 炮九平一　马3退2

62. 炮六退一　马2退4

63. 炮一退五　马5进6

64. 炮一平四（图211）　马6进8?

李来群的"缠功"高超，在这里
发挥得淋漓尽致。运动战中消灭黑
卒，双炮退攻，绵里藏针。此时，双
方鏖战已近4个小时，大脑处于极度
紧张状态，限时又告急。柳大华不及细察，走了一步马，恰恰出了

湖北柳大华

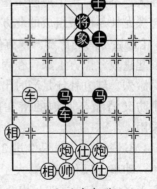

河北李来群

图 211

纰漏。应改走马 4 退 5，继续苦战。

65. 车八进四　将 5 退 1　　　**66.** 车八进一　将 5 进 1
67. 车八平六　……

抓住机会，"捡漏"夺子，红方胜矣。

67. ……　　　　　马 8 退 7　　**68.** 炮四进一　马 7 退 5
69. 炮四平六　车 4 平 5　　　**70.** 后炮进三　车 5 平 4
71. 前炮进一　……

黑子无可动弹，柳大华含笑认输。

第 57 局
黑龙江赵国荣（红先和）广东吕钦

（1990 年 9 月 6 日弈于大连）

仙人指路对卒底炮

1. 兵三进一　炮 8 平 7　　　　**2.** 炮八平五　象 7 进 5
3. 仕四进五　……

"合作银行杯"南北超级棋星对抗赛于 1990 年 9 月 1 日至 6 日在大连举行。由上海胡荣华与广东吕钦组成的南方队和河北李来群与黑龙江赵国荣组成的北方队进行了 4 场 8 局对抗赛。本局是最后 1 轮最后 1 局的比赛。双方仙人指路对卒底炮开局，红方补架中炮发起进攻，黑方上象旨在固守，改走炮 2 平 5 则成斗炮局，变化相对激烈。红方补仕是当时出现的新颖攻法，日益流行起来，既巩固中防又消除卒底炮的潜在威胁，实践效果良好，广大棋手乐于采用。

3. ……　　　　　马 2 进 3　　**4.** 马八进七　车 1 平 2

动车，以利于右翼大子的运动。如改走卒 3 进 1，车九平八，车 1 平 2，车八进四，炮 2 平 1，车八平四，马 8 进 9，炮二平四，车 9 平 8，马二进三，士 4 进 5，兵一进一，红方先手（选自 1990 年全国团体赛黑龙江赵国荣与四川李艾东的对局）。

5. 兵七进一 ……

挺七兵活马，正确。如改走车九平八，炮2进4，兵七进一，炮2平3，马二进三，炮7进3，马三进四，炮7平3，炮抢双兵，黑势见好（选自1988年全国赛上海于红木与广东庄玉腾的对局）。

5. ……	炮2平1	**6.** 炮二平四	马8进9
7. 马二进三	车9平8	**8.** 马三进四	士6进5

9. 马四进五 ……

抢中卒先得实惠并可骚扰卒林，争先着法。

9. ……	马3进5	**10.** 炮五进四	卒7进1
11. 兵三进一	车2进4		
12. 车九平八	车2平7		
13. 相三进五	车8进3（图212）		

如改走卒3进1，车八进五，车7平5，炮五平六，车5退1，炮六退二，炮7进2，车八进二，卒3进1，相五进七，炮7退2，车八退二，炮1平3（似不及马9进7积极），相七退五，车5平3，马七进八，红方多一中兵稍好（选自1990年全国个人赛广东吕钦与浙江于幼华的对局）。

广东吕钦

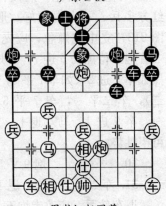

黑龙江赵国荣

图212

14. 炮五退二 卒1进1

红如改走炮五平九，卒3进1，炮九退二，卒3进1，相五进七，炮1平3，相七进五（如相七退五，黑车7平3），车7平5，黑势子力活跃，可以对抗。黑方挺边卒正着，如改走卒3进1，车八进五，红方占先。

15. 车八进六	炮1平4	**16.** 兵一进一	马9退7
17. 马七进八	车7退1		

退车护卒林，坚守阵地，要紧。

18. 车八退一	炮7平9	**19.** 车八平九	炮4进3
20. 马八进九	炮4平9	**21.** 马九进八	车8进2

22. 炮五平一　　车8平9　　　　　**23.** 车一平二　　车9进4

24. 车九平二　　马7进8　　　　　**25.** 后车平一　　炮9进7

26. 相五进三　　……

这一段着法，双方短兵相接，走得都很紧凑、工稳，显示功力。现在扬相挡车，保持先手，好棋。

26. ……　　　　马8退9　　　　　**27.** 相七进五　　马9进7

28. 车二进二　　马7退6

29. 炮四进二　　炮9退5（图213）

30. 炮四平五　　……

一阵兑子拼抢，局面得到简化，红方多兵、子力占位好，形势有利。图213，立中炮嫌急，应先走车二退二管炮，待黑马6进7，再炮四平五。黑如车7进2（如车7平5，红车二进二），车二平一，车7平5，兵五进一，卒9进1，马八退七，红方多兵可望胜势。

广东吕钦

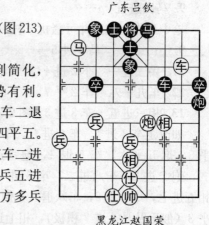

黑龙江赵国荣

图213

30. ……　　　　炮9平5

31. 车二退二　　炮5退1　　　　　**32.** 车二退二　　……

退车软手，应改走炮五平六，较多变化而利于发展。

32. ……　　　　炮5进1　　　　　**33.** 兵九进一　　车7平4

34. 兵九进一　　……

挺边兵不及炮五平四为好。

34. ……　　　　车4进1　　　　　**35.** 兵九进一　　卒3进1

36. 兵七进一　　车4平3　　　　　**37.** 兵九平八　　车3平4

38. 炮五平四　　……

缓手。应改走车二进二，马6进7，车二进二，马7退6（如马7进6，红车二进二），再炮五平四，红势开畅、乐观。

38. ……　　　　车4退3　　　　　**39.** 马八退七　　车4进2

40. 相五退七　　炮5平1　　　　　**41.** 炮四平五　　炮1平5

42. 相三退五　卒 9 进 1

43. 车二平四　马 6 进 7

44. 帅五平四　卒 9 进 1

45. 炮五平九　炮 5 平 6

46. 帅四平五　炮 6 退 1（图 214）

47. 马七退八　炮 6 平 2

广东吕钦

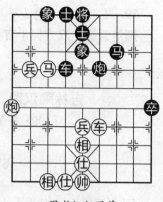

黑龙江赵国荣

图 214

红方在进攻中，着法几次出现缓
而不紧，致使局势松懈，难以推进。
加上黑方防守严密，使局面一直处于
抗衡之中。红如改走炮九进二，炮 6
平 3，炮九平七，车 4 平 5。红虽多一
兵，但受牵制，没有便宜。黑方轰兵
解除后顾之忧，局势重归均衡。

48. 兵五进一　车 4 平 5

49. 马八进六　炮 2 退 2

50. 车四进一　马 7 进 9

51. 马六进四　马 9 进 7

52. 炮九进一　马 7 进 8

53. 车四退三　士 5 进 6

54. 兵五进一　车 5 平 1

55. 炮九平八　士 4 进 5

56. 炮八退四　车 1 平 4

57. 马四退六　车 4 平 7

58. 炮八平九　象 5 进 3

59. 马六退五　象 3 进 5

60. 兵五平四　车 7 进 3

61. 马五进七　士 5 退 6

62. 仕五退四　车 7 平 2

63. 马七进五　士 6 退 5

64. 兵四进一　炮 2 平 3

65. 仕四进五　卒 9 平 8

双方兵力对等，都在做最后争拼和努力，可说是势均力敌。

66. 兵四进一　车 2 平 1

67. 炮九平八　车 1 平 5

68. 马五进三　士 5 进 6

69. 车四进六　卒 8 平 7

70. 车四退一　车 5 平 2

71. 炮八平九　卒 7 进 1

72. 车四平六　车 2 平 5

73. 仕五进四　卒 7 进 1

74. 仕六进五　士 6 进 5

75. 马三进一　象 5 进 7

76. 车六平二　马 8 进 7

77. 炮九平三　……

两难进取，兑子简化，和局已定。

| 77. ······ | 卒 7 进 1 | 78. 车二进三 | 士 5 退 6 |
| 79. 马一进三 | 炮 2 平 6 | 80. 车二退三 | 车 5 平 6 |

烟消云散，双方握手言和。

第 58 局
吉林陶汉明（红先负）湖北李智屏
（1991 年 10 月 15 日弈于大连）

飞相局对士角炮

1. 相三进五	炮 2 平 4	2. 车九进一	马 2 进 1
3. 兵九进一	车 1 平 2	4. 车九平六	象 7 进 5
5. 马八进九	车 2 进 4

本局弈自 1991 年全国个人赛。飞相局对士角炮，斗散手，无定式运子而着眼于中残较量。黑方巡河车先露目标，也可改走士 6 进 5，待红车六进三，车 2 进 6，另有不同变化。

| 6. 车六进三 | 卒 1 进 1 | 7. 马九进八 | 车 2 平 8 |
| 8. 兵九进一 | 车 8 平 1 |

河口交兵，双方都在疏通道路。黑如改走炮 8 进 5，炮八平二，士 6 进 5，炮二进七，车 9 平 8，兵九进一，前车进 5，车一平二，车 8 进 9，兵九进一，象 3 进 1，马八进七，象 1 退 3，车六平五，红方多兵占优。

9. 马二进三	士 6 进 5	10. 炮二平一	马 8 进 7
11. 车一平二	车 9 平 8	12. 车二进六	卒 7 进 1
13. 炮一进四	······

轰卒，从边线切入，可取。

13. ······	炮 8 平 9
14. 车二进三	马 7 退 8（图 215）
15. 炮一平七	······

抢卒，谋取多兵。另有一种好的选择是：车六平二，马 8 进

7，车二进三，马7退6（如炮9退1，红炮一平三；如马7进6，车二进二，士5退6，炮一退一，都是红先），车二退一，马6进7，炮一平五，马7进5，车二平五，红方多兵占优。

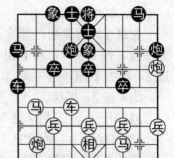

湖北李智屏

吉林陶汉明

图215

15. ……　　　　马8进7
16. 炮七平九　　马7进6
17. 车六进一　　车1进1
18. 车六平四　　车1平2
19. 炮八平六　　车2退2
20. 炮九退四　　……

至此，红方已取得多两兵的实惠。现在退炮让黑马得以奔活，失先。应改走车四平九，炮9进1（如马1退3，红炮六平七），炮六平九，马1退3，前炮进三，红持优势。

20. ……　　　　马1进2　　21. 兵七进一　马2进3
22. 仕四进五　　……

如改走兵七进一，炮4进7！帅五平六，马3进2，帅六进一，车2进4，仕四进五，车2平1。黑方车马有杀势，红难应付。

22. ……　　　　炮4平3　　23. 炮九进七　马3进4

马侵相腰叫杀，先手发难，佳着。

24. 相九进七　车2平1　　25. 炮九平八　车1进4

攻中劫相，在少卒情况下得到补偿而取得抗衡之势。

26. 车四平八　炮3平1　　27. 车八退四　炮9平7

平炮从左右对红方两翼施压。如改走车1平2，车八进一，马4退2，帅五平四，炮9平7，炮八退六。斗无车棋，红方多兵较好。

28. 车八平六　车1平2　　29. 车六平九　车2退7
30. 兵一进一（图216）　士5进4！

撑士，为左炮右移开辟通道，为袭击红方左翼做准备，好棋。

31. 车九进五　炮7进1

32. 车九退一　……

先赶车，再退炮，老练。红如车九平五，炮1进7，相五退七，车2进9，帅五平四，炮1平3，帅四进一，炮7进3，黑优。

32. ……　　　　炮7退2

33. 炮六平九　车2进7

进车捉相，乘虚而入。如改走炮7平1，车九进二，象3进1，炮九进六，车2进1，炮九进一，象5退3，兵三进一，卒7进1，相五进三，车2平7，马三进四，和棋。

湖北李智屏

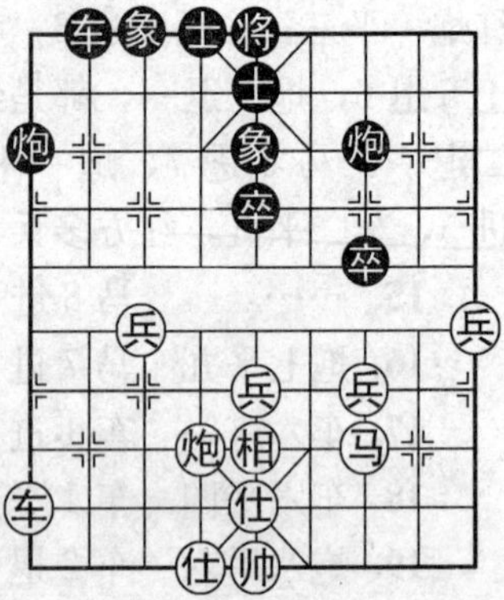

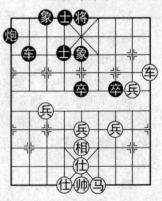

吉林陶汉明

图 216

34. 炮九进五　象3进1　　　**35.** 马三退四　车2退5

兑炮以后，进入残局。黑方退车护士象，正着。如象1退3，兵七进一，黑方反而不妙。

36. 车九进一　炮7平5　　　**37.** 兵一进一　象1退3

38. 兵一平二　卒5进1　　　**39.** 车九平一　……

平车空棋。应改走兵二平三，象5进7，兵七进一，车2进4，马四进三，卒5进1，车九平二。对攻，红方多兵占据主动。

39. ……　　　　炮5平1

40. 车一平九　象3进1

41. 车九平五　象1退3

42. 车五平九　象3进1

43. 车九平一　象1退3（图217）

44. 相五退七　车2进7

红方二捉一还捉，必须变着。黑方进车捉相机灵。如炮1进8，车一

湖北李智屏

吉林陶汉明

图 217

平九，炮1平2（如车2进7，相七进五，黑方车炮被套牢），兵二平三，象5进7，车九平五，象7退5，车五退一。净多三兵，红方优势。

45. 车一平九　炮1平2　　　**46.** 相七进五　车2退3

47. 马四进三　卒5进1

弃卒抢攻，先弃后取，好棋。

48. 兵五进一　车2平7　　　**49.** 车九平八　炮2平5

50. 马三退四　卒7进1　　　**51.** 相五进三　车7退1

以卒搏相，保持车炮攻势，黑方走得聪明、有力。

52. 车八平二　象5退7　　　**53.** 兵五进一　车7平5

54. 车二平三　象3进5

55. 兵五平四　车5平6

56. 车三平四　象5退3

57. 仕五进六　车6平3（图218）

58. 兵二进一　……

冲兵浮躁。宜改走车四进二管炮，必要时以车换炮，以后马双仕双联兵可以守和黑车。

58. ……　　　　　车3平4

59. 马四进三　……

跳马不当。应改走兵四平三，车4进2，马四进二，尚可对抗。

湖北李智屏

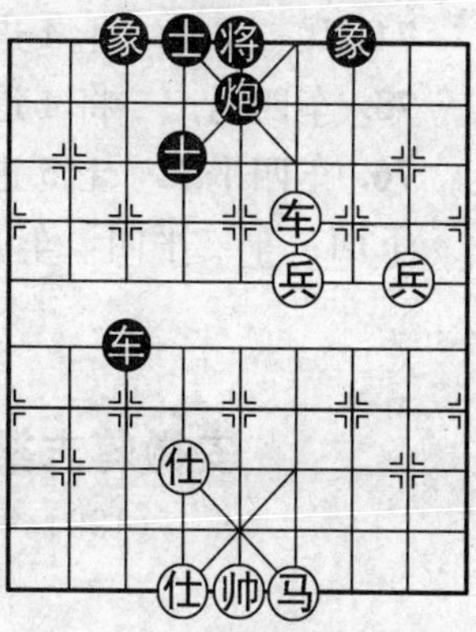

吉林陶汉明

图 218

59. ……　　　　　车4进2　　**60.** 马三进二　……

如改走车四平三，车4平5，帅五平四，车5平6，帅四平五，象7进5，仕六进五，车6退3，黑优。

60. ……　　　　　车4平5　　**61.** 帅五平四　车5平6

62. 帅四平五　象7进5　　　**63.** 仕六进五　车6平8

64. 帅五平四　车8退2

攻中夺马，黑方奠定胜势。

65. 兵四平三　炮5进7

炸光红方仕相。红方双兵地处"边远"，难解"空宫"之危也。

66. 车四进三　　将5进1

67. 兵三进一　　炮5平7

68. 车四退三　　车8平5

69. 兵三进一　　炮7进1

70. 兵二进一　　象5退7

71. 车四进三　　车5进4

72. 帅四进一　　炮7平6

73. 兵三平四（图219）　将5平4!

出将清醒。如误走车5退4，兵四平五! 车5退3，帅四退一，和棋。

74. 兵二平三　　士4进5

75. 车四退一　　将4退1

76. 车四平二　　士5进6　　　**77.** 车二退八　　将4平5

下面：车二平四，车5退4，黑胜。

湖北李智屏

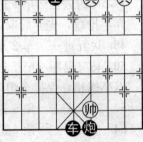

吉林陶汉明

图219

第59局

安徽蒋志梁（红先和）湖北柳大华

（1991年10月27日弈于大连）

中炮过河车对屏风马平炮兑车

1. 炮二平五　　马8进7　　　**2.** 马二进三　　车9平8

3. 车一平二　　马2进3　　　**4.** 兵七进一　　卒7进1

5. 车二进六　　炮8平9　　　**6.** 车二平三　　炮9退1

7. 马八进七　　车1进1

本局是皖、鄂两位名将在1991年全国个人赛上的较量。中炮过河车对屏风马平炮兑车，黑方启右横车是20世纪80年代中后期流行起来的招式，它与传统补士偏重于防守不同，立意反击，富于弹性和变化。

8. 炮八平九 车1平6   **9. 车三退一 炮2平1**

分右边炮先避一手，躲开红方双车的锋芒，"官着"。

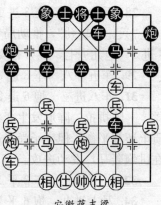

湖北柳大华

10. 车九进一 车8进6

11. 兵三进一 车8平7（图220）

12. 炮五平六 车6平4

图220，双方布局基本完毕，形成牵扯对峙阵势。红方卸中炮有新意。以往一般走炮五退一，车6进7，另有不同变化。黑方肋车管炮，必着。如车7进1贪马，相七进五，车7退1，炮六进一，车7进1，马七进六，红方打死车。

安徽蒋志梁

图220

13. 相三进五 车4进5   **14. 车九平四 车4平3**

15. 马七退九 ……

退边与横车相连。亦可改走马七退八，车3平4，仕四进五，炮9进5，兵九进一，炮9退2，车三平八，红方先手。

15. …… 炮9进5   **16. 马三进一 车7平9**

17. 兵九进一 车9平5   **18. 兵九进一 炮1进2**

利用骑河车的控制力，红方冲边兵从边线突破，切入点选得准。黑方吃炮翻出，弃马回敬，针尖对麦芒，各不相让，由此掀起枰场波澜。真是高手之战多精彩。

19. 车三进二 炮1平5   **20. 仕四进五 象3进5**

21. 炮九平七 士4进5   **22. 车三退一 卒1进1**

23. 车四进三 车5平4   **24. 车四平五 卒1进1**

25. 兵三进一 车4平8

攻守交叉，"你中有我，我中有你"，呈胶着状态。红方多子，黑方多卒，且边卒已渡河，仍是势均力敌。如改走炮5平1，炮七平九，卒1平2，兵七进一，炮1进4，车五平八，马3进1，车八退三，炮1进1，车八退一，炮1退1，兵七平八，车4退1，炮九进三，红方占优。

26. 兵三平四　炮5平1	27. 炮七平九　卒1平2
28. 兵七进一　卒3进1	

"兵、卒较劲"，推动局势发展。黑如炮1进4，车五平八，卒3进1，炮九进七，红方有攻势。

29. 车五平八　车8进3	30. 相五退三　炮1平6
31. 车八进三　炮6退2	32. 炮九进五　……

一阵拼抢，阵形发生变化。黑方少子但有三个小卒作补偿，物质上还算平衡。但卒子尚未过河形成战斗力，故仍属红方主动。现在进炮轰马，发动进攻。

32. ……　　　　车3平1	33. 马九进七　马3退4
34. 马七进九　炮6平2	35. 车三平五　车8平7
36. 仕五退四　车7退4	37. 炮六平九　象5退3
38. 前炮进二　炮2平5	39. 相七进五　车7平9
40. 仕四进五　车2进1	41. 车五平九　……

兑车后，红方吃掉一个卒，黑方得到一相，局面有所简化，都不亏。红方平车保马正着。如改走后炮平七，炮5平3，炮七进五，车2平1，炮九平八，车1平2，和棋。

41. ……　　　　炮5进4	42. 车九退一　炮5平1
43. 前炮退六　象3进5	44. 相五退七　卒3进1
45. 后炮平五　卒3平4	46. 炮九退一　卒4平5
47. 车九平五　卒5进1	48. 炮五平二　卒5平6
49. 炮二进七　车2平1	50. 车五进一　卒9进1
51. 炮九平五　车1平5	52. 车五平一　车5退2
53. 炮二平一　车5平8	54. 炮五平九　……

车双炮斗车马双卒，红攻黑守，双方大施拳脚。红方卸炮正确，如炮一退四，马4进3，黑马跳出，红方有顾忌。

54. ……　　　　马4进3	55. 车一平八　车8平2
56. 车八平四　卒6平5	57. 车四退二　车2退1
58. 车四平七（图221）　马3进4？	

同样跳马，应改走马3进5，以后可以上象头马挡车，阻挡红方的车炮攻势。马步一错，后门洞开，受攻就难免了。

59. 炮九进七　　车2平1

60. 炮九平八　　车1平2

61. 炮八平九　　车2平1

62. 炮九平八　　车1退3

63. 炮八退四　　车1进4

64. 炮八进四　　车1退4

65. 炮八退四　　车1平2

66. 炮八平一　　……

湖北柳大华

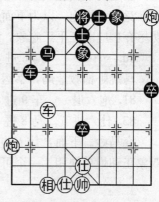

安徽蒋志梁

图 221

"二打一还打"，黑方必须变着，结果再丢边卒，损失不小。

66. ……	车2进5	**67.** 车七退二	车2退2
68. 车七平九	马4进2	**69.** 车九进七	士5退4
70. 车九退二	象5退3	**71.** 车九平四	车2平9
72. 车四进二	……		

车双炮联攻，终于寻到机会。现在破士杀宫，取得突破。

72. ……　　　将5进1

湖北柳大华

73. 车四平五　　将5平4

74. 车五平六　　将4平5

75. 车六平五　　将5平4

76. 车五退六　　……

以一炮的代价换来双士卒，值！因为车炮单缺相可胜车马双象。

76. ……　　　车9退3

77. 炮一平四　　车9进4

78. 炮四退三　　马2退4

79. 车五进六　　马4进6（图222）

80. 炮四平六??　……

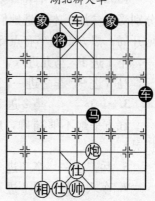

安徽蒋志梁

图 222

已经到了决胜残局，红方高度紧张又用脑过度，此时看花了眼，竟随手平炮，以为下面退炮即可胜。临枰错觉！一步不慎，前功尽弃！应车五平三吃象，红方胜定。

80. ……　　　马 6 进 8

马跳卧槽救危局，幸运。

81. 炮六退一　车 9 进 5　　82. 仕五退四　车 9 退 7!

83. 仕六进五　马 8 进 6!

弃马妙。下面：仕五进四，车 9 平 5，车五退二，象 7 进 5，双象正和炮单缺相。一个可惜，一个侥幸，这就是象棋的魅力。

第 60 局
河北胡明（红先胜）安徽高华
（1992 年 4 月 18 日弈于香港）

飞相局对士角炮

1. 相三进五　炮 2 平 4　　2. 马八进九　卒 1 进 1

3. 车九平八　……

1992 年 4 月，香港举办传统的体育节，河北胡明与安徽高华分别受邀参加。本局是她们在体育节中的象棋表演赛。飞相对士角炮开局，黑方挺边卒有点冷门，红方按常规出车。亦可改走兵九进一，卒 1 进 1，马九进八，马 2 进 3，炮二进二，卒 1 进 1，炮二平三，马 8 进 9，车一进一，车 9 平 8，车一平九，红势也不错。

3. ……　　　马 2 进 1　　4. 炮八平七　卒 7 进 1

红方平炮不够精确，应兵三进一启动右翼。黑方抢挺 7 卒，机灵。

5. 兵三进一　卒 7 进 1　　6. 车八进四　马 8 进 7

7. 车八平三　象 7 进 5　　8. 马二进三　车 1 平 2

9. 仕四进五　士 6 进 5　　10. 车三进二　车 2 进 4

一个进车压马，一个升车巡河，着法都具工稳。黑如改走炮 8

退 1，马三进四，炮 8 平 7，车三平二，车 9 平 6，马四进五，马 7
进 5，车二平五。打通卒林，红方占优。

11. 马三进二　炮 8 进 5
12. 炮七平二　车 9 平 6
13. 车一平三 (图 223)　车 6 进 5

进车欠严密，有嫌粗糙。应改走
卒 9 进 1，把边卒保护起来，红如接
走后车进四，车 2 平 6，双方对峙。

14. 马二进一　马 7 进 9
15. 前车平一　车 2 平 8
16. 炮二平四　车 8 平 5
17. 车三进三　马 1 进 2
18. 兵七进一　炮 4 平 1

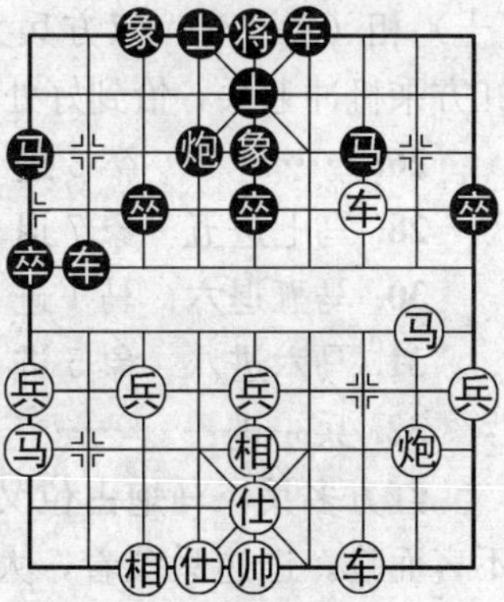

开炮意在边线切入，改走炮 4 进
6 攻相腰也是很好的选择。

19. 兵一进一　马 2 进 1

用马踩兵，正着。如改走炮 1 进 4，兵五进一，红方有攻势。

20. 马九退七　炮 1 进 1
21. 马七进六　车 5 平 7 (图 224)
22. 兵五进一　车 6 退 1

冲中兵，兑车抢攻，佳着。黑方
退车正着，另有两种应着：①车 7 进
2，马六进四，车 7 平 6，马四进二，
红方有攻势。②车 6 平 5，车一进三，
士 5 退 6，车三平四，车 7 退 4，车一
平三，象 5 退 7，兵七进一，红方
占优。

23. 车一进三　车 6 退 4

双联车巡河，黑势阵形巩固。退
车为何？失先。应士 5 退 6，一点儿也没有问题。

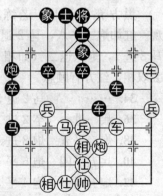

安徽高华

河北胡明

图 223

安徽高华

河北胡明

图 224

24. 车一平四　士5退6　　**25.** 车三进二　象5进7

26. 兵七进一　……

兑去双车，局面迅速简化而进入无车残局。马炮三兵（卒）仕
（士）相（象）全，双方兵力对等，但量同质异，不可同日而语。
红方乘机冲七兵，恰到好处地展开进攻，佳着。

26. ……　　　　卒3进1　　**27.** 马六进七　炮1退2

28. 马七进五　象7退5　　**29.** 炮四平二　炮1平8

30. 马五退六　马1进2

31. 马六进八　象5进3 (图225)

32. 兵一进一　……

安徽高华

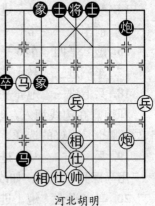

红方多兵，马炮占位又好，优势
不言而喻。进边兵缓着，大大拖长战
程。应改走炮二退一，炮8平2，兵
五进一，卒1进1，兵五平六，象3
进5，炮二进五，红方大优。

32. ……　　　　卒1进1

33. 炮二进二　卒1平2

34. 马八进七　……

黑方弃卒活马，老练，有大局

河北胡明

图 225

观。红如炮二平八，马2退3，相五进七，炮8进4，相七进九，
马3进1，炮八退二（如相七退九，炮8平2，和棋），炮8平3。
丢双相，红方有顾忌。

34. ……　　　　马2退3　　**35.** 兵五进一　象3退5

36. 兵一进一　卒2进1　　**37.** 炮二进二　士6进5

38. 炮二平五　炮8进4　　**39.** 兵一平二　炮8平5

40. 兵五平四　炮5平4　　**41.** 兵二平三　炮4退2

42. 炮五退一　炮4平3　　**43.** 马七退九　马3退4

44. 兵四进一　将5平6　　**45.** 马九进八　炮3进1

46. 炮五退一　卒2平3　　**47.** 马八退七　卒3平4

48. 炮五平九　炮3平2　　**49.** 炮九进五　象5进3

50. 炮九退四　象3进1（图226）

51. 马七进九　……

　　这一段着法，双方都在将兵力向
纵深方向推进，棋局即将进入决战时
刻。红方兑马吃象，虽有便宜，但攻
力大为减弱，以后将走得更艰苦，更
伤脑筋，真是"自讨苦吃"。应改走
马七退五，卒4平5，炮九退一，炮2
进1（如马4进3，红炮九平四），炮
九进二，炮2退2，兵四平五，卒5
平6，兵五平六。以后双兵在马炮配
合下，左右齐下，可取胜势。

安徽高华

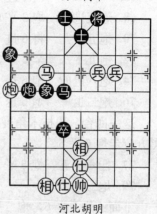

河北胡明

图 226

51. ……　　　　象3退1　　**52.** 炮九平六　炮2退1

　　炮双兵仕相全对炮卒单缺象残局，是胜、和不定的局式。如黑
方防守得当，红方要取胜很困难。也就是说，要看临场发挥。

53. 炮六平四　将6平5　　**54.** 炮四平五　将5平6

55. 帅五平四　卒4平5　　**56.** 兵三进一　炮2退1

57. 兵三进一　炮2退1？

　　面对炮双兵联动，黑方前面退炮正确，这步退炮有误，应改走
士5进4，可以守和。

58. 炮五平四　将6平5　　**59.** 兵三平四　象1进3

　　如改走士5进4，炮四平五，炮2进1，后兵平五，士4进5，
兵四进一，将5平4，炮五平六，红胜。另如改走炮2平6，炮四
进三，炮高兵仕相全可胜单卒单缺象。

60. 炮四平五　象3退5　　**61.** 后兵进一　……

　　双兵入宫封九城，黑方危矣。

61. ……　　　　卒5平6　　**62.** 帅四进一　炮2平1

63. 相五进七　炮1平2　　**64.** 仕五进六　炮2平1

65. 相七进九　炮1平2　　**66.** 前兵平五　……

　　时机成熟，一兵换象双士，由此入局。

66. ······	士4进5	67. 兵四平五	炮2进2
68. 炮五进三	炮2平6	69. 帅四平五	将5平6
70. 炮五平九	将6进1	71. 炮九退三	炮6进1
72. 炮九平八	卒6平5	73. 帅五退一	卒5平6
74. 炮八退四	炮6退1	75. 炮八平二	炮6进1
76. 炮二退一	炮6退1		

这一回合，从技术角度分析都有疏忽。红方应先走仕六进五，黑方应走炮6平5。

| 77. 仕六进五 | 炮6平5 | 78. 帅五平四 | 炮5进2 |
| 79. 炮二进一 | ······ | | |

下面：炮5平6，炮二平四，炮6进3，帅四进一，红胜。

第61局

黑龙江赵国荣（红先胜）江苏徐天红

（1992年5月3日弈于桂林）

中炮巡河炮缓开车对屏风马

1. 炮二平五	马8进7	2. 马二进三	车9平8
3. 兵七进一	卒7进1	4. 马八进七	马2进3
5. 炮八进二	······		

本局是两位特级大师在第3届"银荔杯"赛上的一盘对局。中炮巡河炮缓开车对屏风马，是20世纪80年代后期逐步流行起来的走法。以往一般多见的是车一平二、车一进一和马七进六。

| 5. ······ | 马7进8 | 6. 马七进六 | 象3进5 |
| 7. 车一进一 | ······ | | |

黑方跃外肋马封车，继而飞右象。也有象7进5飞左象，另有变化。红方启动右横车，配合七路马行动，正常着法。如马六进五，马3进5，炮五进四，士4进5，车一进一，车1平4，车九进一，马8进7，红方无便宜。

7. ……　　　　车 8 进 1　　　**8. 车九进一**　马 8 进 7

踩兵窥视红方中炮，牵制性走法。如改走车 1 进 1，红马六进五抢中卒，黑方双横车遭阻击，红方占先。

9. 车一平二　车 1 进 1　　　**10. 车二进五**　……

进车被黑马咬中炮交换，红方攻势受影响。不如炮五平六富于变化。

10. ……　　　　马 7 进 5　　　**11. 相七进五**　卒 7 进 1

弃卒虽能调动红相，但造成损失。棋战中应尽可能爱护一兵一卒。可径走车 1 平 4。

12. 相五进三　车 1 平 4　　　**13. 马六进七**　车 4 进 2

14. 兵七进一　车 8 平 4

15. 车九退一　炮 8 平 6

16. 车二平四　士 4 进 5

17. 相三退五　前车进 2

进车先弃后取，通过兑子来摆脱僵持局面，也是目前唯一选择，其他无路可走。

18. 兵七平八　前车退 1

19. 炮八进三　前车平 2（图 227）

20. 车四平五　……

江苏徐天红

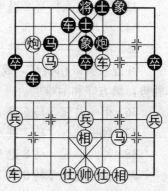

黑龙江赵国荣

图 227

吃卒多兵又打通卒林，佳着。如改走炮八平九（如炮八平五，象 7 进 5，车九平七，象 5 进 3，红马危险），车 4 进 2，车九平七，车 2 退 1，车四平一，车 4 平 3，车七进六，车 2 平 3，兵一进一。红多一边兵，但局势平稳，红很难发展。

20. ……　　　　车 2 退 2

如马 3 进 5，马七进六，炮 6 平 2，马六退五，红方得子优势。

21. 车五平一　车 4 进 3　　　**22. 车一平三**　车 2 进 2

23. 车九平七　车 4 平 7　　　**24. 马三进二**　车 7 退 1

25. 马二进三　马 3 进 5　　　**26. 马三退五**　炮 6 平 7

27. 马五退三　车2平3

一阵交换后，红方净多双兵而占优，但黑方兵种好，尚有周旋余地。现在主动兑车没有必要，软手。可改走象5进3通炮较为积极。

28. 车七进五　马5进3　　29. 兵一进一　象5进7

30. 马三进五　马3进2

双马双兵对马炮，另有边路对头兵卒，黑方完全处于被动防守处境。进马失控，应改走炮7平2，以后设法谋去红方左边兵，尚有求和希望。

31. 仕四进五　炮7平8　　32. 帅五平四　象7进5

飞象不当。应马2退3，保护边卒安全。

33. 马七退八！马2退4

34. 马八进九　炮8进7

35. 相三进一　马4进5（图228）

红方乘机以相换卒，成多三兵之胜势，黑方守和困难也。

36. 相一进三　马5退7

37. 兵一进一　马7进8

38. 帅四平五　马8退9

39. 相三退五　马9进7

如炮8平9，马五退三，马9退7

江苏徐天红

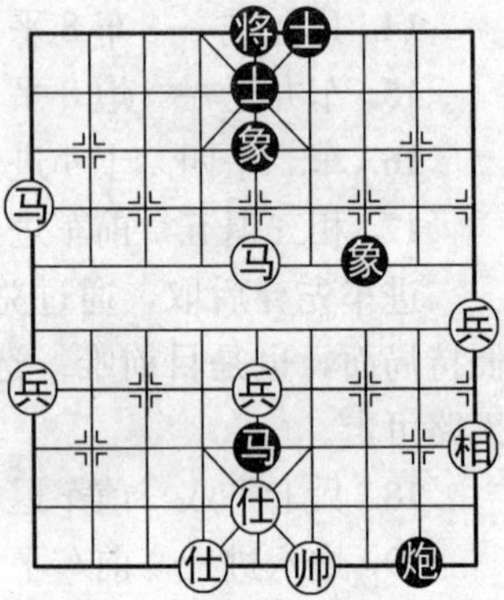

黑龙江赵国荣

图228

（如马9进7，仕五进四），相五进三，成马三兵必胜炮士象全。

40. 马五退三　马7退6　　41. 相五退七　马6退4

42. 兵五进一　炮8退6　　43. 兵五进一　……

双兵渡河敌一子。红方从容推进，撑足"顺风船"。

43. ……　　　　马4进3　　44. 马九退八　炮8平2

45. 马三退四　马3退2　　46. 马四进六　马2进4

47. 兵九进一　士5进4　　48. 马八进六　象5进3

49. 兵九进一　……

边兵再渡河。三个兵生龙活虎。

49. ……	炮 2 平 3	50. 相七进五	炮 3 退 2
51. 兵五进一	炮 3 平 4	52. 前马退四	象 3 退 1
53. 马六进八	象 1 进 3	54. 兵一平二	象 7 退 5
55. 兵九进一	炮 4 平 6	56. 马八退六	士 6 进 5
57. 兵九平八	士 5 进 6	58. 兵五平六	士 6 退 5
59. 兵八平七	象 3 退 1	60. 兵二进一	……

三兵闹卒林，前呼后拥，"浩浩荡荡"，甚是壮观。

60. ……	象 1 退 3	61. 兵二平三	士 5 退 6
62. 仕五进四	士 4 退 5	63. 兵三平四	炮 6 平 9
64. 仕六进五	将 5 平 4	65. 马六进八	炮 9 平 6
66. 马八进六	马 4 退 2	67. 马四进三	炮 6 平 9
68. 兵六平五	象 5 退 7	69. 马三进四	炮 9 进 6
70. 相五进三	炮 9 退 3	71. 马六进七	将 4 进 1
72. 马四退二	炮 9 平 5		

江苏徐天红

73. 帅五平四	象 7 进 9
74. 马七退九	象 3 进 1 (图 229)
75. 兵五进一	……

时机已成熟，红兵冲九宫，吹响总攻号角。

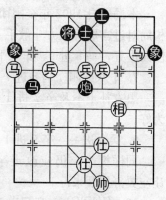

黑龙江赵国荣

图 229

75. ……	将 4 退 1
76. 兵四进一	马 2 进 4

再冲兵，黑如改走士 5 进 6，兵五平四，士 6 进 5，兵四平五，红方胜势。

77. 马九进七	将 4 进 1		
78. 兵七平六	马 4 退 6	79. 兵五进一	士 6 进 5
80. 兵四进一	马 6 退 7		

如士 5 进 6，马二退四，下一手兵六进一杀。下面冲刺入局。

81. 相三退五	士 5 进 4	82. 马七退九	炮 5 平 2
83. 马九进七	炮 2 退 2	84. 帅四平五	象 1 退 3

85. 帅五平六　马7进6　　　　**86.** 兵六进一　炮2平4

87. 马二退四　……

下面：马6退4，马四进六，将4进1，马七退八。夺马后，马兵必胜双象，红胜。

第62局
广东许银川（红先胜）广西黄世清
（1992年5月16日弈于抚州）

飞相局对过宫炮

1. 相三进五　炮2平6　　　　**2.** 马八进九　马2进3

3. 兵三进一　象7进5　　　　**4.** 马二进三　车1平2

5. 车九平八　车2进4　　　　**6.** 炮八平七　车2平6

本局选自1992年全国团体赛，是两广棋手间的一场较量。飞相局对过宫炮，双方斗散手。黑如车2进5，马九退八，卒3进1，仕四进五，马8进9，车一平四，士6进5，车四进五，红方占优。

7. 车八进四　马8进7　　　　**8.** 仕四进五　士6进5

黑方补士不及卒7进1兑兵通马为好。

9. 兵九进一　卒9进1

同样挺卒，仍应改走卒7进1，让左翼舒展开来。

10. 车八平六　卒7进1

11. 马九进八　卒3进1

12. 炮二退二　炮8平9

13. 炮二平四　车9平8（图230）

14. 仕五进四！……

撑仕轰车抢先，构思巧，好棋。

14. ……　　　　卒3进1

广西黄世清

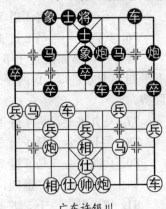

广东许银川

图230

15. 车六平七　车 6 平 2　　　　**16.** 炮七平八　车 2 平 4

17. 仕四退五　车 4 进 4？

赚得一卒，退仕回原，又伏杀马兑车手段，红方占得便宜。黑
方进车勉强，以后落得"背车"的命运，失先。应改走车 4 平 6，
仕五进四，车 6 平 4，车七进三（如仕四退五，车 4 平 6，双方不
变可判和），车 4 进 3，车七退三，车 4 平 2，兵三进一，象 5 进 7。
虽吃后手，但尚无大碍。

18. 兵三进一　马 7 进 9　　　　**19.** 兵三进一　车 4 平 2

20. 炮四进二　……

升炮关车，妙。

20. ……　　　　卒 9 进 1

21. 车一平二　卒 9 平 8

22. 马三进二　马 3 进 4

23. 车七平六　马 4 进 2

24. 车六平八　炮 9 进 4

25. 马二退三　车 8 进 9

26. 马三退二　马 9 进 7（图 231）

27. 炮四退一！车 2 进 1

28. 炮八退一！……

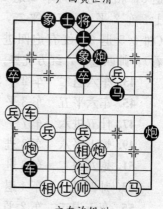

广西黄世清

广东许银川

图 231

大兑子，局面迅速简化，红方取
得净多双兵的优势，且有一兵已经深入腹地。红方双炮联动，逼黑
车下底线，又刁又狠。

28. ……　　　　炮 9 平 3　　　　**29.** 马二进三　炮 6 退 2

30. 马三进二　卒 5 进 1　　　　**31.** 炮四平二　炮 6 进 8

32. 炮八进一　炮 3 进 2　　　　**33.** 炮二进一　炮 3 平 4

34. 车八平七　炮 6 平 8

两副担子炮，分处两条线，相互较劲，有趣。

35. 马二进四　马 7 进 6　　　　**36.** 炮二平四　马 6 进 8

37. 马四进二　炮 8 退 5　　　　**38.** 兵三平二　……

再兑子。红方"文火慢炖"，手持优势慢慢来，不着急。

38. ⋯⋯　　　　马8进9

39. 帅五平四　　马9退7

40. 车七平六　　炮4平1

41. 兵二平三　　炮1进1（图232）

42. 兵三平四　　马7退5

　　处于劣势而难以持久纠缠。黑方弃马杀相，以求一搏，也是无奈的选择。如改走卒5进1，车六平五，马7退5，相七进五，车2退2，相五退七，车2平3，车五平二，象5退7（如士5退6，红有炮四进七轰士凶着），帅四进一，红方优势。

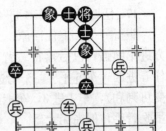

广西黄世清

广东许银川

图 232

43. 车六退二　　车2平3

44. 帅四进一　　车3退4

45. 车六平五　　车3平7

46. 炮四平三　　炮1退2

47. 仕五进六　　车7平2

48. 炮八平七　　车2平3

49. 炮七平八　　车3进3

50. 帅四退一　　车3退1

51. 炮八退二　　车3进2

52. 炮八进二　　车3平4

53. 帅四进一　　车4退1

54. 帅四退一　　车4平2

55. 车五退二　　车2平4

56. 车五进二　　车4平3

57. 炮三平一　　车3进1

58. 帅四进一　　车3退1

59. 帅四退一　　车3平8

60. 车五平四　　车8退2（图233）

61. 炮一进七　⋯⋯

　　黑方弃子抢攻，竭尽进攻之能，但奈何红方滴水不漏，无懈可击。"风雨过后是彩虹"，红方沉底炮反击，局势顿时改观。

61. ⋯⋯　　　　车8平9

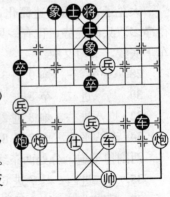

广西黄世清

广东许银川

图 233

62. 炮一平二　　车9退7

如车8平5贪兵，兵四平三，红方车炮兵即刻有杀势。

63. 车四平二　　车9进3　　　　　**64.** 车二平四　　车9退3

65. 车四平二　　车9进6

黑车不能长捉，必须变着。

66. 车二平四　　车9退6　　　　　**67.** 车四平二　　炮1平4

68. 炮二平六　　……

轰士撕开黑方防线，恰到好处。

68. ……　　　　　车9进3　　　　**69.** 车二进七　　士5退6

70. 兵四平五！……

献兵亮帅，妙。

70. ……　　　　　车9平5

如将5平4，车二平四，将4进1，兵五进一，红方速胜。

71. 车二平四　　将5进1　　　　　**72.** 车四退一　　将5退1

73. 炮八进七　　车5平2　　　　　**74.** 炮八平九　　炮4退5

75. 车四退三　　车2进1　　　　　**76.** 炮六退一　　车2退4

车双炮联攻，势不可挡。黑如改走象3进1，车四进四，将5进1，车四退一，将5退1，炮六平八，红胜。

77. 车四进四　　将5进1

78. 车四退一　　将5退1

79. 炮九退一　　车2进1

80. 炮六平五！（图234）……

堵将献双炮，精妙绝伦，黑方一个都不能吃。

80. ……　　　　　车2进8

如车2平1（如车2平5，车四进一杀），车四进一，将5进1，车四退一，将5退1，车四平九，红方夺车胜。

81. 帅四进一　　车2退1

82. 帅四退一　　炮4进6

广西黄世清

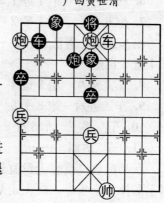

广东许银川

图234

83. 炮五平八　……

车双炮杀局，红胜。

第63局

广东陈富杰（红先负）火车头崔岩

（1992年10月31日弈于北京）

五八炮对屏风马

1. 炮二平五　马8进7　　　　**2.** 马二进三　马2进3

3. 车一平二　车9平8　　　　**4.** 兵三进一　卒3进1

5. 炮八进四　象7进5

这是两位大师在1992年全国个人赛中的角逐。五八炮缓跳马对屏风马是当时流行的一种走法，保留后续余地。黑方飞左象固中是较多的选择，另有车1进1、象3进5、马3进4等，均有不同变化。

6. 马八进九　……

跳边马回归传统的布局阵式，而现代对局中较多的是马八进七上正马，变化更丰富。

6. ……　　　　卒1进1

7. 炮八平七　车1平2

出车连炮，着法新颖。一般多走车1进3捉炮。

8. 车九平八　炮2进4

9. 车二进六　炮8平9

10. 车二平三　车8进2（图235）

11. 马三进四　……

跃马抢攻，设想上没有错，但技术上漏掉一个步序。应先走马九退七赶炮，炮2进2，再跃马，可保中路不受侵犯而稳持先手。

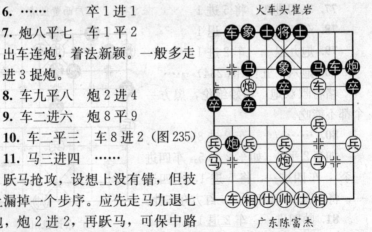

火车头崔岩

广东陈富杰

图235

11. ……　　　　炮 2 平 5　　　　**12.** 仕六进五　车 2 进 9

13. 马九退八　炮 9 退 1　　　　**14.** 兵三进一　……

冲兵稳健。亦可改走马四进六，炮 9 平 7，车三平四（如马六退五，炮 7 进 2，炮七平三，车 8 进 2，黑方反先），炮 7 平 3，马六进五，象 3 进 5，炮七进二，车 8 退 1，炮七平四，马 3 进 4，车四退三，炮 5 退 1，马八进七，破一象，对峙中，红方占先。

14. ……　　　　炮 5 退 1　　　　**15.** 车三平四　炮 9 进 5

16. 兵三进一　炮 9 平 6

红方冲兵似乎嫌急。可改走车四平一，炮 9 平 1，马八进九，车 8 进 3，车一平四，红方占优。黑方平肋炮巧兑子，佳着。如炮 9 进 3，兵三进一，车 8 进 7，帅五平六，车 8 平 7，帅六进一，车 7 退 3，车四平一，红方多子占优。

17. 马四进五　马 7 进 5　　　　**18.** 车四退三　马 5 进 7

19. 车四平六　……

抢占肋道，保留变化。如车四平五强兑子，炮 5 进 2，相七进五，士 6 进 5（如马 3 进 5，红车五进二），马八进六，卒 9 进 1，马六进八，红方较好。

19. ……　　　　士 6 进 5　　　　**20.** 兵三平四　车 8 进 4

21. 车六进二　……

黑方兑车抢道，机灵。红方避兑意在寻求战机，如车六平二，马 7 进 8，黑方抗衡。

21. ……　　　　车 8 平 7　　　　**22.** 帅五平六　将 5 平 6

23. 炮五平四　将 6 平 5　　　　**24.** 炮四平五　马 3 退 2

25. 炮七平五　马 2 进 3　　　　**26.** 前炮平七　……

这一段着法，双方都在试探。红如车六进二捉马，车 7 平 3，相七进九，马 7 进 6，黑方有强烈攻势。

26. ……　　　　马 3 进 1　　　　**27.** 炮七平五　马 1 退 3

28. 炮五平七　马 3 退 2　　　　**29.** 炮七平五　马 2 进 3

30. 炮五平七　将 5 平 6　　　　**31.** 炮五平四　炮 5 平 6

这是一段循环重复的着法，双方如果不变将作和。黑方平炮挡将求变。

32. 车六退一　马7进8　　**33.** 相七进五　将6平5

34. 马八进六　炮6退1　　**35.** 马六进八　车7平6

36. 炮四平二　……

避兑还是在于"求搏"，精神可嘉。如炮四进三，车6退2，局面平淡。

36. ……　　　　炮6平7

37. 车六进二　马3退2

38. 兵七进一　车6退2

39. 兵四平三　马2进1

40. 炮七平九　卒9进1（图236）

41. 兵三进一　……

冲三兵，似乎有点急，时机还不成熟。宜车六退三捉马较为稳当。

火车头崔岩

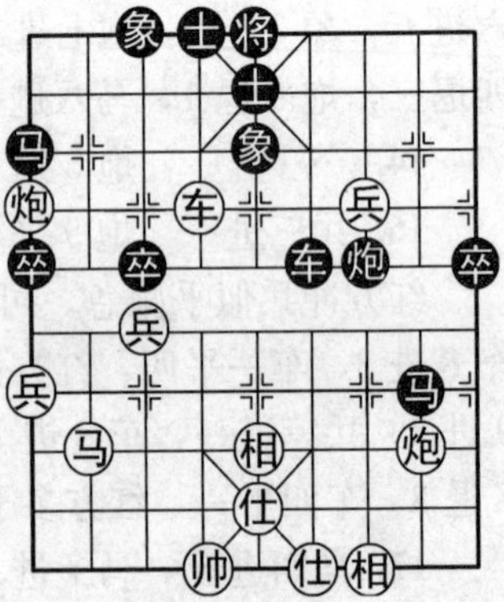

广东陈富杰

图 236

41. ……　　　　炮7进3　　**42.** 兵三进一　马8退7

43. 相五进三　马7进9　　**44.** 炮二进七　炮7退6

消灭过河兵，黑方压力减轻不少。

45. 相三进五　马9进8　　**46.** 车六平三　车6平7

47. 车三平二　马8退6　　**48.** 炮二平一　车7平4

49. 马八退六　士5进6　　**50.** 车二进三　将5进1

51. 炮九平二　……

开炮三子归边，但同样走炮，应走炮九平一，避免以后车炮受制。

51. ……　　　　将5平4　　**52.** 炮一平六　车4平8

拴住车炮，既解受攻之苦，又潜有反击之势，一举两得。

53. 炮六平四　马6进7　　**54.** 炮二进二　炮7进1

55. 炮四退一　炮7退1　　**56.** 仕五进六　马1进2

57. 车二平三　马2进1　　**58.** 马六进四　车8平4

59. 马四进五　马1进2　　**60.** 帅六进一　马2退4

车双马反攻得势，走得漂亮。

61. 炮四进一　士 6 退 5　　**62.** 马五进四　车 4 退 1

63. 炮四退一　士 5 退 6　　**64.** 兵七进一　马 4 退 5

65. 马四退六　马 5 退 3

66. 炮四退四　士 6 进 5

67. 炮四平六　象 5 退 7

68. 炮六进二　马 3 退 2（图 237）

一阵激烈拼抢，兑子简化，双方
进入无车残局。黑方净多两个边卒，
胜景已明。

69. 炮六平一　将 4 退 1

70. 帅六平五　马 7 退 6

71. 帅五退一　马 2 进 4

72. 炮二退二　马 4 退 6

73. 炮二平四　将 4 平 5

74. 炮一进三　象 7 进 5

76. 帅五平六　士 5 进 4

火车头崔岩

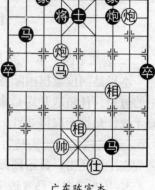

广东陈富杰

图 237

75. 马六退四　马 6 进 7

红方攻势"有气无力"，黑方撑士即刻反击，好棋。

77. 帅六进一　炮 7 平 4　　**78.** 帅六平五　马 6 进 8

79. 炮四平五　将 5 平 6　　**80.** 马四进三　马 7 退 6

81. 帅五退一　马 8 进 7　　**82.** 炮一平七　马 7 进 6

舍相劫象，双马联动，下面入局。

83. 帅五进一　前马退 8　　**84.** 帅五平四　炮 4 平 6

85. 炮五平四　炮 6 平 5　　**86.** 炮七平八　马 6 退 4

87. 帅四平五　马 4 进 5　　**88.** 帅五平六　马 5 退 3

89. 帅六退一　炮 5 平 4（黑胜）

第 64 局
印尼余仲明（红先负）台湾地区吴贵临

（1993 年 4 月 17 日弈于台北）

仕角炮对挺卒

1. 炮二平四　卒 7 进 1　　　　　**2.** 马二进三　炮 8 平 5

本局是两位象棋国际特级大师在第 9 届"中山杯"象棋邀请赛中的过招。仕角炮开局是余仲明所擅长，在第 3 届"亚洲杯"上，曾 4 战仕角炮而取得 3 胜 1 和的佳绩，这次故技重演。面对黑方挺 7 卒，余又跳起"屈头马"，是其独特的走法，一般都应马二进一。吴贵临中炮还击，显示硬派作风，此时马 8 进 7 跳马居多。

3. 马八进七　马 8 进 7　　　　　**4.** 兵七进一　车 9 进 1
5. 相七进五　马 7 进 6　　　　　**6.** 炮四进二　卒 3 进 1

双方走成反宫马对中炮横车快马局式。黑方挺卒先弃后取，意在尽快亮出主力，亦可改走炮 2 平 3，马七进八，马 2 进 1，仕六进五，车 9 平 4，黑势满意。

7. 兵七进一　车 9 平 3　　　　　**8.** 炮八退一　车 3 进 3
9. 车九进二　炮 2 平 3　　　　　**10.** 炮八平七　车 3 平 2
11. 马七进六　车 2 平 3　　　　　**12.** 马六进四　炮 3 进 6
13. 马四退六　车 3 平 4

赶马没有必要。宜改走马 2 进 3，车一进一，车 1 平 2，车九退一，炮 3 退 2，车一平七，象 3 进 1，黑方阵形工整，子力通畅。

14. 马六退七　炮 3 平 7　　　　　**15.** 兵三进一　卒 7 进 1
16. 炮四平九　马 2 进 1
17. 车一进一　（图 238）　卒 1 进 1

挺卒随手，疏于防范，由此失子。应改走卒 7 进 1，车一平三，卒 7 进 1，车三进一，车 1 平 2，红方主动，但黑可抗衡。

18. 炮九进三　卒 7 进 1　　　　　**19.** 马三退五　车 1 进 2

20. 车一平三　卒 7 平 6
21. 车三进五　……

红方得子、黑卒深入，相比之下，红方占优。现在车占卒林正着，如车三进八贪象，卒 6 平 5，红方受攻。

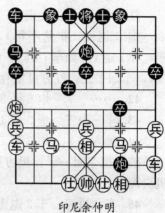

台湾地区吴贵临

印尼余仲明

图 238

21. ……　车 1 平 4
22. 车三平五　卒 6 进 1
23. 马五退七　卒 6 进 1
24. 仕六进五　前车平 7
25. 相三进一　士 6 进 5
26. 前马进八　车 7 进 3
27. 车九平六　……

同样兑车，应改走相五进七，以避免边相丢失。

27. ……　车 4 平 2　　28. 马八进六　炮 5 平 8
29. 车五平二　车 7 平 9

卒伏九宫，车杀边相，少子情况下得到补偿，对红方构成一定的威胁和牵制。

30. 马六进四　炮 8 平 6　　31. 车二退六　车 2 进 7
32. 兵五进一　……

冲兵着眼进攻，另走马四退三改善阵形也不错。

32. ……　将 5 平 6　　33. 帅五平六　车 9 平 7
34. 车二进四　象 3 进 5　　35. 兵五进一　车 2 退 6
36. 马四退六　车 2 进 5　　37. 车六退一　车 2 进 1

赶马、捉仕、再车占底线，抢到一步棋，老练。

38. 车六进一　车 7 进 1　　39. 兵五进一　象 5 进 3

红方再冲中兵急于抢攻，改走马六退五改善内防也是选项。黑方扬象挡马通炮，佳着。

40. 马六进四　卒 6 进 1

中兵已经深入，又少子，肯定不宜久缠。黑方卒搏双仕，以求一拼。

41. 仕五退四　炮 6 进 7（图 239）

42. 车二平三？……

兑车软手。应改走车二平四做
杀，炮6退6（非兑不可），兵五平
四，车2退7（如车7退6，红兵四平
三），车四平三，红方可望胜势。

42. ……　　　　炮6平3

43. 车三退三　　炮3退1

44. 帅六进一　　炮3平7

破仕相夺回一子，黑方赢得对抗
机会而进入残局。

45. 车六进三　　车2退1

46. 帅六退一　　车2退5

47. 车六平四　　士5进6

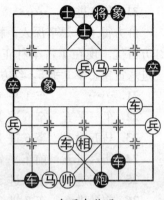

台湾地区吴贵临

印尼余仲明

图 239

48. 马四进二　……

进马意在谋炮。如改走马四退二，车2平5，车四进二，将6
平5，马二进三（如车四平三，黑车5平8），车5平4，帅六平五，
士4进5，车四进一，将5平4（如车4退2，红帅五平四），车四
平五，车4进6，帅五进一，象3退5。车马斗车炮，以后变化繁
复，两条边路对头兵卒的处置成为关
键，胜负一时难以预料。

48. ……　　　　车2平5

49. 车四平三　　象3退5

50. 车三退四　　车5平8

51. 车三进六　　士4进5（图240）

52. 兵一进一　……

红方多一马，现在挺兵意在等待
机会。如马二进三，象5退7，车三
进二，将6进1，车三退六，和棋。
但这种结果，从红方临枰心理上来
看，是不愿接受的。

52. ……　　　　车8进3

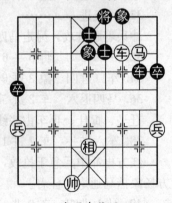

台湾地区吴贵临

印尼余仲明

图 240

考虑到红方孤相怕卒攻，黑方抢兵放马，决意一决高下，精神可嘉。如将6平5，马二进一，车8退3，马一退二，车8进1，兵一进一，卒9进1，马二退一，车8进3，马一进二，车8退1（亦可车8进2），红方车马无法脱身，和棋。

53. 马二进一	车8平1	54. 车三退一	卒1进1
55. 车三平一	卒1平2	56. 马一退三	车1平7
57. 车一平八	车7平4	58. 帅六平五	卒2进1
59. 车八进三	士5退4	60. 马三退二	卒2平3

弃士拢卒，有胆魄。

61. 马二进四	卒3进1	62. 车八退四	士4进5
63. 车八进四	士5退4	64. 车八退四	士4进5
65. 马四退二	……		

"一将一闲"，不变可成和。红方退马求变，不甘心就此言和。

65. ……	车4平7	66. 车八平四	将6平5
67. 相五进三	车7平4	68. 马二进三	将5平4
69. 马三退四	将4平5	70. 车四平八？	……

车卒临宫，危险已悄悄降至。红方疏于警惕，开车不当，该罢手时应罢手，由此走向反面。应马四进三，将5平4，马三退四，"一将一闲"，双方不变可成和局。

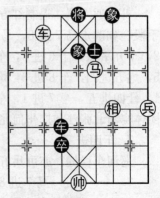

台湾地区吴贵临

70. ……	车4平5
71. 帅五平六	士5进6
72. 车八进四	将5进1
73. 车八退一	将5退1
74. 车八平七	车5平4
75. 帅六平五	卒3平4（图241）

车卒连线已成杀局。下面为：车七退七（如帅五进一，车4平5，帅五平四，车5平6，帅四平五，车6退3，黑方吃马胜定），卒4进1，车七平九，车4平8，黑胜。

印尼余仲明

图 241

第 65 局
广东吕钦（红先和）江苏徐天红

（1993 年 6 月 6 日弈于桂林）

中炮横车七路马对屏风马

1. 炮二平五　马 8 进 7　　　　**2.** 马二进三　车 9 平 8
3. 兵七进一　卒 7 进 1　　　　**4.** 马八进七　马 2 进 3
5. 车一进一　象 7 进 5

本局是两位特级大师在第 4 届"银荔杯"第 2 轮的一场精彩角逐。中炮横车七路马对屏风马开局，这是流行布局中的一个热点。黑方上左象是一种选择，亦可上右象，试举一例如下：象 3 进 5，车一平四，炮 8 平 9，炮八进二，士 4 进 5，炮五平六，卒 3 进 1，兵七进一，象 5 进 3，马七进六，象 3 退 5，车四进三，车 8 进 4，炮八退二，炮 2 进 2，相七进五，炮 2 平 4，马六退七，炮 4 退 3，马七进八，炮 4 平 3，仕六进五，车 8 退 1，车九平八，炮 9 退 1，攻守相当（选自同届比赛第 5 轮广东吕钦与湖北柳大华的对局）。

6. 车一平四　士 6 进 5

补士通左翼，遏制红方右肋车的攻击力，是一种新构思的对抗手段。如改走马 7 进 8，马七进六，马 8 进 7，炮八平七，车 1 平 2，车九平八，士 6 进 5，车八进六，炮 8 平 7，马六进五，马 3 进 5，炮五进四，车 8 进 3，炮五退一，车 8 平 5，炮五平八，车 5 进 1，仕四进五，卒 7 进 1，车四进五，红方先手（选自 1993 年全国团体赛河北张江与广州何兆雄的对局）。

7. 车四进三　……

巡河车稳健，亦可兵五进一采取中路攻势，另有变化。

7. ……　　马 7 进 8　　　　**8.** 炮五平六　车 1 进 1
9. 相七进五　车 8 平 6

兑车通车，着法积极。如改走炮 2 进 4，兵三进一，车 8 平 7，

车四进二，炮8平6，车四平二，马8进9，车三平一，马9退8，
车一平二，马8进9，兵五进一，马9进7，炮六平三，车1平4，
车二退三，炮2退2，兵三进一，车7进4，炮三平一，红方主动
（选自1993年全国团体赛纺织孙恒新与四川蒋全胜的对局）。

10. 车四进五　士5退6

11. 马七进六　炮2进3

12. 马六进七　炮2进1（图242）

13. 马七退六　……

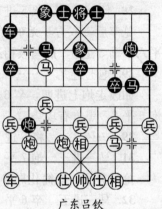

江苏徐天红

退马，不明显的软手。应改走车
九平七，车1平4（如炮2平7，红兵
七进一），仕六进五，车4进3，车七
进三，炮2退5，兵五进一，炮2平
3，马七退八，炮8平7，炮八进一，
红方先手。

广东吕钦

图 242

13. ……　　炮2平7

14. 炮八平七　车1平6

15. 车九进一　……

黑车开左肋形成对红方右翼的威胁，佳着。红如改走兵七进
一，车6进4；如炮七进五，炮8平3；如车九平八，卒7进1，都
是黑方主动。

15. ……　　卒7进1

渡卒正着。如改走车6进4，炮七进五，车6平4（如炮8平
3，红马六进五捉双），炮七平二，车4进2，车九平二，马8退7，
车二进五，黑方无便宜。

16. 车九平六　马3进2　　　　**17.** 兵七进一　马2进1

18. 炮七退二　马8进6　　　　**19.** 马三退一　卒5进1

进中卒伏有攻势，好棋。

20. 车六平四　炮8平6　　　　**21.** 车四平七　马6进4

22. 仕六进五　炮6进6

红如改走车七平四，黑马1退3有攻势。黑方肋炮进相腰攻

车，抢先有力之着。

23. 车七进二　　卒 5 进 1

过卒兑子，机灵。

24. 车七平九　　卒 5 平 4　　　　**25.** 车九进一　　车 6 进 4

26. 车九平六　　车 6 平 4　　　　**27.** 炮六进二　　卒 7 平 6

28. 仕五进六　　象 5 进 3

兑车后，双方斗无车棋。红如改走兵七平八，马 4 进 3，帅五平六，马 3 退 5，黑马破相迅速扩大优势。黑方舍象吃兵，老练。

29. 炮七进九　……

如改走炮七进四，卒 6 进 1，兵五进一，卒 6 进 1，相五进三，炮 6 平 8，黑方有攻势。

29. ……　　　　将 5 进 1　　　　**30.** 炮七退三　　炮 6 退 2

31. 马一进三　　炮 7 平 5

抢兵兑子，既简化局势又成多卒优势，着法明快。

32. 马三进五　　卒 6 平 5

33. 炮七平六　　卒 5 进 1

34. 前炮退三　　卒 5 平 4

35. 仕六退五（图 243）　炮 6 退 4?

炮三卒对炮兵，黑方净多两卒，应该说胜利已有保证。但关键时刻，黑方不及细算，退炮出错，使红方有喘息防守机会。胜机稍纵即逝，可惜。应改走炮 6 退 1！炮六进一（如兵一进一，炮 6 退 3，炮六平四，炮 6 平 9，相五进三，卒 1 进 1，黑方胜势），卒 9 进 1！炮六平二，炮 6 平 8，

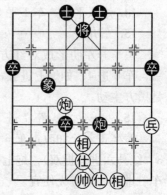

江苏徐天红

广东吕钦

图 243

炮二平三，卒 4 平 5，炮三退三，炮 8 进 2，炮三退一，炮 8 进 1，炮三进一，卒 5 平 6，炮三平一，炮 8 平 9，帅五平六，卒 6 平 7，帅六平五，卒 8 平 9，消灭红方边兵，黑方胜定。

36. 炮六平二　　炮 6 平 9

如改走炮 6 平 5，炮二退二（不能炮二平五，否则黑将 5 平 4，红方有险情），将 5 平 4，炮二平一，炮 5 进 3，帅五平六，红方可以守和。

37. 炮二平一　　炮 9 平 2

如炮 9 进 3，兵一进一，卒 1 进 1，相五退七，卒 1 进 1，相七进九，黑方无法消灭红方抬头兵，和棋。

38. 炮一平二	卒 9 进 1	**39.** 炮二退三	卒 4 平 5
40. 炮二平二	炮 2 进 2	**41.** 相五进三	卒 5 平 6
42. 相三退一	炮 2 进 1	**43.** 兵一进一	卒 9 进 1
44. 炮一进三	……		

兑掉边线兵卒，黑方取胜困难了。

44. ……	炮 2 平 8	**45.** 帅五平六	卒 1 进 1
46. 相三进五	卒 6 平 5	**47.** 相一退三	将 5 进 1
48. 相五退七	炮 8 进 4	**49.** 相七进九	卒 5 平 4
50. 炮一平二	炮 8 退 2	**51.** 相九进七	炮 8 平 2
52. 炮二进一	象 3 退 1	**53.** 仕五进四	炮 2 进 2
54. 炮二平四	卒 1 进 1	**55.** 炮四退一	卒 1 进 1
56. 炮四退一	卒 4 进 1	**57.** 仕四退五	卒 4 平 3

红方防守严密，黑方突破无门。

58. 相七退五	卒 1 平 2	**59.** 炮四退一	卒 2 平 3
60. 炮四平一	炮 2 退 8	**61.** 炮一平二	炮 2 平 3
62. 炮二平一	象 1 进 3	**63.** 仕五进四	后卒平 4
64. 仕四进五	士 4 进 5	**65.** 帅六平五	士 5 进 4
66. 相五进三	卒 4 平 5	**67.** 相三退五	卒 5 平 6
68. 炮一进四	炮 3 进 2	**69.** 炮一平二	士 4 退 5
70. 帅五平六	炮 3 平 4	**71.** 帅六平五	将 5 平 4
72. 相五进七	炮 4 平 5	**73.** 帅五平四	卒 6 平 7
74. 炮二平四	将 4 平 5	**75.** 相三进五	卒 7 进 1
76. 相五进三	卒 5 进 3	**77.** 相七退五	士 5 退 4
78. 炮四平三	炮 5 平 6	**79.** 帅四平五	卒 7 平 6

80. 仕五进四　卒 3 平 4　　　　**81.** 炮三平五（和局）

第 66 局
台湾吴贵临（红先胜）江苏徐健秒
（1994 年 4 月 10 日弈于吴县）

飞相局对过宫炮

1994 年 4 月，在春光明媚的季节里，江苏吴县举办了"东吴杯"新、港、台、苏象棋名手邀请赛。有台湾第一高手之称的吴贵临表现出色，以 6 胜 1 和不败战绩夺得冠军，令人刮目相看。本局是第 6 轮力克象棋大师徐健秒的一盘佳构。

1. 相三进五　炮 2 平 6

飞相对过宫炮开局，双方斗散手而着眼于中残功底的较量。黑方一般应以炮 8 平 4（顺向）居多，而逆向相对少见。

2. 兵七进一　马 2 进 3　　　　**3.** 马八进九　马 8 进 9

4. 马二进三　车 1 平 2　　　　**5.** 车九平八　车 2 进 4

6. 炮二退一　象 3 进 5

红方退炮准备左调展开攻势，灵活。黑方飞象固中，亦可车 9 进 1 启动横车。

7. 炮二平七　卒 9 进 1　　　　**8.** 仕四进五　马 9 进 8

9. 兵三进一　炮 8 平 9

平炮不及车 9 进 1 好。红如车一平四，炮 6 平 7，以后横车可以呼应右翼，阵形工整。另如改走卒 7 进 1，兵七进一，车 2 平 3（如卒 3 进 1，兵三进一，象 5 进 7，炮七进六，炮 8 平 3，马三进四，马 8 进 7，马四进五，红方占优），兵三进一，车 3 平 7，马三进四，车 7 平 3，马四进二，车 3 平 8（如车 3 进 4，红炮八进五），车一平四，士 6 进 5，炮八进五，红方有攻势。

10. 车一平四（图 244）　士 6 进 5？

同样补士，应改走士 4 进 5 为妥。另如改走炮 6 平 7，车四进八，士4进5，炮八平七，红方占先。

11. 炮八平七 车2平4

避兑右翼易受攻击，不如车2进5交换，马九退八，马8进9，虽吃后手，但局面相对平稳。

12. 车八进六 车9平8

13. 车八平九 炮6进1

14. 车七进一 炮9平3

15. 前炮进五 ……

一车换双，多兵又取得攻势，佳着。

江苏徐健秒

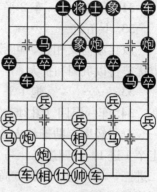

台湾吴贵临

图 244

15. …… 士5进4

16. 马九进七 炮6退3

17. 车四进八 马8进7

18. 兵七进一 ……

车侵象腰，七兵直冲，红方奠定优势基础。

18. …… 车4平8

19. 兵七平六 后车进1

江苏徐健秒

20. 车四退五 马7进9

21. 前炮平八 士4进5

22. 炮八退五 后车进1

23. 车四进三（图245） 前车退1?

退车不妥。宜改走卒7进1，炮八进三，前车退1，车四平二，车8进1，兵三进一，象5进7，炮八平三，炮6进6，黑方虽然损象少卒，但有车斗无车，尚可一战。

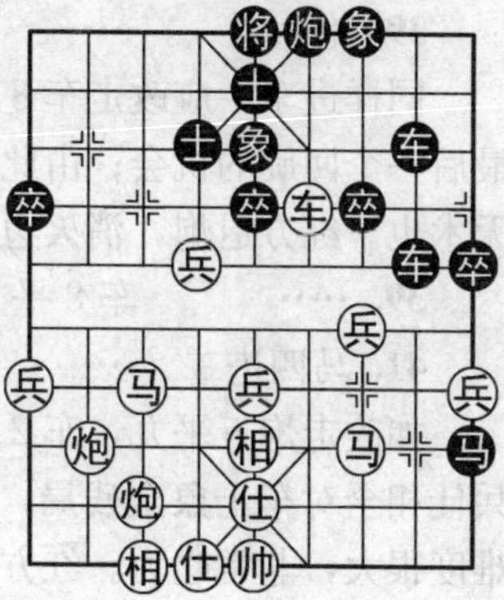

24. 车四平五 卒7进1

25. 车五退二 前车平2

26. 炮八平六 炮6进6

27. 马七退九 炮6平1

28. 兵三进一 马9进8

现在动马并无必要，应走象5进7去兵。

台湾吴贵临

图 245

29. 兵一进一　卒9进1　　　**30.** 车五平一　车2进3

31. 兵五进一　车2平7　　　**32.** 马三退四　车7退2

33. 兵五进一　……

江苏徐健秒

双兵渡河又相连，可敌一子，红方优势得以巩固和扩大。

33. ……　　　炮1平7

34. 车一退四（图246）　马8退6?

兑子轻率，助推红方攻势。应改走卒1进1，马四进二，马8退6，马二进三，马6退7，黑方尚有对抗和周旋的机会。

35. 炮七平四　炮7进3

36. 车一平三　车7进5

37. 炮四进五　……

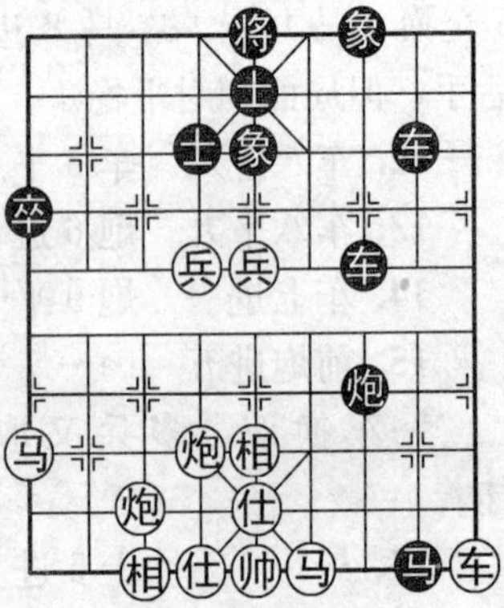

台湾吴贵临

图 246

抓住机会，再次一车换双，形成双马双炮双兵斗双车卒的局面，实战中甚是罕见。

37. ……　　　车7退6　　　**38.** 炮四平五　车8进4?

39. 炮六退一!　……

同样进车，应改走车8进3，保护仅剩边卒的安全，黑方还有最后一个回旋的机会；由此，黑方完全陷入被动挨打的境地，回天无术也。红方退炮，消灭边卒之妙着，漂亮。

39. ……　　　车8平2　　　**40.** 炮六平九　车2退3

41. 马四进二　……

如改走炮五平九，车2平1，炮九进五，车7平1，成双马双兵仕相全对车士象全残局，从理论上讲，红方可胜，但真正要赢，难度很大，非常吃力。红方显然不会作这样的选择。

41. ……　　　将5平6　　　**42.** 马二进四　象5退3

43. 马四进三　车7平9　　　**44.** 仕五退四　车9进6

45. 仕六进五　车9退6　　　**46.** 马三退五　象3进5

47. 马五进七　车2进3　　　**48.** 炮九进五　……

红方右马巧动5步，赶走黑车，从而消灭边卒，由此奠定胜势。走得细腻又有耐心。

48. ……	车9进2	49. 炮九平六	车9平6
50. 马七退五	车6退3	51. 马五进四	象5进7
52. 马九退七	车2平8	53. 马七进六	象7进5
54. 马六进八	车6平9	55. 马四退五	车8平6
56. 炮六平八	车6退1	57. 马八进七	车6平1
58. 炮五平四	车9进4	59. 马五进七	车9平6

60. 兵五进一（图247）……

江苏徐健秒

双马双炮双兵6子联攻，全部压上。黑方顾此失彼，防不胜防，真是"无车胜有车"。下面推进入局。

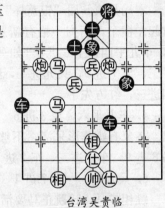

台湾吴贵临

图247

60. ……	象5退7
61. 前马退五	车6退1
62. 兵六进一	将6平5
63. 炮八退一	象7进9
64. 马七进八	车1平2
65. 马八进七	将5平6
66. 炮八进一	车6退1
67. 马五进七	车2平1
68. 炮八进二	车1平5	69. 炮八退六	车6进2
70. 炮八进七	车6退2	71. 炮八平九	车5进1
72. 前马退九	车6进1	73. 炮四平一	车5平2
74. 炮一退四	将6平5	75. 马九进八	士5退4
76. 马八退七	士4进5	77. 后马进九	……

以下为：车2退4，马九进八，士5退4，兵六进一，将5进1，兵六平五，将5平6，马七进六，将6退1，马八退六，红胜。

第 67 局

香港赵汝权（红先胜）上海胡荣华

（1994 年 4 月 23 日弈于桂林）

飞相局对过宫炮

1. 相三进五　炮 2 平 6　　　　**2.** 马八进九　马 2 进 3

3. 车九进一　士 4 进 5

本局是第 5 届"银荔杯"中的一盘对局。飞相局对过宫炮，红方起左横车，不拘一格有新意。黑方补士先固中，如改走车 1 平 2，车九平四，士 6 进 5（如马 8 进 7，车四进五，炮 6 平 4，车四平三，象 7 进 5，兵九进一，红方占先），兵九进一，马 8 进 9，车四进三，红方先手。

4. 车九平六　象 3 进 5

飞象有嫌阵形呆滞，不够灵活。可改走车 1 平 2，兵九进一，马 8 进 9，车六进三，车 2 进 6，相互牵制对峙。

5. 兵九进一　卒 7 进 1　　　　**6.** 马二进四　……

跳相腰马，比跳正马要活跃，又可让右车从三路出，布局运子很有章法。

6. ……　　　马 8 进 7

此时跳 7 路马，易受攻击，不如马 8 进 9 比较稳正。

7. 兵三进一　卒 7 进 1

吃兵不妥。宜车 1 平 4，车六进八，士 5 退 4，兵三进一，象 5 进 7，车一平三，象 7 进 5。虽处后手，但无大碍。

8. 车一平三　车 1 平 4

此一时彼一时。此时兑车已不适时宜，应改走炮 8 退 1，构筑防守阵线。

9. 车六进八　士 5 退 4

10. 车三进四（图 248）　马 7 进 6

由于布局阶段处置欠准确，黑方左车滞出，马只能跳，由此陷入被动。

11. 炮二平四 炮 6 进 5

针对河口马，红方兑炮抢先，佳着。黑如改走马 6 进 5，炮四进七，将 5 平 6，马四进五，红方破士占优。

12. 炮八平四 车 9 进 2

高车无奈。如马 6 进 5，车三进三，炮 8 平 9，炮四进六，红方大优。

13. 车三平四 马 6 退 7

14. 车四进二 士 4 进 5

15. 马九进八 马 7 进 8

16. 车四平二 马 8 进 6

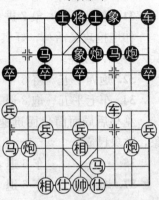

上海胡荣华

香港赵汝权

图 248

17. 车二退二 马 6 退 7

18. 车二平三 马 7 进 5

19. 车三退一 炮 8 进 2

20. 兵五进一 车 9 平 6

21. 仕四进五 车 6 进 3

22. 车三平五（图 249）……

抓住黑方河口马的弱点，红方穷追不舍，掌握主动。黑方拼命抵抗，走得顽强，但难脱困境。图 249，形成中路顶格直线，有趣。

22. …… 卒 3 进 1

23. 兵五进一 车 6 平 2

24. 兵五进一 ……

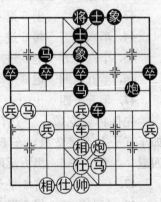

上海胡荣华

香港赵汝权

图 249

兑子抢卒渡中兵、红方由此确立优势，一路雄风。

24. …… 车 2 平 8

25. 兵五进一 ……

杀象，撕开黑方防线，铺平胜利之路。

25. …… 车 8 进 3

26. 兵五平六 马 3 进 4

27. 车五进二 马 4 进 3

28. 车五平七 马 3 退 5

29. 车七进四　士 5 退 4　　　**30.** 兵六进一　士 6 进 5

31. 炮四进三　象 7 进 5

伸炮抢攻又活马，好棋。黑如车 8 平 6，炮四平五，将 5 平 6，兵六平五，红胜。

32. 炮四平五　将 5 平 6　　　**33.** 车七退五　车 8 平 6

34. 车七平五　炮 8 退 3　　　**35.** 车五平六　……

兑马后局面简化而迅速进入残局。红方多兵有攻势，黑方残象，败象已露。

35. ……　　　　车 6 退 4　　　**36.** 炮五退二　车 6 进 2

37. 炮五进二　车 6 退 3　　　**38.** 兵一进一　炮 8 平 9

39. 炮五退二　象 5 进 3　　　**40.** 炮五平八　车 6 平 2

41. 炮八平四　车 2 平 5

42. 炮四退二　车 5 平 8（图 250）

43. 兵六进一！……

兵杀双士，车炮胜算，果断有力。

43. ……　　　　士 5 退 4

44. 车六进五　将 6 进 1

45. 车六平五　炮 9 进 1

46. 车五退四　炮 9 平 5

47. 车五平四　……

先打将后吃象，"过门"清爽。如车五平七直接贪象，车 8 进 6，炮四退一，车 8 平 6，黑方反取胜局。

上海胡荣华

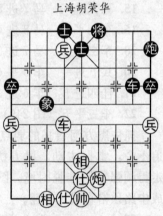

香港赵汝权

图 250

47. ……　　　　将 6 平 5　　　**48.** 车四平七　车 8 平 5

49. 车七进三　将 5 退 1　　　**50.** 车七退四　将 5 进 1

51. 车七平四　将 5 平 4　　　**52.** 车四进四　将 4 退 1

53. 车四退一　将 4 进 1　　　**54.** 炮四平三　将 4 平 5

55. 帅五平四　车 5 平 7　　　**56.** 炮三进三　炮 5 进 3

57. 炮三退四　炮 5 平 2　　　**58.** 车四进一　将 5 退 1

59. 车四退四　炮 2 退 3　　　**60.** 车四平五　……

车炮仕相全攻车炮光将，另有两路边线对头兵（卒），现在抢占中路，胜利在望。

60. ……　　　　将 5 平 4　　　　**61.** 相五进三　车 7 平 3

62. 帅四平五　炮 2 平 3

如车 3 进 6 吃相，仕五进六，炮 2 平 4，车五平六，将 4 进 1，炮三进三，车 3 退 7，炮三平六，红胜。

63. 相七进九　炮 3 平 2　　　　**64.** 相三退五　车 3 平 7

65. 炮三平四　炮 2 平 8　　　　**66.** 仕五进六　车 7 平 4

撑仕诱着，黑如炮 8 进 7，相五退三！车 7 平 4，炮四平二，红胜。

67. 仕六进五　车 4 平 6　　　　**68.** 炮四平一　将 4 进 1

69. 炮一进三　炮 8 进 4　　　　**70.** 炮一退二　炮 8 进 2

71. 相五进七　车 6 平 4　　　　**72.** 炮一进二　炮 8 退 2

73. 仕五进四　炮 8 退 4

如车 4 进 4，炮一进三，抢卒后红胜定。

74. 车五进四　将 4 退 1　　　　**75.** 车五退一　炮 8 进 3

76. 车五退三　炮 8 退 3　　　　**77.** 炮一进三　……

车炮运动，终于抢得边卒，胜定矣。

77. ……　　　　炮 8 平 1　　　　**78.** 炮一平九　炮 1 进 3

79. 车五进五　将 4 进 1　　　　**80.** 炮九进三　……

成"海底捞月"之势。下面：车 4 进 2，炮九平六，车 4 平 5，车五退五，炮 1 平 5，炮六平三，炮兵仕相全必胜单炮，黑方认输。

第 68 局

河北李来群（红先胜）北京张强

（1994 年 5 月 21 日弈于石家庄）

五六炮对反宫马

1. 炮二平五　马 2 进 3　　　　**2.** 马二进三　炮 8 平 6

3. 车一平二　马 8 进 7　　　　**4.** 炮八平六　车 1 平 2

5. 马八进七　炮 2 平 1　　　　**6.** 兵七进一　卒 7 进 1

7. 马七进六　士 6 进 5　　　　**8.** 车九进二　车 9 平 8

本局弈自 1994 年全国团体赛。五六炮对反宫马，红方七路马盘河，出相位车是当时比较流行的走法。黑方兑车简化，改走炮 1 退 1 或象 7 进 5，则另有变化。

9. 车二进九　马 7 退 8　　　　**10.** 炮六平七 ⋯⋯

平炮窥视黑方右 3 路，是一步有新意的针对性着法。比较多见的是车九平七，车 2 进 4，车七进一，马 8 进 7，兵五进一，象 7 进 5，马六进七，红方占先。

10. ⋯⋯　　　　象 7 进 5

11. 炮七进四　车 2 进 4（图 251）

12. 马三退五 ⋯⋯

七炮轰卒压马，继而马退窝心，变形换阵，调动子力，着法极具灵活和新意。一般都走炮五平六，卒 1 进 1，车九平七，红方先手。

12. ⋯⋯　　　　马 8 进 7

13. 炮五平一　卒 1 进 1

如改走车 2 平 4，马五进七，马 7 进 6，马六进四，车 4 平 6，车九退一，红方主动。

北京张强

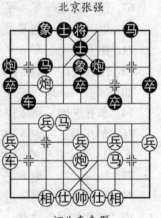

河北李来群

图 251

14. 车九平二　炮 1 进 4　　　　**15.** 马五进七　炮 1 退 1

16. 车二进四　炮 1 平 4　　　　**17.** 马七进六　车 2 平 4

18. 车二退二 ⋯⋯

退车稳健。亦可改走马六退七，红方有攻势。

18. ⋯⋯　　　　卒 1 进 1　　　　**19.** 兵一进一　卒 1 平 2

20. 相七进九 ⋯⋯

飞边相老练，保持红炮的通畅。

20. ⋯⋯　　　　车 4 平 5　　　　**21.** 仕六进五　卒 2 平 3

如改走车 5 进 2，炮七平一，马 7 进 9，炮一进四，红方有侧攻之势。

22. 相九进七　车5平4

23. 相七退五（图252）　炮6退2?

退炮嫌软，缓手。可改走马7进
6，马六进四，车4平6，炮一进四，
炮6平9，虽处下风，但尚可应付。

24. 炮七退六　马3进2

25. 马六退七　车4进4

26. 车二进三　马7进6

27. 炮一退一　车4退2

28. 炮一进五　马6进4

进退有序，红方从边线切入，既

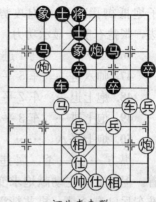

北京张强

河北李来群

图252

多兵又有攻势，运子出色。黑如改走象3进1，炮一退一，马2进
4，马七进六，马6进4，车二平五，红方破象有优势。

29. 炮一进三　炮6进2　　　　**30.** 车二进二　士5退6

31. 马七进六　马2进4　　　　**32.** 车二退二　士6进5

33. 炮七进四　炮6进2　　　　**34.** 车二进二　士5退6

35. 兵一进一　炮6平1

边兵渡河参战，增力不少。黑方开炮争取对攻，如炮6平9，
车二退四，红方抽炮胜势。

36. 兵一进一　炮1进5　　　　**37.** 炮一平四　……

挥炮轰士，先声夺人，因为有过河兵的存在，威力大增。

37. ……　　　将5进1　　　　**38.** 车二退一　将5退1

39. 炮四退七　车4平2　　　　**40.** 车二进一　将5进1

41. 车二平六　马4退3

退炮护内线，打将再杀士，攻守兼顾，力在其中。黑如改走马4
退6，炮四进二，车2平5，兵一进一，车5退1，炮四退二，红优。

42. 师五平六　车2平5　　　　**43.** 车六退三　马3进1

44. 兵一平二　马1进2　　　　**45.** 兵二进一　马2进1

46. 炮七退二（图253）　……

前面车兵左右控制推进，后面担子炮抵御黑方车马炮攻势，兼顾得法，张弛有度，显示功力。

46. ……　　　马1进3
47. 帅六进一　　车5平2
48. 炮七退一　　车2平3
49. 炮七进一　　车3平2
50. 炮七平八　　……

黑方一捉一杀，属违例，应变着。但红方却主动献炮求变，因为算准车兵已有杀势。棋艺精湛，令人叹为观止。

50. ……　　　马3退2　　　　**51.** 炮四平八　车2进1
52. 车六进二!　……

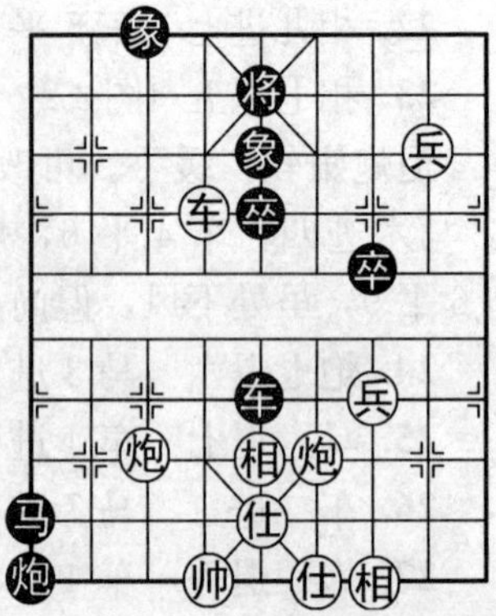

打将占象腰，取胜关键。如被黑方车2退6守住的话，红方难以获胜。

52. ……　　　将5退1　　　　**53.** 兵二平三　车2进1
54. 帅六退一　车2进1　　　　**55.** 帅六进一　车2退7
56. 兵三平四　炮1退8

献炮解杀，无奈。否则红兵四进一，速胜。

57. 车六平九　车2平4
58. 仕五进六　将5平4（图254）
59. 车九平二　……

平车控制，紧着。如误走仕四进五，象5退7，兵四进一（如车九平四，将4平5，和局），车4退1!车九进一，车4平3，车九退四，车3平6，车九平三，车6退1，车三平六，将4平5，兵三进一，象7进5，

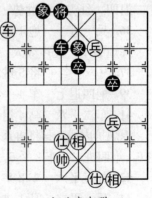

北京张强

河北李来群

图253

北京张强

河北李来群

图254

和棋。

59. ……	象 5 退 7	**60.** 兵四进一	车 4 进 5
61. 帅六平五	车 4 进 1	**62.** 帅五退一	将 4 进 1
63. 车二平三	车 4 进 1	**64.** 帅五进一	象 7 进 9
65. 兵四平五	将 4 进 1	**66.** 车三退一	象 3 进 5
67. 车三平一	……		

攻中破象，下面入局。

67. ……	车 4 退 1	**68.** 帅五退一	车 4 平 3
69. 车一进二	车 3 退 8	**70.** 车一退五	象 5 退 7
71. 车一平八	将 4 平 5	**72.** 兵五平四	将 5 平 6
73. 车八平四	将 6 平 5	**74.** 车四进一	车 3 进 1
75. 车四平八	将 5 平 4	**76.** 车八进二	将 4 退 1
77. 车八退一	……		

下面为：将 4 进 1，车八平六，将 4 平 5，车六平五，将 5 平
4，相五进七，红胜。

第 69 局
火车头于幼华（红先和）四川蒋全胜
（1995 年 10 月 7 日弈于吴县）

中炮横车七路马对屏风马

1. 炮二平五	马 8 进 7	**2.** 马二进三	车 9 平 8
3. 兵七进一	卒 7 进 1	**4.** 马八进七	马 2 进 3
5. 车一进一	象 3 进 5	**6.** 车一平四	士 4 进 5

这是两位象棋大师在 1995 年全国个人赛中的一场较量。中炮
横车七路马对屏风马开局，红车占右肋，是一直流行的走法。黑方
补士出贴身车，侧重于固中反击。如改走炮 8 平 9，车四进三，士
4 进 5，炮八平九，车 1 平 2，车九平八，车 8 进 6，炮五平六，车
8 平 7，相七进五，卒 7 进 1，车四平三，车 7 退 1，相五进三，炮

2 进 2，相三退五，马 7 进 6，车八进三，卒 3 进 1，兵七进一，象 5 进 3，炮九退一，象 3 退 5，仕六进五，炮 2 平 1，车八进六，马 3 退 2，炮九进四，卒 1 进 1，马七进八，马 6 进 4，炮六平九，红方较好。

7. 炮八平九　炮 2 进 4　　　　8. 车九平八 ……

亮车捉炮，保持主动。如改走兵五进一，炮 8 进 4，车九平八，车 1 平 2，黑方形成前线担子炮，具有很强的抗衡力。

8. ……　　　　　　炮 2 平 7

轰兵窥相，在红方右翼形成牵制力量，积极的着法。如改走炮 2 平 3，兵五进一，炮 8 进 4，马三进五，炮 3 平 7，车八进七，马 3 退 4，车四进七，卒 7 进 1，兵五进一，炮 8 平 5，马七进五，卒 5 进 1，马五进六，红方有攻势。

9. 相三进一　卒 7 进 1（图 255）

10. 兵七进一！ ……

红方弃七兵，创新的攻着，丰富发展了这路棋的变化，实践效果满意。如车八进七，车 1 平 3，马七进八（如相一进三，炮 8 进 7，仕四进五，炮 8 平 9，车四平一，炮 9 平 7，炮五平六，车 8 进 4，黑势开扬），炮 7 平 8，炮九进四，卒 7 进 1，炮五平九，卒 7 进 1，前炮进三，马 3 退 4，马八进七，马 7 进 6，车八退二，马 6 进 7，前炮平八，卒 7 平 6。弃卒抢先，黑方见好。

四川蒋全胜

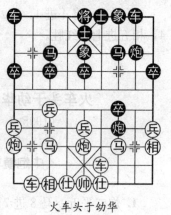

火车头于幼华

图 255

10. ……　　　　　　卒 3 进 1　　**11. 车八进四　车 1 平 4**

12. 车八平三　马 7 进 8　　**13. 马七进六　炮 8 平 6**

红方弃兵换卒，巡河车控制河口阵地，现在跃马抢先。如改走车四进四，车 4 进 4，车四平六，马 3 进 4，红方无便宜。黑如改走卒 3 进 1，马六进四，炮 7 平 1，车三平七，红方先手。

14. 炮九平六　车4平2　　15. 车四平二　炮7平1

16. 车三平二　炮1退2　　17. 马三进四　车2进5

18. 马六退七　车2平3　　19. 马四进五　马3进5

20. 车二平七　卒3进1　　21. 炮五进四　炮1平5

22. 炮六平五　炮5进3

23. 相七进五　车8进3

24. 炮五退二　炮6进3（图256）

双方咬得很紧，围绕河口阵地展开了激烈争夺，可说是各不相让，势为我用。经过大兑子，局面迅速简化。黑方多一过河卒，红车拴住车马，炮镇中路，相比之下红方主动，占有先手。黑如改走卒3进1，马七进九。马从边隅出，红优。

四川蒋全胜

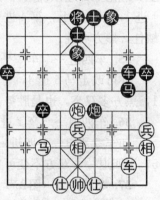

火车头于幼华

图256

25. 相一进三？……

飞相不是当务之急，且使右翼有阻塞之感，不是理想的着法。应改走车二进三，比较紧凑。

25. ……　卒3进1　　26. 马七退五　……

马退窝心，意在呼应右翼，但无好的出路，缓着。不如改走马七进九从左侧出，较易展开。

26. ……　炮6退2　　27. 炮五进二？……

进炮打车随手，未加细察，弄巧成拙，反为黑方所利用。应改走马五进三，炮6平5，炮五平八，红势还是不错。

27. ……　炮6进3！　　28. 炮五退一？……

黑方进炮攻相腰反击，妙。红方退炮失先，应改走车二进二，车8平5，车二平四，红方略亏，但无大碍。

28. ……　马8进9！　　29. 车二平三　……

黑方踏兵弃车，好棋，由此确立优势。红如改走车二进五，马9退7，车二退五，马7进6，车二平四，炮6进2，马五退七，炮6平8，帅五进一，马6退8，帅五平四，卒3平4，黑方胜势。

29. ……　　　马9退8	30. 马五进三　车8平5
31. 兵五进一　马8退6	32. 车三平四　马6进5
33. 车四进二　车5进1	34. 仕四进五　车5平3

再行交换，局面继续简化。黑方净多三卒，从感觉上、兵力上、理论上都应该说是胜势。此时可改走车5平4，车四平五，车4进1，车五平七，车4进4，仕五退六，马5进3，马双卒对马单缺仕，黑方可胜。

35. 车四进一　车3平5

亦可改走马5退4，车四进二，马4进5，车四平一，卒1进1，黑方多双卒，也是胜势。

36. 车四退一　卒1进1

如车5平3，车四进一，车3平5，车四退一，双方不变可判和。

37. 车四平五（图257）　卒9进1?

红方一车拖住车马卒三个子，局势微妙。好在黑方子多，余地大。问题是同样动卒，应该走卒1进1，尽快在右面联双卒才是正着。另外左卒一动，红马就活，可以退进自如，黑方自找麻烦也。

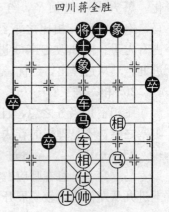

四川蒋全胜

火车头于幼华

图 257

38. 马三退一　卒9进1

红方乘机退马，干扰中心地带的车马卒，机灵。黑如改走卒1进1，马一进二，卒9进1，马二退四，卒3平4，车五进一，车5进1，马四进五，一马对三卒，仕相全，和局。

39. 马一退三　卒3平4

献卒无奈，否则红马三进四，和局。

40. 车五平六　马5退3?	**41. 车六平二　……**

黑方同样退马，应改走马5退7，让左卒先活起来，红如车六平二，车5进3，相三退五，马7进8，马双卒对马单缺相，黑有

胜机。现在红车右调管卒，老练。

41. ……　　卒1进1　　**42.** 马三进四　车5平6 ·

43. 相五退三　车6进1　　**44.** 相三进五　卒1平2

45. 马四退三　卒2平3?

过河卒轻率换一个相？太不合算了！大大影响战斗力，胜势由此动摇，失着。应改走车6平4，仍有胜望。

46. 相五进七　车6平7　　**47.** 相七退五　车7平5

48. 相五退七　卒9平8　　**49.** 车二平七　车5退1?

退车不当。应改走马3退5，以后上马呼应左卒，有利于三子联动。

50. 马三进四　车5平8　　**51.** 车七平五　车8退1

52. 相七进五　马3退5　　**53.** 车五平三　马5进7

54. 车三平五　车8平6　　**55.** 车五平三　马7进6

56. 相五退三　车6进2　　**57.** 相三进一　象7进9

58. 相一退三　象5进7　　**59.** 相三进一　士5进4

60. 帅五平四　士6进5　　**61.** 帅四平五　象7退5

62. 马四进六　车6退2　　**63.** 马六退四　马6退7

64. 相一退三　车6平8　　**65.** 相三进五　卒8进1

66. 车三进一　……

红方车马残相防守，走得稳健，滴水不漏，显示了毅力和功底，黑方要胜困难了。

66. ……　　卒8进1　　**67.** 马四进五　马7退5

68. 马五退四　马5进3　　**69.** 车三退一　车8平6

70. 马四退三　车6平8　　**71.** 马三进四　车8平5

72. 相五进七　车5平9　　**73.** 仕五退四　象9退7

74. 仕六进五　车9进2　　**75.** 马四退三　卒8进1

76. 马三进四　车9进3　　**77.** 车三平五　……

实战中，红方马四退三，车9退3，马三进四，车9进3，连续走了8个回合，因长捉须变着。

77. ……　　卒8平7　　**78.** 马四进五　马3退2

如改走马 3 退 5，马五进四，马 5 进 3，车五平八，红方有攻势。

79. 马五进四　车 9 退 5　　　**80.** 车五进三　将 5 平 4

81. 车五平八　马 2 退 3　　　**82.** 马四进六　车 9 平 2

83. 马六退八　……

抢攻兑车，即刻成和。综观全局，开局出新意，得失很微妙，棋势有反复，真是一波多折。个中奥妙，值得玩味借鉴。

第 70 局
黑龙江郭莉萍（红先胜）上海单霞丽

（1995 年 10 月 8 日弈于吴县）

对兵（卒）局

1. 兵七进一　卒 7 进 1　　　**2.** 马八进七　马 8 进 7

3. 相三进五　象 3 进 5　　　**4.** 马二进四　马 2 进 4

5. 车一平三　卒 3 进 1

本局是两位巾帼特级大师在 1995 年全国女子个人赛中的角逐。对兵（卒）飞相（象）布局，4 个回合完全是"依样画葫芦"，这种雷同开局法在对局中时常能见到。黑方兑卒另辟走道，也可车 1 平 3，继续"画瓢"。

6. 兵七进一　车 1 平 3　　　**7.** 马七进六　车 3 进 4

8. 炮八平六　车 9 进 1　　　**9.** 兵三进一　马 7 进 6

黑方跃马旨在实施兑子术，以求打开局面。亦可卒 7 进 1，车三进四，车 9 平 6，均势。

10. 炮二进三　车 3 进 4　　　**11.** 马六进四　车 3 平 6

12. 车九平八　……

亮车正着。如改走兵三进一，象 5 进 7，车三进五，马 4 进 6，马四退三，车 6 进 1，帅五平四，马 6 进 7，车九平八，炮 2 平 6，黑方反占先手。

12. ……　　　卒 7 进 1　　　**13.** 车八进五　马 4 进 3

红车骑河控制，佳着。黑如卒 7 平 8，炮二进一，卒 1 进 1，炮二平四，车 6 平 8，马四进六，红方有攻势。

14. 炮二进一　车 9 平 6

15. 炮二平七　后车进 3

16. 车八平四　前车退 4

17. 车三进四 (图258)　炮 8 进 7?

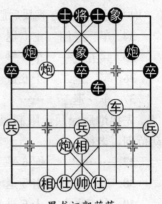

上海单霞丽

黑龙江郭莉萍

图 258

大兑子，局面迅速简化，形成互斗车双炮，三路对头兵卒的处置成为战局发展的关键。黑方底炮打帅无作为，应车 6 进 2 抢占兵林。红如车三平五（如炮七平一，炮 8 进 7，仕四进五，车 6 平 9，炮一平九，车 9 进 3，黑方有攻势），炮 8 进 4，车五进二，炮 8 平 5，仕四进五，车 6 平 9，帅五平四，车 9 平 6，帅四平五，卒 9 进 1，黑方占优。

18. 仕四进五　炮 8 平 9

平炮空着，仍应改走车 6 进 2。

19. 车三平八　炮 2 平 1　　　**20.** 炮六进四　……

捉炮、进炮，左右逢源，好棋。

20. ……　　　士 6 进 5　　　**21.** 炮六平一　炮 9 退 6

22. 炮七平一　炮 1 进 4　　　**23.** 车八退一　炮 1 退 1

24. 炮一平九　……

兑炮抢卒，红方多一兵优势而进入残局。

24. ……　　　炮 1 平 8　　　**25.** 车八平七　车 6 平 1

26. 炮九平八　车 1 平 2　　　**27.** 炮八平九　卒 5 进 1

28. 车七进三　炮 8 退 3　　　**29.** 车七平二　炮 8 平 6

30. 车二退一　车 2 退 1　　　**31.** 炮九进三　象 5 退 3

红方巧运车炮，再夺中卒，扩大优势。黑如车 2 退 3，炮九退四，黑卒也要丢。

32. 车二平五　　车 2 平 9

33. 车五平三（图 259）　车 9 进 3

舍象抢兵，目前形势下的正确抉择。如象 7 进 5，车三退二，炮 6 平 9，炮九退六，红方渡兵后胜定。

34. 车三进四　　士 5 退 6

35. 兵五进一　　车 9 平 5

36. 车三退二　　士 6 进 5

37. 车三退三　　……

先捉炮后保兵，限制黑方九宫活动范围，老练。

上海单霞丽

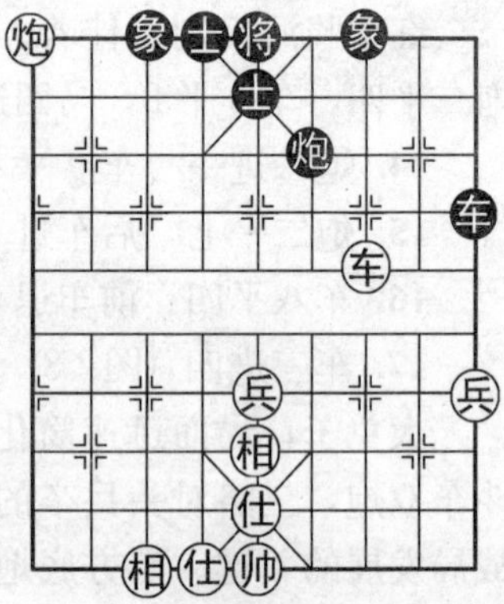

黑龙江郭莉萍

图 259

37. ……　　　　炮 6 平 1

38. 车三进五　　士 5 退 6　　　**39.** 车三退二　炮 1 进 4

40. 车三平六　　士 6 进 5

如改走车 5 退 1，车六进二，将 5 进 1，车六平五，将 5 平 4，车五退五，红方夺车胜。

41. 车六退三　将 5 平 6　　　**42.** 车六平七　将 6 进 1

43. 炮九退一　将 6 退 1　　　**44.** 车七进五　……

舍兵吃象，急于进攻，改走仕五进四，调整好内线再图进取则比较稳健。

44. ……　　　车 5 退 1　　　**45.** 车七退六　炮 1 退 4

46. 车七进四　炮 1 进 7　　　**47.** 车七平三　士 5 进 4

48. 车三平六　将 6 平 5　　　**49.** 炮九进一　将 5 进 1

50. 车六进二　……

舍相杀士，急于求成，给黑方有一丝反击机会，嫌躁。可改走车六退五护相，胜势。

50. ……　　　车 5 进 2　　　**51.** 车六退八　车 5 平 3

52. 帅五平四　车 3 进 2　　　**53.** 帅四进一　车 3 退 3

54. 炮九退八　炮 1 平 3　　　**55.** 车六进一　炮 3 退 1

56. 仕五进四　车 3 平 5　　　**57.** 炮九平八　车 5 进 2

58. 帅四退一　车 5 进 1　　59. 帅四进一　车 5 退 3

60. 车六平七　炮 3 平 4　　61. 炮八平七　炮 4 退 6

62. 车七进六　将 5 退 1　　63. 车七退一　车 5 平 4

64. 仕四退五　将 5 进 1　　65. 车七进一　将 5 退 1

66. 车七平四　炮 4 进 7　　67. 车四退六　……

黑方顽强抵抗，毫不示弱。现在弃炮轰仕好棋，为求和带来希望。红如仕五退六，车 4 进 2，吃回一炮，和棋。

上海单霞丽

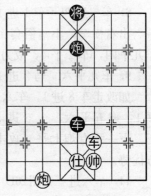

黑龙江郭莉萍

图 260

67. ……　　　　　炮 4 平 5

68. 仕五进六　炮 5 退 7

69. 炮七退一　车 4 平 5

70. 仕六退五 (图260)　车 5 平 8？

关键时刻，黑方开车出错，由此铸败。应改走炮 5 平 6！车四进五，车 5 进 2，帅四进一，车 5 进 1，炮七进一，车 5 退 2，帅四退一，车 5 进 1，帅四退一，车 5 平 3，车四平五，将 5 平 4，帅四平五，车 3 平 4，和棋。

71. 车四平五　车 8 进 2　　72. 帅四退一　车 8 退 6

73. 车五进五　……

先弃后取。下面：车 8 平 5，炮七平五，将 5 进 1，帅四进一，红胜。

第71局
广东许银川（红先胜）黑龙江赵国荣
（1995 年 10 月 12 日弈于吴县）

五七炮进三兵对屏风马

1. 炮二平五　马 8 进 7　　2. 马二进三　车 9 平 8

3. 车一平二　马 2 进 3　　4. 兵三进一　卒 3 进 1

5. 马八进九   卒 1 进 1   6. 炮八平七   马 3 进 2

7. 车九进一   象 7 进 5

这是两位特级大师在 1995 年全国个人赛中的争锋之战。五七炮进三兵对屏风马，红方启动左横车，成直横车阵式。另有炮七进三轰卒的打法，攻防变化不同。黑方飞左象是一种选择，亦可改走卒 1 进 1 或象 3 进 5。

8. 车二进四   车 1 进 1

出右横车，不落俗套。一般走卒 1 进 1，兵九进一，车 1 进 5，车九平四，车 1 平 4，成另一种攻守格局。

9. 车九平六   马 2 进 1   10. 炮七退一   车 1 平 6

如改走车 8 进 1，车六进六，炮 2 平 1，炮五平六，士 6 进 5，车六退三。下一手有炮七平二攻击手段，红方优势。

黑龙江赵国荣

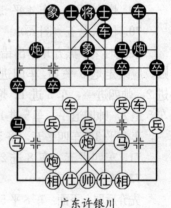

图 261

广东许银川

11. 车六进三（图 261）   车 6 进 5？

车侵兵林不合适，难以立足，失先。应改走士 6 进 5。

12. 炮五平六   士 6 进 5

13. 相三进五   车 6 退 2

进而复退，无奈。

14. 车六进二   炮 8 进 2

15. 车六平八   炮 2 平 1

16. 车八平九   ……

红方车占卒林，控制和攻击黑方右翼，选准切入点，用意深远，佳着。

16. ……   车 6 平 4   17. 仕四进五   车 4 进 1

18. 炮七平九   卒 1 进 1   19. 兵三进一   ……

冲兵兑车，斩断黑方边线上的"护身车"和"安全键"，好棋。

19. ……   车 4 平 8   20. 马三进二   卒 7 进 1

21. 车九退二   马 1 进 3   22. 炮九平七   马 7 进 6

23. 马二进四　炮8平6　　24. 马九退八　炮6进4

黑龙江赵国荣

25. 仕五退四　马3进1（图262）

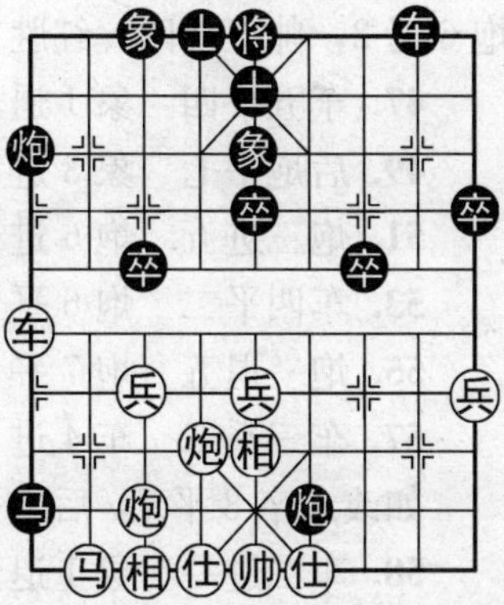

26. 炮六退一！马1退3

红方精心策划了一场"瓮中捉马"的好戏，步步设套，环环扣紧，引人入胜。图262，退炮妙。黑如炮6平3，车九退三，红方夺子。

27. 炮七平四　马3进2

28. 炮四进一　车8进6

29. 仕六进五　车8平5

30. 炮六退一　车5平9

红方捕马成功。黑车扫兵意在弥补失子的损失。现在同样吃兵，应改

广东许银川

图 262

走车5平3，炮六平八，车3平2，炮八进二，卒5进1，这样比原着法的结局要好。

31. 炮六平八　车9平3　　32. 炮八进九　车3平2

33. 炮八平九　炮1平4　　34. 车九平五　……

管住中卒，要紧，使黑方多卒的局面无法舒展。

34. ……　　车2退3　　35. 炮九退六　炮4进4

36. 炮九平七　卒9进1　　37. 仕五退六　车2平4

38. 炮七退二　炮4平8　　39. 仕四进五　炮8进3

40. 炮四进一　卒7进1

献7卒意在活中卒，但难以如愿，也是迫不得已的选择，无其他好的走法。

41. 炮四平五　炮8退7　　42. 车五平三　炮8平6

如改走卒5进1，炮七进八！象5退3，车三进五杀，红胜。

43. 车三平五　卒9进1　　44. 炮五进三　……

消灭中卒，黑方由此失去还手能力，处于被动防守境地。

44. ……　　象3进1　　45. 仕五进六　卒9进1

46. 炮七平五　炮6退2

如改走卒 9 平 8（或车 4 进 4），车五平二，卒 8 平 7，车二平三，卒 7 平 8（如卒 7 平 6，红车三平四，黑方丢卒），车三进五，炮 6 退 2，帅五平四，红胜。

47. 车五平四　象 1 退 3
48. 车四进二　车 4 进 4
49. 后炮平七　象 3 进 1
50. 炮七平三　车 4 退 4
51. 炮三进五　炮 6 进 2
52. 炮三平一　卒 9 平 8
53. 车四平二　炮 6 平 8
54. 车二平三　炮 8 平 7
55. 炮一退五　炮 7 平 6
56. 炮一平五　炮 6 退 2
57. 车三平二　车 4 进 3

如改走卒 8 平 7，后炮平一，红方有边线攻势，黑难应付。

58. 车二进一　象 1 退 3
59. 前炮平一　卒 3 进 1
60. 相五进三　车 4 平 5
61. 相七进五　车 5 平 6

车双炮联攻，左右飘忽，防不胜防。黑如改走车 5 平 4，炮一进三，象 5 退 7，车二平三，红方胜势。

62. 相五进七　车 6 平 5（图 263）

63. 炮一进三　……

进炮抢攻，创造胜机。下面入局。

63. ……　　象 5 退 7
64. 车二平三　象 3 进 5
65. 相七退五　车 5 平 6
66. 炮五进六　士 5 进 4
67. 车三进二　将 5 进 1
68. 炮一平四　将 5 进 1
69. 车三退三　将 5 退 1
70. 车三平五　将 5 平 4
71. 炮四平三　车 6 退 2
72. 炮三退一　车 6 平 7
73. 炮三平四　车 7 平 6
74. 炮四平三　……

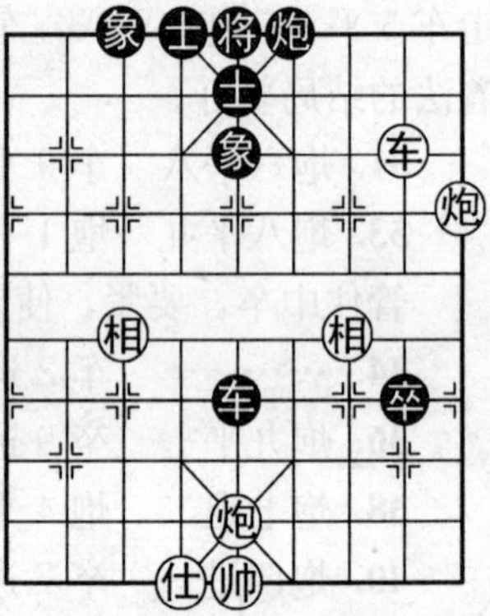

黑车不可长捉。下面相五进七露帅杀，红胜。

黑龙江赵国荣

广东许银川

图 263

第72局

广东黄海林（红先负）火车头于幼华

（1996年10月28日弈于宁波）

仙人指路对卒底炮

1. 兵七进一	炮2平3	2. 炮二平五	象3进5
3. 马二进三	车9进1	4. 马八进七	车9平2
5. 车一平二	马2进4	6. 炮八平九	马8进9
7. 马七进六	士4进5	8. 炮九平六	车1进1
9. 仕六进五	车2进4	10. 马六进五	马4进5

本局弈自1996年全国象棋个人赛第5轮。仙人指路对卒底炮拉开战幕，继而走成五六炮七路快马对象腰双横车流行阵式。红方马踩中卒，先得实惠。如改走相七进九，车1平2，红方无便宜。

11. 炮五进四	卒9进1	12. 相七进五	车1平4
13. 炮五退二	车2退1
14. 车二进六	炮8平6
15. 兵三进一	车4进3 （图264）
16. 兵一进一	炮3平1

火车头于幼华

挺兵想使中炮右移，拓展活动空间。黑方平炮意在牵制红方左侧，构思都不错，弈来有针对性。

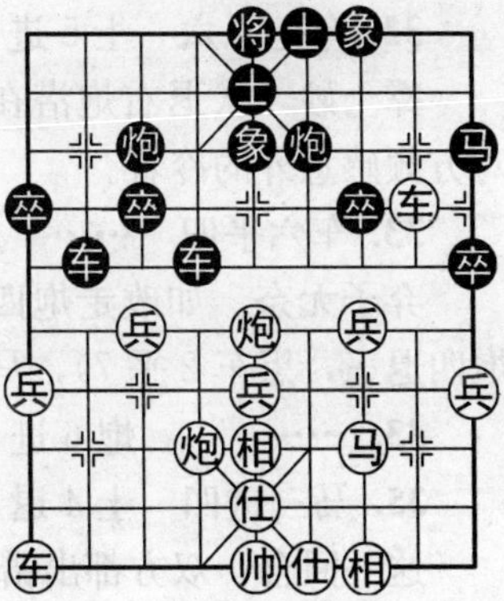

17. 车二退三	卒1进1
18. 车二平四	马9退7
19. 兵一进一	车4平9
20. 炮六进六	马7退9

广东黄海林

图264

两步退马，似笨实佳，在防守中寻求对攻机会，寓意深刻。

| 21. 车四进三 | 车9平4 | 22. 炮六平九 | 马9进8 |

23. 车四平七　　马8进9　　　　**24.** 车九平六　……

两步退马后是两步进马，形成左侧进卧槽的攻势，以攻代守，起到抑制和平衡局势的作用，可见运子功力。红方兑车正着，如误走车七进三，车4退4，车七平六（如炮九进一，马9进8，红方难以应付），将5平4，车九平六，炮1平4，黑方优势。

24. ……　　　　　车4进5　　　　**25.** 仕五退六　将5平4

26. 车七平六　将4平5　　　　**27.** 车六平四　炮1平2

28. 车四平七　将5平4　　　　**29.** 兵七进一　车2进4

进车保持变化。如车2平3，车七退一，象5进3，炮五平六，红方多兵占优。

30. 仕四进五　马9进8（图265）

31. 炮五平四？　……

面对黑方卧槽攻势，红方判断有误。平炮失着，应改走车七平六，将4平5，车六平四，车扼帅门，多双兵，红势无忧。

31. ……　　　　　车2退3

32. 车七平六　士5进4！

撑士妙，伏退右炮潜在攻势，令对方颇感意外的冷着。

33. 车六平四　……

弃子无奈。如改走炮四平六（如炮四退三，黑车2平7），马8进7，帅五平四，炮2退1，黑胜。

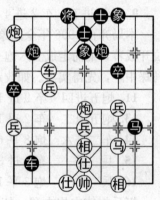

火车头于幼华

广东黄海林

图 265

33. ……　　　　　炮6进3　　　　**34.** 车四进三　将4进1

35. 马三进四　士4退5？　　　　**36.** 车四退三？　……

这一回合，双方都出错。黑方退士"画蛇添足"帮倒忙，应改走车2平6，多子占优。红方退车"下盲棋"，应改走马四退六，可免失子而多兵占优。

36. ……　　　　　车2平6　　　　**37.** 车四退二　炮2进7

38. 相五退七　马8退6　　　　**39.** 兵七平八　马6退4

40. 兵八平九　马4进5　　　**41. 相三进五　炮2退4**

马炮单缺士对炮双兵仕相全,黑方难以取胜,但问题在于三、7线上有对头兵卒的存在,给黑方带来胜的希望。关键看如何处置河头兵。

42. 兵九平八　炮2平5　　　**43. 炮九退四　马5进7**

44. 炮九平八　马7退9　　　**45. 相七进九　……**

如改走兵八进一,炮5进1,帅五平四(不出帅将丢河头兵),马9进8,帅四进一(如帅四平五,黑马8退6,帅五平四,炮5平6杀),炮5平9,黑胜。

45. ……　炮5进1

46. 相九进七　炮5平2(图266)

47. 仕五进四?……

撑仕为了减缓黑方马炮进攻的压力。但以丢兵为代价而损失过大。可改走兵八平九比较顽强,多一个兵,对以后残局有不可估量的作用。

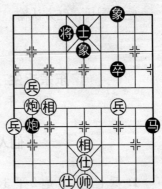

火车头于幼华

广东黄海林

图 266

47. ……　炮2退2

48. 炮八退三　炮2进2

49. 仕六进五　炮2平6

50. 炮八进三　马9退8

51. 兵九进一　马8退6　　　**52. 兵九进一　马6进4**

53. 炮八退三　将4退1　　　**54. 兵九平八　马4退6**

55. 炮八进三　马6退4　　　**56. 炮八平九　马4进5**

57. 仕五进六　……

黑方炮控肋道,马运6步,终于找到"灭兵之门",显示功力。红如改走兵八进一,炮6平5,帅五平四,炮5平4,相七退九,炮4平6,黑方夺兵胜势。

57. ……　炮6平4　　　**58. 炮九退三　将4平5**

59. 相七退九　炮4平6　　　**60. 炮九平三　马5进7**

61. 炮三进五　……

如改走仕六退五，马7退5，有卒存在，黑方胜定。

61. ……　　马7进6

吃仕，同时带来胜机。

62. 帅五平六	炮6平4	**63.** 仕六退五	马6退8
64. 相九退七	马8退6	**65.** 炮三平六	炮4平1
66. 相五退三	炮1平5	**67.** 炮六退四	马6退4
68. 兵八平九	炮5退2	**69.** 兵九进一	马4进2
70. 兵九进一	马2进3	**71.** 帅六进一	炮5平4
72. 炮六平一	马3退4	**73.** 炮一平六	马4退2

吃掉剩兵，红方认输。

第73局

广东宗永生（红先和）上海孙勇征

（1996年11月7日弈于上海）

仙人指路对卒底炮

1. 兵七进一　炮2平3　　　　**2.** 炮二平五　象3进5

3. 炮五进四　士6进5

从20世纪60年代开始，广东与上海进行象棋对抗赛一直是一项传统的赛事。本局弈自1996年沪粤"嘉宝杯"象棋对抗赛，是两位年轻象棋大师的较量。仙人指路对卒底炮转中炮对飞右象，红方炮抢中卒是一种简易又实惠的走法。另有马二进三、马八进九、仕六进五等多种选择，均是当代流行布局。黑方补左士别出心裁，一般都是士4进5补右士。

4. 相七进五　马2进4　　　　**5.** 炮五退一　车1平2

6. 马八进六　车9进1

出横车，让主力尽早投入，正确。如改走马8进7，马二进三，车9平8，车一平二，炮8进4（如卒7进1，红车二进六），兵三进一，红方先手。

7. 车九平八　车 2 进 6　　　8. 马二进三　车 9 平 6

9. 兵三进一　车 6 进 3　　　10. 兵五进一　马 8 进 7

　　跳马以后进中可以连环，加强防守。但亦可改走炮 8 平 6，车一平二，马 8 进 9，以后炮 6 进 1，再平中打中兵，也不错。

11. 车一平二　马 7 进 5

12. 炮八平六　车 2 进 3

13. 马六退八（图 267）　车 6 进 2

14. 炮六进四　……

　　兑车简化后，黑车占兵林，紧着，否则被红车抢占，那要吃亏。红方炮进卒林轧马脚，又可左右扫卒，针锋相对。

上海孙勇征

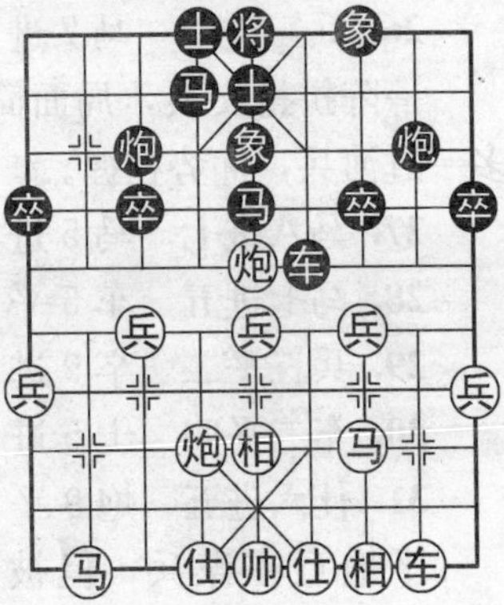

广东宗永生

图 267

14. ……　　　　　马 4 进 2

15. 车二进六　卒 3 进 1

16. 炮六退一　……

　　退炮控制河沿。亦可改走炮六平三（如车二平三，炮 3 进 1，兵七进一，马 2 进 3，黑方反先），车 6 退 3，马三进五，卒 3 进 1，马五进七，马 2 进 3，炮五平六，马 5 进 6，兵三进一，车 6 平 4，车二退二（如兵五进一，马 6 进 4，黑有攻势），车 4 进 1，车二平四，车 4 平 7，炮三平二，红方多兵占先。

16. ……　　　　　车 6 平 4

　　如改走卒 3 进 1，车二平三，马 5 进 3（如马 5 退 7，炮六进二，黑要失子），车三进三，车 6 退 6，车三退三，红优。

17. 马三进四　马 5 退 7　　　18. 兵七进一　……

　　如车二进一，车 4 退 2，兵七进一，马 2 进 3，黑方有反击之势。

18. ……　　　　　马 2 进 3　　　19. 炮五平七　车 4 退 2

20. 炮七退一　炮 8 平 9　　　21. 车二退三　……

　　退车控兵林，稳健。如车二平三，炮 9 进 4，黑方反抢先手。

21. ……　　　　卒 7 进 1？　　　　**22.** 马四进三　……

黑方兑卒失先，应改走车 4 平 6。红方踏马而进，佳着。

22. ……　　　　炮 9 退 1　　　　**23.** 马三退五　炮 3 进 2

24. 兵三进一　炮 3 平 5

25. 兵五进一　车 4 平 5

26. 兵三进一　马 7 进 5（图 268）

一阵拼抢交换，局面简化，红方
多一过河兵，优势在握。

27. 马八进七　马 5 进 3

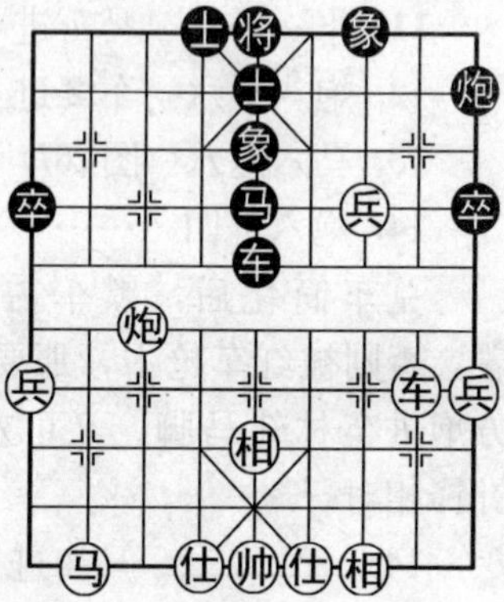

28. 马七进五　车 5 平 7

29. 兵三平二　卒 9 进 1

30. 车二平四　士 5 进 4

31. 仕六进五　炮 9 平 1

平炮意在谋兵，但被红马跃出
后，计划落空。不如改走马 3 进 5，
下面有车 7 进 2 强兑车手段，较易谋和。红如接走车四进一，车 7
进 2，可以对抗。

上海孙勇征

广东宗永生

图 268

32. 马五进四　士 4 进 5　　　　**33.** 炮七平六　马 3 退 5

34. 炮六平五　马 5 退 7

只能兑马，否则红可炮五进一轰车，黑方不好受。

35. 马四进三　车 7 退 2　　　　**36.** 车四进三　车 7 进 4

37. 车四平九　炮 1 平 4　　　　**38.** 车九平三　……

兑车虽能保持优势，但战斗力大为减弱。但如改走兵九进一，
车 7 平 9（如车 7 平 1，仕五退六），车九平三，炮 4 退 1，兵九进
一，车 9 平 1，兵九平八，车 1 进 3，仕五退六，车 1 平 4，帅五进
一，车 4 平 6，兵二进一，形成车炮双兵双相对车炮卒士象全。红
方双兵已经深入，子位又好，进攻机会很多，但失双仕后，黑方
边卒的存在，有一定的心理顾忌。棋战有时候就是这样充满风险和
矛盾，看你的胆量和技战术的发挥了。

38. ……　　　　车 7 退 3　　　　**39.** 兵二平三　将 5 平 4

40. 炮五平二 士5退6（图269）

41. 炮二进五 ……

炮双兵仕相全对炮士象全残局，一般可成和局。但问题是还有边路对头兵卒的存在，这就成为棋局胜、和的焦点。如红方能解决边卒必胜无疑，反之则难以取胜。此时，红方沉底炮太急，不够细致，应改走炮二进四，不让黑炮轻易挪边，黑如士4退5，则炮二进一可以多抢一步棋。

41. …… 炮4平9

42. 炮二平一 ……

上海孙勇征

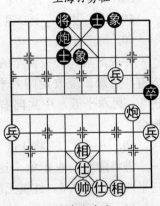

广东宗永生

图 269

开炮护兵吊卒，双方在边线上展开争夺战。如改走炮二平四轰士，炮9进5，成炮双兵仕相全对炮卒单缺士，虽然似可胜似可和，但在限时情况下很难取胜。

42. …… 士4退5		**43. 兵九进一 将4进1**
44. 兵九进一 将4退1		**45. 兵九平八 将4进1**
46. 兵三平二 将4退1		**47. 兵八进一 将4进1**
48. 兵八平七 将4退1		**49. 兵二平一 ……**

平兵牵制，必要的棋步。

49. …… 象5进7	**50. 兵七平六 士5进6**

51. 相三进一 ……

飞相走限着，可能是限时中应付"步数规定"。正常情况下，应改走兵六平五向右移动，呼应边线去谋卒才紧凑。

51. …… 将4平5	**52. 相五退三 将5平4**
53. 仕五进四 象7退5	**54. 相三进五 象5进7**
55. 相五退三 象7退5	**56. 帅五平六 象5进7**
57. 兵一平二 将4平5	**58. 兵二平三 ……**

这一回合，似乎双方都有点"小问题"。黑不应动将而走士6退5，红应兵六平七，以后有双兵齐下的攻势。

58. ……　　　将 5 平 4

59. 兵三进一　士 6 退 5（图 270）

60. 兵三进一　……

冲成低兵，失去谋卒的机会，红
方有些急躁。应改走帅六平五，将 4
进 1，兵六平五，中兵向右靠，还有
机会。

60. ……　　　将 4 进 1？

进将随手。应走象 7 退 5，红兵
三平四，将 4 平 5，红棋无从下手。

61. 兵三平二？　……

横兵捉炮，似是而非。此时应利

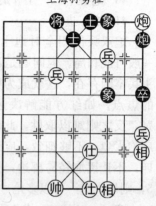

图 270

用黑将露头走兵三进一，象 7 退 5，兵三平四，士 5 退 6，兵六进
一，将 4 平 5，帅六平五，将 5 平 6，兵六平五，一兵换双象士，
红方可胜。

61. ……　　　炮 9 进 1　　　62. 炮一退一　将 4 退 1

63. 兵二平三　象 7 进 5　　　64. 兵三平四　将 4 进 1

65. 帅六平五　将 4 退 1　　　66. 兵六平五　……

现在横兵向右已经徒劳。

66. ……　　　炮 9 平 8　　　67. 仕四进五　炮 8 进 7

68. 相三进五　炮 8 退 7　　　69. 仕五进六　炮 8 平 6

70. 相五退七　炮 6 平 8　　　71. 兵五平六　……

如改走兵五平四，炮 8 进 4，后兵平三，炮 8 平 2，兵三平二，
炮 2 退 2，兵二平一，炮 2 平 1。边卒安全，红方无法取胜。

71. ……　　　炮 8 平 9　　　72. 兵六平七　将 4 进 1

红方无法突破，同意和棋。红方屡攻不下，黑方顽强抵抗，残
局过程得失微妙，都是本局给我们留下的深刻印象和启示。

第74局
广东许银川（红先和）吉林陶汉明
（1996年12月21日弈于广州）

五七炮对屏风马

1. 炮二平五	马8进7	2. 马二进三	车9平8
3. 车一平二	马2进3	4. 马八进九	卒7进1
5. 炮八平七	炮2进2	6. 车二进六	马7进6
7. 车九平八	车1平2	8. 车八进四	象3进5
9. 车二平四	马6进7	10. 车四平二	……

本局是两位特级大师弈自第17届"五羊杯"的对局。五七炮双直车对屏风马右炮巡河盘河马，是热门的流行布局。红方平车捉马弃三兵再封车炮，让右马活起来，是20世纪90年代中叶盛行起来的走法，一般兵九进一挺边兵。

10. …… 马7退6

11. 车八平四 卒3进1（图271）

12. 车二退五 炮8进2

吉林陶汉明

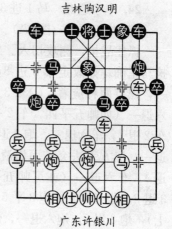

红方退车下二路有新意，活动的余地比常见的车二退三要宽。黑方升炮巡河应法呆板，阵形欠灵活，不及士4进5补士固中为好。

13. 兵七进一 车8进3

14. 兵七进一 卒7进1

15. 车四平七 ……

平车联兵正确。如车四平三，炮8平3，车二进五，炮3进5，仕六进五，马6退8，黑方有侧攻之势。

15. …… 炮2进3

广东许银川

图271

面临左右两翼都有压力，黑方有点尴尬。进炮意在牵制，似乎难以化解红方之进逼。但如改走象 5 进 3，炮七进三，马 6 进 8，车二平四，马 8 进 7，车七平三（如炮七进一，黑车 8 退 1），象 7 进 5，炮七进一，马 7 退 9，车三退一，车 8 进 1（如卒 5 进 1，炮五进三，车 8 平 5，兵五进一，红方有攻势），车三平一，炮 8 平 5，炮七平一，士 4 进 5，炮一进三，车 8 退 2，车四平七，红方占优。

16. 车二平四　　卒 7 进 1　　　　**17.** 车四进四　　卒 7 进 1

18. 车七平二　　炮 8 平 3

在红方夹击之下，黑方弃车一搏，背水一战，唯有此举。

19. 车二进二　　炮 3 进 5　　　　**20.** 帅五进一　　……

高帅正着。如仕六进五，炮 2 进 1，黑方有凌厉攻势。

20. ……　　　　士 4 进 5　　　　**21.** 车二平三　　……

平车不当，应车二退二呼应左翼，抑制黑方攻势。净多一车，黑方难以翻身。

21. ……　　　　马 3 进 2　　　　**22.** 车四平六　　马 2 进 1

23. 炮七平三　　炮 2 平 7

24. 车三退四　　马 1 进 3

25. 炮五平六 （图 272）　　车 2 进 7

抓住战机，侧攻切入。黑方进车抢马正确。如改走车 2 进 8，帅五进一，黑有两种应着：①马 3 进 4，炮六退一（如帅五平四，车 2 平 6 杀），车 2 退 1，车六退三，炮 3 退 2，帅五退一，黑方无法突破而崩溃。②马 3 退 4，车六退一（亦可帅五平四，炮 3 退 2，相三进五，炮 3 平 5，马九进七），炮 3 退 2，炮六退一，炮 3 平 7，马九进七，红方多子胜势。

吉林陶汉明

广东许银川

图 272

26. 车三进四　　车 2 平 1　　　　**27.** 车三平五　　车 1 进 1

28. 帅五进一　　马 3 进 4　　　　**29.** 炮六退一　　马 4 退 6

30. 帅五退一　　马6退8　　　　**31.** 车六退三　　马8退6

32. 车六平四　　马6退7　　　　**33.** 车五平四　　车1退2

34. 后车平五　　炮3平7　　　　　　　　　吉林陶汉明

35. 车五平三　　车1平5

36. 帅五平四　　马7进5

37. 车四退二　　马5进3

38. 炮六平五　　马3进2 (图273)

39. 炮五平七？……

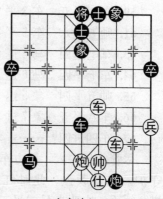

广东许银川

图273

　　因为力量相差悬殊，尽管黑方夺回一马且竭力进攻，但无奈红方双车炮及时构筑防线，无法逾越。红方已有反杀机会，却被平炮轻轻放过了，可惜！应改走车三平八！马2进4，帅四进一，将5平4，车四平六，将4平5，车八进七，红胜。

39. ……　　　　车5平3　　　　**40.** 车三退二　　车3进2

41. 仕四进五　　车3退2　　　　**42.** 兵一进一　　车3平9

43. 车三进二　　卒9进1？

　　兑炮后，成车马卒士象全对双车仕，另有边路对头兵卒，黑方已有守和的可能。现在冒失挺边卒，又自找麻烦，跌入输局边缘。应改走马2退3，车三平八，象5退3，红方无法取胜。

44. 车三平八　　象5退3　　　　**45.** 车四进四　　车9进2

　　如改走卒9进1，车八退一，车9平3，车八进六！车3平5，车八平三，红方被象可胜。

46. 帅四退一　　车9平5　　　　**47.** 兵一进一　　……

　　边兵渡河，成为双车兵斗车马卒士象全残局。形势有点扑朔迷离，但黑方已经不是"官和"了。

47. ……　　　　马2进4　　　　**48.** 车八平六　　车5平9

49. 帅四平五　　车9进1　　　　**50.** 帅五进一　　马4退2

51. 车六平七　　象3进5　　　　**52.** 兵一平二　　车9平8

53. 车四退三	车8平4	54. 车四退三	马2退1
55. 车七进四	车4退5	56. 兵二进一	卒1进1
57. 兵二进一	马1进2	58. 兵二进一	车4平5
59. 车四平五	车5平7	60. 车五平八	车7平5
61. 帅五平六	车5平4	62. 帅六平五	马2退4
63. 车七退四	马4退6		
64. 车七平四	马6退5		
65. 帅五平四	象5退3		
66. 车八平五	象7进5（图274）		
67. 车四进四？	……		

吉林陶汉明

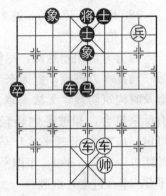

广东许银川

图 274

尽管红兵深入，黑方车马卒竭力守护，走得顽强。此时红方进车空棋，缓手。应改走兵二平三，以后闯九宫，还是有胜机。

67. ……	马5进7		
68. 车四退二	马7退8		
69. 车四平二	马8进6		
70. 车二退一	卒1进1	71. 兵二平三	车4进4
72. 车五退一	车4退5	73. 车五进四	马6退8

管死红兵。下面：兵三平二，马8退6，车五平四，马6退8。以马换兵，单车士象全守和双车，和棋。

第 75 局
上海胡荣华（红先胜）广东吕钦
（1997 年 10 月 8 日弈于漳州）

飞相局对士角炮

1997 年全国赛上，胡荣华以 53 岁高龄，时隔 12 年之久，以 6 胜 5 和不败战绩，第 13 次捧得全国冠军桂冠，实属难得。本局是第 4 轮与"羊城少帅"的一场激战。

1. 相三进五 炮 2 平 4　　**2.** 车九进一 马 2 进 3

3. 车九平六 马 8 进 7　　**4.** 马八进九 车 1 平 2

5. 兵九进一 车 2 进 4　　**6.** 车六进三 车 2 平 6

7. 马九进八 卒 3 进 1（图 275）

8. 炮二退一! ……

飞相对士角炮,斗散手。红方抢
先启动左翼,使车马炮能抢占最佳位
置,旨在随时出击。黑方则布下反宫
马巡河车应战。如图 275 所示,红方
退右炮意欲左移出击,构思精巧。另
有两种着法:①马二进三,士 6 进 5,
炮二退一,车 6 进 4,炮二平一,卒 7
进 1,仕四进五,炮 8 进 2,车六平
二,象 7 进 5,兵三进一,卒 7 进 1,
车二平三,炮 8 退 3,炮八退一,车 6

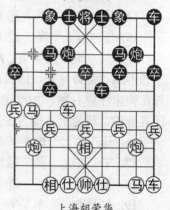

广东吕钦

上海胡荣华

图 275

退 2,车三平五,炮 8 平 7,黑势满意。②马二进一,士 6 进 5,兵
一进一,卒 7 进 1,仕四进五,象 7 进 5,马一进二,炮 8 进 5,马
二进四,马 7 进 6,车六平四,炮 8 平 2,车四进一,炮 2 退 1,车
一平二,炮 2 平 5,车二进四,炮 5 退 2,黑车换双、多卒,取得
抗衡。

8. …… 士 6 进 5

补士固中使炮生根虽属稳健,但影响了大子的出动速度。似可
改走车 9 进 1,红如炮二平七,车 9 平 6,马二进三,前车进 1,车
六平四,车 6 进 4,兵七进一,车 6 平 4,马八退七,车 4 进 3,车
一进一,车 4 平 9,马三退一,卒 3 进 1,炮七进三,马 3 进 4,兑
去双车后双方均势(选自 1997 年第 2 届"广洋杯"象棋大棋圣赛
黑龙江赵国荣与北京张强的对局)。

9. 炮二平七 象 7 进 5　　**10.** 马二进三 卒 7 进 1

挺 7 卒活马正着。如车 9 平 8,车一平二,炮 8 进 4,兵三进

一，卒7进1（若卒3进1？车六平七，马3进4，马八进七，红方侧攻之势），兵三进一，车6平7，炮七平三，炮8平7，车二进九，马7退8，炮三进二，车7进2，车六进二，黑方右马孤单易受攻击，红方占优。

11. 车一平二　车9平8　　　**12.** 炮八平七　炮8进1

13. 兵七进一　卒3进1　　　**14.** 车六平七　马3退1

15. 仕四进五　卒1进1

红车马双炮至此聚集，对黑方防守压力骤然增大。红方补中仕不急不躁，蓄势待发，伺机而动，老练稳健。黑兑边卒调车护马，旨在快速呼应右翼。如改走车6平2，前炮平八！又如将5平6，仕五进四，演变下去均为红先。

16. 马八进七　炮8平3

17. 车二进九　马7退8

18. 车七进二　卒1进1

19. 车七进二　车6平1

20. 车七平八（图276）　卒1进1

广东吕钦

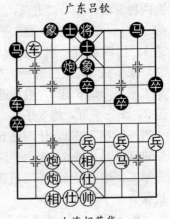

上海胡荣华

图276

红方兑子抢攻，升车逼马，一套组合拳，打得漂亮。黑挺卒无奈，如马8进7，后炮平九！车1平3（若卒1平2，炮九进七夺马），炮七平九，红必得马占优。

21. 相五进七　将5平6

22. 前炮进七　象5退3

23. 炮七进八　将6进1　　　**24.** 炮七平二　……

兑子破双象，红方取得优势。

24. ……　　　炮4平7　　　**25.** 炮二平三　炮7进1

26. 车八退四　炮7进3

退车机警，保持主力通畅。如相七退五，马1进2，红车低头，不利于拓展。黑如改走马1进3，相七退五，车1平6，兵三进一，红优。

27. 炮三退六　卒 7 进 1　　　**28.** 炮三平四　卒 7 进 1

29. 炮四退三　卒 7 进 1　　　**30.** 相七退五　将 6 退 1

31. 车八平三（图277）　将 6 平 5

兑炮后进入残局。黑方虽然多
卒，但子散缺象，仍处于劣势。如改
走卒 7 平 8，车三进五，将 6 进 1，车
三退三，将 6 退 1，车三平五，卒 9
进 1，兵五进一，红优。

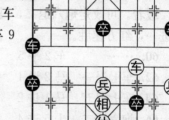

广东吕钦

32. 车三退二　车 1 平 5

33. 车三进七　士 5 退 6

34. 仕五进四　士 4 进 5

35. 车三退六　马 1 进 3

36. 炮四平一　马 3 进 4

上海胡荣华

图 277

如改走卒 9 进 1，兵五进一，车 5
进 1，炮一进五，士 5 退 4，炮一进四，将 5 进 1，车三进五，将 5
进 1，车三退一，将 5 退 1，车三平七，红方夺马胜。

37. 炮一进六　士 5 退 4　　　**38.** 炮一进三　将 5 进 1

39. 兵五进一　车 5 进 1　　　**40.** 车三平九　……

连攻带消，形成车炮兵仕相全对车马卒双士。黑方将不安位，
红方优势明显。

40. ……　　　车 5 进 1　　　**41.** 车九进五　将 5 进 1

42. 兵一进一　马 4 进 6　　　**43.** 仕六进五　车 5 平 8

44. 炮一平六　马 6 进 4　　　**45.** 车九平三　卒 5 进 1

46. 车三退四　……

劫士、横车、退车，攻守兼备，老练。

46. ……　　　将 5 退 1　　　**47.** 兵一进一　将 5 退 1

48. 炮六平七　车 8 退 3　　　**49.** 炮七退七　车 8 平 6

50. 兵一平二　马 4 退 6　　　**51.** 炮七退一　马 6 进 4

52. 炮七平六　车 6 平 5　　　**53.** 车三平六　马 4 进 2

54. 炮六退一　卒 5 进 1

劣势之下气不馁。黑方顽强抵抗，现在冲卒旨在对攻，以求杀出一条路，精神可嘉。

55. 车六退二　车5平2　　　**56.** 车六平七　卒5进1
57. 炮六进二　马2进1　　　**58.** 帅五平四　士6进5
59. 兵二平三　将5平6　　　**60.** 车七进一　……

缓着。可改走炮六退二，马1退2，兵三进一，马2退1，兵三进一，红方速胜。

60. ……　　　　　车2平5　　　**61.** 兵三平四　马1退2
62. 车七退一　马2退1　　　**63.** 车七进七　将6进1
64. 车七退五　马1进2　　　**65.** 车七退二　马2退1
66. 炮六进二　士5进4　　　**67.** 炮六平三　将6平5
68. 车七进五　马1退2　　　**69.** 车七平八　卒5平6
70. 炮三退四　车5平7　　　**71.** 兵四平三　车7平9
72. 帅四平五　将5平4　　　**73.** 兵三平四　卒6平7
74. 炮三平四　卒7进1
75. 车八进一　将4退1
76. 车八平三　卒7平8
77. 兵四进一　卒8进1
78. 车三退三　士4退5
79. 车三进四　将4进1（图278）
80. 车三平七　士5进4

广东吕钦

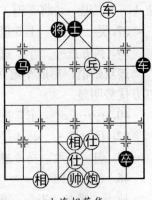

上海胡荣华
图278

此时黑方规定90分钟时限已用完，没有时间多思考。如改走卒8平7，车七退三，卒7平6（如马2进1，车七平六，士5进4，帅五平六，卒7平6，车六进一，将4平5，兵四进一，卒6进1，车六进一，将5退1，兵四进一，红胜），车七平八，卒6进1，仕五退四，红方车兵胜定。

81. 车七退三　马2进1　　　**82.** 车七进二　将4退1
83. 车七退四　马1退2　　　**84.** 车七进二　马2进1

85. 车七平六　卒8平7　　　86. 车六进一　将4平5

87. 帅五平六　卒7平6　　　88. 车六平五　将5平6

89. 车五平四　将6平5　　　90. 炮四平五　……

腾挪入局，红胜。

第76局
火车头于幼华（红先和）吉林陶汉明

（1997年11月2日弈于商丘）

飞相局对过宫炮

1. 相三进五　炮2平6　　　2. 兵七进一　马2进3

3. 炮八平六　车1平2　　　4. 马八进七　马8进7

本局弈自首届"林河杯"全国象棋名人战第3轮。两位特级大师飞相对逆向过宫炮开局，不定式斗散手。黑方跳正马，亦可改走马8进9，以后再启动左横车，另有变化。

5. 车九进一　士6进5　　　6. 车九平四　象7进5

7. 车四进五　……

抢占卒林似乎急了一点，宜先走马二进三。

吉林陶汉明

7. ……　　　卒7进1

8. 车四平三　车9进2

9. 马七进六　车2进4

10. 马六进七　炮8退2

11. 仕四进五　炮8平7

12. 车三平二　车2进2

13. 马二进三　马7进6（图279）

14. 车二进二？……

面对红方过河车、七路马的进

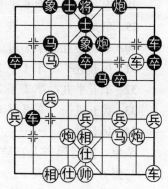

火车头于幼华

图 279

攻，黑方从容化解，并跃马反击。红方进车落点不准，有踏空感

觉，而且造成左马受攻击，失着。应改走车二平四，炮7平6，车
四平三，马6进7，炮二进四，红方仍持先手。

14. ……　　　炮7进3！

升炮攻马，恰到好处。棋局得失于瞬间也。

15. 炮二进四　卒7进1！

冲卒夺子，佳着。

16. 兵三进一　马6退8　　　17. 马七退六　炮7进4

18. 炮六平三　车2平4　　　19. 车二退二　车4退1

兑子夺子，黑方取得优势。红方虽然多兵，但难以弥补失子的
损失。

20. 车一平四　车4进1　　　21. 车四进三　炮6退2

退炮清醒得很。如车4平1贪兵，车二进三，炮6退2，炮三
平四，炮6平7，车四进五，车9平7，炮四平三，红方胜势。

22. 炮三平四　车9退2　　　23. 炮四平一　车4平1

24. 兵一进一　车1退2　　　25. 兵五进一　车1平4

26. 炮一进四　卒1进1

27. 车四平九（图280）　炮6进5

伸炮瞄兵，脱颖而出。

28. 炮一平五　炮6平9

29. 车九平一　马3进5

30. 车二平五　卒1进1

31. 兵五进一　车4平2

32. 车五平九　卒1平2

33. 兵五进一　车2平6

34. 兵五进一　……

杀象，削弱黑方九宫防线，利于
以后与黑方对抗和周旋。

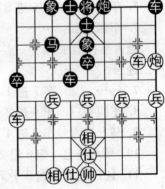

吉林陶汉明

火车头于幼华

图 280

34. ……　　　象3进5　　　35. 车九平五　卒2平3

如改走车9平8，仕五退四，炮9退1，车五进一，黑方没有
便宜。

36. 兵三进一　车6进1

如车6平7，相五进七，以后用车咬炮，和棋。

37. 车五进一　卒3平4

保留过河卒，黑方仍持优势。但黑方应先走一步车9平8，待红仕五退四，再平卒，境况会更好一些。

兑子使局面简化，但在红方多兵情况下，黑方战斗力有所减弱，目前还没有这个必要。可改走炮9退1或卒1进1，看一看再作计较。

38. 车五平二　车9进3　　　**39.** 车二退四　车9平5

40. 车二进六　士5退6　　　**41.** 车二平一　车5平8

42. 仕五退四　炮9平8　　　**43.** 后车平二　车6退2

44. 车一退五　炮8平5

45. 车二平五　车6平5

46. 兵三平四（图281）　士4进5

红方虽失一子，但黑方残象，红又有过河兵，力量上虽处下风，但也有一定的牵制性。黑如改走车8进3，车一平五！车8平5，车五平六，和棋。

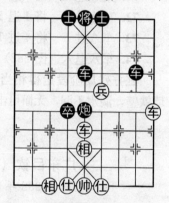

吉林陶汉明

火车头于幼华

图 281

47. 车一平四　车5退1

48. 仕四进五　将5平4

49. 兵四进一　车5平4

50. 相五退三　……

退相火烛小心。如车四平五，卒4平5，车五进一，车8进6，仕五退四，车4进7，黑胜。

50. ……　　　车8进6　　　**51.** 相七进五　车4平5

52. 帅五平四　车8退5　　　**53.** 车五平八　车5进2

54. 车八进六　将4进1　　　**55.** 车八退三　车8平6

兑车简化，同时也顾忌到双车兵的反击能力。

56. 车四进一　车5平6　　　**57.** 帅四平五　卒4平3

如改走车 6 平 4，兵四平五，红方有强兑车手段。

58. 车八平七　车 6 平 4		59. 帅五平四　卒 3 平 2
60. 兵四平五　炮 5 平 4		61. 车七平八　卒 2 平 1
62. 帅四平五　卒 1 进 1		63. 车八进二　将 4 退 1

64. 车八进一　将 4 进 1

65. 车八退三　卒 1 进 1

66. 车八进二　将 4 退 1

67. 车八进一　将 4 进 1

68. 车八退三　卒 1 进 1

69. 车八退二　炮 4 进 1

70. 车八退一　士 5 进 6

71. 兵五进一　士 6 进 5

72. 车八进五　将 4 退 1

73. 车八进一　将 4 进 1

74. 车八退六（图 282）……

红方残局阶段走得相当出色。铜
墙铁壁，滴水不漏，无懈可击。至此一车管住车炮卒三个子，和棋。

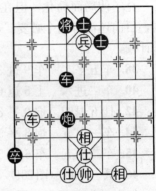

吉林陶汉明

火车头于幼华

图 282

第 77 局

广东吕钦（红先胜）河北刘殿中

（1998 年 8 月 19 日弈于太原）

五七炮进三兵对屏风马

1. 炮二平五　马 8 进 7		2. 马二进三　马 2 进 3
3. 车一平二　车 9 平 8		4. 兵三进一　卒 3 进 1
5. 马八进九　卒 1 进 1		6. 炮八平七　马 3 进 2
7. 车九进一　卒 1 进 1		8. 兵九进一　车 1 进 5
9. 车二进四　象 7 进 5		10. 车九平四　士 6 进 5

"五粮醇杯"象棋国手超霸赛于 1998 年 8 月 18～19 日在山西

太原举行。广东吕钦、许银川与上海胡荣华、河北刘殿中进行了 2 轮 4 局对抗赛，结果广东棋手 1 胜 3 和小胜。本局是分胜负的关键战役。

双方以五七炮进三兵对屏风马开局，走成直横车对左象骑河车阵势。黑方补士固中，如改走车 1 平 4，车四进三，车 4 进 2，炮五平四，炮 8 平 9，车二进五，马 7 退 8，相三进五，车 4 退 3，仕四进五，士 6 进 5，车四进二，车 4 平 5，车四平三，车 5 进 2，车三平二，马 8 进 6，马三进四，车 5 平 6，马四进六，炮 2 进 1，车二退一，红方先手。

11. 炮七退一　炮 8 平 9　　　　**12.** 车二进五　马 7 退 8

13. 马三进四　马 2 退 3

退右马护中，是一步新的变着。一般走马 8 进 7，车四进二，炮 9 退 2，马四进五，车 1 平 7，相三进一，车 7 平 8，马五退四，炮 9 平 6，马四进三，车 8 退 2，马三退五，马 7 进 5，马五退三，马 5 进 7，车四进二，红方先手。

14. 相三进一　马 8 进 6

15. 马四退三　马 6 进 8

16. 车四平二　马 8 退 7

17. 车二平六 (图283)　炮 2 进 6?

伸炮轰车，旨在争取对攻，但阵势不稳引起红方反扑，失先。宜改走炮 9 平 8 改善炮位兼观动静。

18. 车六进一　炮 9 平 8

19. 车六平八　炮 8 进 6

20. 兵七进一　马 3 进 4

21. 兵七进一　马 4 进 3

22. 炮五进四　象 3 进 1

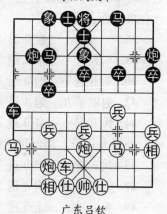

河北刘殿中

广东吕钦

图 283

红方控炮抢先，连夺两卒，由此确立优势，走得好。

23. 炮七进一　炮 2 平 7　　　　**24.** 马九进八　炮 7 进 1

25. 仕四进五　炮 7 平 9　　　　**26.** 师五平四　马 7 进 6

27. 马三进二　车1进1　　　**28.** 马二进三　马3退5

29. 马三退四　炮8进1　　　**30.** 帅四进一　炮8退4

31. 马四退三　马5退3

退马吃兵正着。如改走马5进7，马八进六，象1进3，马六进五，黑方难堪。

32. 马八进六　炮8退4

33. 马三进四　炮8平6

34. 炮七平四　炮6进4

35. 炮四进五　炮9退3（图284）

36. 车八进二　……

一阵开打，局势紧张而充满火药味。图284，红方升车嫌缓。可改走车八平二，炮9平6，马六退四，炮6退4，马四进六，将5平6，车二进七，将6进1，炮五平七，红方多兵且有攻势而占优。

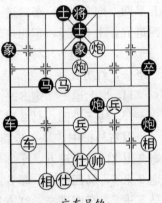

河北刘殿中

广东吕钦

图284

36. ……　　炮9退1　　　**37.** 车八平五　象1退3

38. 车五进一　车1退3　　　**39.** 炮四退一　炮9进1

40. 车五退一　炮9退2　　　**41.** 兵三进一　炮9平4

42. 炮四平九　炮4进4　　　**43.** 帅四退一　马3进5

44. 兵五进一　卒9进1

经过大兑子，局面迅速简化，红方多兵且子位好，仍持优势。

45. 兵三进一　卒9进1　　　**46.** 炮九进三　卒9平8

47. 炮五平八　炮4退2　　　**48.** 相七进五　炮6退4

49. 兵五进一　士5进6　　　**50.** 仕五进四　炮4平6

51. 帅四平五　后炮平5　　　**52.** 兵五平六　炮5平6

53. 炮八平五　士6退5　　　**54.** 炮五退三　炮5平9

55. 兵六进一　炮9退3　　　**56.** 仕六进五　卒8平7

57. 兵六进一　将5平6（图285）

58. 炮五进五！……

斗残局，双炮双兵双仕对双炮卒士象全。红方兵攻九宫炮轰士，打开缺口，好棋。如改走兵六平五吃象，将6进1，兵五进一，士4进5，红方取胜困难。

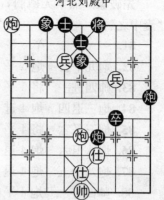

河北刘殿中

广东吕钦

图 285

58. ……　　　　象5进3

59. 炮五退三　……

退炮正确。如改走炮九平六，将6平5，兵六进一，炮6退5，炮五退五，炮9退3，红方丢兵难有胜机。

59. ……　　　　卒7平6

60. 兵三进一　　　炮6平5

61. 帅五平六　　　卒6平5

63. 兵三进一　　　将6平5

65. 炮二进三　　　将5退1

67. 仕五进六　　　炮5平4

69. 帅六平五　　　前炮退5

62. 炮五平四　　　将6进1

64. 炮四平二　　　卒5平4

66. 兵六进一　　　炮9平4

68. 仕六退五　　　卒4平5

70. 炮二平六　……

双炮双兵左右包抄逼宫，攻着到位，舍兵夺炮，奠定多子优势。

70. ……　　　　将5进1

72. 炮九平六　……

71. 炮六平八　　　卒5进1

再破士，成双炮兵双仕攻炮卒双象局面，红方胜势。

72. ……　　　　象3进5

74. 炮九退一　　　将5进1

76. 炮八退五　　　卒5进1（图286）

73. 炮六平九　　　象5进7

75. 炮九退五　　　炮4退4

77. 仕五进六！……

撑仕控卒，妙。

77. ……　　　　将5平4

如改走卒5平4，仕五进六，炮4进7，炮八平六，红方胜定。

79. 帅五平四　　　炮4平5

81. 炮九进二　……

78. 仕四退五　　　将4平5

80. 炮八进三　　　卒5进1

先破象，黑卒无威胁，最终也是"囊中之物"，老练。

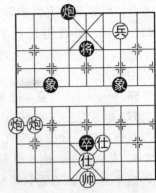

河北刘殿中

广东吕钦

图 286

81. ……	卒 5 平 4
82. 炮九平三	炮 5 平 4
83. 帅四进一	将 5 平 4
84. 炮三退四	炮 4 进 7
85. 炮三平六	将 4 平 5
86. 炮八退六	炮 4 退 6
87. 炮八平五	炮 4 退 1
88. 帅四进一	炮 4 平 1
89. 炮六平五	将 5 平 4
90. 兵三平四	炮 1 平 4
91. 帅四平五	将 4 退 1
92. 前炮平二	将 4 进 1
93. 炮五平三	炮 4 平 5
94. 炮三平六	……

水到渠成，红胜。

第78局
香港赵汝权（红先胜）辽宁苗永鹏
（1998 年 8 月 22 日弈于沈阳）

中炮巡河炮对屏风马

1. 炮二平五	马 8 进 7	2. 马二进三	车 9 平 8
3. 兵七进一	卒 7 进 1	4. 马八进七	马 2 进 3
5. 炮八进二	象 7 进 5	6. 车一平二	炮 8 进 2
7. 车九进一	……		

这是"商业城杯"亚洲象棋冠军赛中的一盘精彩对局。中炮巡河炮对屏风马左象左炮巡河拉开战幕，红方启动左横车，均衡推进。亦可改走兵三进一，炮 2 退 1，车二进三，炮 2 平 7，兵三进一，炮 7 进 3，马三进四，车 1 平 2，车九平八，车 2 进 4，炮八平

九，车2进5，马七退八，卒3进1，兵七进一，炮8平3，车二进

六，马7退8，马四进五，红方较好。

7. ……　　　　炮2退1　　　**8.** 车二进四　　炮2平7

9. 车二平四　　……

先行右肋，稳健。亦可车九平四，双车同侧，另有变化。

9. ……　　　　车1平2　　　**10.** 车四进四　　炮7退1

11. 车九平四　　士6进5　　　**12.** 前车平三　　车8进2

13. 车四进七　　炮7平6　　　**14.** 炮五退一　　车2进4

15. 炮五平八　　车2平4　　　**16.** 马七进六　　炮8进4

17. 相七进五　　炮8平3　　　**18.** 后炮进一　　炮3退2

19. 兵三进一　　卒7进1　　　**20.** 相五进三　　卒3进1

21. 后炮平六　　车4平7

辽宁苗永鹏

22. 兵七进一　　炮3进3

23. 仕六进五　　车7平3

24. 相三退五（图287）　　炮3平1

攻守紧凑，双方着法严谨，可说

是针尖对麦芒，滴水不漏。黑方平炮

欠细腻，应改走炮3平2。

25. 炮八平九！炮1平2

26. 炮九平七　　……

红方平炮抢先，佳着。黑如交换，

红持先手。无形之中，黑方损失一步棋。

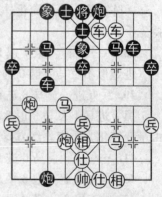

香港赵汝权

图 287

26. ……　　　　马3进4

27. 车三平二　　车8退1　　　**28.** 车四平二　　炮2退7

同样退炮，宜先走炮2退8轰车，然后再作计较。

29. 马三进二　　马4退6

仍可考虑退炮打车后再作计较。

30. 车二退二　　马6进8

如改走马7进8，车二平一，红方占优。

31. 马二进四（图288）　　……

四马相见，互为连环，形成棋战
壮观，奇哉，妙也。

31. ……　　　　炮2进1

32. 车二进一　　炮6进2

33. 车二进一　　炮6进1

可改走马8退6，红如马四进二，
炮6退2，黑方严阵以待。

34. 马四进二　　炮6退2

35. 车二平三　　炮2平8

36. 车三退一　　车3平7

37. 车三退二　　象5进7

38. 马六进五　　……

辽宁苗永鹏

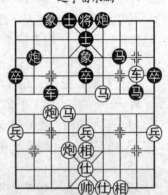

香港赵汝权

图 288

一阵交换，局面简化，进入无车棋的较量。红方马踩中卒，仍
持先手。

38. ……　　　　象7退5　　**39. 马五进七　　炮6进5**

进炮似不及马8退6利于防守。

40. 兵九进一　　马8进6　　**41. 马七退九　　……**

黑方进马不及马8退6。红方马吃边卒，造成多兵优势，棋局
由量变转化为质变。红方露出胜势也。

41. ……　　　　马6进8　　**42. 炮七退三　　卒9进1**

43. 马九进七　　炮8平9　　**44. 马七退六　　炮9进3**

45. 帅五平六　　马8退7　　**46. 兵九进一　　卒9进1**

47. 兵九进一　　卒9平8　　**48. 兵九平八　　卒8进1**

49. 兵八平七　　炮6退5　　**50. 相五进三　　……**

"兵卒竞走"，红方得利。现在飞相挡马，老练。

50. ……　　　　炮9退2

51. 马六退四　　炮9进2（图289）

52. 炮六进六！　　……

炮侵象腰，发起攻击，由此一路雄风。

52. ……　　　　士5进4　　**53. 马四进六　　象5进3**

54. 兵七平六　象3退1

55. 兵六进一　……

攻中破士，扩大战果。

55. ……　马7退5

56. 炮六平八　马5进4

57. 兵五进一　卒8进1

58. 马六进八　将5平6

59. 炮八进一　炮6进2

60. 兵五进一　炮6平7

61. 相三退五　炮9进3

62. 马八进七　象1进3

如改走马4进5，炮七进八，象1

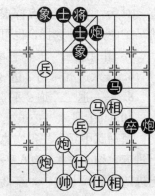

辽宁苗永鹏

香港赵汝权

图289

退3，马七退五，将6平5，马五退三，红方胜势。

63. 马七退六　象3退1　64. 马六进四　将6进1

65. 马四进二　炮7退2　66. 马二退三　将6平5

67. 炮七进三！炮7进1　68. 炮八平六！马4进3

69. 帅六平五　炮9退8　70. 炮七平五　将5平6

71. 炮六退一　炮9退1　72. 兵六平五　炮9平7

73. 马三进一　卒8平7　74. 马一进二　前炮进4

75. 后兵平四　……

紧攻杀局，红胜。

第79局
火车头于幼华（红先胜）冶金尚威
（1998年8月29日弈于北京）

对兵（卒）局

1. 兵七进一　卒7进1　2. 炮二平三　炮8平5

3. 马八进七　马8进7

这是"迈特兴华杯"全国象棋大师新名人赛半决赛的一场角逐。对兵(卒)开局互探虚实,转而形成兵底炮对中炮阵式。红方跳马护中是一种选择,也可走炮八平五,成列炮对攻,另有变化。

4. 相七进五	车 9 平 8		5. 马二进一	马 7 进 6
6. 仕六进五	马 2 进 3		7. 车一平二	车 8 进 9
8. 马一退二	炮 2 平 1		9. 车九平八	马 6 进 5
10. 马七进六	……			

黑马踩中兵,先得实惠。红方跃马避兑,争取主动。如改走马七进五,炮 5 进 4,炮八平七,车 1 平 2,车八进九,马 3 退 2,炮七进四(如兵七进一,卒 3 进 1,炮七进七,士 4 进 5,兵三进一,象 7 进 5,黑方多卒较好),象 3 进 5,炮七平一,马 2 进 3,兵一进一,炮 1 进 4,马二进一,卒 1 进 1,黑方占先。

10. ……	马 5 进 7		11. 炮八平三	炮 5 平 8
12. 炮三进三	象 3 进 5		13. 炮三进一	车 1 平 2
14. 车八进九	马 3 退 2		15. 马六进七	炮 1 进 4
16. 马二进三 (图290)	炮 1 平 3			

兑去双车,进行无车棋的功夫较量。黑方平炮轰马暂无必要,可改走炮 8 平 9 窥视边兵。

冶金尚戚

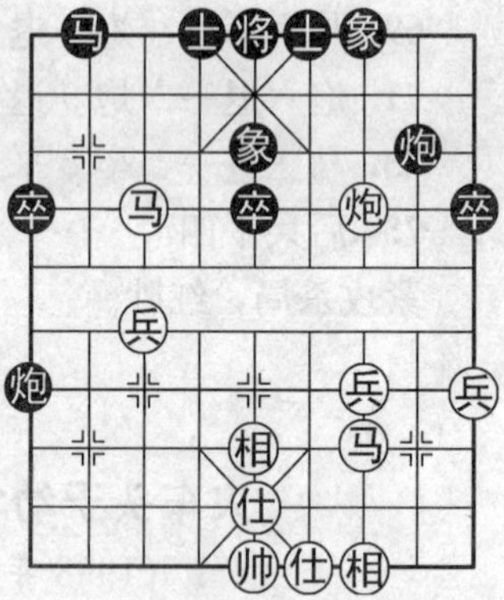

火车头于幼华

图 290

17. 马七退六	马 2 进 3
18. 兵三进一	卒 1 进 1
19. 马三进四	卒 5 进 1
20. 马四进五	马 3 进 5

一样兑马,应改走卒 5 进 1,以逸待劳。

21. 马六进五　炮 3 平 5

又是平炮轰马,同样没有必要。应改走炮 8 平 9,红如兵三进一,炮 9 进 4,黑势不差。

22. 马五进三	炮 8 平 9		23. 炮三平二	炮 9 进 4
24. 马三退四	炮 5 退 1		25. 炮二平六	……

退马捉炮，平炮占肋，运子抢先，好棋。

25. …… 　　　 卒 9 进 1　　　 **26. 马四进二　士 6 进 5**

如改走士 4 进 5，马二进三，将 5 平 4，马三退四，将 4 平 5，兵三进一，红方先手。

27. 炮六平八　象 5 退 3

28. 兵七进一　炮 5 进 1

29. 兵七平六　卒 5 进 1

30. 兵三进一　象 7 进 5（图 291）

至此，形成马炮双兵仕相全对双炮三卒士象全。黑方虽多卒，但红方双兵过河且兵种好，继续占有先手。

31. 兵三进一　炮 9 平 7

32. 兵三平四　卒 5 平 6?

33. 炮八退一　……

平卒软手，被红炮乘机轰卒，边卒丢失。应改走炮 7 退 2 巩固河沿阵地。

冶金尚戚

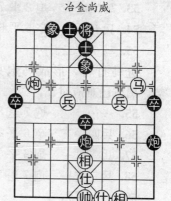

火车头于幼华

图 291

33. …… 　　　 卒 9 进 1　　　 **34. 马二退一　炮 7 平 6**

35. 兵四平五　卒 1 进 1　　　 **36. 马一进二　卒 1 平 2**

37. 兵六进一　卒 2 平 3　　　 **38. 炮八进四　象 5 退 7**

39. 马二进一　象 7 进 9　　　 **40. 马一退三　象 9 进 7**

41. 兵六平七　炮 5 平 3?

平炮轰兵"帮倒忙"，造成以后失象后果，以致防守困难，酿成败势。应改走炮 5 退 2。

42. 兵五平六　卒 3 平 4　　　 **43. 马三退五　卒 6 平 5?**

丢象保卒无奈，但似乎不及象 7 退 5 丢卒保象，防守上可能好一些。

44. 马五退三　卒 5 进 1　　　 **45. 兵六平五　炮 6 进 2**

46. 相五退七　炮 3 平 2　　　 **47. 炮八退四　炮 2 进 3**

48. 相七进九　炮 2 退 2　　　 **49. 仕五进六　卒 4 进 1**

50. 仕四进五　炮 2 进 2　　　**51.** 炮八平七　象 3 进 1

52. 炮七平五　……

平炮轰象逼其屯边，再架中炮组织进攻，运子老练。

52. ……　　　将 5 平 6

53. 马三进一　炮 2 平 7

54. 兵五平四　卒 5 平 6（图 292）

55. 马一进二　……

进马打将，形成马炮兵联攻之势，黑方已难应付。

55. ……　　　炮 7 退 8

56. 兵四平三　卒 6 平 7

57. 兵三进一　炮 6 平 7

58. 兵三进一　炮 7 退 7

59. 兵七平六　……

以兵换炮，攻中夺子，由此奠定胜势。

冶金尚威

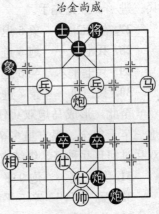

火车头于幼华

图 292

59. ……　　　将 6 进 1　　　**60.** 炮五平一　士 5 进 6？

61. 炮一退二　……

随手撑士又丢卒，应走卒 4 平 5。红方退炮打卒，恰到好处。

61. ……　　　卒 7 进 1　　　**62.** 马二退三　将 6 平 5

63. 马三退四　卒 4 进 1　　　**64.** 炮一平五　将 5 退 1

65. 马四退三　卒 4 进 1　　　**66.** 仕五进六　炮 7 平 4

67. 仕六退五　将 5 平 6　　　**68.** 相九进七　炮 4 平 5

69. 相七退五　象 1 退 3　　　**70.** 马三进二　象 3 进 5

71. 炮五平四　将 6 平 5　　　**72.** 马二进三　炮 5 进 6

73. 仕五进六　象 5 进 7　　　**74.** 炮四平五　炮 5 平 8

75. 马三退五（红胜）

第 80 局
广东卜凤波（红先胜）火车头于幼华
（1998 年 12 月 16 日弈于深圳）

仙人指路对卒底炮

1. 兵七进一 炮 2 平 3   **2.** 炮二平五 象 3 进 5
3. 马二进三 卒 3 进 1

这是两位特级大师在 1998 年全国个人赛中的一盘精彩对局。双方以仙人指路对卒底炮开局，然后转中炮对右象。红方上右马是较为流行的走法，另有马八进九、仕六进五、炮五进四等多种选择。黑方强挺 3 路卒，由此拉开战幕。

4. 车一平二 卒 3 进 1   **5.** 马八进九 车 9 进 1
6. 车九平八 车 9 平 4   **7.** 仕六进五 车 4 进 4
8. 炮五进四 士 4 进 5   **9.** 炮五平一 马 8 进 9

中炮抢双卒对肋车骑河，在本届全国赛上采用比较普遍，值得重视和研究。

10. 炮八平四 马 2 进 4   **11.** 相七进五 炮 8 平 7

平炮，保留竞争变化。如车 1 平 2，车八进九，马 4 退 2，兵三进一，马 2 进 4，车二进三，马 4 进 2，炮一退二，车 4 进 1，炮一平七，红方先手。

12. 炮一退二 卒 7 进 1   **13.** 车二进六 ……

过河车控制卒林，如炮一平七，马 4 进 3，黑方对抢先手。

13. …… 车 4 进 1   **14.** 炮四进一 车 4 退 2
15. 炮四进五 车 1 平 4
16. 兵五进一 炮 7 进 1（图 293）
17. 炮一平七 ……

此时已进入实质性的中局较量。红方吃卒无可非议，但次序上欠细腻，让黑马跃出增加对抗力量。建议先走炮四平六交换，后车

进 1，炮一平七，前车进 2，兵五进
一，前车平 7，炮七退二，后车进 5，
兵一进一，红方占先。

17. ……　　　马 4 进 5

18. 兵三进一　　马 5 进 4

19. 马三进二　　……

如改走马三进四，前车平 6，兵五
进一，车 6 退 3，马四进三，马 9 进 7，
车二平三，马 4 进 6，黑方有攻势。

19. ……　　　炮 3 进 1

20. 车二进一　　炮 7 平 5

21. 兵三进一　　马 4 进 5！

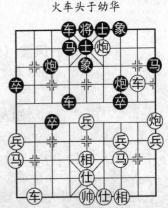

火车头于幼华

广东卜凤波

图 293

黑方连损 4 卒，调度子力，形成中路反击之势，"拼命三郎"
（于幼华的雅号）的棋风由此可见。黑方弃马踏相抢攻，佳着。

22. 相三进五　　炮 5 进 4　　　　　23. 仕五进四　　前车平 7

24. 炮七退四　　炮 3 进 4

红方退炮防守，要紧。黑方进炮打马，紧凑。

25. 炮四退三　　……

舍马退炮，必着。如马九进七，炮 5 退 1，红难应付。

25. ……　　　炮 5 平 1　　　　　26. 炮四平五　　车 7 进 1

进车正着。如改走炮 1 平 6，仕四进五，炮 6 平 8，车二平四。
下一手红方出帅叫杀，黑方难堪。

27. 仕四进五　　车 7 平 5　　　　　28. 马二进三　　炮 3 退 5

29. 车二退三　　车 5 进 1

避兑，决意要拼个高下。如改走车 5 平 8，马三退二，局势相
对平稳。斗争精神可嘉。

30. 马三进一　　炮 3 平 9

31. 炮五退一（图 294）　车 5 平 1

面临两个边兵吃哪一个的选择，出于决胜意识的考虑，黑方吃
掉红方左边兵，目的是尽早发挥自己边卒的作用。但从形势判断和

技术上来看，车5平9吃掉右边兵较
为稳妥，黑方较易控制局面。红右兵
的保留也为以后留下后患。

　32. 兵一进一　　车1平3
　33. 车二平四　　车3退1
　34. 帅五平四　　炮1退2
　35. 炮七平五　　卒1进1
　36. 兵一进一　　车3进4

　进车硬攻，临场"拼命"意识特
别强。改走炮1平2则比较稳健。

　37. 车八进四　　炮1进4
　38. 仕五退六！……

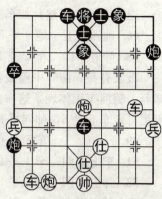

火车头于幼华

广东卜凤波

图 294

黑方进炮是箭在弦上不得不发，如炮1平5交换从黑方临战心
理上来讲是肯定不会接受的。红方舍仕，化解黑方攻势的好棋。

　38. ……　　　　车4进9

如误走车3平4，仕四退五，前车退6，帅四进一，炮9退2
（如前车平5，仕五进六，车5进2，车八平五，红方胜势），仕五
进六！前车进4，后炮进七！象7进5，车四进五，红胜。

　39. 仕四退五　　车4平5
　40. 炮五退四　　炮1平5
　41. 车四平七　　车3平1
　42. 车八进五　　士5退4
　43. 车七平六（图295）　　象5退3

　一场争斗，惊心动魄。兑子后局
面有所简化，黑方舍象通炮路，保留
进攻的机会，念念不忘"拼命"，斗
劲十足。如士6进5，车六退四，车1
退3（如车1平4则和棋），帅四平
五，象5进3，车六进五，黑方难有
作为。

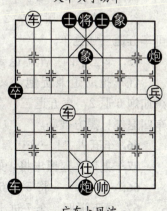

火车头于幼华

广东卜凤波

图 295

44. 车八平七　士6进5　　　**45.** 车六退四　车1退3

退车舍炮,必然。如车1平4兑车即刻成和棋。

46. 帅四平五　炮9平5　　　**47.** 仕五进四　车1平5

48. 帅五平四　车5进1　　　**49.** 车六进五　……

破象有兵,防守中蕴藏着反击的潜意识,这是高手棋艺素质的修养,骑河车正体现了这一点。改走车六进四虽稳,但难以反击,因黑可走车5平6,帅四平五,车6退3,红方受威胁。

49. ……　　　　　车5平6　　　**50.** 帅四平五　卒1进1

51. 车七退四　卒1平2　　　**52.** 车六平四　车6平5

53. 帅五平四　炮6平5　　　**54.** 车四平五　车5平9

55. 帅四平五　炮6平5　　　**56.** 车五平三　象7进9

57. 车三平二　卒2进1　　　**58.** 车七平四　车9平5

59. 帅五平四　炮5平6　　　**60.** 车四平五　车5平6

61. 帅四平五　车6平9　　　**62.** 车二进二　车9平6

63. 车二退四　……

退车捉卒,老练。如车二平一吃象,卒2平3。小卒靠拢,红方受攻。

63. ……　　　　　卒2进1(图296)

64. 帅五进一!　车6平7

红方高帅妙。黑如卒2平3,红可车五退三强兑车。

65. 车二平四!　车7退5

红车抢肋道兼捉炮,又是妙着。黑如炮6退2,车五退三,车7进1,车四退二!黑方被动。

66. 车五进二!　……

双车夹炮,逼黑出将,好棋。

66. ……　　　　　将5平6

67. 车五退四　车7进1

如改走卒2平3,车四平三,车7平8,车三平二,车8平7,

火车头于幼华

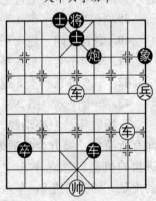

广东卜凤波

图296

车五平三。霸王车强兑，红方胜势。

68. 车四平三　车 7 平 3　　　**69.** 车三平二　象 9 退 7

70. 车二平三　象 7 进 9　　　**71.** 车三平二　车 3 平 7

72. 兵一进一 ……

黑方平车无奈。如象 9 退 7，车二平三，象 7 进 9，车三平二，一捉一闲，不变可和。又如改走卒 2 平 3，车二进六，将 6 进 1，车五平三，车 3 平 5，帅五平四，车 5 平 6，帅四平五，炮 6 平 5，车三进四，红胜。红兵乘机推进，恰到好处。

72. ……　　卒 2 平 3　　　**73.** 兵一进一　卒 3 平 4

74. 车二进六　将 6 进 1　　　**75.** 车二退六　车 7 平 3

如改走车 7 进 5，帅五退一，卒 4 进 1，车五平三，卒 4 平 5，帅五平六，强兑车。红方胜势。

76. 帅五平四　车 3 平 6　　　**77.** 帅四平五　车 6 平 3

78. 兵一进一 ……

挺兵，"忙里偷闲"，有惊无险，潇洒。

78. ……　　车 3 进 5　　　**79.** 帅五退一　卒 4 进 1

80. 车五平七　车 3 平 2

81. 车七平八　车 2 平 1

82. 车八平九　卒 4 平 5

83. 帅五平四　卒 5 平 6

84. 帅四平五　车 1 平 4

85. 车九平六　车 4 平 2

86. 车六平八（图 297）　车 2 平 5?

火车头于幼华

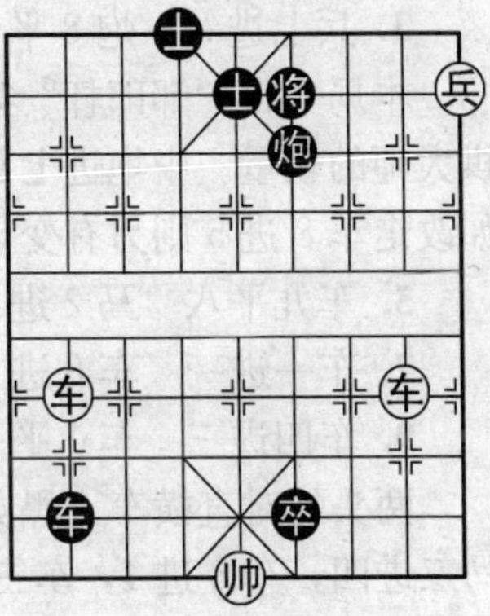

广东卜凤波

图 297

如图 297 形势，车卒要杀，双车长兑，实际上也成和局。但关键时刻，黑车打帅硬变，败着也。拼命三郎杀红了眼，真是不管三七二十一，只图胜利而心态失衡。拼搏精神值得提倡，但不能违背棋局规律。笔者在旁观战，实为其揪心。

87. 帅五平六　卒 6 进 1

如车 5 平 1，车八平三，炮 6 平 4，车三进四，红方捷足先登。

88. 车二退三　车 5 平 3　　　　**89.** 车二进八　将 6 退 1

90. 车二进一　将 6 进 1　　　　**91.** 车八平三　炮 6 平 4

92. 车三平四　炮 4 平 6　　　　**93.** 兵一平二　……

"小兵出道"，胜矣。

93. ……　　　士 5 进 4　　　　**94.** 车二平五　车 3 平 7

95. 车四退三　士 4 退 5

下面车五平一，形成双车兵杀局，红胜。卜凤波赢得幸运，赢得漂亮。于幼华斗得辛苦，虽败犹荣，一盘佳构也。

第 81 局
上海董旭彬（红先负）上海孙勇征
（1999 年 8 月 7 日弈于上海）

中炮两头蛇对半途列炮

1. 炮二平五　马 8 进 7　　　　**2.** 马二进三　车 9 平 8

3. 兵七进一　炮 8 平 9　　　　**4.** 马八进七　炮 2 平 5

本局弈自"邹郎杯"第 10 届上海象棋擂台赛。是沪上两位象棋大师的较量。中炮进七兵对三步虎开局，黑方用半途列炮还击，如改走车 8 进 5 则另有变化。

5. 车九平八　马 2 进 3　　　　**6.** 兵三进一　车 1 进 1

7. 车一进一　车 8 进 4　　　　**8.** 车一平四　卒 7 进 1

9. 车四进三　车 1 平 4

两头蛇对直横车。黑如改走卒 7 进 1，车四平三，马 7 进 6，马三进四，车 8 进 1，车三平二，马 6 进 8，炮八进六，马 8 进 6，炮五平四，卒 5 进 1，相七进五，红先。

10. 炮八进三　……

骑河炮出击抢先。另有两种走法可供选择：①马七进六，车 4 进 3，炮五平六，卒 7 进 1，车四平三，车 4 平 7，车三进一，车 8

平7，相七进五，车7进2，马六进七，红方先手。②炮八平九，
车4进3，车八进六，炮5退1，炮五退一，车4进4，炮五平四，
卒7进1，车四平三，车4平6，车三进三，象3进5，车八平七，
马3退2，仕六进五，红先。

10.……　　　　车8进2

11.兵七进一　卒3进1

12.炮八平三　车4进7（图298）

车侵相腰扼下二路，有新意的应
着。一般有两种着法：①车4进6，
马七进八，马7进8，仕六进五，车4
进1，车四进一，卒3进1，马八进
七，车4退5，车八进六，士4进5，
炮三进一，红先。②马7进8，马七
进六，炮9进4，马六进四，炮9平
5，马三进五，炮5进4，仕四进五，
车4平6，车四退二，象3进5，车八

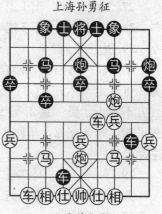

上海孙勇征

上海董旭彬

图 298

进三，象5进7，兵三进一，马8进9，车八平五，红方先手。

13.车八进四　士6进5　　　　**14.车八平六　车4平3**

15.马七进八　炮5平6　　　　**16.炮三进一　……**

可改走炮五平七，象7进5，相七进五，红方占先。

16.……　　　　象7进5　　　**17.兵三进一　象5进7**

18.炮五平七　象7退5　　　　**19.相七进五　车8退3**

20.车四平三　卒1进1　　　　**21.仕六进五　炮9退1**

22.炮七进五　……

兑子意在打开僵持局面，无更好的选择。

22.……　　　　炮6平3　　　**23.马八进六　炮3退1**

24.马六退四　炮9平8

红如改走炮三平四，黑马7进6或卒5进1，红难展开。黑方
平炮封锁外肋，以逸待劳，机灵。

25.车六进二　炮3平2

26. 车六平八　　车3平1（图299）

27. 马四进六　……

如改走车八退三，卒1进1，兵
九进一，车1退3，黑方占先。

27. ……　　车1退2

28. 马三进四　　车1退1

29. 炮三平四　……

平炮放黑马出槽，使自己徒增压
力。可改走马六进七，以后抢中卒，
红方不难走。黑如接走车1平6，车
三平四，车8平7，车四平六，红方
主动易走。

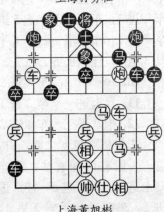

上海孙勇征

上海董旭彬

图 299

29. ……　　马7进6　　**30.** 车八平五　　马6进4

31. 车五平八　　车1进4　　**32.** 仕五退六　　马4进3

33. 相五退七　……

车马抢攻，夺得战机。红方舍相无奈。如改走仕四进五，车8
进5，马四退三，马3进4！仕五退六，车8平4，黑胜。

33. ……　　车1平3　　**34.** 马四退五　　炮8平7

35. 兵五进一　　卒1进1

36. 仕四进五　　车3平1

37. 车三退一　　车8进5

38. 马五退三　　车8进1

39. 马三进一　　车8退4

40. 车三退一（图300）　马3进4?

弃马踩仕抢攻，战术对头，但方
向着法有误。应改走马3进5，帅五
进一，车1平4。双仕一破，红方难
以抵挡黑方攻势，获胜只不过是时间
问题。

41. 炮四退六　　象5进7！

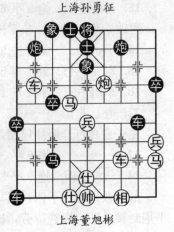

上海孙勇征

上海董旭彬

图 300

红方退炮拴住车马护底线，赢得空间，躲过一劫。黑方扬象轰车，是目前形势下的佳着。

42. 马一进三 ……

如车三进三吃象，车8平5，红有两种应着：①炮四平六，士5进6，车八退五，炮2平5，红难应付。②马六进四，马4退5！炮四平九，马5进3，帅五平六，车5平4，黑胜。

42. …… 炮7进5   43. 炮四平六 ……

如改走车三进一，车8平5，车八进二，士5进6，车三平五，马4退3，炮四平九，马3退5，马六进四（如马六退五，车5进1，车八退七，卒3进1，帅五平四，车5平9，黑方胜势），车5退3，车八退六，马5进6，黑方占优。

43. …… 炮2平4   44. 车八平六 ……

如改走车三进一吃炮，炮4进7，仕五退六，车8平5，车三平五，车5平4，黑方胜势。

44. …… 炮4进3   45. 车三进一 炮4平6

46. 车六平四 炮6进1   47. 车三进二 象3进5

48. 车三进二 车1退3   49. 车四进二 士5退6

50. 车三平五 士4进5   51. 车五平七 ……

同样动车，应改走车四退三比较好。

上海孙勇征

51. …… 炮6进1

52. 车七退二 车8平5

53. 车七退三 车1平4

54. 相三进五 炮6退4（图301）

退炮成双车炮联攻之势，又多卒，黑方已握胜券。

55. 车七进七 车4退6

56. 车七退七 卒1平2

57. 炮六平九 车4平1

58. 炮九平六 卒2进1

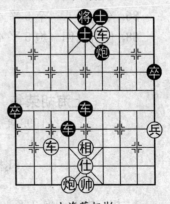

上海董旭彬

图301

59. 炮六进六　车 5 退 2　　　　**60.** 炮六退一　车 1 进 9

61. 炮六退五　卒 2 平 3　　　　**62.** 车七平八　……

横卒欺车，"小鬼难缠"。红如车七进一，车 5 进 4，黑方速胜。

62. ……　　车 1 退 9　　　　**63.** 炮六进四　车 5 平 4

64. 车八平六　车 1 进 9　　　　**65.** 仕五退六　炮 6 平 5

66. 帅五平四　车 1 退 6　　　　**67.** 仕六进五　车 4 平 6

68. 车四退二　车 1 平 6

兑车简化，下面车炮卒推进。

69. 帅四平五　车 6 平 5　　　　**70.** 炮六平三　士 5 进 6

71. 帅五平六　士 6 进 5　　　　**72.** 炮三退四　车 5 进 3

73. 兵一进一　车 5 退 1　　　　**74.** 车六平九　车 5 平 4

75. 帅六平五　车 4 平 9

再吃边兵，黑方胜定。下面"完成任务"。

76. 车九进四　车 9 进 2　　　　**77.** 车九平五　炮 5 进 5

78. 帅五平六　卒 3 平 4　　　　**79.** 车五平二　车 9 进 2

80. 炮三平四　炮 5 退 3　　　　**81.** 车二进三　士 5 退 6

82. 车二平四　将 5 进 1　　　　**83.** 车四退一　将 5 进 1

84. 车四平六　卒 4 平 5　　　　**85.** 炮四平五　士 6 退 5

86. 车六平八　卒 5 平 4　　　　**87.** 炮五平四　车 9 平 6

88. 仕五退四　炮 5 平 4（黑胜）

第 82 局
上海胡荣华（红先负）广东许银川
（1999 年 8 月 7 日弈于北京）

飞相局对士角炮

1. 相三进五　炮 2 平 4　　　　**2.** 兵三进一　马 2 进 3

3. 兵七进一　车 1 平 2　　　　**4.** 马八进九　炮 8 平 5

5. 车九平八　马8进7　　　**6.** 马二进四　车2进4

本局是两位顶尖高手弈自"红牛杯"中央电视台象棋快棋赛决赛。飞相对士角炮开局，演成担子炮转角马对五六炮巡河车阵式，双方将在不定式的攻防局形中展开较量。

7. 炮八平七　车2平6　　　**8.** 马四进六　车9平8

9. 炮二平三　卒7进1

如改走炮5进4，仕四进五，炮5平4，车八进三，车8进6，炮七进四，象3进5，炮七平三，红方占先。

10. 兵三进一　车6平7　　　**11.** 马六进五　炮5进3

12. 兵五进一　马7进6　　　**13.** 仕四进五　炮4平9

14. 车八进三　象7进5

15. 车一平四　炮9平6

16. 车四平三　卒9进1（图302）

17. 炮三平四　……

兑子造成中兵不保，失先。应改走兵九进一。

17. ……　　　　　车7进5

18. 相五退三　炮6进5

19. 仕五进四　车8进5

20. 相七进五　车8平5

21. 炮七进四　……

重炮轻发，嫌浮。应改走兵九进

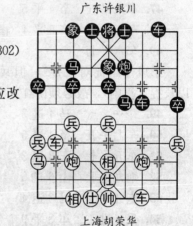

广东许银川

上海胡荣华

图 302

一，虽少一兵，但兵种好，红方并不难走。

21. ……　　　　　马6进4　　　**22.** 炮七平六　马4进5

23. 相三进五　车5进2　　　**24.** 仕四退五　车5平1

奔马踏炮，杀双相兑子，黑方一气呵成，占得优势。

25. 车八进三　卒1进1　　　**26.** 炮六退四　马3进4

27. 车八平五　车1退1　　　**28.** 车五退一　马4进5

29. 炮六平五　士4进5　　　**30.** 车五平一　马5退3

形成车炮兵双仕对车马卒士象全。红方残双相，黑方以优势斗残局。

31. 车一平七	马3进5	**32.** 车七进一	车1进1
33. 炮五平六	车1退2	**34.** 炮六平五	车1平8
35. 车七退三	马5退3	**36.** 仕五退四	卒1进1
37. 仕六进五	卒1平2	**38.** 炮五平七	马3退5
39. 车七平五	马5退4	**40.** 车五平七	车8平4
41. 炮七平二	卒2平3	**42.** 车七平三	车4平8
43. 炮二平九	卒3平4	**44.** 车三平五	卒4平5
45. 炮九进七	士5退4		
46. 车五平六	卒5平4		
47. 车六平五	卒4平5		
48. 车五平六	卒5平4（图303）		
49. 车六平七	……		

广东许银川

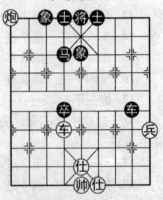

上海胡荣华

图 303

形成"二捉对二捉"，但兵卒可
以长捉（算闲），故必须由红方变着。

49. ……	马4进3		
50. 车七平五	卒4平5		
51. 车五平七	车8退2		
52. 炮九退七	士6进5		
53. 炮九平七	马3退4		
54. 兵一进一	车8平9	**55.** 车七平一	车9平5
56. 炮七平五	……		

应改走车一平六比较顽强。

56. ……	卒5平4	**57.** 炮五平七	车5进4
58. 炮七退一	马4进5	**59.** 炮七平六	卒4进1

车马卒联攻，迅速推进，红方九宫吃紧了。

60. 帅五平六	车5平3	**61.** 帅六平五	车3退1
62. 兵一进一	卒4平5	**63.** 兵一平二	马5进6
64. 仕五进四	……		

如改走车一平三，卒5进1，仕五退六（如兵二进一，黑车3

平5），卒5平4，炮六平四，卒4进1，仕四进五，卒4平5，仕六进五，马6进4，黑方夺车胜。

64.……　　　　卒5进1

65. 车一进六　士5退6

66. 仕四进五　象5退7

"将军脱袍"，露将助攻，好棋。

67. 帅五平四（图304）　卒5平6?

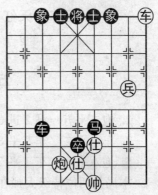

广东许银川

出错！同样杀仕，应改走卒5进1，仕四退五，马6进5，黑方胜定。

68. 车一退七　卒6进1

69. 帅四进一　车3平5

70. 仕五进六　……

消灭黑卒，红方躲过一劫。

上海胡荣华

图304

70.……　　士4进5	**71. 车一平四　象3进5**
72. 帅四退一　马6退5	**73. 车四进三　车5进1**
74. 帅四进一　马5进3	**75. 车四退三　车5退3**

76. 兵二进一　车5平8

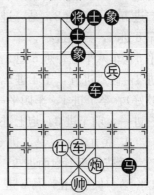

广东许银川

77. 兵二平三　马3进5

78. 车四平五　马5退7

79. 帅四平五　车8平6

80. 帅五退一　马7进6

81. 炮六平四　马6进8（图305）

82. 炮四平六??　……

败着！应改走炮四平七。在快棋严格限时情况下，黑方很难取胜。

82.……　　　　车6进5!

83. 帅五进一　马8退6!

车马杀着，黑胜，幸运。快棋多失误，高手也难免。我们应以平常心对待之。

上海胡荣华

图305

第 83 局

江苏徐天红（红先负）吉林陶汉明

（1999 年 11 月 16 日弈于镇江）

五七炮对屏风马

1. 炮二平五	马 2 进 3	**2.** 马二进三	马 8 进 7
3. 车一平二	车 9 平 8	**4.** 马八进九	卒 7 进 1
5. 炮八平七	车 1 平 2	**6.** 车九平八	炮 2 进 4

本局是两位特级大师在 1999 年全国个人赛中的交锋。五七炮双直车对屏风马，此时黑方有"炮可三动"，右炮封车是一种，另有炮 2 进 2、炮 8 进 4，都是流行走法。

7. 车二进四　象 7 进 5

飞左象固中，黑方有备而来。另有两种应着：①象 3 进 5，兵九进一，炮 8 平 9，车二平四，炮 2 退 2，兵七进一，马 7 进 8，兵三进一，卒 7 进 1，车四平三，炮 2 进 2，车三平二，马 8 退 7，车二进五，马 7 退 8，马三进四，红方先手。②炮 8 平 9，车二平四，车 8 进 1，兵九进一，车 8 平 2，兵三进一（亦可车八进一，炮 2 平 5，车八平五，炮 5 退 2，马三进五，炮 5 进 3，车五进一，前车进 3，仕六进五，士 4 进 5，车五平二，象 3 进 5，车二进五，红方较好），卒 7 进 1，车四平三，马 7 进 8，车三进五，炮 9 平 7，相三进一，前车进 3，炮七进四，红方占先。

8. 兵九进一　马 7 进 6　　**9.** 马九进八　……

跃马截断车炮而进攻。如车二平八，车 2 进 5，马九进八，炮 2 平 5，马三进五，马 6 进 5，炮七进四，局势平稳，红方易走。

9. ……	卒 7 进 1	**10.** 车二平三	炮 2 平 5
11. 仕六进五	炮 5 退 2		

12. 车三平四 （图 306）　炮 8 平 7

先弃 7 卒，再镇中路，继而弃马。黑方实施弃子战术，由此争取反攻机会，走得积极。

13. 车四进一 ……

吃马接受挑战，迎难而上。如炮
七平八，炮 5 平 2，车四进一，炮 2
进 3，车八进二，炮 7 进 5，炮五进
二，炮 7 平 8，炮五平七，局面相对
平稳，红方占先。

13. …… 车 8 进 5

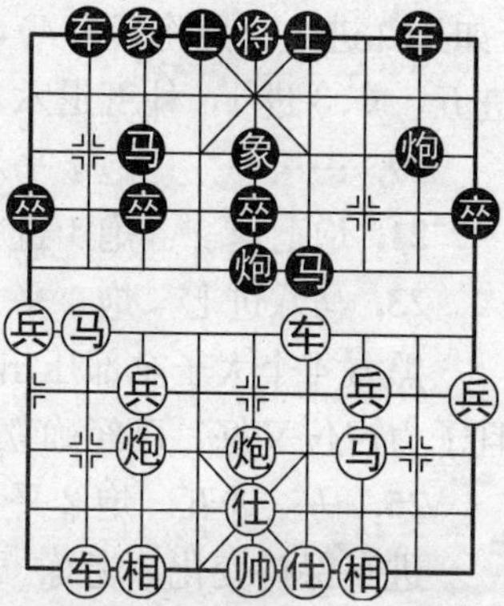

14. 马八退九 车 2 进 9

15. 马九退八 士 4 进 5

补士固中正着，以后有利于对帅
门的控制。如车 8 平 2，马八进九，
车 2 进 2，炮七进四，炮 7 进 5，车四退一，红方先手。

16. 兵三进一 ……

献兵意在减轻三路线上的压力，是一步有新意的变着。以往都
走马八进九，车 8 平 4，车四退二，卒 3 进 1，马三退一。红方多
子，黑方有势，各有千秋。

16. …… 车 8 平 7

17. 马三退一 车 7 平 4（图 307）

18. 车四退二? 炮 7 进 3!

此时退车失去对黑方中炮的牵
制，无甚作用，且有悖于前面弃三兵
的初衷，是一步疑问手。应改走马一
进二，以后再退宫角，红方阵形可以
得到改善，从而可占多子之利。黑如
将 5 平 4，炮七平六，车 4 进 2，车四
平五，红足可无忧。黑方伸炮压向红
方左侧，又可抑制红车平中的企图，
好棋。

19. 炮七进四 ……

吉林陶汉明

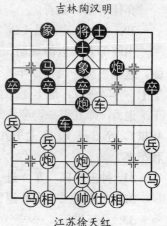

江苏徐天红

图 306

吉林陶汉明

江苏徐天红

图 307

黑炮一升，红方顿觉尴尬。七炮翻出无奈，如改走炮七平九（如兵九进一，黑将5平4），车4进3，马八进七，车4平3，马七进五，车3进1，仕五退六，车3退3，黑方占优。

19. ……　　炮7平1　　　**20. 相七进九　车4退2**

21. 炮七退二　炮1进1　　　**22. 车四进一　马3进2**

23. 马八进七　炮1平2　　　**24. 马一进三　马2进3**

黑方4个大子全部压出，连抢两个兵，物质上得到相应补偿，且子力占位又好，已经确立优势。

25. 马三进五　炮2平5　　　**26. 马七进五　车4进3**

进车保持变化，老练。如改走马3进1，炮七平六，马1进3，帅五平六，炮5进3，相三进五，马3退5，帅六平五，马5进3〔如卒5进1，仕五进六，车4平5，车四退二，卒5进1，车四平五，卒5平4，车五退一，卒4进1，马五进三，车5平4（如兑车则和棋），以后车马斗车卒，红方可望求和〕，马五退六，卒5进1，以后车马炮斗车马双卒，虽然黑方并不难走，但前景难料。

27. 炮五进三　卒5进1　　　**28. 马五进三　马3进1**

29. 仕五进六　……

弃仕解杀，必着。

29. ……　　马1进3　　　**30. 帅五进一　将5平4**

出将等着，以静观动。高手对弈，讲究的是动静结合，有张有弛，这里可见一斑。如车4进1吃仕，车四退二，车4退2，车四平七，车4平7，炮七退三，车7进4，车七进四（也可车七平五，车7退5，帅五退一，卒1进1，炮七平五，以后消灭中卒，大致和棋），卒5进1，车七平九，车7平6，车九平一，车炮兵可以守和车卒。

31. 帅五平四　车4进1

32. 车四退二　车4退2（图308）

33. 马三进五　……

如改走车四平七，车4平7，炮七退三，卒5进1（如车7进4，车七平五，黑中卒不保；如车7平6，车七平四，黑方并不便宜），车七平五，红可坚守求和。

33. …… 车 4 平 5

34. 车四平七 马 3 退 5

35. 车七平六 将 4 平 5

36. 马五进三? ……

吉林陶汉明

跳马不当，失着。应改走炮七退
二，马 5 退 7，车六平三，马 7 退 6，
马五进七，红方可以抵挡。

36. …… 车 5 平 7

37. 马三退五 车 7 进 3?

用车打帅，欠准确，没有攻在点

江苏徐天红

图 308

子上。应改走马 5 退 7，车六平三，
车 7 平 6，帅四平五，车 6 平 5，相三进五，马 7 退 6，马五进七，
马 6 进 5，车三进四，马 5 退 3，夺炮，黑方胜定。

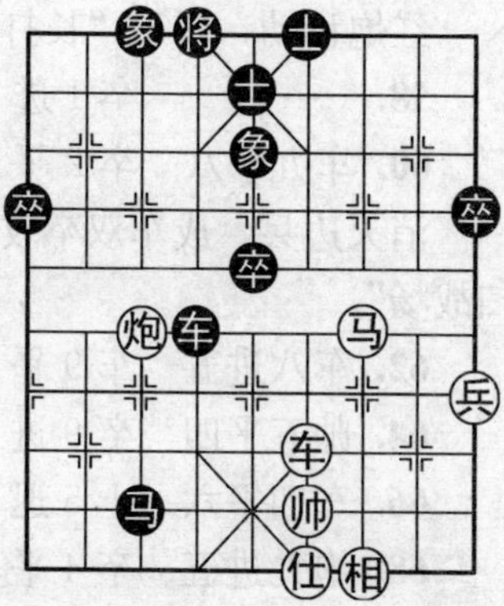

38. 帅四进一 车 7 退 1 | **39.** 帅四退一 车 7 进 1

40. 帅四进一 马 5 进 6 | **41.** 车六进一 车 7 平 5

42. 马五退四? ……

又是一步不当动马。应改走炮七平四，马 6 退 4，炮四平六。
黑方车马无法发威，红可防守。

42. …… 马 6 退 4 | **43.** 炮七平六 车 5 退 2

44. 车六退二 车 5 平 6 | **45.** 帅四平五 车 6 平 5

46. 帅五平四 车 5 平 7 | **47.** 炮六退二 车 7 平 1

黑方两步运车非常到位。以后车卒斗车炮，自有一番景象。

48. 车六平七 ……

空棋。应走车六平一，伺机兑兵卒。

48. …… 卒 1 进 1 | **49.** 兵一进一 车 1 平 4

50. 炮六退一 车 4 退 1 | **51.** 炮六平五 车 4 平 5

52. 炮五平二 车 5 平 8 | **53.** 炮二平五 车 8 平 5

54. 炮五平二 车 5 平 8 | **55.** 炮二平五 车 8 平 5

56. 炮五平三 车 5 平 7 | **57.** 炮三平王 车 7 平 5

58. 车七平九　……

红炮移动，属于"长打"，必须变着。

58. ……　　卒1进1　　　**59.** 炮五退一　卒1平2

60. 车九平八　卒2平3　　　**61.** 炮五平九　车5平9

消灭边兵，成车双卒攻车炮相残局，黑方胜势已定。下面"打扫战场"。

62. 车八进五　车9平6　　　**63.** 帅四平五　车6平5

64. 帅五平四　卒9进1　　　**65.** 车八平四　卒3平4

66. 车四平六　士5退4　　　**67.** 炮九进四　卒4进1

68. 炮九进五　卒4平5　　　**69.** 车六进三　将5进1

70. 车六平五　将5平4　　　**71.** 车五平六　将4平5

72. 车六平四　象3进1

至此，红方已无法救局，认输。

六、21 世纪
（25 局　84～108）

第 84 局
火车头金波（红先负）吉林洪智
（2000 年 5 月 28 日弈于奉化）

五七炮两头蛇对屏风马

1. 炮二平五　马 8 进 7　　　**2.** 马二进三　马 2 进 3

3. 兵七进一　车 9 平 8　　　**4.** 兵三进一　……

本局弈自全国体育大会"腾头杯"象棋团体赛。中炮进七兵对屏风马，黑方不挺 7 卒先出车，立足于"变"，在"活"字上做文章，红方再冲三兵，成两头蛇阵式。改走马八进七，卒 7 进 1，则成正规布子；另如改走兵五进一，士 4 进 5，兵三进一，象 3 进 5，马八进七，车 1 平 4，红方双车出动迟缓，并不占便宜。

4. ……　　　炮 2 进 3

骑河炮窥视河头兵，走法别致，有点冷门，也是前面"屈头"屏风马的连接手。布局不拘泥于"定式"，值得研究。

5. 相三进一　……

如改走马八进七，炮 2 平 7，车九平八，卒 7 进 1，车一平二，象 3 进 5，相三进一，炮 7 进 1，兵五进一，炮 8 进 4，炮八进一，炮 8 进 2，炮八平五，车 1 平 2，车八进九，马 3 退 2，前炮进三，士 4 进 5，兵五进一，卒 1 进 1，黑方可以抗衡。

5. ……　　　炮 8 进 4　　　**6.** 炮八平七　……

五七炮针对"屈头马"，抢先。如马八进七，炮2平7，兵五进一（如马三进四，黑炮7平3），士4进5，马七进五，炮7进1，双方对抢先手。

6. ……　　　象3进5　　　　　**7.** 兵七进一　　象5进3

8. 马八进九　……

亦可改走炮七进四，以后启动七路马，另有一番景象。

8. ……　　　车1平2（图309）

9. 车九平八　……

出车授黑方以兑车机会，致使底相被劫，刻板。改走兵五进一比较有力。

9. ……　　　炮2平3

10. 车八进九　　炮3进4

11. 仕六进五　　马3退2

12. 车一平二　　马2进4

13. 兵九进一　……

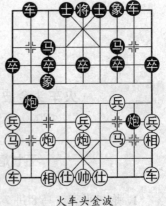

吉林洪智

火车头金波

图309

挺边兵嫌缓。可马三进四，炮8平1，车二进九，马7退8，炮五进四，斗无车棋，红方有空心炮攻势，机会较多，至少比原变化要好得多。

13. ……　　　象3退5　　　　**14.** 马三进四　　炮8退2

15. 炮五平三　　炮8平2

红方卸中炮不及先走马九进八跳出边马，保持中炮以观动静。黑方平炮兑车恰到好处，以后进入无车棋争斗。

16. 车二进九　　马7退8　　　　**17.** 相一退三　　炮3平1

18. 马九进八　　卒3进1　　　　**19.** 相三进五　　马8进9

20. 兵一进一　……

又是一步挺边兵，仍有嫌太缓。可改走炮七平八，炮2进3（如炮1平2，红马八退七），炮三平八，卒9进1，马八进六，红方子力活跃，可补偿失相少兵的损失，以后有漫长争抢战程。

20. ……　　　卒9进1　　　　**21.** 兵一进一　　炮2平9

22. 马八进六 ……

此时进马无好的出路，不如马四进三抢卒兑子。

22. …… 卒5进1

23. 马六进七（图310） 炮1退2

红方进马不及马六退七，黑方退炮攻相正逢其时。

24. 仕五进六 炮9进1

25. 马四进三 马9进7

26. 炮三进四 炮9平1

双炮联动，抢兵而占得优势，如炮1平4轰仕也不错。

吉林洪智

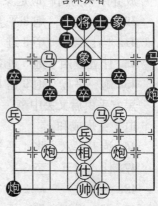

火车头金波

图310

27. 仕四进五 卒1进1 **28.** 炮三平四 后炮平6

29. 兵三进一 卒1进1 **30.** 炮七退一 卒1平2

横卒欠细。应走士4进5固中等一等。

31. 炮四平九 士4进5 **32.** 兵三平四 炮1平3

33. 马七退六 马4进2

红如改走兵四平五，炮3平5，帅五平六，炮5退3，兵五进一，炮5平9，黑优。同样跳马，黑方应改走马4进3显紧凑。

34. 炮九平一 马2进1

35. 炮一进三 马1进2

36. 炮七平六 炮6平4

37. 帅五平六（图311） ……

黑方兑炮抢先简化，利于掌握。红如改走炮六进三，马2退4，马六进五，炮3平5，仕五进四，将5平4，马五退三，卒5进1，兵五进一，炮5退1，黑方占优。

37. …… 炮4进3 **38.** 帅六进一 马2退4

吉林洪智

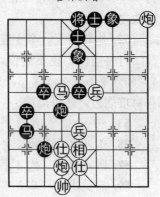

火车头金波

图311

放弃中象为何？应走象5退3。

39. 马六进五	炮3平5	**40.** 马五进七	将5平4
41. 马七退六	卒3进1	**42.** 炮一退四	马4进6
43. 仕五进四	炮5进2	**44.** 帅六退一	炮5平9
45. 炮一平五	炮9退8		

黑方丢象后又丢中卒，自找麻烦。现在退炮决意再战，不甘心马6退5兑炮成和。

46. 炮五平六　将4平5

47. 仕六退五　卒3平4

48. 兵四进一　卒2平3

49. 马六退四　炮9平6

50. 马四进二　马6退7

51. 炮六平四 (图312)　士5进6

吉林洪智

火车头金波

图312

舍士保留争斗机会，"宁可玉碎，不求瓦全"，精神可嘉。如炮6进3兑炮即和。如炮6平8，马二进三，将5平4，兵四平五，红方有马炮兵联攻之势。

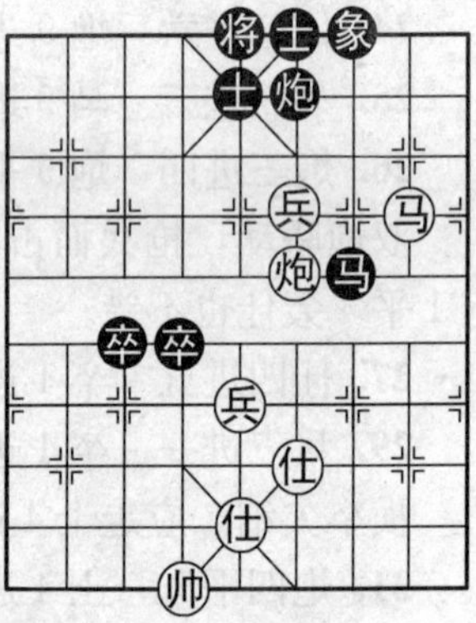

52. 炮四平五　卒4进1　　　**53.** 兵四平五　……

打将空棋，攻不到位，守不着边。应改走兵四进一，炮6平4，帅六平五，卒4平5，兵四进一。虽然黑方仍占优，但红方尚有对攻能力，还可周旋。

53. ……	将5平4	**54.** 炮五平四	炮6平4
55. 炮四平六	将4平5	**56.** 马二退四	马7进6
57. 帅六平五	炮4平6	**58.** 马四进六	士6进5
59. 后兵进一	卒3平4	**60.** 炮六平二	前卒平5
61. 炮二进四	象7进9	**62.** 炮二退三	将5平4
63. 炮二平四	炮6平8	**64.** 炮四退二	……

又是一步空棋，应改走炮四退一。

64. ……　　　卒5进1　　　**65.** 炮四进一　象9进7

66. 炮四平六 ……

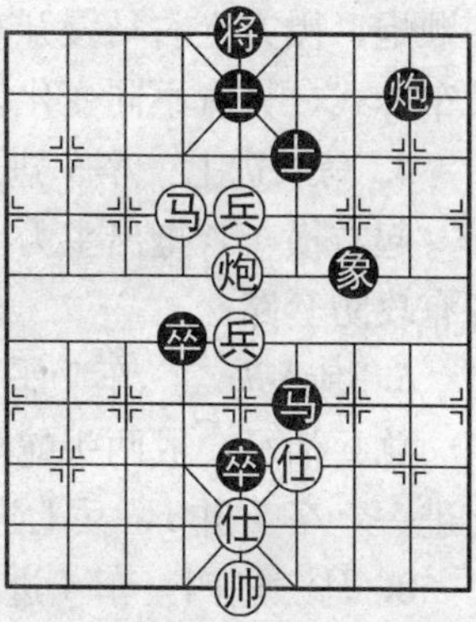

可能限时关系，红方着法有点乱。应走前兵平四。

66. ……　　　将4平5

67. 炮六平五?（图313） ……

劣着，应改走炮六平四。红方炮动三着接连出错，形势急转直下。

67. ……　　　卒5平6

68. 仕五进四　卒4平5

换兵破仕，黑方乘机突破，下面推进入局。

69. 炮五平九　卒5进1

70. 兵五平四　炮8平6

吉林洪智

火车头金波

图313

71. 马六退七　卒5进1

72. 炮九平五　马6退5　　　　**73. 马七进五　炮6进2**

换炮再夺兵，成炮卒单缺象必胜马单仕。

74. 仕四退五　炮6平9　　　　**75. 马五退四　士5进4**

76. 仕五进六　炮9平5　　　　**77. 仕六进五　炮5进5**

红如帅五平四，黑炮5退2胜。黑炮轰仕，胜定。

78. 马四进三　士6退5　　　　**79. 马三退四　炮5平1**

80. 马四进六　卒5平6　　　　**81. 帅五进一　炮1退8**

82. 马六进七　将5平6（黑胜）

第85局

浙江邱东（红先胜）河北李来群

（2000年6月4日弈于宁波）

顺炮直车对缓开车

1. 炮二平五　炮8平5　　　　**2. 马二进三　马8进7**

3. 车一平二　马2进3

这是"腾头杯"全国体育大会象棋团体赛第9轮的一盘比赛。斗顺炮，黑方上右马缓开车是流行走法的一种，改走车9进1则成横车阵式，另有不同变化。

4. 马八进七　卒7进1　　　5. 兵七进一　车1进1

起右横车，抢出主力。亦可选择炮2平1、炮2进4等着法，各有攻防套路。

6. 炮八进二　车1平4　　　7. 兵三进一　车4进3

兑兵活马，成两头蛇阵形，棋势开朗。黑如改走卒3进1，兵七进一，卒7进1，兵七进一，马3退5，车二进六，红先手。

8. 马三进四　车4进3　　　9. 车九进二　卒7进1

10. 仕四进五　车4进1　　11. 马四进三　卒7进1

12. 马七进六　车9进1

如改走卒3进1，车九平七，卒3进1，车七进二，马3进4，炮八退一，红先。

13. 马六进四　车9平7?（图314）

"车托马肚"，局势呆滞，失先，露出破绽。应改走炮5退1为妥。

14. 兵七进一　卒3进1

15. 炮八平三　车7平6

16. 马四进五　象3进5

17. 车九平八　马3进2

抓住战机：弃兵通炮，牵制谋

河北李来群

浙江邱东

图314

子，走得好。黑方献马无奈，其他着法都难免失子。

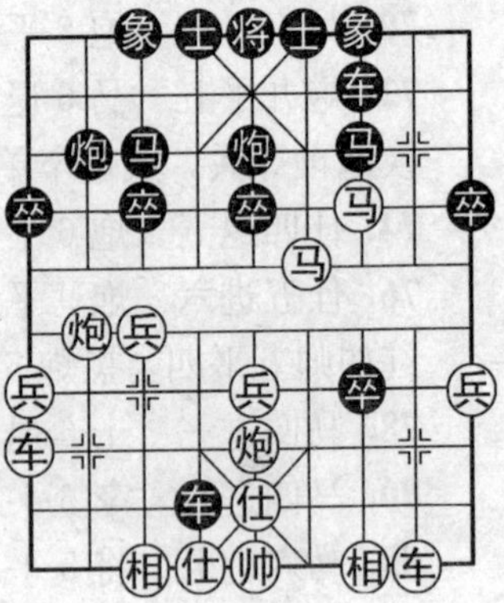

18. 车八进三　炮2平3　　19. 相七进九　车6进2

20. 车二进六　车4退2　　21. 炮五平六　车4退2

22. 车八进二　车4平7　　23. 相三进一　炮3退1

24. 车二进一　士6进5　　25. 车二平三　车7退1

26. 车三退一　车6平7　　27. 车八进一　炮3进1

28. 车八退二　象5退3

兑子简化,红方保持多子优势。现在退车控制卒从,老练。黑方
退象通炮造成底象丢失,给以后防守带来更大困难。应改走卒7平8。

29. 车八平七　　炮3平8

30. 车七进三　　象7进5

31. 车七退三　　炮8进4

32. 炮三平八　　炮8平5

33. 仕五进四　　将5平6

34. 炮八进五　　将6进1 (图315)

35. 炮六进四　　车7退1

36. 炮六进二　　士5进4

37. 车七平五　　将6平5

38. 车五退三　　将5平4

39. 炮八退八　　……

再兑子,局面进一步简化,红方
以优势进入残局。

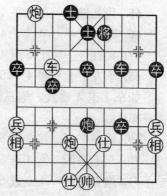

河北李来群

浙江邱东

图 315

39. ……　　　　卒7进1　　　　**40.** 车五平八　　将4平5

41. 炮八平五　　象5退7　　　　**42.** 车八平五　　象7进5

43. 车五平三　　象5进7　　　　**44.** 车三退一　　……

攻中消灭过河卒,红方胜势也。

44. ……　　　　车7平6　　　　**45.** 兵一进一　　车6进4

46. 相一退三　　将5退1　　　　**47.** 相三进五　　象7退5

48. 相九退七　　卒1进1　　　　**49.** 炮五平四　　车6平9

50. 车三进二　　车9进3　　　　**51.** 炮四退一　　士4进5

52. 车三平二　　士5退6　　　　**53.** 车二平五　　士6进5

54. 车五进三　　车9退4　　　　**55.** 车五平三　　将5平4

56. 车三进二　　将4进1　　　　**57.** 车三平九　　卒3进1

58. 车九退四 (图316)　……

吃边卒,成车炮兵仕相全胜车双卒双士残局。

58. ……　　　　卒3平2　　　　**59.** 炮四平三　　车9平4

60. 炮三进一　　卒2进1　　　　**61.** 兵九进一　　卒2平3

62. 车九进三　　将 4 退 1

63. 车九进一　　将 4 进 1

64. 兵九进一　　卒 9 进 1

65. 兵九进一　　车 4 平 1

66. 兵九进一　　卒 3 平 4

67. 兵九进一　　士 5 退 4

68. 车九平七　　将 4 平 5

如车 1 退 4 贪兵，炮三进七，红方夺车胜。

69. 炮三平五　　将 5 平 6

70. 车七退四　　士 4 进 5

71. 炮五平四　　士 5 进 6

72. 车七平一　　……

大势已去，黑方认输。

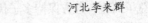

河北李来群

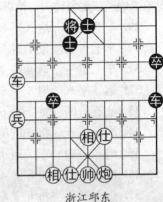

浙江邱东

图 316

第 86 局
广东庄玉庭（红先胜）辽宁卜凤波
（2001 年 4 月 21 日弈于北京）

飞相对挺卒局

1. 相三进五　　卒 3 进 1　　　　**2.** 炮八平七　　象 3 进 5

3. 马八进九　　马 2 进 3　　　　**4.** 车九平八　　车 1 平 2

本局弈自 BGN 世界象棋挑战赛。飞相对挺卒，不定式中斗散手。黑方出车联炮，也可马 3 进 4，另有不同变化。

5. 车八进四　　炮 2 平 1　　　　**6.** 车八平六　　马 8 进 7

7. 兵三进一　　马 3 进 2

跳外肋马，牵制巡河车，亦可选择车 9 进 1 出横车。

8. 车六平八　　炮 8 进 2　　　　**9.** 马二进三　　炮 1 平 2

10. 车八平四　　马 2 进 1

抢边兵先得实惠。改走车 9 进 1 仍是不错的选择。

11. 炮七平六　卒 1 进 1

12. 仕四进五（图 317）　士 4 进 5

红方补仕固中，又能通车，适时。黑方补士暂时无必要，且有左翼闭塞感觉，不妥，应车 9 进 1 启动主力。

辽宁卜凤波

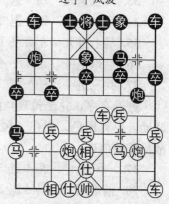

广东庄玉庭

图 317

13. 炮二平一　炮 2 平 1

14. 车一平二　炮 8 平 4

如改走车 9 平 8，红炮六进四抢先。

15. 兵一进一　车 9 平 8

挺边兵拓展空间，恰到好处。黑方兑车必然，否则红方边兵可以强渡。

16. 车二进九　马 7 退 8　　　**17.** 马三进二　马 8 进 7

18. 马二进三　炮 4 退 1　　　**19.** 马三退二　炮 4 平 3

20. 炮一平三　炮 3 退 1

现在退炮不及马 7 退 9 先避一手。红如接走车四进四，炮 1 退 1，炮六进六，炮 3 退 2，车四平一，炮 1 平 4，车一退二，车 2 进 3，黑可一战。

21. 炮六进一　象 7 进 9　　　**22.** 马二进三　象 9 退 7

23. 车四平六　车 2 进 3　　　**24.** 兵五进一　炮 1 退 2

红方动炮移兵，将重兵压向黑方左翼，为进攻作准备。黑方同样退炮，似可炮 3 退 2 为宜。

25. 炮六平三　马 1 退 2　　　**26.** 马九进八　炮 1 进 2

如改走卒 1 进 1，马八进六，车 2 平 4，车六平九，车 4 进 1，车九进五，士 5 退 4，马三进五，象 7 进 5，前炮进四，炮 3 平 7，炮三进五，红方占优。

27. 马八退六　马 2 进 3　　　**28.** 车六进四　马 3 进 4

29. 相七进九　炮 3 平 4　　　**30.** 车六平九　炮 1 平 3

31. 车九平七　炮 3 平 1

32. 车七退一　炮 1 进 1（图 318）

33. 马三退四　马 7 退 9

34. 马六进七　炮 4 退 2

35. 马七进九　车 2 平 1

36. 后炮退一　车 1 平 4

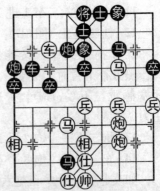

37. 兵三进一　……

进退有序，兑子抢攻，红方左右联动，走得出色。现在三兵强渡，将战局推向前进。

图 318

37. ……　　　车 4 进 3

38. 前炮退一　马 4 退 5

39. 前炮平四　车 4 退 1

40. 兵三进一　车 4 平 5

41. 马四进二　象 5 进 7

42. 马二退三　车 5 退 1

43. 车七平二　象 7 退 5

44. 车二进一　炮 4 进 6

45. 马三退一　车 5 平 7

46. 车二平一　……

攻中夺马，奠定多子优势。

46. ……　　　车 7 退 1

47. 炮三退一　炮 4 退 1

48. 车一平四　炮 4 平 5

49. 相九退七　马 5 退 3

50. 帅五平四　马 3 退 4

51. 马一进二　车 7 进 5

52. 车四退二　……

退车软手。应改走马二进一抢卒，保留边兵，红方战斗力将大为增加。

52. ……　　　炮 5 平 9

53. 车四平一　炮 9 进 3

54. 车一平五　马 4 进 2

55. 车五平一　马 2 进 4

56. 车一退三　炮 9 平 8

57. 车一平六　马 4 退 5

58. 帅四平五　炮 8 进 1

59. 炮四退二　炮 8 平 6

60. 仕五退四　车 7 退 4

抢兵兑炮，黑方走得顽强，由此赢得喘息机会，以车马卒继续抗衡车马炮，虽处下风，但并不气馁。

61. 仕四进五　　马5进3

62. 车六平五　　卒1进1

63. 炮三平四（图319）　卒1平2

横卒太急。应先走车7平8，马
二退三，车8平4，相五进七，再卒1
平2，这样比原来变化要好一点。

64. 仕五进四！……

撑仕好棋，可以掩护红马前进。

64. ……　　　　马3进2

65. 车五平七　　车7平3

66. 车七平六　　马2进3

67. 车六退二　　士5进4

68. 马二进四　　士6进5

辽宁卜凤波

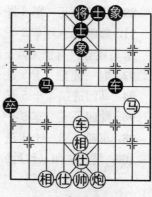

广东庄玉庭

图 319

69. 马四进二　　车3进2

70. 仕六进五　　卒2进1

71. 炮四进一　　马3退4

72. 车六进一　　卒2进1

73. 帅五平四　　将5平4

74. 马二退三　　卒2平3

75. 车六退一　　象5进7

飞象缓手。应车3平1封锁红车出路，以利防守和纠缠。

76. 车六平九　　象7进5

77. 车九进八　　象5退3

78. 车九退四　　象3进5

79. 炮四平一　　将4平5

80. 炮一进八　　士5退4

81. 车九进一　　马4退6

82. 帅四平五　　卒3进1

83. 车九平四　　卒3平4

84. 相七进九　　……

弃相，不怕黑方反击，因为车马
炮已成侧攻之势。

84. ……　　　　马6进5

85. 炮一退七　　马5进3

86. 帅五平四　　车3平8

辽宁卜凤波

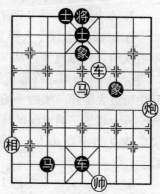

广东庄玉庭

图 320

87. 马三进五	士4退5	**88.** 炮一进二	卒4平5
89. 仕四退五	车8进3	**90.** 帅四进一	车8退1
91. 帅四退一	车8平5（图320）		

车马攻势，有惊无险。图320，红方炮攻底线，一举入局。

92. 炮一进五	士5进6	**93.** 马五进四	将5进1
94. 马四进二	车5平9	**95.** 马二退一	马3退5
96. 帅四平五	车9平4	**97.** 马一进三	将5平4
98. 车四进二	士4进5	**99.** 车四平五	将4进1
100： 马三进四（红胜）			

第87局
火车头于幼华（红先和）福建郑一泓
（2002年11月5日弈于宜春）

五七炮进三兵对屏风马

1. 炮二平五	马8进7	**2.** 马二进三	车9平8
3. 车一平二	马2进3	**4.** 兵三进一	卒3进1
5. 马八进九	卒1进1	**6.** 炮八平七	马3进2
7. 车九进一	马2进1	**8.** 炮七进三	……

在2002年全国个人赛上，于幼华一路过关斩将，以5胜6和不败成绩，夺得冠军。从15岁1976年参加全国少年赛起，打拼26年，在41岁时，终成正果，实属不易和欣慰。本局是第4轮与闽中特级大师郑一泓的一场激战。

五七炮进三兵对屏风马，黑方马踏边兵，先声叫板，以往都走飞象或兑边卒出边车。红方炮轰3路卒，还以颜色，双方一触即发。

8. ……	卒1进1	**9.** 车九平六	车1进4
10. 炮七进一	士6进5	**11.** 马三进四	……

跃马呼应左肋车进攻，紧凑。如车六进三，炮8进4，红难

拓展。

11. …… 车1平6

12. 马四进六 象7进5

13. 车二进六 炮8平9

14. 车二平三（图321） ……

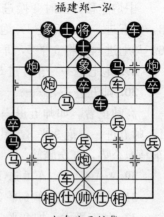

福建郑一泓

火车头于幼华

图 321

吃卒压马，保持进攻态势，积极进取。如兑车则平稳，但"淡而无味"。

14. …… 炮9进4

边炮出击，强烈的对抗措施，威胁红方右侧。局势剑拔弩张，顷刻战云密布。

15. 兵三进一 象5进7

拱兵强渡出着，黑方沉思后毅然飞象吃兵，弃马一搏，真是刀剑出鞘，针尖对麦芒。

16. 炮七退一 车6进5

退炮轰车，一剑刺喉，凶！如车三进一贪马，炮9进3，仕六进五，车8进9，炮五进四，将5平6，车三进二，将6进1，炮五平三，象7退5，炮七进二，士5进4，炮三平九，炮9平7，车三退九，车8平7，黑方夺车胜势。黑方弃车砍仕，先弃后取，惊雷响爆，厉害！一场对攻好戏，技震四座；观者无不叫好。

17. 帅五平四 炮9进3 | **18.** 相三进一 车8进9

19. 帅四进一 车8退1 | **20.** 帅四退一 车8平4

21. 马六进七 车4进1 | **22.** 帅四进一 车4退1

23. 帅四退一 象3进5

飞象固中正着。如误走象3进1，炮五进四，士5进6（如马7进5，车三进三，士5退6，车三平四，红胜；如士5进4，炮七平五，红胜；如象7退5，车三进一，红胜），炮七平五，将5平6，车三进一，红胜定。

24. 车三进一 车4进1 | **25.** 帅四进一 车4退4

26. 炮五进四 车4平6 | **27.** 帅四平五 将5平6

28. 炮五平九　　炮 2 平 1

中炮左移，及时变换进攻方向，毫不放松。黑如改走车 6 进 3，帅五进一，象 5 进 3，炮九进三，将 6 进 1，炮九退一，士 5 退 6，马七进六，将 6 平 5，车三平八，红方胜势。

29. 炮七进一　　车 6 进 3

30. 帅五进一　　……

高帅正着。如帅五退一，车 6 进 1，帅五进一，炮 9 平 3，黑方下面有车马炮杀势，红伤脑筋。

30. ……　　　　车 6 进 1

31. 车三退一　　车 6 平 5

32. 帅五平六　　炮 9 平 3

33. 车三平四　　将 6 平 5（图 322）

34. 马七进八！　……

黑方弃马抢杀仕相，造成红方九宫敞开，老帅登顶，现在又兑炮化

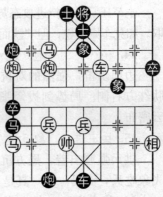

福建郑一泓

火车头于幼华

图 322

解，"拼命三郎"面临严峻考验。关键时刻，底马踩炮，妙。如炮七退六，车 5 平 3，炮九平五，车 3 退 2，帅六退一，车 3 平 1，帅六平五，马 1 进 3，帅五平四，马 3 退 5，帅四平五，炮 1 进 2，双方对杀，黑方占优。

34. ……　　　　车 5 平 4

35. 帅六平五　　象 5 退 3

如改走炮 3 退 6，马八退九，炮 3 退 3，马九进七，车 4 退 8，炮九平五，车 4 平 3，帅五平四，红胜。

36. 马九退七　　马 1 进 2

37. 帅五退一　　马 2 退 3

38. 马八退七　　象 3 进 5（图 323）

39. 车四平一？　……

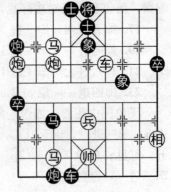

福建郑一泓

火车头于幼华

图 323

激烈厮杀，整个枰场所有兵力都被调动起来，呈"全面战争"状态。如图323，红方杀卒开车，暗伏杀机，构思没有错，但棋步却不明显地有误，这在以后发展中可以体会得到。正确的走法应该是车四平二！真是"差之毫厘，谬以千里"也。

39. …… 车4退1　　　**40. 帅五退一** 马3进5

41. 炮七退六 车4平3　　**42. 炮九平五** 马5进7

43. 帅五平四 车3进1

44. 帅四进一 车3退1

福建郑一泓

45. 帅四退一 马7退5

46. 帅四平五 (图324)　象7退9!

退象挡车解杀，妙。如将5平6，车一平四，将6平5，马七退六，窥象又轰马，红方胜势。至此可以看出棋艺之严密、之奥妙、之魅力，可见一斑也。也说明红方前面第39回合杀边卒之错也。

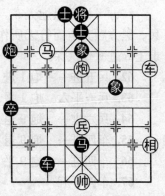

火车头于幼华

图324

47. 车一平二 ……

如车一进一贪象，将5平6，炮五退四，车3退6。以后斗车炮兵（卒）残局，黑方占优。

47. …… 象9退7　　　**48. 车二平三** 象7进9

49. 马七退六 车3退4　　**50. 炮五退四** ……

只能换马。如马六进五贪象，马5进7！车三退五（如帅五进一，车3进4杀；如帅五平四或帅五平六，车3平6或车3平4杀），车3进5，帅五进一，车3退1，帅五退一，车3平7，马五进七，将5平6，马七退九，卒1进1，黑方胜定。

50. …… 车3平4　　　**51. 车三平九** 象5退3

52. 车九退二 车4进2

不断的拼抢和交换之后，局面进入车炮残局。红方虽存中兵，但残双仕相，黑方士象全而占优。

53. 车九平二 象9退7　　**54. 兵五进一** 车4平5

55. 帅五进一　象 3 进 5　　　　**56.** 相一退三　士 5 退 6

如改走车 5 平 7，相三进一，车 7 进 1，车二平一，车 7 退 3，车一平三，车 7 平 8，相一退三，黑方难突破。

57. 车二平三　士 4 进 5　　　　**58.** 帅五平六　炮 1 退 1

59. 帅六平五　士 5 进 4

60. 车三平四　士 6 进 5（图 325）

61. 相三进一　炮 1 进 4

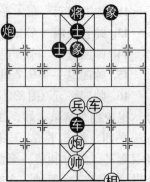

福建郑一泓

火车头于幼华

图 325

红方飞相诱黑炮轰车，以便渡中兵。黑方顺其道而行无所作为。可改走士 5 进 6 作试探。

62. 兵五进一　炮 1 进 2

63. 兵五平六　炮 1 平 9

64. 兵六进一　炮 9 退 3

65. 车四进一　炮 9 退 2

66. 车四进一　炮 9 平 6

67. 车四平五　……

红方以舍相为代价，在炮占中路、帅相连的基础上，取得车兵占卒林之要道，走得很聪明。

67. ……　　　　　　　　　**68.** 兵六平七　车 4 平 3

69. 兵七平六　将 5 平 4　　　　**70.** 车五平四　车 3 平 5

71. 车四平五　车 5 平 4　　　　**72.** 车五平四　象 5 退 3

73. 炮五平四　炮 6 平 8　　　　**74.** 兵六平七　象 7 进 5

75. 车四平六　车 4 平 3　　　　**76.** 车六平二　炮 8 平 6

77. 炮四平八　车 3 平 2　　　　**78.** 炮八平一　……

限时情况下，受到车炮兵牵制防御，黑方又一时找不到进攻之路，故提议言和。回顾全局，不失为一盘佳构也。

第 88 局
甘肃李家华（红先和）河南李林
（2003 年 4 月 22 日弈于哈尔滨）

过宫炮对左中炮

1. 炮二平六　炮 8 平 5　　　**2.** 马二进三　马 8 进 7

3. 车一平二　车 9 进 1　　　**4.** 仕四进五　马 2 进 3

5. 马八进七　车 9 平 4

这是 2003 年全国团体赛第 7 轮甘、豫"两李"之战。过宫炮对中炮横车夹马，红方亦可先走兵七进一，车 9 平 4，马八进七，车 4 进 5，炮六平四，红方移兵换形，另有变化。黑方横车过宫，紧着。如卒 3 进 1，车二进五，卒 5 进 1（如象 3 进 1，红炮八进四），炮六平五，红方先手。

6. 炮八进二　卒 3 进 1　　　**7.** 炮八平三　马 3 进 2

8. 车二进五　象 3 进 1　　　**9.** 兵七进一　车 1 平 3

10. 炮六平五　车 4 进 2　　　**11.** 兵九进一　……

红方左面巡河炮，右面骑河车，在河界两条线阻遏黑方攻势，双方咬得很紧。现在挺边兵，为启动主力开辟通道。

11. ……　　　马 2 进 3　　　**12.** 兵九进一　卒 1 进 1

13. 兵七进一　马 3 退 1

退马想寻求变化，但使红方过河兵有机会生存下来，对黑方总归是一个威胁。不如车 3 进 4 吃兵兑车，保持局势平衡。

14. 兵七平六　车 4 平 3　　　**15.** 车九平八　炮 5 平 3

如改走炮 2 平 3，马七退九，士 4 进 5（如前车进 5，红炮五平七），炮五平四，红方先手。

16. 马七退九　炮 2 进 6（图 326）

如改走炮 2 进 5，仕五进六，炮 2 平 5，相七进五，象 7 进 5，车二进二，红方占先。

17. 兵六平七   前车进1

18. 车二平七   马1退3

19. 炮三进三   ……

红方献兵，兑子夺子，确立物质上的优势。

19. ……   车3平2

20. 炮五平四   卒1进1

21. 相七进五   卒1进1

22. 炮四退一   炮2退3

23. 马九退七   马3进2

24. 车八平九   炮3进4

25. 马七进六   炮3进1

26. 车九进三   马2进4

28. 帅五进一   ……

面对黑方侧翼封锁，红方从容化解，通过兑子简化，保持多子优势。现在高帅有惊无险，佳着。

28. ……   象1退3

29. 兵五进一   车2进2（图327）

30. 炮三进一   ……

你捉我避，陷入习惯性的应着。应先走马三进五反捉。黑如炮3退6，再炮三进一，红势改观。

30. ……   车2退1

31. 炮三退一   炮3退5

32. 兵三进一   ……

仍可走马三进五。黑如炮3平5，车九进一，车2进5，马五退七，炮2平7，炮四平二，炮7退2，炮二进五，红方有攻势。

32. ……   炮3平5   33. 马三进四   ……

如改走车九进一，炮2退4，红方徒劳，反而找麻烦。

河南李林

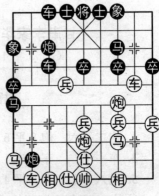

甘肃李家华

图 326

27. 仕五进六   炮2进4

河南李林

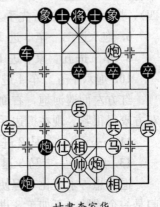

甘肃李家华

图 327

33. ……	炮 5 进 3		**34.** 相五退七	炮 2 退 5
35. 炮四进一	车 2 平 8		**36.** 车九进一	炮 2 退 2
37. 马四进三	炮 2 平 5		**38.** 马三进五	炮 5 退 3
39. 炮四平五	……			

再兑子，局面进一步简化，红方仍保持多子优势。

39. ……	车 8 进 1		**40.** 炮三退一	车 8 进 4
41. 车九平七	炮 5 进 5		**42.** 相七进五	象 3 进 5
43. 车七进二	卒 5 进 1		**44.** 车七平五	车 8 平 9
45. 车五退一	车 9 退 2		**46.** 车五进一	士 4 进 5
47. 帅五退一	车 9 进 2		**48.** 炮三进二	车 9 退 2
49. 仕六退五	车 9 进 2			
50. 炮三平一	车 9 平 8			
51. 车五平一	车 8 退 5			
52. 车一退五	士 5 退 4			
53. 炮一退六	车 8 进 6			
54. 车一平三	士 4 进 5? (图 328)			

补士不当，应走车 8 退 3。

55. 车三进二? 车 8 退 3

进入残局，车炮兵仕相全对车士象全，红方有一个相头兵，只要能过河，就可胜。红方随手升车，大意，应改走兵三进一。黑车退守巡河，守牢阵地，红方要胜困难了。

河南李林

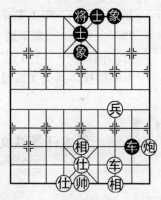

甘肃李家华

图 328

56. 相五退七	车 8 平 3		**57.** 炮一平五	象 7 进 9
58. 车三平八	将 5 平 4		**59.** 车八平六	将 4 平 5
60. 仕五退四	象 9 退 7		**61.** 相三进一	车 3 平 5
62. 车六进一	车 5 平 2		**63.** 车六平七	车 2 平 5
64. 仕六进五	士 5 退 4		**65.** 相一退三	……

黑方劣势之下，守得很有耐心。红如兵三进一，车 5 进 3，相七进五，象 5 进 7，和棋。

65. ……　　　士 6 进 5　　　**66.** 炮五平八　车 5 平 2

67. 炮八平二　车 2 平 8　　　**68.** 炮二平八　车 8 平 5

69. 车七进二　……

如炮八进七，象 5 退 3，车七进五，车 5 平 2，兵三进一，象 7
进 5，和棋。

69. ……　　　车 5 平 2　　　**70.** 炮八平五　车 2 平 6

71. 车七平三　将 5 平 6　　　**72.** 炮五平二　将 6 平 5

73. 炮二平五　将 5 平 6　　　**74.** 炮五进四　士 5 进 4

75. 炮五平九　士 4 进 5　　　**76.** 相三进五　车 6 平 1

77. 车三平四　将 6 平 5　　　**78.** 炮九平五　车 1 退 1

79. 炮五平八　……

如兵三进一，车 1 平 5，车四平五，象 5 进 7，和棋。

79. ……　　　象 7 进 9　　　**80.** 仕五退六　士 5 退 6

81. 车四平一　士 4 退 5　　　**82.** 仕四进五　象 9 退 7

车炮被拴，兵又无法过河，终成和棋。

第 89 局

黑龙江聂铁文（红先胜）浙江陈孝堃

（2003 年 8 月 4 日弈于磐安）

中炮两头蛇对半途列炮

1. 炮二平五　马 8 进 7　　　**2.** 马二进三　车 9 平 8

3. 车一平二　炮 8 进 4　　　**4.** 兵三进一　炮 2 平 5

5. 兵七进一　车 1 进 1

这是两位象棋大师在"磐安杯"全国象棋大师冠军赛中的角
逐。中炮两头蛇对半途列炮，黑方抢出右横车，呼应左翼，竞争性
很强。亦可改走马 2 进 3，马八进七，车 1 平 2，车九平八，车 2
进 4，炮八平九，车 2 平 8，车八进六，炮 8 平 7，成另一种对攻形
态，变化相对比较激烈。

6. 马八进七　车1平8　　**7.** 车九平八　炮8平7

8. 车二平一　马2进3　　**9.** 马七进六　前车进3

10. 马六进七　前车平2　　**11.** 炮五平七　炮5平6

同样卸炮，似改走炮5平4更协调。

12. 炮八进二　象7进5

13. 相三进五　士6进5

14. 仕四进五　车8进4

15. 车一平四（图329）　车2平6

兑车造成右翼受压。但不兑车又
要面临红方冲七兵的攻势。黑方有点
为难和尴尬。

16. 车四进五　车8平6

17. 炮八进三　将5平6

18. 兵五进一　炮7平3

19. 车八进三　炮3退3

20. 炮七进四　……

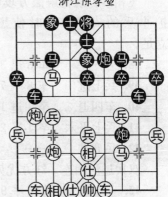

浙江陈孝堃

黑龙江聂铁文

图 329

兑子后，红方多兵、子畅，取得优势。

20. ……　　　卒7进1　　**21.** 兵三进一　车6平7

22. 马三进二　车7平8

捉马没有必要。应改走卒9进1。

23. 车八平三　车8进1　　**24.** 车三进四　将6平5

红方兑马抢道，走得机灵。黑如卒9进1，车三平一，将6平
5，车一退二，车8平5，车一平六，红方有攻势。

25. 炮七平一　车8退2　　**26.** 炮一进三　车8平9

27. 炮一平二　车9退3　　**28.** 炮二退三　车9进6

29. 炮八退五　车9平1　　**30.** 车三退一　卒1进1

31. 炮八平七　车1平3　　**32.** 炮七平六　车3平8

33. 炮二平五　马3进5　　**34.** 车三平五　卒1进1

再兑子，局面迅速简化而进入残局。车炮兵（卒）斗智，红方
多一兵而占优。但这点优势尚不足以制胜，要看双方的发挥了。

35. 炮六进四　　炮6进4

36. 车五平四　　车8进3

37. 仕五退四　　炮6平5（图330）

38. 相五进三！……

飞相妙，既化解黑方攻势，又保护小兵的安全，同时使黑炮难以立足。

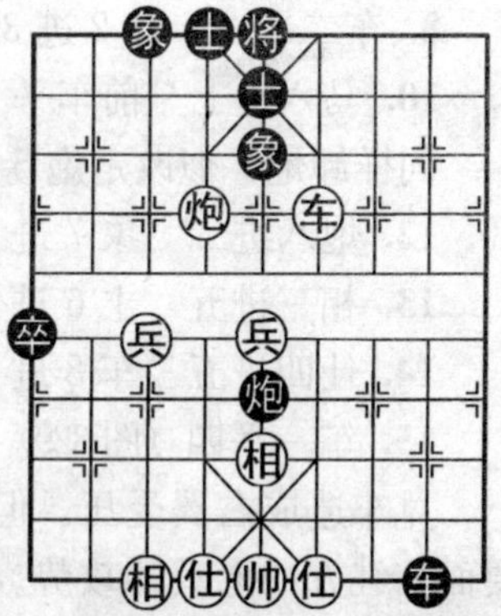

浙江陈孝堃

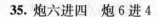

黑龙江聂铁文

图330

38. ……　　　　车8退3

39. 兵七进一　　车8平7

40. 车四退二　　卒1进1

41. 兵七平六　　卒1平2

42. 兵五进一　　……

双兵过河相连，红方优势得以扩大，黑方要小心应对才是。

42. ……　　　　车7平9　　　**43.** 兵五平四　　炮5平8

44. 相三退五　　卒2平3　　　**45.** 车四平二　　炮8平5

46. 仕六进五　　车9平6　　　**47.** 兵六平五　　卒3进1?

冲卒急躁坏事，劣着。应改走车6平7，红如车二平七，卒3平4，炮六进二，象3进1，黑方尚无大碍并有一定的牵制力。

48. 车二平七　　炮5平3

红方乘机捉卒，好棋。黑如改走卒3平2（如卒3平4，车七平六，卒4平3，车六退一），车七退一，车6平9，兵四进一，炮5平8，相五退三。黑炮难以脱身，红方胜势。

49. 炮六进二　　车6平4

应象3进1，不要轻易放弃。

50. 车七进五　　炮3退2

如改走车4退5，车七退六，卒3平2，兵五进一，车双兵仕相全对车卒单缺象，红方可胜。

51. 车七退一　　炮3平1　　　**52.** 车七平九　　炮1平2

53. 车九平八　　炮2平1　　　**54.** 炮六平七　　车4平3

55. 相七进九　　车3退3　　　**56.** 炮七平六　　车3平4

57. 车八平九　炮1平2　　　　**58.** 炮六平八　炮2进5

59. 炮八进一　象5退3　　　　**60.** 车九平七　炮2平1

61. 车七退六　……

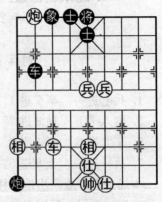

吃掉过河卒，黑方难以还手和周旋，败象已露。

61. ……　　　车4平2（图331）

62. 炮八平六！……

舍炮换士象，尽在胜算中。

62. ……　　　士5退4

63. 车七进七　车2进6

64. 仕五退六　车2退6

如改走车2退9，车七退九，炮1平2，仕四进五，士4进5，帅五平四，车2进6，帅四进一，红车活，胜势。下面车双兵攻杀入局。

65. 仕六进五　炮1平2　　　　**66.** 车七退六　士4进5

67. 兵五平六　将5平6　　　　**68.** 兵四平五　将6进1

69. 车七平四　士5进6　　　　**70.** 兵五平四　将6退1

71. 兵四进一　士6退5　　　　**72.** 兵四平五　将6平5

73. 车四平五　车2平3　　　　**74.** 相五进七　炮2退6

75. 兵五进一　车3退2　　　　**76.** 兵六进一　炮2退2

77. 仕五进四　将5平4　　　　**78.** 车五平二　炮2平1

79. 车二进二　……

限时情况下，看漏了眼，应走车二进六即胜。

79. ……　　　炮1退1　　　　**80.** 车二平八　炮1平3

81. 车八平五　车3平4　　　　**82.** 兵六平七（红胜）

浙江陈孝堃

黑龙江聂铁文

图 331

第 90 局
北京杨德琪（红先胜）火车头谢岿

（2004 年 2 月 19 日弈于北京）

对兵（卒）局转列炮

1. 兵七进一　卒 7 进 1　　　　**2.** 炮二平三　炮 8 平 5

3. 炮八平五　马 8 进 7　　　　**4.** 马八进七　马 2 进 1

5. 车九平八　车 1 平 2　　　　**6.** 马二进一　车 9 平 8

7. 兵一进一　士 6 进 5

本局选自"威凯房地产杯"全国象棋精英赛第 4 轮。两位大师对兵（卒）开局，互探虚实，继而形成雷同的列手炮阵式，展开对攻。黑方补士固中，也可卒 1 进 1，继续"雷同"。

8. 车一进一　马 7 进 6

跃马抢先。如改走卒 1 进 1，车一平四，局面受制，红方先手。

9. 车八进三　炮 2 平 3

10. 车八平六　……

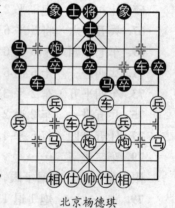

火车头谢岿

北京杨德琪

图 332

避兑占兵林，紧着。如兑车，红方将失去先手。

10. ……　　　　车 2 进 4

11. 车一平四　车 8 进 3

12. 车四进三（图 332）　炮 5 平 6?

双方形成相峙局面，黑方卸炮打车失先，以致中路失守，陷入被动。应改走卒 1 进 1。

13. 车四平五　炮 3 平 5　　　　**14.** 车五进二　车 8 平 5

15. 炮五进四　马 6 进 5

红方抢攻，炮镇中路，由此得势。黑马踩中兵必着。如卒 1 进

1，仕六进五，黑方更被动。

16. 马七进五　炮 6 进 4　　　**17.** 车六进三　车 2 平 5

18. 仕六进五　马 1 退 3

如改走车 5 进 2，帅五平六，将 5 平 6，炮三平四，炮 6 平 1，马一进二，红方有攻势。

19. 车六平七　车 5 进 2　　　**20.** 炮三平五　炮 6 平 1

21. 马一进二　炮 1 平 3　　　**22.** 车七平九　炮 3 平 2

23. 马二进一　……

连连抢卒，红方以净多双兵而确立优势。

23. ……　　　象 7 进 9　　　**24.** 马一进三　车 5 平 3

25. 后炮进五　象 3 进 5

26. 相七进五　炮 2 平 7

27. 马三退四　车 3 平 6（图 333）

28. 马四退三　……

兑炮简化，红方多兵，子位好，以优势斗残局，信心十足。

火车头谢岿

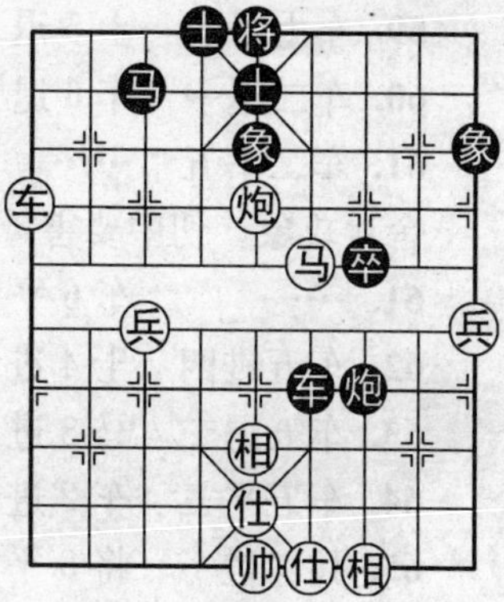

北京杨德琪

图 333

28. ……　　　车 6 平 7

29. 炮五平二　车 7 平 4

30. 车九平五　象 9 退 7

31. 兵一进一　车 4 退 2

32. 兵一进一　士 5 退 6

33. 仕五进四　士 4 进 5

34. 仕四进五　马 3 进 1　　　**35.** 炮二进三　马 1 退 3

36. 车五平七　马 3 进 4　　　**37.** 兵一平二　马 4 进 6

38. 车七平四　马 6 进 4　　　**39.** 车四退二　马 4 进 3

40. 车四平五　……

调整双仕，兵进车攻，红方将战局渐渐推进，已入佳境。

40. ……　　　车 4 平 2　　　**41.** 相五退七　象 5 退 3

42. 仕五进六　车 2 退 3　　　**43.** 兵七进一　……

撑仕露帅助攻，七兵乘机渡河，红方优势扩大。

43. ……	车 2 平 4		44. 兵七进一	马 3 退 4
45. 车五平四	将 5 平 4		46. 车四进二	车 4 进 1
47. 仕六退五	将 4 平 5		48. 车四平三	象 3 进 5
49. 兵二进一	车 4 进 2		50. 相三进五	车 4 平 6
51. 兵七进一	……			

双兵齐下，左右开弓，黑方防不胜防。

51. ……	车 6 平 3		52. 兵七平八	车 3 退 1
53. 车三进一	马 4 退 6		54. 车三进一	马 6 进 7
55. 车三平四	马 7 退 5		56. 车四退四	马 5 退 3
57. 车四平七	车 3 平 6			
58. 兵八进一	车 6 退 1			
59. 车七平二	士 5 退 4			
60. 车二退一	车 6 退 1 (图 334)			
61. 车二平五	……			

火车头谢岿

北京杨德琪

图 334

舍兵攻象，切中要害，好棋。

61. ……	车 6 平 2
62. 车五进四	士 4 进 5
63. 车五退二	马 3 进 4
64. 车五平三	车 2 进 1
65. 兵二进一	将 5 平 4
66. 车三进四	……

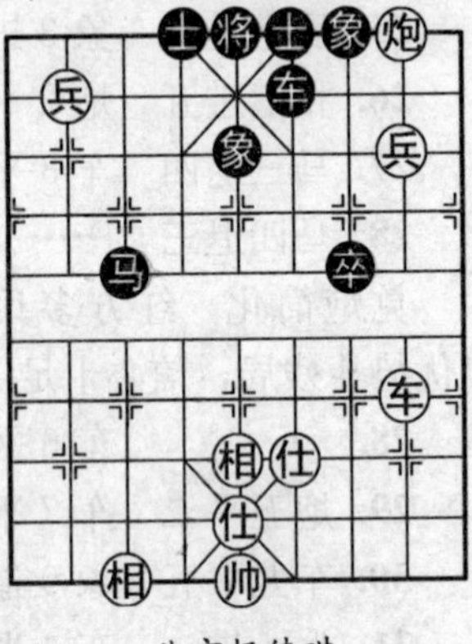

扫卒破双象，势如破竹，摧枯拉朽。

66. ……	将 4 进 1		67. 车三退三	马 4 退 6
68. 车三平六	车 2 平 4		69. 车六平七	车 4 进 4
70. 炮二平三	车 4 平 8		71. 车七进二	将 4 进 1
72. 车七退四	马 6 退 7		73. 兵二平三	马 7 进 9
74. 兵三平四	马 9 退 8 (图 335)			
75. 兵四平五	……			

看准战机，舍兵杀士，佳着，下面车炮入局。

75. ……	士 6 进 5

76. 车七平六   将4平5
77. 炮三退九   马8进7
78. 车六平三   马7退6
79. 车三平五   将5平4
80. 车五平六   将4平5
81. 仕五进六   士5退6
82. 帅五平六   将5退1
83. 炮三平四   车8进3
84. 仕六退五   ……

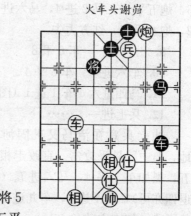

火车头谢岿

北京杨德琪

图335

下面：车8退7，车六平五，将5平6，仕五进六，士6进5，车五平四，士5退4，相五进七，士4进5，帅六平五，士5退4，车四平五，车8平9，车五进五，杀士红胜。

第91局
吉林洪智（红先和）广东宗永生
（2004年2月20日弈于北京）

顺炮横车对直车

1. 炮二平五   炮8平5   2. 马二进三   马8进7
3. 车一进一   车9平8   4. 车一平六   车8进4
5. 马八进七   士6进5   6. 兵三进一   马2进1

本局弈自"威凯房地产杯"全国象棋精英赛第6轮。顺炮横车跳正马对直车巡河，黑方补士，跳边马，属稳健套路，如马2进3则另有丰富变化。

7. 马三进四   车8平6   8. 车六进三   卒1进1
9. 炮五平四   ……

卸炮轰车，变换阵形。也可改走车九进一，马1进2，车六进一，车6平4（如车6进1，红炮八进五占先），马四进六，炮2进

5，炮五平八，马2进4，马六进五，象3进5，马七退五，车1平2，炮八平三，红方占先。

9.……　　　　车6平8

10. 车六进一　车8平4

11. 马四进六　车1进1（图336）

12. 兵七进一　……

广东宗永生

冲七兵意在活马又巩固河沿阵地，但中路易受攻击。宜改走相七进五，黑如车1平4，马六进五（马六退四亦可），象7进5，车九进一，局势平稳，红方主动。

12.……　　　　车1平4

13. 马六退四　炮5进4

红方退马虽求变化，但不及马六

吉林洪智

图336

进五兑炮稳健。黑炮抢中兵，先手发难，由此引发争斗。

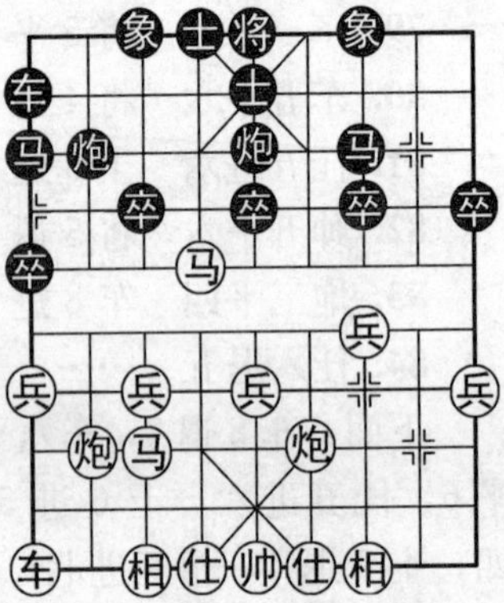

14. 马七进五　炮2平5　　　15. 马四退三　炮5进4

16. 炮四进六　车4进5　　　17. 马三进五　车4平5

18. 炮八平五　车5平6

捉炮暂无必要。可径走马1进2较紧凑。

19. 炮四平三　马1进2　　　20. 兵九进一　马2进1

21. 兵九进一　马1退3

黑方弃边卒而抢两个兵，马踏相头虎视，佳着。

22. 车九进一　象7进5　　　23. 车九平二　马3进4

24. 车二平六　马4退2　　　25. 车六平二　……

开车旨在袭击黑方左马，以创造进攻机会。但内线受黑方卧槽马牵制，存在潜在的威胁，似乎急了一点，可改走兵九平八等一等，看一看。

25.……　　　　卒5进1　　　26. 车二进八　士5退6

27. 车二退二　……

攻马，箭在弦上不得不发。如车二退八，马2退1，黑方多卒占优。

27. ……　　　　马2进3

28. 帅五进一　马3退4

29. 帅五平六（图337）　车6进3
弃马杀仕，决意一搏，好棋。

广东宗永生

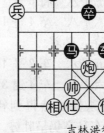

吉林洪智

图337

30. 车二平三　车6退1

31. 仕六进五　车6平5

32. 帅六退一　马4退2

33. 炮三平七　卒3进1

也可车5平7，相三进一，卒5
进1，车三退一，卒5进1，炮五平
二，车7平8，车马卒有攻势。

34. 炮五平一　卒3进1

35. 车三退一　卒3进1　　　36. 车三平六　卒3平4
软手，应卒3进1比较凶。

37. 相七进五　卒5进1　　　38. 炮七退四　卒4平5
红方飞相、退炮，赢得喘息机会。黑如改走卒5进1，炮七平
五，士6进5，车六退二，马2进3，车六退一，卒5平4，炮五退
三，马3进1，炮一进四，红方反以多子胜势。

39. 车六进三　将5进1　　　40. 车六退一　将5退1

41. 车六退六　车5平6　　　42. 兵九平八　士6进5

43. 炮一进四　后卒平4　　　44. 炮七进四　卒4进1

45. 车六平八　马2退4　　　46. 炮一平八　马4进3

47. 帅六平五　马3进4　　　48. 车八平九　车6退4

49. 炮七平八　将5平6　　　50. 车九平七　卒4平3

51. 车七平六　卒4平3　　　52. 车六平九　马4退6

53. 帅五进一　马6退5

54. 前炮平六　卒4进1（图338）

55. 车九进七　……

面临黑方车马双卒攻势，红方进行了顽强的抵抗，势处下风不

气馁。黑卒冲宫，红帅告急。紧要关
头，红方进车攻杀，作最后的努力和
挽救，斗志可嘉。

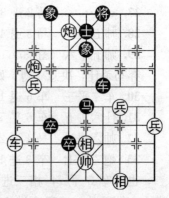

广东宗永生

55. ……　　　　车6平2

56. 车九平七　　士5退4

57. 车七平六　　将6进1

58. 车六平八　　卒4进1

舍卒解杀，必着。

59. 帅五平六　　车2平4

60. 帅六平五　　车4退3

吉林洪智

图338

紧张的杀势虽然得到暂时的缓
和，但黑方车马卒仍呈胜势。

61. 车八平七　　马5退3　　62. 车七退三　　车4进5

63. 兵三进一　　车4平7　　64. 兵三进一　　卒3进1

65. 兵三平四　　马3进4　　66. 帅五平六　　卒3进1

67. 帅六退一　　车7平6

解杀还杀。如车7平9贪兵，兵四进一，将6退1，车七平
六，将6平5，炮八退三，红方胜势。

68. 炮八退六　　车6进2（图339）

69. 兵四进一？车6退6？

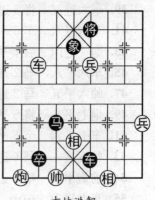

广东宗永生

图339，双方限时都已告急，已
无时间细看细想。关键时刻，双方都
出现差错。红方冲兵为何？应改走车
七退三，卒3平4，帅六平五，车6
退5，车七平六，车6进5，车六退
二！车6平4，炮双相可守和单车。
黑方为何用车吃兵？应改走将6进1，
车七退三，卒3平4，帅六平五，车6
平5，黑胜。战机稍纵即逝，可惜。

吉林洪智

图339

70. 车七退三　　车6进4

71. 兵一进一　卒 3 平 2　　　　**72.** 炮八平九　马 4 退 5

车马被套，兑车无奈。如卒 2 平 1，炮九平八，卒 1 平 2，炮八平九，卒可长捉，不变判和。

73. 车七平四　马 5 进 6　　　　**74.** 炮九进三　卒 2 平 3

75. 炮九平五　……

守住中心，马卒无从下手，和棋。

第 92 局
河北申鹏（红先和）江苏王斌
（2004 年 11 月 3 日弈于重庆）

顺炮横车对直车

1. 炮二平五　炮 8 平 5　　　　**2.** 马二进三　马 8 进 7

3. 车一进一　车 9 平 8　　　　**4.** 车一平六　车 8 进 4

5. 马八进七　马 2 进 3

本局弈自 2004 年全国个人赛第 2 轮。顺炮横车对直车双跳正马，黑如改走士 6 进 5 可参阅前局。

6. 炮八进二　炮 2 进 2

双炮巡河对峙，黑如改走卒 3 进 1 则另有变化。

7. 炮八平三　炮 2 平 7　　　　**8.** 车六进四　车 8 进 2

9. 车九平八　士 6 进 5　　　　**10.** 炮三进二　炮 7 进 3

11. 炮三退四　车 8 平 7　　　　**12.** 炮三进五　车 7 退 4

13. 车八进六　炮 5 平 6

大兑子，局面迅速简化。黑方卸中炮正着。如改走车 7 进 7 吃相，车八平七，车 1 进 2，车六平七，马 3 退 1，前车平五，红方占优。

14. 兵五进一　车 7 进 4　　　　**15.** 车八平七　车 1 进 2

16. 车六平四（图 340）　炮 6 平 5

车控兵林，阻止红方攻势，要紧。继而复摆中炮，看似失先，但必要，因为此一时彼一时，要看局势需要而定。如象 7 进 5，兵

五进一，卒 5 进 1，车四平五。打通
中路，马又活，红方大占优势。

17. 车四退一　　车 7 平 9

扫兵兼作停顿，恰当。如车 7 进 3
贪相，马七进五，红马跃出后有攻势。

18. 炮五退一　　车 1 平 2

19. 车四平三　　象 7 进 9

20. 相三进五　　车 9 平 6

21. 炮五平一　　车 6 平 9

22. 炮一平二　　车 9 平 8

23. 炮二平一　　象 9 进 7

24. 仕六进五　　……

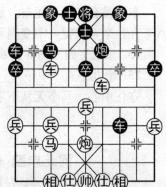

江苏王斌

河北申鹏

图 340

补仕固中兼观望，正着。如车三进一贪象，炮 5 进 3，仕六进
五，车 2 进 5，马七退六，车 8 平 4，黑方有攻势。

24. ……　　车 8 退 2		**25. 马七进五　　炮 5 平 7**
26. 车三平四　　象 7 退 5		**27. 马五进三　　车 2 进 2**
28. 马三进四　　车 8 退 3		**29. 炮一平三　　炮 7 平 6**
30. 马四退三　　卒 9 进 1		

挺边卒似乎没有必要，可径走车 2 平 3 兑车。

31. 兵五进一　　车 2 平 3		**32. 车七退一　　象 5 进 3**
33. 车四进二　　卒 5 进 1		**34. 车四平七　　象 3 退 5**
35. 马三进五　　炮 6 平 7		
36. 马五退七（图 341）马 3 退 2		
37. 车七平一　　……		

黑方退马化解红方潜在的卧槽马攻势，无奈。红方开右车不及
车七平九吃掉边卒干脆，即刻多兵占优。

37. ……　　炮 7 进 5		**38. 马七进六　　士 5 退 6**
39. 车一平三　　车 8 平 4		**40. 马六进四　　车 4 平 6**
41. 马四退五　　炮 7 退 3		**42. 炮三平二　　炮 7 平 8**
43. 炮二进二　　士 6 进 5		**44. 车三平二　　炮 8 平 7**

45. 炮二平五　　车6进3

46. 马五退七　……

黑方用心防守，着法到位，无懈可击。如改走车二进三，炮7退4，马五退七，将5平6，红方无计可施。

46. ……　　　　将5平6

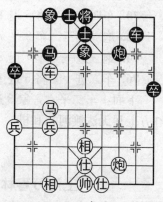

江苏王斌

河北申鹏

图341

47. 马七进六　　车6进4

48. 仕五进四　……

舍仕松动九宫，无更好的应着。

48. ……　　　　车6退1

49. 仕四进五　　车6退1

50. 炮五进二　　马2进1

51. 炮五平四　……

如炮五平一贪卒，炮7平5，黑方反击。

51. ……	将6平5	52. 车二平四	车6平5
53. 马六退七	车5平6	54. 炮四退一	马1退3
55. 马七进五	车6平5	56. 马五进三	炮7平5
57. 炮四平二	车5平7	58. 帅五平四	士5进6

59. 炮二进四　　炮5平8

60. 炮二平一　　炮8退4

61. 炮一进一　　炮8进9

62. 马三退一　　车7进3

63. 帅四进一　　车7退1

64. 帅四退一　　车7退4

65. 马一进二　　车7进5

66. 帅四进一　　车7退7

67. 马二进三　　炮8退9（图342）

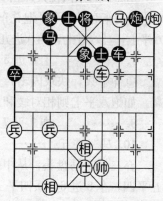

江苏王斌

河北申鹏

图342

红方使尽攻击之能事，无奈黑方御敌有方，难分伯仲。黑炮"插杠"护将，和势大致已定。

68. 马三退四	将5进1	**69.** 马四进三	象5退7
70. 车四进二	将5退1	**71.** 车四平七	车7平9
72. 炮一平三	车9平7	**73.** 炮三退一	炮8进1
74. 炮三进一	车7退2	**75.** 车七平二	车7进3
76. 车二进一	将5进1		

下面：车二平六，象3进5，车六退四，车7平5，守住卒林，红方七兵无法渡河，和棋。

第93局
上海万春林（红先胜）北京蒋川
（2004年11月4日弈于重庆）

中炮过河车对屏风马平炮兑车

1. 炮二平五	马8进7	**2.** 马二进三	车9平8
3. 车一平二	卒7进1	**4.** 车二进六	马2进3
5. 兵七进一	炮8平9	**6.** 车二平三	炮9退1
7. 兵五进一	……		

这是沪、京两位大师在2004年全国个人赛第3轮中的一场较量。中炮过河车对屏风马平炮兑车，红方冲中兵从中路发起进攻，另有炮八平七，马八进七，马八进九等选择，均有丰富、复杂的变化。

7. ……	士4进5	**8.** 兵五进一	……

急冲中兵，快攻闪击，是目前相当流行的走法，对局中见率很高。如炮八平七则相对缓和。

8. ……	炮9平7	**9.** 车三平四	卒7进1
10. 马三进五	……		

弃三兵跃马盘头，从中挺进。如改走兵三进一，象3进5，兵五平四，车8进6，兵四平三，卒3进1，兵七进一，车8平3，炮八平六，车1平4，仕四进五，炮2退1，马八进七，车3退2，前兵进一，马7退9，马三进四，卒5进1，黑方可以抗衡。

10. …… 　　　　车8进8

外肋车侵入下二路，侧攻反击，针锋相对。如卒7平6，车四退二，卒5进1，炮五进三，马3进5，车四进四，炮2退1，车四退二，象3进5，炮八平三，车8进4，炮三进五，车8平5，马八进七，炮2平4，相七进五，炮4进2，车四退一，车5进1，炮三退三，车1平2，仕六进五，车2进6，局面缓和，大体均势。

11. 马八进七　卒7进1　　　　**12. 马五进六　象3进5**

飞象固中，通车弃马，这是棋手们经过反复实践而形成的一个"定式"，双方由此展开激烈的抗争。

13. 马六进七　车1平3

14. 前马退五（图343）　马7进8

北京蒋川

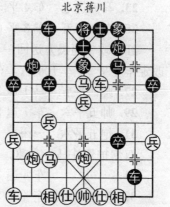

上海万春林

图343

黑方面临十字路口的选择。跳外肋马意在弃炮侧进谋车，寻求对抗。另有两种着法可供参考：①卒3进1，炮五退一，卒3进1，炮八退一，车8退2，相七进五，卒3进1，炮八平七，马7进8，车四平三，马8进6，车三进二，马6进4，车九平七，马4进3，车七进一，卒3进1，车七平八，红方多子占优（选自同届比赛浙江赵鑫鑫与江苏廖二平的对局）。②车3平4，仕四进五，车8进1，炮五平四，马7进8，车四平三，车8平7，炮四退二，炮7平9，相七进五，车7平8。红方多子，黑有攻势，各有千秋。

15. 车四平三　马8进6　　　　**16. 车三进二　马6进4**

17. 仕四进五　马4进3　　　　**18. 帅五平四　马3进1**

19. 车三退五　车8退3

一阵拼抢，黑方虽以双换车，但子位结构差，势处下风。追溯到前面第14回合外肋马这步棋的套路有待于进一步检讨和商榷。黑如改走马1退2，炮五平八，车8退4，车三平五，红方占优。

20. 炮八进二!　车8平3　　　　**21. 兵五平六!　后车平4**

升炮轰车，横兵弃马，佳着。黑如前车进 2 吃马，炮八平二，车 3 退 2，炮二进五，车 3 平 8，炮五进五，士 5 进 4（如将 5 平 4，红车三进六），车三进六，炮 2 平 5，车三平四，将 5 进 1，炮二平七，红方胜势。

22. 车三平四　　车 4 进 4

如车 3 进 2 吃马，炮八平五，车 4 进 4（如车 3 退 2，红马五退六），马五进七，红胜。

23. 马五进七　　车 4 平 5　　　**24.** 后马进五　　车 5 进 2

25. 车四平五　　车 3 平 6　　　**26.** 仕五进四　　车 6 进 2

红方攻中逼黑方送回一车，由此奠定优势。黑方吃仕无奈。如改走车 6 平 2，车五平六，车 2 平 5，车六平八，红方夺子胜。

27. 帅四平五　　马 1 退 3　　　**28.** 帅五进一　　车 6 平 7

29. 帅五平六　　车 7 退 2　　　**30.** 炮八退三　　车 7 平 4

31. 炮五平六　　……

双炮护驾轧马，有趣。

31. ……　　　　车 4 退 3

32. 车五平七　　车 4 平 3

33. 车七退二（图344）　……

兑马后局面简化，红方以多子而继续领跑。

33. ……　　　　卒 3 进 1

34. 炮六平五　　卒 3 进 1

35. 车七进一　　车 3 平 4

36. 帅六平五　　车 4 进 3

37. 帅五退一　　炮 2 进 2

38. 仕六进五　　炮 2 平 5

北京蒋川

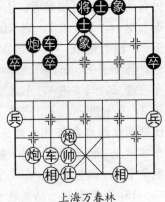

上海万春林

图 344

如改走炮 2 平 3，车七平八，炮 3 进 5，车八进七，车 4 退 5，车八退三，红方占优。

39. 炮八退一　　车 4 进 1

车双炮斗车炮卒，黑方难以持久，现弃卒抢兵，争取求和，也属于无奈之举。如改走卒 1 进 1，相七进九，卒 3 平 2（如将 5 平 4，红帅五平四），车七进一，卒 1 进 1，兵九进一，卒 2 平 1，炮八进九，红方优势。

40. 车七进二	车 4 平 2	**41.** 炮八平九	车 2 平 1
42. 炮九进二	车 1 平 7	**43.** 相三进一	车 7 平 9
44. 炮五进二	车 9 平 4		

如车 9 进 1 吃相，炮九平五，红方即刻胜局。

45. 相一退三	卒 9 进 1	**46.** 相三进五	卒 1 进 1
47. 车七平八	车 4 退 2	**48.** 炮九平七	车 4 平 3
49. 炮七进二	……		

仕相归正，双炮巡河，红方攻守兼备，以后一路雄风。

49. ……	车 3 退 1	**50.** 车八进五	车 3 退 3
51. 车八退三	车 3 进 4	**52.** 帅五平四	炮 5 平 4
53. 炮五进二	炮 4 退 4		

如改走卒 1 进 1，车八平六，卒 1 平 2，炮八平二，炮 4 平 8，车六平八，将 5 平 4，车八退二，红方胜势。

54. 帅四平五	卒 1 进 1	**55.** 炮五退二	卒 1 进 1
56. 炮五进二	卒 9 进 1	**57.** 炮七平三	卒 9 进 8
58. 炮三退三	卒 8 进 1		

59. 车八平六	卒 1 平 2
60. 仕五进六	卒 2 进 1（图 345）
61. 炮三平九	车 3 平 1
62. 炮九平六	……

北京蒋川

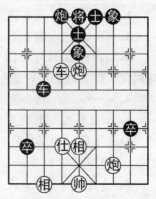

红方撑仕通炮，继而腾挪叫杀，好棋。

62. ……	车 1 退 4
63. 炮六平三	车 1 进 4

应改走车 1 进 2。

64. 车六进一！ ……

进车捉象，妙，冷着难防也。

上海万春林

图 345

64. ……　　车1平5

如改走车1平7，炮三平六绝杀，红胜。

65. 车六平五　炮4进6　　**66. 车五平三　将5平4**

67. 炮三进八　……

连破双象，势不可挡，下面入局。

67. ……　　将4进1　　**68. 炮五平二　炮4平5**

69. 仕六退五　车5平8　　**70. 车三退一　卒2进1**

71. 车三平六　士5进4　　**72. 车六平七　士4退5**

73. 炮三退一　士5进4　　**74. 车七进二　将4退1**

75. 炮二平六　将4平5　　**76. 炮六平五　车8平7**

77. 炮三平五　将5平4　　**78. 前炮退五　……**

夺炮，红胜。

第94局
北京张申宏（红先胜）黑龙江张晓平
（2004年11月11日弈于重庆）

中炮对小列手炮

1. 炮二平五　马8进7　　**2. 马二进三　车9平8**

3. 车一平二　炮2平5　　**4. 兵七进一　……**

本局弈自2004年全国个人赛第10轮。中炮对小列手炮，呈对攻局式。红方挺七兵启动左翼，也可车二进六，另有变化。

4. ……　　马2进3　　**5. 马八进七　车1平2**

6. 车九平八　车2进4　　**7. 炮八平九　车2进5**

兑车平稳。如车2平4，车二进四，炮8平9，车二平四，车8进6，马七进六，红先。

8. 马七退八　卒7进1　　**9. 车二进六　炮8平9**

10. 车二平三　车8进2　　**11. 马八进七　炮9退1**

如改走炮5平4，兵五进一，象7进5，炮五进四，马7进5，车三平五，炮4进5，车五平七，炮4平1，相七进九，车8进4，兵五进一，红方占优。

12. 马七进八（图346）　　卒7进1

红马从外肋出，正着。如马七进六，炮9平7，车三平四，车8进3，马六进七，车8平3，马七进五，象7进5，黑方反先。黑方弃卒意在打通3、七路线，谋求攻势，但损卒后付出太大，似乎不可取。可改走炮9平7，车三平四，马7进8，车四进二，炮7进1，相互对峙。

黑龙江张晓平

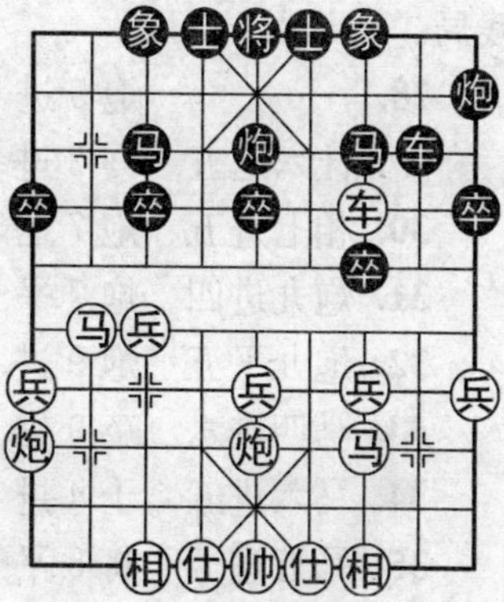

北京张申宏

图346

13. 兵三进一	炮9平7		
14. 车三平四	炮7进4		
15. 马八进七	炮7进4	**16.** 仕四进五	炮7平9
17. 仕五进六	车8进7	**18.** 帅五进一	车8退1
19. 帅五退一	马7进8	**20.** 车四平二	……

黑方虽得底相，但有攻无势，车马炮受牵制而难以展开。相反，红方子力通畅，前景乐观。

20. ……	车8进1	**21.** 帅五进一	车8退3
22. 帅五退一	马8进6		

兑车解套，技术上好像没有问题，但太急了一点。可改走车8进3，帅五进一，车8退3，一将一闲，不变待变，让红棋去变，这样就多了一个机会。

23. 车二退三	马6进8	**24.** 马七退六	……

斗无车棋，红方退马窥中又为七兵开辟通道，佳着。

24. ……	炮9平7	**25.** 炮五退一	象3进1
26. 马六进五	马3进2		

抢中卒形成多兵的简明优势，黑如马3进5，炮五进五，士4进5，马三进二，红优。

27. 马五退四　　马8退6

28. 马三进四（图 347）……

兑子简化，以多兵优势进入
残局。

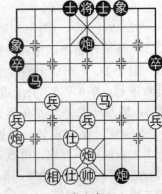

黑龙江张晓平

图 347

北京张申宏

28. ……	炮5进6
29. 仕六退五	马2进1
30. 相七进五	炮7退8
31. 炮九进四	炮7平9
32. 炮九平五	炮9进5
33. 马四进六	卒9进1
34. 马六进五	士4进5
35. 马五进七	将5平4
36. 马七退九	……

攻中破象，形成马炮双兵对马炮卒，红方子畅，绝对好下。

36. ……	卒9进1	37. 马九退七	士5进6
38. 马七进八	将4进1	39. 炮五平九	将4平5
40. 炮九进二	将5退1	41. 马八退六	将5平4
42. 炮九退二	将4进1	43. 马六退五！	马1进3

退马窥士，好棋。黑如士6进5，炮九平六，卒9平8，兵七
进一，红有凌厉攻势。

| 44. 仕五进六 | 马3退4 | 45. 仕六进五 | 士6退5 |
| 46. 炮九退五 | 马4退5 | | |

如马4进5贪相，仕五进四，黑马将被困死。

| 47. 炮九平六 | 士5进4 | 48. 马五进七 | 将4平5 |
| 49. 马七进八 | 马5进7 | 50. 马八退六 | …… |

再劫士，支离破碎，黑方败象已露。

50. ……	象7进5	51. 马六退八	卒9平8
52. 马八进七	马7进6	53. 兵五进一	炮9退5
54. 马七退六	将5退1	55. 兵七进一	士6进5
56. 兵七平六	卒8平7		
57. 兵五进一	（图 348）……		

双兵过河相连敌一子，黑势危也。

57. ……	卒7平6
58. 马六退四	象5进7
59. 马四进三	炮9进8
60. 炮六平八	卒6平5
61. 炮八进五	马6进7
62. 帅五平六	炮9退3
63. 炮八平五	象7退5
64. 仕五进四	马7进3
65. 仕六退五	马5退3
66. 马三进五	炮9平5
67. 仕五进六	马3进2
69. 帅五平四	将5平6

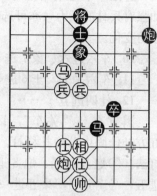

黑龙江张晓平

北京张申宏

图348

| 68. 帅六平五 | 马2退4 |
| 70. 马五退三 | 将6进1 |

71. 马三退四 ……

大势已去，黑方认输。

第95局
山西周小平（红先和）上海葛维蒲
（2005年4月20日弈于兰州）

中炮七路马对屏风马双炮过河

1. 兵七进一 卒7进1	2. 马八进七 马8进7
3. 炮二平五 车9平8	4. 马二进三 马2进3
5. 车一平二 炮2进4	6. 兵五进一 炮8进4
7. 车九进一 炮2平3	8. 相七进九 车1平2
9. 车九平六 车2进6	

本局选自2005年全国团体赛第8轮，是晋、沪两位棋手的一场较量。对兵（卒）开局，演成中炮七路马对屏风马双炮过河阵

式，这是一个比较典型的"炮、马对攻战例"。黑方右直车过河，加强对兵林的压力，亦可选择炮3平6，以后肋炮宫角打马，另有攻防变化。

10. 车六进六　　象7进5

11. 车六平七　　士6进5（图349）

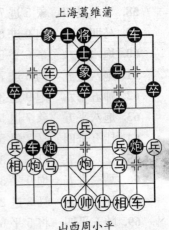

上海葛维蒲

图 349

山西周小平

12. 仕四进五 ……

黑方弃马"关车"，兵林反击。红方补仕固中，稳扎稳打。另有三种打法：①炮八退二，炮8退1，马三进五，马7进6，兵五进一，马6进5，马七进五，炮3平1（如车2进3吃炮，兵五进一，红方有攻势），兵五进一，炮1平5，仕四进五，车8进2，炮八平七；炮5退2，炮七进六，将5平6，炮七进三，将6进1，炮七退一，士5进4，兵五平四，车2平6，黑方反先。②仕六进五，马7进6，车七进一，马6进4，马三进五，卒3进1，兵九进一，车8进2，车二进二，炮8退1，车七平六，马4进3，马五退七，炮8平7，兵三进一，车8进5，兵五进一，车2进1，炮五平八，车8平3，均势。③兵九进一，马7进6，车七进一，马6进7，车七平六，卒7进1，仕六进五，车8进3，车六退五，车8进2，车六进二，车8退2，兵五进一，车8进1，兵五平四，卒7平6，车二进二，红方多子占优。

12. ……　　炮8退1

退炮窥视中路。如改走马7进6，车七进一，马6进4，马三进五，车8平6，车七平六，炮8平5，车六退四，车2进1，车六退一，车2平3，车六平五，车6进8，炮五平六，红方占先。

13. 兵三进一 ……

挺三兵欺炮活马，正着。如改走兵五进一，卒5进1，车七进一，卒5进1，车七平六，炮8平3，车二进九，马7退8，车六退六，马8进7，炮八退二，马7进6，红方虽多子。但黑方多卒有势，占先。

13. ……　　炮8平5

抢中兵兑车炮镇中路，应该。如改走卒7进1，马三进二，卒7平8，车七进一，卒8进1，车七平六，炮3平6，相三进一，炮6退5，车六退三，红方多子占优。

14. 车二进九　马7退8　　15. 马三进五　卒7进1

如改走卒5进1，兵三进一，马8进7，车七进一，炮3平1，兵三进一，炮1平5，马七进五，炮5进2，相三进五，马7退8，马五进六，车2进1，车七退二，红方先手。

16. 炮五进二　……

吃炮正确。如车七进一，卒7平6，车七平六，卒5进1，炮五进二，卒5进1，马五退六，炮3平1。红方得子失先，黑方多卒占先。

16. ……　　车2进1　　17. 炮五平六　炮3平4

如改走卒7平6，炮六退二，车2退3，炮六进六，红方多子易走。

18. 炮六进四　车2平3

19. 车七平五　车3平8

上海葛维蒲

20. 车五退一　卒7平6

21. 马五进四　车8退5

22. 炮六平八　车8平2

23. 炮八平九　车2平6

24. 马四进二　车6平7

25. 仕五退四　卒6进1

26. 炮九进一　炮4平5

27. 马二退四　车7平1(图350)

28. 马四退五　……

经过中局拼抢，黑方虽夺回一子，但失象，马位差，红方仍持优势。红方兑炮简化，明智。如炮九平

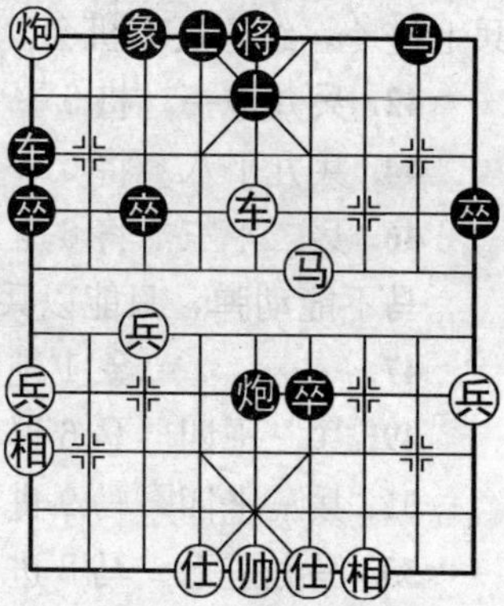

山西周小平

图350

八，车1平2，炮八平九，车2进4，红方反受牵制。

28. ……	车1退2	**29.** 马五进四	车1进2
30. 车五平一	车1平6	**31.** 马四进六	车6平5
32. 仕六进五	车5平4	**33.** 马六退四	车4平6
34. 马四退六	车6平9		

处于劣势，兑车求和，无更好的
选择。下面斗马兵（卒）残局。

35. 车一进一	马8进9	
36. 马六进七	马9退7	
37. 兵一进一	马7进8	
38. 兵一进一	马8进7	
39. 兵一进一	马7进5	（图351）

40. 马七退八？ ……

上海葛维蒲

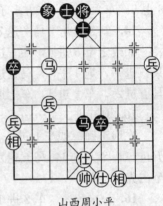

山西周小平

图351

在黑方残象情况下，红方多兵，
前景看好。如图351，退马软手，应改
走兵七进一。两个兵渡河，以后再处
置好边路对头兵卒，红方胜望很大。

40. ……	象3进1	**41.** 马八进九？	马5退4！

抢边卒太急，似是而非。应改走马八进七，待黑象离开后，再
兵七进一，红方还有机会。黑方退马佳着。以马制马，和棋有望。

42. 兵九进一	将5平6	**43.** 兵九进一	卒6平5
44. 兵九平八	将6平5	**45.** 兵一平二	将5平6
46. 兵二平三	将6平5	**47.** 兵七进一	……

马不能动弹，只能以兵换象，无奈。

47. ……	象1进3	**48.** 兵八平七	马4进6
49. 兵三平四	马6退8	**50.** 兵四平三	马8退9
51. 兵三平四	马9进8	**52.** 兵四平三	将5平6
53. 马九进七	马8进6	**54.** 兵三平四	将6平5
55. 兵七平六	将5平6	**56.** 兵六平五	将6平5
57. 马七退八	将5平6	**58.** 马八进六	将6平5

59. 马六退五　将 5 平 6　　　　**60.** 兵五平四　将 6 平 5

61. 前兵平五　将 5 平 6　　　　**62.** 仕五进六　将 6 平 5

63. 兵五进一　……

马双兵对马卒双士，虽然不是"官和"的残局，但在限时情况下，红方很难取胜。现在兵冲中宫，变成了"死兵"，以后无戏可唱了。应考虑两个兵分左右下去，与马配合，包抄九宫，尚可作最后努力。

63. ……　　　　马 6 退 8　　　　**64.** 马五进六　马 8 退 9

65. 兵四进一　马 9 退 7　　　　**66.** 马六进七　将 5 平 6

67. 兵四平三　马 7 进 9　　　　**68.** 兵三平四　马 9 退 7

69. 兵四平五　卒 5 平 4　　　　**70.** 仕四进五　卒 4 平 3

无法可施，和棋。

第 96 局
上海邬正伟（红先胜）湖北李望祥
（2005 年 5 月 5 日弈于上海）

五六炮对反宫马

1. 炮二平五　马 2 进 3　　　　**2.** 马二进三　炮 8 平 6

3. 车一平二　马 8 进 7　　　　**4.** 炮八平六　车 1 平 2

5. 马八进七　卒 3 进 1　　　　**6.** 车九平八　象 7 进 5

7. 车八进四　士 6 进 5

这是沪、鄂两位大师在 2005 年"城大建材杯"全国象棋大师冠军赛第 4 轮中的交锋。开局以后，演成五六炮双直车对反宫马左士象阵式，双方严阵以待。

8. 兵七进一　卒 3 进 1　　　　**9.** 车八平七　炮 2 退 1

退炮旨在牵制红方巡河车，但被红车一挪后车炮反受牵，有嫌展不开。可改走炮 2 平 1 亮车。

10. 车七平八　卒 7 进 1

挺卒不是当务之急。宜车9平6出贴身车。

11. 马七进六　　炮2平3

红方七路马跳出，黑势即感受压。现在平炮兑车虽能得底相，但子力结构松散，左车尚未启动，落入下风。但此时已别无更好的办法。

12. 车八进五　　炮3进8　　　　**13. 仕六进五　　马3退2**

14. 车二进六（图352）……

过河车一立，红方呈全方位进攻态势，局面主动有利。

14. ……　　炮6进6

如改走马2进3，马六进五，马3进5，炮五进四，红优。

15. 兵五进一　　车9平6

16. 兵五进一　　卒5进1

17. 马六进七　　车6进5

弃中兵打通中路，走得紧凑。黑如改走卒5进1，马七进五，象3进5，炮五进五，士5进4，车二平八，红方优势。

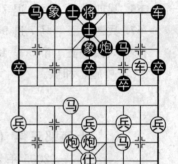

湖北李望祥

上海邬正伟

图352

18. 炮六进六！……

炮攻象腰，凶，佳着。

18. ……　　马7退6　　　　**19. 车二进三　　象3进1**

20. 炮六退五　　炮3退2　　　　**21. 马七退五！……**

退马吃卒立中虎视，弃马抢攻，好棋。判断形势正确。如炮五进五（如马七进五，黑炮3平7），士5进6，马七退五，车6平2，红方一时难以突破，而黑方却有反扑之势。

21. ……　　炮3平7　　　　**22. 炮六平五　　象1进3**

23. 马五进六　　马2进4

24. 马六退七（图353）……

踏象保持高压态势，黑方疲于应付。

24. ……　　　车 6 退 3

25. 马七进六　炮 6 退 1

献炮救急解杀，无奈。否则红前
炮平八即取胜局。

26. 后炮平三　车 6 进 4

27. 炮五退一　车 6 平 5

28. 仕五进四　士 5 进 4

29. 炮三退一　士 4 进 5

30. 炮三平五　车 5 平 2

31. 后炮进六　将 5 平 4

32. 前炮平一　……

兑子后，红方轰象成车双炮攻车
双马之势，优势确立无疑。

32. ……　　　马 4 进 2　　**33.** 炮一进二　将 4 进 1

34. 仕四进五　马 2 进 3　　**35.** 炮五平六　车 2 平 4

36. 炮六退二　马 6 进 7　　**37.** 车二退五　马 7 进 5

38. 车二平七　将 4 退 1　　**39.** 炮一平二　将 4 平 5

40. 炮二退四　马 3 退 2　　**41.** 车七进二　车 4 退 3

42. 车七退三　车 4 进 2

43. 车七平八　马 2 进 3

44. 车八进二　马 3 进 5

45. 车八平五　前马进 7

46. 车五进一　马 7 退 8

47. 车五平一（图354）……

一阵拼抢和争夺，马炮交换后，
形成车炮双兵单缺相对车马双卒双
士，红方以优势进入残局。

47. ……　　　卒 7 进 1

48. 兵一进一　卒 7 进 1

49. 车一平九　车 4 平 9

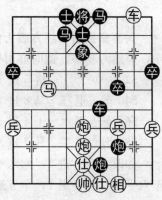

湖北李望祥

上海邬正伟

图 353

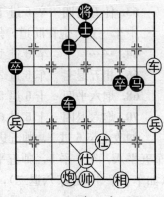

湖北李望祥

上海邬正伟

图 354

50. 车九进三　士5退4　　**51.** 车九平六　将5进1

52. 车六退一　……

兵卒交换后，红方破士而扩大优势。车炮兵斗车马卒，黑方孤士，显然亏得多。此时亦可径走车六退二吃士。

52. ……　　将5进1　　**53.** 车六平三　卒7平6

54. 车三退三　马8进7　　**55.** 车三平五　将5平6

56. 车五平六　士4退5　　**57.** 车六退二　车9平6

58. 炮六进二　马7进8　　**59.** 相三进五　将6退1

如改走卒6进1，炮六平四，马8退6，仕五进四，车6进2，车六平五，将6退1，车五进二，车6退2，相五进七！士5进6，兵九进一，车6平3，兵九进一，车高兵可胜车单士。

60. 炮六退一　马8退9

如改走马8退6（如卒6进1，炮六平二，卒6平5，车六平五），仕五进四，卒6进1，帅五进一，红方胜势。

61. 炮六进一　马9退7

62. 兵九进一　马7进6

一个圈子兜下来，黑方还是选择弃马杀仕以求一搏，因为纠缠下去，难以抵挡红兵过河的攻势。如果兑兵卒，车马孤士同样难以抗拒车炮有仕相的攻势。左右为难，别无他法。

63. 仕五进四　卒6进1　　**64.** 车六平五　……

中车一立，炮在肋道，黑方车卒顿时攻势全无。

64. ……　　卒6进1　　**65.** 兵九进一　士5进6

66. 相五退七　车6进2　　**67.** 炮六进二　车6平3

68. 炮六平四　士6退5　　**69.** 炮四平六　车3进2

70. 炮六退四　士5进6

如改走卒6进1，帅五进一，车3平4，车五进五，将6退1，车五平八，车4平5，帅五平六，将6平5，车八平六，车5退6（如车5平3，红车六退二），兵九平八。车高兵对车底卒，红胜。

71. 兵九平八　车3退6　　**72.** 车五进二　车3退2

73. 兵八平七　车3平5

74. 车五进三　士6退5（图355）

兑车后，成炮高兵对低卒士，红方必胜。且看下面：

75. 兵七平六　将6退1

76. 炮六进四　将6平5

77. 炮六退一　将5平6

78. 兵六平五　将6进1

79. 兵五平四　将6退1

80. 炮六进三　将6平5

81. 炮六平四！卒6平7

82. 帅五进一　……

轰走肋卒，高帅后必定消灭之，红胜。

湖北李望祥

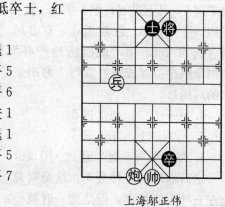

上海邬正伟

图 355

第97局
江苏张国凤（红先胜）广东庄玉庭
（2005 年 9 月 5 日弈于杭州）

当头炮对鸳鸯炮

1. 炮二平五　马2进3　　　**2.** 马二进三　卒3进1

3. 车一平二　车9进2

这是"三环杯"象棋公开赛最后 1 轮苏、粤两位特级大师的竞技。男女棋手混赛是近几年来的新鲜事，说明女棋手的棋艺水平有比较大的提高。中炮对鸳鸯炮，黑方使出冷门布局，考验红方的变阵能力。

4. 炮八平六　……

五六炮，均衡启动两翼子力，缓攻。亦可改走炮八进二叫板。另如改走兵五进一，炮 2 退 1，车二进六，炮 2 平 5，马八进七，车 1 平 2，车九平八，车 2 进 6，炮八退一，马 8 进 7，车二平三，炮 8 进 2，炮八平五，车 2 进 3，马七退八，卒 3 进 1，马八进七，象 7 进 5，马七进五，炮 5 平 4，车三平四，士 6 进 5，红攻黑守，双方对峙（选自 2005 年"威凯房地产杯"全国象棋排位赛吉林曹霖与上海胡荣华的对局）。

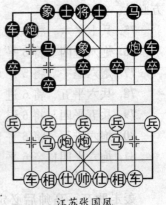

广东庄玉庭

江苏张国凤

图 356

4. ……　　　　象 7 进 5

5. 马八进七　　车 1 进 1

6. 车九平八　　炮 2 退 1？（图 356）

退右炮准备左移轰车，这是鸳鸯炮左右呼应的特点，但是此一时彼一时，不能机械照搬，所以这步棋并不适宜。应该因时制宜，改走车 1 平 4，仕四进五，炮 2 进 2，车八进四，马 8 进 6，阵形比较稳正。

7. 炮六进六！……

炮侵象腰，拦宫一击，将黑阵左右隔开，好棋。

7. ……　　　　炮 2 进 3　　　**8.** 炮六退四　　炮 8 退 1？

红炮进而巧退，欲轰边车，顺势而为。黑方退炮使子位很别扭，极不舒服。不如改走卒 9 进 1。

9. 炮六平一　……

平炮打车过于简单，改走车八进四更含蓄。

9. ……　　　　车 9 平 6　　　**10.** 车八进四　　车 6 进 5

11. 车二进二　　卒 7 进 1　　　**12.** 仕四进五　　车 6 退 1

13. 炮五平六　　车 6 退 3　　　**14.** 炮六平四　　车 6 进 3

15. 炮四平六　　卒 3 进 1

左翼马炮一时动弹不得，肋车来回徘徊无作为，现在弃卒求搏，苦于找出路。但仍可考虑改走车 6 退 3，以不变应万变。

16. 车八平七　　炮 2 平 3　　　**17.** 炮一平五　　炮 8 平 3

18. 相三进五　　马 3 退 5　　　**19.** 车七平八　　马 5 进 7

20. 马七退九　　马 7 进 8

通过腾挪，黑方子力和阵形得到改善，但仍不舒畅而被动。如改走卒 5 进 1，炮五平六，车 6 退 3，车二进五，黑方双马受攻，红优。

21. 炮六进六！……

肋炮侵宫再攻，佳着。

21. ……	后炮进 1	**22. 车八进三**	车 1 平 3
23. 兵七进一	前炮平 6	**24. 炮六退五**	车 6 进 2
25. 兵七进一	卒 5 进 1		
26. 炮五平二	后马进 6		
27. 兵七进一（图 357）……			

一番中局争夺，红方七兵深入而确立优势。

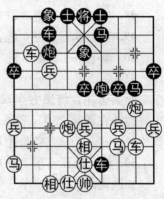

广东庄玉庭

江苏张国凤

图 357

27. ……	炮 3 平 4	
28. 车八退一	炮 6 退 1	
29. 炮二平七	炮 6 平 2	
30. 炮七进四	炮 2 进 4	
31. 车二进三	炮 2 平 7	
32. 车二退三 ……		

兑车兑马，局面简化，红车捉炮，保持优势。

32. ……	车 6 退 5	**33. 兵七进一**	炮 7 进 1
34. 马九进七	炮 4 退 1	**35. 炮七平四**	车 6 退 2
36. 车二进五 ……			

再兑子，捉象抢攻，佳着。

36. ……	炮 4 平 1	**37. 兵七平六**	车 6 进 4

进车让红兵冲宫，局势恶化。宜改走车 6 平 3。

38. 兵六进一！ 象 5 进 3（图 358）

39. 炮六进六！	车 6 退 4	**40. 炮六平四！** ……

炮轰双士，迅速突破，好棋。

40. ……	车 6 平 4	**41. 车二进二**	车 4 平 6
42. 炮四平七	将 5 进 1	**43. 车二退三**	车 6 进 4

44. 车二平七　　将5退1

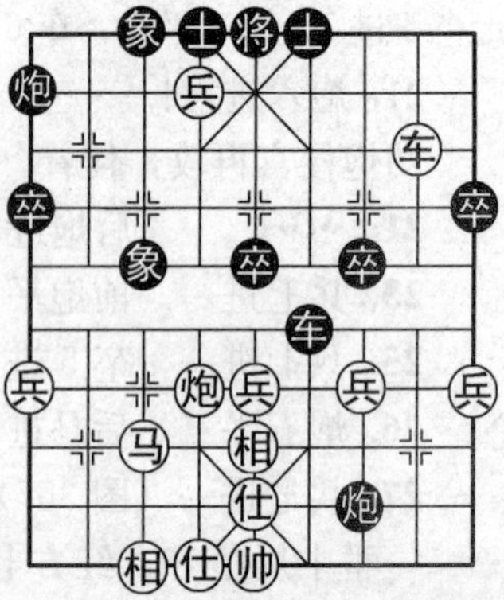

45. 炮七退四　……

打光士象，黑将"赤膊上阵"面
女娃，令人捧腹的风景线。

45. ……　　　炮1平8

46. 车七平二　　炮8平3

47. 车二平五　　将5平6

48. 车五平七　　炮3平8

49. 车七进三　　将6进1

50. 车七平二　　炮8进4

51. 兵三进一　……

弃兵舍相，将黑方车双炮可能的
攻势扼杀在萌芽之中，老练。

广东庄玉庭

江苏张国凤

图 358

51. ……　　　卒7进1	52. 相五进三　　车6平7
53. 相七进五　　车7平6	54. 车二退四　　炮7退1

如改走炮7平8，车二平三，后炮进2，车三退三，红方胜定。

55. 仕五进四　　卒5进1	56. 炮七退一　　车6进2
57. 仕六进五　　车6平5	58. 马七退六　　车5退1

59. 车二退一　……

舍仕相兵而夺炮，红方多子确立胜势。

59. ……　　　炮7退5	60. 车二进四　　将6退1
61. 车二平五　　卒9进1	62. 车五退三　　将6进1
63. 炮七退二　　车5平9	64. 车五平四　　将6平5
65. 炮七平五　　将5平4	66. 车四平六　　炮7平4
67. 炮五平六　　车9平5	68. 炮六进五　……

再夺炮，下面入局。

68. ……　　　卒5平6	69. 马六进七　　车5退4
70. 炮六退一　　将4平5	71. 车六平一　　卒6进1
72. 车一平四　　车5进5	73. 车四退二　　车5平3
74. 车四平五　　将5平6	75. 仕五进六（红胜）

第 98 局
湖北李望祥（红先负）河北阎文清

（2006 年 11 月 19 日弈于深圳）

五六炮对反宫马

1. 炮二平五　马 8 进 7　　　　**2.** 马二进三　卒 7 进 1

3. 炮八平六　……

这是鄂、冀两位象棋大师弈于 2006 年全国个人赛第 6 轮的一盘对局。红方缓开车摆下五六炮，离谱而走，意在避开熟套打散手，让对方"摸不着头脑"。一般都走车一平二或兵七进一。

3. ……　　　　　　　车 9 平 8　　　　**4.** 马八进七　炮 2 平 4

走右肋士角炮，因时而变，灵活变阵不拘常规，打对方一个冷门，针对性的应着，可取。

5. 车九平八　马 2 进 3

形成五六炮对逆向反宫马局式，红方没有讨到便宜。

6. 兵七进一　士 4 进 5

7. 炮五退一　炮 8 平 9

8. 相三进五　象 3 进 5

9. 炮五平九（图359）　　卒 3 进 1

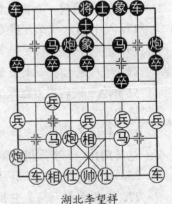

河北阎文清

湖北李望祥

图 359

兑卒意在活马，但河沿阵地暴露，欠严密。宜改走卒 9 进 1 等一等、看一看，又可拓宽边炮活动的空间。

10. 车八进四？……

升车巡河缓手，有嫌软弱。可改走兵七进一，象 5 进 3，炮九平七，象 7 进 5，车八进六，红方子力开扬有后劲，占先易发展。

10. ……　　　　卒 3 进 1　　　　**11.** 车八平七　马 3 进 2

12. 车七平八　马 2 退 3　　　　**13.** 车八进二　马 3 进 4

14. 车八平六　车1平4　　　**15.** 仕四进五 ……

肋道争锋，黑方走得积极。红如改走车六退一，炮4进5，车六进四，士5退4，黑方反先。

15. ……　　马4进6

16. 车六平九（图360）……

另有三种着法：①兵三进一，卒7进1，马三进四，卒7平6，炮六进五，车4进2，车六进一，士5进4，车一平三，马7进6，黑优。②车一平三，炮4进5，车六进三，士5退4，仕五进六，马6进7，车三进二，炮9进4，黑优。③车一平二，车8进9，马三退二，炮4进5，车六进三，士5退4，仕五进六，炮9进4，黑优。

河北阎文清

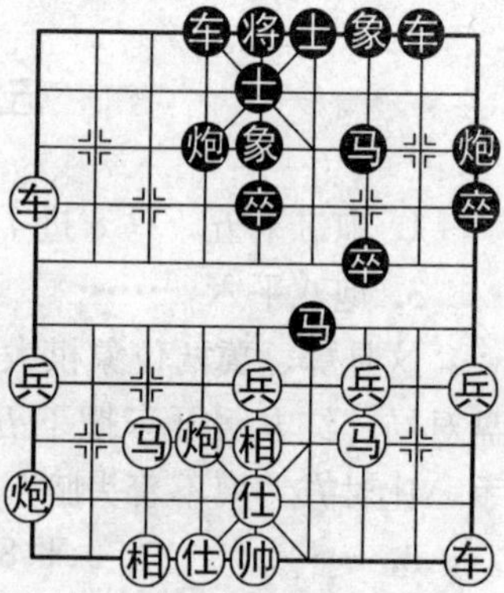

湖北李望祥

图360

16. ……　　炮4进7！

弃炮轰仕抢攻，石破天惊的冷着，真是艺高胆大，好棋。

17. 马七退六　车8进6　　　**18.** 车一平四　马6进7
19. 炮六平三　车8平7　　　**20.** 炮三退一　炮9进4
21. 马六进七　车4平3　　　**22.** 马七进六　炮9平5

兑子抢三兵，黑方在兵力上得到相应补偿，而且子力开扬，已掌局势主动。

23. 车九平七　车3进3　　　**24.** 马六进七　卒7进1

兑车简化，7卒乘机渡河。红方虽多子，但失势，压力陡增。

25. 马七进九　炮5退2　　　**26.** 马九进七　将5平4
27. 炮九平六　马7进8　　　**28.** 帅五平六　卒7平6
29. 相五进七　炮5平6　　　**30.** 炮三平四　车7平3
31. 相七进九　车3平2　　　**32.** 相九退七　车2退5
33. 马七退五　象7进5　　　**34.** 炮四进四　卒5进1

红方卧槽发力，但没有车的参与，一直是"有攻无势"，难成气候。黑方舍象以炮换马，消除"热点"，走得稳健又聪明。

35. 车四进二 车2进2 **36.** 炮四进三 卒5进1

中卒渡河，双卒双联敌一子。车双炮兵单缺仕斗车马三卒单缺象，黑方子力占位好，明显占主动。

37. 车四平二 马8进7 **38.** 炮四平一 士5进6

39. 炮一进一 士6进5 **40.** 帅六平五 车2平7

41. 车二进七 将4进1 **42.** 炮一退一 士5退6

43. 车二平四（图361） 将4平5

面对红方车炮进攻，黑方沉着应付，舍士而"有惊无险"。现在进将清醒，确保后宫安全。否则被红车占将位，黑方有危险。

44. 车四退二 车7平8 **45.** 炮六退一 卒9进1

46. 车四平三 马7退6 **47.** 车三进一 将5退1

48. 车三退五 马6进8 **49.** 炮一平八 车8平2

50. 炮八平四 将5进1 **51.** 车三进五 将5退1

52. 车三退一 将5进1

53. 车三平四 马8进6（图362）

河北阎文清 河北阎文清

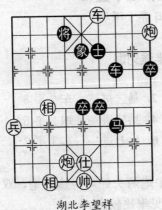

湖北李望祥

图 361

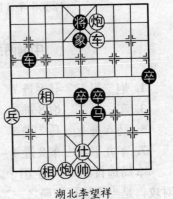

湖北李望祥

图 362

54. 炮四退四 ……

马入卧槽，即刻成反击之势。红方一炮换双卒以减轻压力，无奈之举。

54. ……　　　卒 5 平 6　　　　**55.** 车四退三　车 2 进 3

56. 兵九进一　卒 9 进 1

车炮兵单缺仕对车马卒单象，斗残局，黑方子位好而占优。

57. 炮六进一　车 2 平 5　　　**58.** 相七退五　卒 9 平 8

59. 兵九进一　卒 8 平 7　　　**60.** 车四进二　卒 7 进 1

61. 炮六进一　车 5 平 1　　　**62.** 兵九进一　车 1 进 2！

63. 炮六进一　车 1 平 5

攻中破仕，以后车马卒联攻，黑方胜势。

64. 帅五平四　马 6 退 5　　　**65.** 炮六平五　车 5 平 4

66. 车四进二　将 5 退 1　　　**67.** 车四退三　车 4 进 1

68. 帅四进一　车 4 退 5　　　**69.** 相五进七　将 5 平 4

70. 炮五平六　车 4 进 2　　　**71.** 车四平五　卒 7 进 1

车兵斗车卒，黑方捷足先登，胜。

第 99 局
江苏王斌（红先胜）辽宁金松
（2006 年 11 月 18 日弈于深圳）

中炮两头蛇对半途列炮

1. 炮二平五　马 8 进 7　　　**2.** 马二进三　车 9 平 8

3. 车一平二　炮 8 进 4　　　**4.** 兵三进一　炮 2 平 5

5. 马八进七　马 2 进 3　　　**6.** 兵七进一　车 1 平 2

7. 车九平八　车 2 进 4

本局选自 2006 年全国个人赛，中炮两头蛇对半途列炮，双方对攻，是当今流行布局之一，对局中见率比较高。

8. 炮八平九　车 2 平 8　　　**9.** 车八进六　炮 8 平 7

如炮 5 平 6，车八平七，象 7 进 5，兵五进一，红方先手。

10. 车八平七　前车进 5　　　**11.** 马三退二　车 8 进 9

12. 车七进一　车 8 平 7

13. 车七进二　炮7进1（图363）

14. 马七进六　……

杀底相（象），双方各攻一翼。图363，黑方伸炮轰马，逼红表态。红方跃马邀兑，属稳健打法。如兵七进一弃马渡河，则变化相对激烈。

14. ……　　　卒7进1

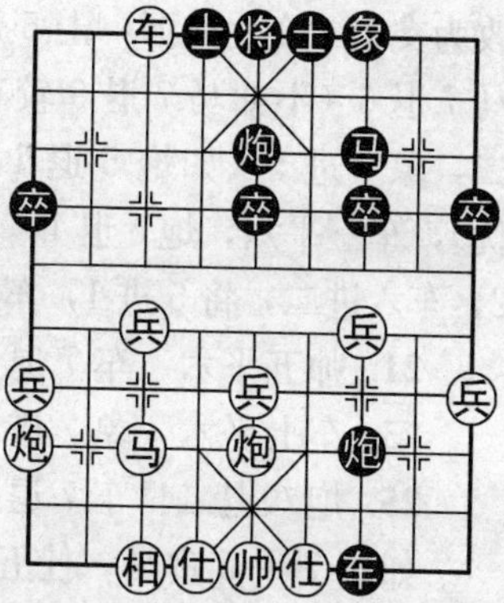

兑卒活马，先走的必要步序。如改走炮7平1，相七进九，车7退2，车七退四！炮5进4，仕六进五，象7进5，车七平六，士6进5，帅五平六，卒7进1，兵三进一，象5进7，车六进一，红方占优。

辽宁金松

江苏王斌

图 363

15. 兵三进一　炮7平1
16. 相七进九　车7退5

17. 车七退四　车7进2

兑车抢道，兵多不饶人，"霸王棋"。黑如车7平3，兵七进一，红方占优。

18. 仕六进五　士6进5

补仕（士）固中，双方都意识到"补一手"的必要。黑如改走炮5进4，马六进五，马7进5，车七平五，士6进5，车五进一，红方优势。

19. 炮五平八！炮5进4（图364）

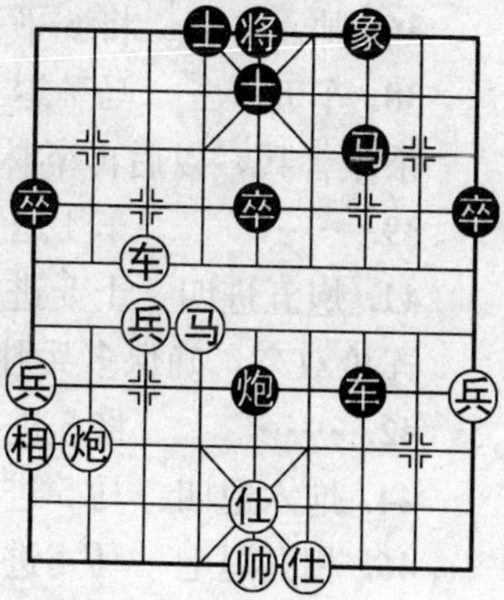

20. 马六退五！……

卸炮侧攻，退马巧制，使黑方车炮处于被控境地，赢得时机和空间，妙。

20. ……　　　将5平6

出将"避难"，必须的应手。事隔一年半以后，在2008年全国象甲联赛上，王、金又碰上了，同时又

辽宁金松

江苏王斌

图 364

弈出与本局一样的形势，可谓是"炒冷饭"再斗列炮。黑方将此着改为支士，变化如下：士5进4，帅五平六，车7平6，车七平三，马7退6（不如马7退9较有余地），马五退三，车6退1，炮八进二，象7进5（如炮5退1，马三进五，车6平8，兵七进一，红优），车三平六，炮5退1，马三进五，车6平8，车六进二！炮5平2，车六进二，将5进1，车六平四，兑炮破双士，红方胜势。

21. 帅五平六	车7退1	22. 炮八进七	将6进1
23. 车七平六	象7进9	24. 炮八退五	车7进2
25. 炮八退二！	车7退3		

如车7平5贪马，仕五进六，红方打死车。

26. 车六退二	马7进6	27. 马五退三！	……

退马通炮，先弃后取打开局面，佳着。

27. ……	车7进4	28. 炮八平四	马6退7
29. 车六平五	将6退1	30. 炮四平八	士5进4
31. 炮八平五	士4退5	32. 车五平四	将6平5
33. 车四平六	将5平6	34. 兵七进一	……

车炮腾挪，无形之中显功力。现在冲七兵，以优势进入残局。

34. ……	车7退3	35. 兵七平六	象9退7
36. 帅六平五	将6平5	37. 车六平五	车7平4
38. 车五平三	马7退6	39. 车三进六	……

杀象舍兵，以后再卒林抢卒，优势尽在计算掌控中。

39. ……	车4退1	40. 车三退三	车4平5
41. 炮五进四	士5进6	42. 车三平一	……

连抢双卒，确保多兵胜势也。

42. ……	将5进1	43. 炮五平六	马6进5
44. 炮六退四	马5进4	45. 车一平九	车5进2
46. 相九退七	马4进6	47. 车九平四	马6进8
48. 兵九进一	车5平3	49. 相七进九	车3平1
50. 帅五平六	将5平6	51. 车四平五	将6退1
52. 车五退二	车1进1	53. 车五平三	马8进6

54. 仕五进四　车1平4

55. 帅六平五　车4退3（图365）

56. 兵一进一　……

马炮交换后，成车双兵双仕对车双士残局。从理论上讲，红方必胜。如何掌握此类残局的攻杀，本局是对初学者一个很好的实例，值得参考借鉴。

56. ……　　　车4平5

57. 仕四进五　将6平5

58. 帅五平四　士6退5

59. 车三进五　士5退6

60. 车三平一　士4进5

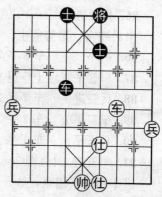

辽宁金松

江苏王斌

图365

61. 车一退四　车5进1

兑车抢道，又是一步"霸王棋"。黑如车5平9，兵一进一，双兵必胜双士。

62. 兵九进一　车5平1

63. 仕五退六　车1平6

64. 帅四进一　车6平4

65. 兵九进一　……

舍仕进兵抢速度，改走仕六进五亦可。

65. ……　　　车4进4

66. 车一平八　车4退1

67. 仕四退五　车4退5

68. 兵九平八　车4平6

69. 仕五进四　士5退4

70. 兵一进一　士6进5

71. 兵一平二　将5平6

72. 兵二平三　……

双兵渡河在车的掩护下向前冲，黑方无法阻挡。现在再舍仕横兵，"赤膊上阵"，有趣。

72. ……　　　车6进4

73. 帅四平五　将6平5

74. 兵三进一　车6退5

75. 车八平五　车6平3

76. 车五进一　车3进6

77. 帅五进一　车3退1

78. 帅五退一　车3进1

79. 帅五退一　车3退6

80. 兵八平七　车3平6

81. 兵七平六　车6平8

82. 车五退一　车8进7

83. 帅五进一　车8退1

84. 帅五退一　　车 8 退 6　　　　**85.** 兵六平五　　车 8 退 1

86. 兵五进一　……

中兵冲宫，黑势危也。

辽宁金松

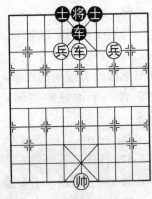

86. ……　　　　车 8 平 7

87. 车五平三　　士 5 退 6

88. 兵三进一　　车 7 平 2

89. 车三平五　　车 2 平 1

90. 兵五平六　　车 1 平 5

91. 车五进二！（图 366）……

进车巧兑伏逼杀，妙。

91. ……　　　　车 5 进 1

92. 兵六平五　　士 4 进 5

93. 帅五平六　　……

江苏王斌

图 366

下面：士 5 退 4，兵三平四，士 6 进 5，兵四进一，士 5 退 6，帅六平五，士 6 进 5，兵四平五，士 4 进 5，兵五进一，红胜。

第 100 局

广东吕钦（红先负）辽宁金松

（2006 年 11 月 15 日弈于深圳）

起马对挺卒局

1. 马八进七　　卒 3 进 1　　　　**2.** 炮二平四　　马 2 进 3

3. 马二进三　　马 8 进 7　　　　**4.** 车一平二　　车 9 平 8

5. 兵三进一　　象 7 进 5　　　　**6.** 炮八进四　　……

本局是东北年轻象棋大师挑战"羊城少帅"，在 2006 年全国个人赛中的一盘对局。起马对挺卒，双方斗散手，形成反宫马对屏风马阵式。黑方飞左象一是固中拓宽左翼活动空间，二是表明出右横车的意向，亦可炮 8 进 4 对抢先手。红方左炮过河，先手发力。

6. ……　　　　马 3 进 2　　　　**7.** 相七进五　　车 1 进 1

8. 仕六进五　车 1 平 4　　　**9.** 炮八平三　炮 8 进 4

红方轰卒压马，走在情理中，如车九平六兑车则竞争程度大为减弱，作为先手方也不愿意选择。黑炮封车，侧翼牵制，针锋相对。

10. 兵七进一　……

兑兵活马，正着。如车九平六，车 4 进 7，仕五退六，马 2 进 3，红方先手消失。

辽宁金松

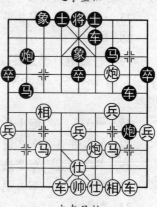

广东吕钦

图 367

10. ……　　　卒 3 进 1

11. 相五进七　车 4 平 6

12. 车九平六　车 8 进 4（图 367）

双车联动，改善阵形，黑方布局运子沉稳到位。

13. 相七退五　卒 1 进 1

挺边卒，既避炮锋，又是一步良好的等着。

14. 车六进七　炮 2 平 1　　**15.** 马七进八　车 6 进 5

16. 车六进一　车 8 平 3　　**17.** 马八进六　马 2 退 3

18. 马三进四　马 3 进 4

19. 马四进六　炮 8 平 5

20. 马六退五　车 6 平 5（图 368）

21. 车二进七？……

一阵拼抢，刀光剑影，煞是好看。大兑子，局面顷刻简化。红方进车压马意在保持攻势的连续性，但这是一步疑问手，有似凶实软的感觉。应改走炮四进六压象腰，以后在黑方内线做势，红有拓展潜力。

辽宁金松

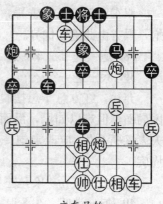

广东吕钦

图 368

21. ……　　　车 5 平 6

拦炮车占肋道，即刻化解红方攻势，佳着。

22. 兵一进一　士6进5　　　　**23.** 炮四平三　……

如改走炮四平一，车6退3，炮一进四，车6平7，炮一进三，车7平9，车二进二，马7退6，帅五平六，车3平6。红方弃炮抢攻，但攻不进，黑方多子占优。

23. ……　　　　车3平2　　　　**24.** 车六退八　炮1进4！

25. 后炮平一　……

闪车、轰炮，黑方看准战机，弃子反击，好棋。红如改走车二平三，炮1平5，车六平七，将5平6，帅五平六，车2平4，黑胜。

25. ……　　　　炮1平5　　　　**26.** 车六进三　炮5退2
27. 车六进三　车2进5　　　　**28.** 车六退六　车2退4
29. 车六进五　车2进4　　　　**30.** 车六退五　将5平6！
31. 炮一退二　车2退4　　　　**32.** 车六进五　车6平1
33. 车六平五　……

双车炮杀着连连，红方穷于应付。现在舍车啃炮解杀，无奈。

33. ……　　　　卒5进1　　　　**34.** 车二平三　车1平9
35. 炮一平二　车9平8　　　　**36.** 炮二平一　车2进4
37. 仕五退六　车2退6

双车联动，长袖善舞，巧控车双炮，黑方由此确立优势。

38. 炮一进二　车8进1（图369）
39. 兵三进一？……

弃兵，红方急于想摆脱车双炮受困局面，但难以如愿，反而是"赔了夫人又折兵"。应改走炮一退一耐心周旋。

辽宁金松

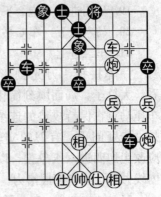

广东吕钦

图369

39. ……　　　　象5进7
40. 炮一进四　车8退4
41. 车三进二　将6进1
42. 炮一退一　车2平5　　　　**43.** 炮三进二　车8退2

44. 炮三平五 ……

舍炮轰士，实属无奈。因为车炮难以脱困，而黑方以后双卒可以相继渡河，红方难以收拾。

44. …… 将6平5　　**45.** 车三退四 卒5进1

46. 炮一平九 车8进5

形成车炮兵仕相全对双车卒单士象局。一般情况下，红方无法守和。

47. 炮九退四 车8平4　　**48.** 仕六进五 卒5进1

49. 炮九退一 象3进5　　**50.** 车三平二 卒5平6

51. 兵一进一 卒6平7

52. 车二进三 将5退1

53. 车二平三 车5进1

54. 兵一进一 象5进7! (图370)

扬象露将盖车，妙。

55. 车三进一 将5进1

56. 兵一平二 卒7进1

57. 车三平四 卒7进1

58. 兵二进一? 卒7进1!

冲兵随手，应改走炮九平六。黑方底卒杀相，精巧冷着。

辽宁金松

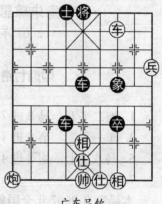

广东吕钦

图 370

59. 车四退七 ……

如改走相五退三吃卒，将5平4! 黑胜。

59. …… 车4平2　　**60.** 炮九平六 车2进1

61. 炮六进二 卒7平6

杀仕，"舍卒炸宫"，黑方胜势得到保证。

62. 帅五平四 车5退2　　**63.** 兵二进一 车5平8

64. 炮六退二 车8退1

"顺手牵兵"，势不可挡。

65. 炮六平五 将5平4　　**66.** 炮五平六 象7退5

67. 车四进四 将4平5　　**68.** 相五进七 车8进7

69. 车四平五　车2退1　　**70.** 帅四平五　车8退2

71. 车五退四　车2平5

霸王车以强欺弱，红方苦于挣扎但无出路也。

72. 车五平一　车8退2　　**73.** 车一平四　将5退1

74. 相七退五　士4进5　　**75.** 帅五平四　车8进2

76. 帅四平五　车8平6　　**77.** 车四平一　车6退2

78. 相五退三　车6进4

双车杀局，黑胜。

第 101 局
甘肃朱琮思（红先胜）江苏徐超
（2007 年 8 月 8 日弈于南京）

中炮七路马对屏风马双炮过河

1. 炮二平五　马8进7　　**2.** 马二进三　车9平8

3. 车一平二　卒7进1　　**4.** 兵七进一　马2进3

5. 马八进七　炮2进4　　**6.** 兵五进一　炮8进4

7. 车九进一　……

本局弈自 2007 年全国象甲联赛第 12 轮。中炮七路马对屏风马双炮过河，红方起左横车，主力尽早登场。如改走兵五进一，士4进5，兵五平六，象3进5，仕四进五，炮2平3，马七进五，车1平2，炮八平七，炮3平7，兵七进一，车2进6，兵七进一。红方先手，但变化相对缓和。

7. ……　　　炮2平3　　**8.** 相七进九　车1平2

9. 车九平六　车2进6

直车过河是一种选择。另一种是开肋炮，例举如下：炮3平6，车六进六，炮6进1，兵五进一，炮6平3，兵五进一，士4进5，车六平七，马7进6，车二进一，炮8退1？（不如炮3平1牵制对攻），炮五进三，炮3平5，相三进五，炮8平5，车二平五，炮5进

3，仕六进五，象 3 进 5，兵五进一，红方有攻势而占优（选自 2007 年第三届世界象棋大师决赛江苏王斌与北京蒋川的对局）。

10. 车六进六　　象 7 进 5

11. 车六平七　　士 6 进 5

12. 仕四进五　　炮 8 退 1

13. 兵三进一（图 371）　卒 7 进 1

黑方弃马抢攻，通过补上左士象，暂时"囚红车"于右内线，赢得时间和速度。现在吃兵过卒兑子，稳健。如改走炮 8 平 5，可参阅前面第 95 局。

江苏徐超

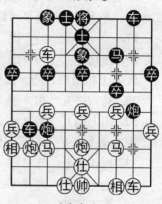

甘肃朱琮思

图 371

14. 马三进二　　车 8 进 5

15. 车二进四　　卒 7 平 8

16. 车七进一　　炮 3 平 8

17. 车七平六　　炮 8 进 3

18. 相三进一　　马 7 进 8

19. 车六退三　　卒 8 进 1

20. 车六平四　　马 8 进 7

21. 车四退一　　马 7 进 8

22. 车四退三　　马 8 退 7

23. 车四进一（图 372）　卒 3 进 1

黑方马炮卒侧翼推进，与右车互相呼应，形成一个有效的对抗"兵团"。红方多子，黑方有势，双方由此而展开争夺。现在兑卒意在拓宽黑马的活动空间，但红方左翼也相应得到松动。笔者以为，改走炮 8 平 9 更为含蓄有力。

江苏徐超

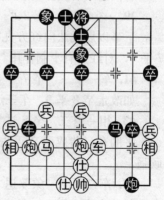

甘肃朱琮思

图 372

24. 兵七进一　　马 7 退 5

25. 车四平三　　炮 8 平 9

此时开炮已不适时宜，让红方有中炮出击的机会。应改走马 5 退 3，红如接走马七进六，车 2 平 7，车三进一，卒 8 平 7，黑方多卒，可以抗衡。

26. 炮五进四　　卒8平7　　　**27.** 车三平五　……

中炮轰出，红势得到改善。现如改走车三平二，卒7平8，车二平三，卒8平7，黑卒可以长捉，双方不变判和。

27. ……　　　　马5退3　　　**28.** 马七进六　车2退1

29. 相九进七　　马3退5

红方飞相阻挡，巧。黑如车2平3，车五进三，红方占优。

30. 马六进五　　炮9退3　　　**31.** 兵九进一　炮9退2

32. 相七退九　　炮9平2

如改走车2平1吃兵，炮八进七，红有攻势。

33. 炮八平七　　车2平1　　　**34.** 马五进七　炮2进5

35. 炮七退二　　车1平2　　　**36.** 马七退六　车2进1

37. 车五进四　　士5进4

撑士先防一手。如改走车2进1，车五平一，车2平1，马六进八，黑难应付。

38. 车五平九　　士4进5　　　**39.** 车九平一　……

连扫两卒，红方物质上的优势得以确立。黑方由此落入下风。

39. ……　　　　车2平4　　　**40.** 马六进八　卒7进1

下卒以后无法向红方九宫靠拢，作用也大为减弱。不如改走卒7平6，对红方有牵制作用。

41. 车一平三　　卒7平8　　　**42.** 马八退七　车4平2

如改走卒8平9，车三退四，红优。

43. 相一退三　　卒8进1　　　**44.** 马七进六　车2平4

平肋车，造成黑卒丢失，以后棋更难下。不如车2平8比较顽强。

45. 车三平二　　象5退7　　　**46.** 马六退七　车4平2

如改走卒8平7，车二平八，炮2退3（如炮2平1，马七退八，红马捉双夺子），车八平三，红方大优。

47. 车二退五　　……

吃掉过河卒，黑方只有死守而无还手能力了。

47. ……　　炮2平1　　　**48.** 车二进八　象3进5

49. 马七退六　车2进1

如改走车2进3，炮七进四。红炮一活，黑棋输得更快。

50. 相三进五　车2平1　　　**51.** 车二退三　车1平3

52. 相五进七　炮1平2　　　**53.** 车二平九　象5退3

54. 车九退六　炮2退5　　　**55.** 车九进三　炮2平3

56. 炮七平八　车3平2

57. 炮八平九　车2退4

58. 车九进二　象7进5

59. 炮九进三（图373）……

底炮激活，形成车马炮联攻之势，黑难抵挡也。

江苏徐超

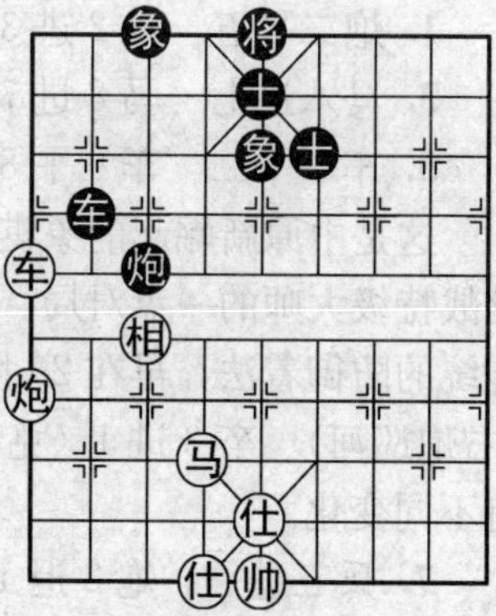

甘肃朱琮思

图373

59. ……　　车2平5

60. 车九平八　士5退4

61. 车八退二　车5平6

62. 车八平二　士6退5

63. 炮九平五　炮3平5

64. 车二进二　炮5退1

65. 相七退五　车6进3

66. 马六进七　炮5进4

轰相后防空虚，更难防守，但改走他着，也难脱困局。

67. 仕五进六　将5平6　　　**68.** 车二进四　将6进1

69. 车二退七　车6进3　　　**70.** 帅五进一　车6退4

71. 马七进八　炮5平6　　　**72.** 炮五平九　……

左右夹击，势不可挡，下面入局。

72. ……　　象3进1　　　**73.** 马八退六　车6进1

74. 炮九进三　象5进3　　　**75.** 炮九平八　士5进4

76. 炮八进三　象1退3　　　**77.** 车二进六　将6退1

78. 车二平六　士4退5　　　**79.** 车六平五　车6退4

80. 车五平六（红胜）

第 102 局
河南李少庚（红先胜）黑龙江陶汉明
（2007 年 8 月 8 日弈于郑州）

中炮巡河炮对屏风马

1. 炮二平五　马 2 进 3　　　**2.** 兵七进一　卒 7 进 1

3. 马八进七　马 8 进 7　　　**4.** 马二进三　象 3 进 5

5. 车一平二　车 9 平 8　　　**6.** 炮八进二　炮 8 进 2

这是中原新崛起的象棋新大师在 2007 年全国象甲联赛第 12 轮挑战特级大师的一盘对局。中炮巡河炮对屏风马，黑方左炮巡河是传统的防御着法，早在 20 世纪 50 年代就已经流行。另有炮 2 进 2（右炮巡河）、卒 3 进 1（兑 3 卒）、车 1 平 3（象位车）等套路，各有不同变化。

7. 兵三进一　炮 2 退 1　　　**8.** 兵三进一　……

吃卒过兵，是一种既实惠又有效的走法，变化不复杂而着眼于以后中残功夫的较量。亦可改走车二进一，炮 2 平 7，兵三进一，炮 7 进 3，马三进四，士 4 进 5，车九进一，车 1 平 2，炮五平四，车 2 进 4，相七进五，卒 3 进 1，兵七进一，炮 8 平 3，车二进八，马 7 退 8，车九平六，红方主动。

8. ……　　　炮 2 平 8　　　**9.** 车二进五　……

一车换三（马炮卒）是渡兵后的既定战术。如改走车二平一，后炮平 7，马三进四，炮 7 进 3，车一平二，士 4 进 5，仕四进五，炮 8 进 3，马七进六，卒 3 进 1，兵七进一，车 1 平 4，炮八平七，车 4 进 5，炮七进三，车 4 平 6，炮七平三，炮 7 平 5，基本均势。

9. ……　　　马 7 进 8　　　**10.** 兵三平二　炮 8 平 3

平炮 3 路，一面捉兵，一面准备兑卒活马。如改走车 1 平 2，炮五退一，车 2 进 4，马三进四，炮 8 平 7，兵九进一，车 8 进 2，车九进三，车 8 平 6，车九平六，红方先手。

11. 马三进四　卒3进1　　**12.** 兵七进一　炮3进3

13. 马七进六　车1平2

如改走车8进1，马六进五，马3进5，炮五进四，士4进5，车九平八，车8平6，马四退六，车6进3，炮八进一，炮3平8，炮八平二，车6平8，兵五进一，车1平4，马六退四，红方占先。

14. 车九平八　炮3平4　　**15.** 炮八进三 ……

黑方平炮挡马作用似乎不大，可改走车2进3较为积极。红方进炮封车，对黑施压，佳着。

15. ……　　　车8进1

16. 车八进六　车8平4

17. 马四进五　马3进5

18. 炮五进四　士4进5（图374）

19. 马六进四! ……

弃兵踏马抢攻，好棋。

19. ……　　　炮4平8

20. 马四进二　车4进4

21. 仕四进五　炮8平3?

平炮失势，此时并无必要。应改走卒9进1，虽处下风，但有双车的存在，尚可周旋和对抗。

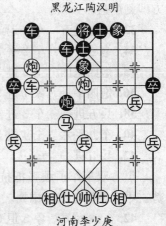

黑龙江陶汉明

河南李少庚

图 374

22. 炮五平一! ……

抢边卒及时转换进攻方向，车生根又多兵，好棋。红方由此牢固确立优势。

22. ……　　　炮3退3　　**23.** 马二退四　车4退1

24. 马四进六　炮3平1

25. 车八平九　炮1进5（图375）

26. 炮八平六! ……

平炮巧兑子，妙。

26. ……　　　士5进4　　**27.** 马六进四　将5平4

28. 车九退三 ……

车马炮斗双车，红方净多双兵，阵畅子活，黑方怎么"受得了"。

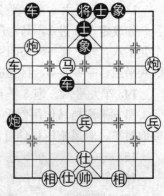

黑龙江陶汉明

河南李少庚

图 375

28. ……　　　　车 4 平 6

29. 马四退二　　车 6 平 9

30. 炮一进二　　车 9 退 1

31. 车九进三　　车 9 进 3

32. 炮一平二　　车 9 平 7

如改走车 9 平 5，车九平四，黑方即刻崩盘。

33. 相七进五　　车 7 退 4

34. 炮二平四　　车 2 平 3

35. 炮四退四　　士 6 进 5

36. 炮四平一	象 7 进 9	37. 炮一平六	将 4 平 5
38. 兵五进一	车 3 平 4	39. 炮六退一	士 5 退 4
40. 车九平六	士 4 进 5	41. 炮六进二	象 9 退 7
42. 兵五进一	……		

黑方双车作了顽强抵抗，吃掉一个边兵，但还是难挡红方攻势。中兵渡河，如虎添翼。

42. ……	象 5 退 3	43. 兵五平四	车 7 平 8
44. 马二退三	车 8 平 6	45. 兵四进一	车 6 平 5
46. 炮六平一	车 3 平 8	47. 车六平七	象 3 进 1
48. 炮一进四	车 8 退 4	49. 炮一退七	士 5 退 4
50. 兵四平五	车 5 平 6	51. 炮一平四	士 4 退 5
52. 马三进四	车 6 平 7（图 376）		

53. 车七进一！　车 7 进 1

欺车破象，取得突破。黑如车 7 平 3，马四进三，将 5 平 6，兵五平四，红胜。

54. 车七平九	车 8 进 6	55. 相五进三	车 8 平 5
56. 车九退一	车 7 进 1	57. 炮四平八	车 5 平 2
58. 炮八平五	车 2 平 5	59. 炮五平七	士 5 进 6

60. 兵五平六　车 7 平 6

61. 马四进六　将 5 平 6

62. 车九进三　象 7 进 5

63. 车九平六　……

黑龙江陶汉明

再破士，黑宫支离破碎，危也。

63. ……　　　将 6 进 1

64. 炮七进六　车 6 平 3

65. 炮七平九　车 5 平 1

66. 马六退八　车 1 退 3

67. 车六平八　车 3 退 4

68. 车八退一　将 6 退 1

69. 相三退五　车 3 平 1

70. 兵六平五　前车平 2

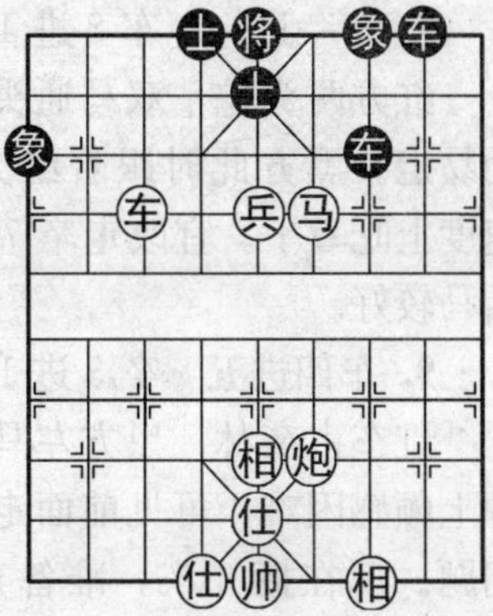

河南李少庚

图 376

一车换双以解燃眉之急，但已无济于事。

71. 车八退二　车 1 进 1　　72. 兵五进一　车 1 进 1

73. 车八平五　……

车兵杀局，下面：将 6 进 1，帅五平四，将 6 退 1，兵五进一，车 1 退 1，车五进一，红胜。

第 103 局
辽宁卜凤波（红先胜）江苏程鸣
（2007 年 9 月 26 日弈于南京）

中炮进三兵对三步虎转半途列炮

1. 炮二平五　马 8 进 7　　2. 兵三进一　车 9 平 8

3. 马二进三　炮 8 平 9　　4. 马八进七　炮 2 平 5

本局弈自 2007 年全国象甲联赛第 16 轮，是后起之秀迎战特级大师的一盘角逐。红方中炮抢挺三兵，黑方应以三步虎，转而演成列炮阵式，争斗意识跃然枰上。

5. 车九平八　马2进3　　　**6.** 兵七进一　车1进1

7. 车一进一　车8进4　　　**8.** 车一平四　车1平4

红方两头蛇，双马通头，显然主动易走。黑方此时跟着红方出肋车，速度上吃亏了。宜改走卒7进1兑卒活马较好。

江苏程鸣

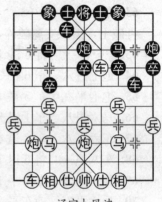

辽宁卜凤波

图 377

9. 车四进五　卒3进1（图377）

红车占卒林，黑方左马受压，处理上颇感困难，可见前面走肋车有点问题。现在挺3卒，准备弃子抢攻，是现阶段最好的选择。也可以看出"初生牛犊不怕虎"，敢于拼搏的胆魄。当然从技术角度看，弃子后子力上毕竟受到影响，会受到制约。

10. 车四平三　卒3进1　　　**11.** 车三进一　卒3进1

12. 兵三进一　车8进2　　　**13.** 马七退五　……

退马窝心有点"委屈"，但多一个子，有一兵过河，"划得来"。

13. ……　　　　　车4进7　　　**14.** 马三进四　车8平7

15. 马五进三　炮9进4　　　**16.** 仕六进五　炮9进3

17. 炮八平六　卒3进1

双车炮左右出击，现在再弃卒强攻，必定的步骤，松不得，否则容易落入被动。

18. 炮五平七　炮5进4

19. 炮六平五　象3进5（图378）

20. 车八进三　……

高车拖车炮，要紧的牵制手段；九宫虽受攻，但有惊无险。

20. ……　　　　　车4平5　　　**21.** 帅五平六　……

避帅正着。如马三退五吃车，车7平6，帅五平六，车6进3，帅六进一，车6平4，黑胜。

21. ……　　　　　车5平6　　　**22.** 车八平五　车7平5

23. 马三进五　车6进1
24. 帅六进一　车6退4
25. 车三退一　……

一阵拼抢交换，险情排除，红方虽丢双仕，但仍有多子优势。

25. ……　　　车6平4
26. 帅六平五　士4进5
27. 相三进一　将5平4
28. 兵三平二　车4进3
29. 帅五退一　车4退2
30. 马五进四　炮9平3
31. 炮七进四　车4平3

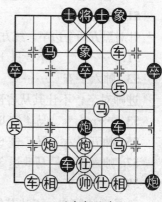

江苏程鸣

辽宁卜凤波

图378

兑炮活马，红方孤相，黑方还有对抗和周旋机会。

32. 炮七退六　车3进3
33. 帅五进一　车3退1
34. 帅五退一　车3退4
35. 马四退三　车3进2
36. 兵九进一　马3进2
37. 车三退二　车3平4
38. 马三退四　车4进2
39. 马四进五　车4进1
40. 帅五进一　马2进4
41. 炮五平四　卒5进1
42. 马五进七　将4平5
43. 相一退三　车4退3
44. 相三进五　象5进3
45. 马七退八　车4进3
46. 车三退四（图379）……

车马卒极力组织反扑，红方沉着应对，车马炮相构筑成后宫防线，无懈可击，显示耐心和功力。图379，逼兑黑车，佳着。以优势进入残局。

46. ……　　　车4平7
47. 相五退三　马4进3
48. 帅五平六　卒5进1

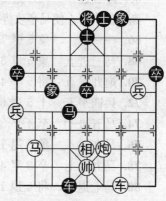

江苏程鸣

辽宁卜凤波

图379

49. 炮四退二　象7进5　　50. 炮四平九　马3退2

51. 相三进一　……

针对黑方两个边卒，红方运炮调相，使黑方顾此失彼，力不从心。

51. ……　　卒5进1　　52. 炮九平一　马2退4

53. 帅六平五　……

进帅对卒，不让其从容冲九宫，老练。

53. ……　　马4进6　　54. 兵二进一　马6进7

55. 帅五平六　马7进6　　56. 帅六退一　马6退5

57. 帅六进一　马5退3　　58. 帅六退一　卒5进1

59. 帅六平五　……

又是进帅对卒，不让其轻易深入，冷静。

59. ……　　马3退5　　60. 马八退六　卒5平4

退马护宫，稳当。黑如马5进6，马六进四，卒5平6，炮一进六，以后炮双兵有相可胜低卒士象全。

61. 马六退四　马5进3　　62. 炮一进六　马3退1

63. 炮一平九　……

抢兵、卒，演成马炮兵相对马卒士象全，红方胜势在握。

63. ……　　马1进3　　64. 马四进三　马3退4

65. 帅五进一　马4进3　　66. 相一进三　……

高相护中宫，使马卒攻势得到遏制，好棋。下面马炮兵联攻推进。

66. ……　　象5退7　　67. 兵二平三　象3退5

68. 马三进五　象5进3　　69. 兵三平四　马3退5

70. 炮九平五　将5平4　　71. 炮五退一　象7进5

72. 兵四平五　士5进6　　73. 兵五平六　士6进5

74. 马五进七　卒4平5　　75. 马七进九　马5进3

76. 马九进八　象3退1　　77. 马八进九　象1退3

78. 马九退七　卒3平4　　79. 帅五平四　将4进1

80. 马七退八　将4退1　　81. 炮五退二　马3退5

82. 炮五平六　士5进4　　83. 马八进七　将4进1

84. 兵六进一　……

杀士闯宫，由此入局。

84. ……　　将4平5　　　**85.** 炮六平八　将5平6

86. 兵六进一　……

以下为：马5退6（如卒4平3，兵六平五，将6退1，兵五进一，将6进1，炮八进五杀），炮八平四，卒4平5，马七退六，红胜。

第 104 局
浙江于幼华（红先胜）湖北柳大华
（2007 年 12 月 27 日弈于承德）

中炮横车七路马对屏风马

1. 炮二平五　马8进7　　　**2.** 马二进三　车9平8

3. 兵七进一　卒7进1　　　**4.** 马八进七　马2进3

5. 车一进一　象3进5

本局弈自首届"来群杯"象棋名人战冠亚军决赛的第1局。一个是"拼命三郎"，一个是"东方电脑"，两位特级大师志在必争。中炮横车七路马对屏风马右象，是 21 世纪流行布局之一。也有黑方飞左象，但相对少见，例举如下：象7进5，车一平四，士6进5，马七进六，炮2进4，相三进一，炮2平4，车九平八，车1平2，炮八进六，炮4进1，马六进七，车2平1，车八进七，车1进1，炮五退一，炮4平3，马七退六，炮3退1，车八退四，炮3平7，兵五进一，卒7进1，兵七进一，红方占先。

6. 车一平四　……

车走右肋，是横车七路马时尚又核心的走法，30 余年来经久不衰。它的特点是左右均衡推进。另有车一平六、炮八平九、马七进六等走法，变化不同，但都有些陈旧。

6. ……　　炮8平9　　　**7.** 炮八进二　……

巡河炮，伺机"疏通河道"，使阵形最大限度得到开扬，稳健有效。

7. ……　　　　士 4 进 5　　　**8.** 炮五平六　　炮 2 进 2

9. 马七进六　炮 2 平 5　　　**10.** 相七进五　　车 1 平 2

11. 车九平八　车 8 进 5

面对红方卸炮跃马封堵，黑方补士固中，右炮腾挪，亮出右车，继而左车骑河反制，防守反击，着法到位，由此引起对抗和争夺。

12. 车四平八　炮 5 平 2　　　**13.** 炮八进五　　炮 2 进 5

14. 炮八退九　车 8 平 4　　　**15.** 仕六进五　　车 4 进 1

大动作兑子，局面迅速简化。黑车进兵林势在必然，否则要受红方双炮攻击，无其他更好的落脚点。

16. 兵三进一　卒 7 进 1　　　**17.** 相五进三　　马 7 进 8

18. 相三退五　车 4 平 1

对峙之下，黑车扫兵意在增强"物资储备"，以利"长期作战"。但车位变差，却是潜在的损失。可考虑改走卒 3 进 1 兑卒活马，作必要的过渡和等待。

19. 车八进五　马 8 进 7

20. 车八平七　炮 9 平 6（图 380）

此时，黑方右侧承受较大压力，如改走马 7 退 6，马三进四，红方有攻势。但同样平炮，应走炮九平七为妥。

21. 相五进三！……

飞相罩马，控制局势的佳着。

湖北柳大华

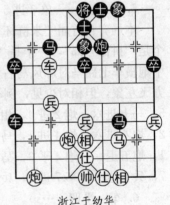

浙江于幼华

图 380

21. ……　　　　卒 1 进 1

22. 炮八平六　车 1 平 2

23. 前炮进四　卒 9 进 1

24. 仕五进六　车 2 退 4

红方撑仕封锁肋道，并有退炮轰马的强手，紧着。如兵七进一，黑车 2 平 4，红反受牵制。黑方退车无奈，如卒 9 进 1，前炮退三，黑方尴尬。

25. 后炮平七　炮 6 平 7　　　**26.** 炮六退三　车 2 进 4

27. 炮六平三　炮 7 进 4　**28.** 相三进五　马 3 退 4

29. 车七平五　……

兑子抢先，红方打通卒林，多兵子畅，由此确立优势。

29. ……　　　车 2 退 2　**30.** 车五平二　炮 7 平 6

31. 车二平四　炮 6 平 8　**32.** 炮七平六　……

炮控肋道，为红马出槽开辟一条通畅的马路，老谋深算。

32. ……　　　卒 1 进 1　**33.** 车四平二　炮 8 平 6

34. 马三进四　卒 1 平 2　**35.** 马四进六　炮 6 退 5

36. 兵五进一　卒 2 平 3

启动中兵，红方优势得以扩大。黑卒换兵以减轻压力，实属无奈，无更好的选择。

37. 相五进七　车 2 进 2　**38.** 车二平四　炮 6 进 1

39. 马六进八　炮 6 退 1　**40.** 相七退五　马 4 进 2

湖北柳大华

41. 兵五进一　炮 6 平 8

42. 车四平二　炮 8 平 7

43. 仕四进五　马 2 进 4（图 381）

44. 炮六进七！士 5 进 4

45. 马八进六　……

兑子破士，撕开缺口，以优势进入残局，着法明快简捷。

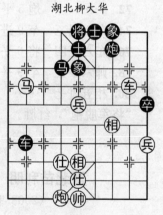

浙江于幼华

图 381

45. ……　　　炮 7 平 4

46. 车二平七　士 6 进 5

47. 车七进三　士 5 退 4

48. 兵五进一　车 2 平 4

49. 兵五进一　……

以兵搏象，车马有势，胸有成竹。

49. ……　　　象 7 进 5　**50.** 马六退五　车 4 平 5

51. 马五进三　象 5 退 7　**52.** 车七退一　炮 4 平 5

53. 车七退二　车 5 平 9　**54.** 马三退五　车 9 进 3

55. 仕五退四　车 9 平 8　**56.** 车七平三　车 8 退 9

57. 仕六退五　炮 5 平 4

黑方车炮抢兵，顽强抵抗，劣势之下不气馁，精神可嘉。但后宫破碎，险情难以解除。

58. 马五进四	炮 4 平 6	**59.** 马四退六	将 5 平 6
60. 马六退四	将 6 平 5	**61.** 车三进二	炮 6 平 5
62. 马四进六	将 5 平 6	**63.** 车三退一	炮 5 平 4
64. 马六进八	炮 4 平 6	**65.** 马八退七	士 4 进 5
66. 车三进一	炮 6 进 1	**67.** 车三平五	……

车马冷着，防不胜防。红方攻中再破士，胜券在握也。

67. ……	车 8 进 2	**68.** 马七进六	炮 6 平 5
69. 车五进一	将 6 进 1	**70.** 马六进八	车 8 平 6
71. 帅五平六	炮 5 退 1	**72.** 车五平三	

再杀象，黑方大势已去。下面红方入局。

72. ……	炮 5 平 3	**73.** 车三平六	车 6 平 3
74. 车六退三	卒 9 进 1	**75.** 马八退九	车 3 进 4
76. 车六平四	将 6 平 5	**77.** 车四平五	将 5 平 6
78. 帅六平五	卒 9 进 8	**79.** 仕五进四	卒 8 进 1
80. 相五进七	……		

"将军脱袍"，红胜。

第 105 局
河北苗利明（红先负）黑龙江赵国荣

（2008 年 3 月 5 日弈于北京）

五七炮进三兵对屏风马

1. 炮二平五	马 8 进 7	**2.** 马二进三	车 9 平 8
3. 兵三进一	卒 3 进 1	**4.** 车一平二	马 2 进 3
5. 马八进九	卒 1 进 1	**6.** 炮八平七	马 3 进 2
7. 车九进一	卒 1 进 1		

本局弈自第6届"威凯房地产杯"全国象棋排名赛。五七炮进三兵对屏风马，黑方疾挺边卒，兑兵早出边车，在第一时间抢占制高点，抑制红方盘河马进攻。亦可改走飞象固中（左右象都可），另有不同变化。

8. 兵九进一　车1进5　　　　**9.** 车二进四　……

巡河车稳健。也有横车过宫的走法，例举如下：车九平四，车1平7，马三进四，象7进5，车二进六，士6进5，马四进六，卒5进1，车四进五，车7平4，车四平八，马2进1，炮七退一，炮2平1，马六进七，炮8平9，车二平三，马7退6，马七退九，马1进3，车八平六，车4退2，车三平六，马3退5，前马退七，马5退7，仕六进五，炮1平3，黑方可以抗衡。

9. ……　　　　象7进5　　　　**10.** 车九平四　车1平4

抢占右肋，竞争性走法。亦可士6进5补士固中，红车四进三，车1进1，另有攻防之道。另如改走卒3进1，车四进三，卒3平4，车四进一，马2进1，炮七退一，炮2进5，炮五退一，卒4进1，车四平六，卒4平3，炮七平九，炮8退1，车六进三，士6进5，车六退二，炮8进3，车六平八，炮2平4，兵三进一，车1平8，马三进二，卒7进1，炮九进二，红方多子占优（选自2008年"道泉茶叶杯"全国象棋明星赛湖北李智屏与浙江于幼华的对局）。

11. 车四进三　车4进1　　　　**12.** 仕六进五　炮8进2

红方补仕固中兼作观望，但同样补仕，宜仕四进五更合理，因为帅门朝右，有肋车把守，利于活动。黑方升炮巡河呼应右翼，如士6进5则侧重于防守。

13. 车四平九　士4进5　　　　**14.** 炮五平四　卒3进1
15. 兵七进一　马2进4
16. 车二退一　炮2进4（图382）
17. 相七进五　……

黑方弃卒奔马，先手发难。红方飞相求稳，亦可改走兵七进一，炮2平5，炮四平五，炮5平7，相三进一，炮8平5，车二进六，马7退8，兵七平六，炮5进1，炮七进二，炮5平3，车九平七，红先。

17.……　　　　炮8平4

兑车抢攻，力求打开局面，积极。

18. 车二进六　　炮2平5

19. 炮七平六　　马7退8

20. 车九进一　……

此时仍可改走兵七进一，炮5退1，车九进二，红方占先。

20.……　　　　炮4平5

21. 马三进四　　车4平2

22. 马九退七　　车2平3

24. 马七进六　　车3进4

26. 马四进五　　前炮退3

28. 车五进一　　车3平4

一阵拼抢大兑子，形成车双炮斗车双马局面，红方稍占上风。

29.……　　　　车4平9

30. 车五平三　　马8进6（图383）

31. 车三平六　……

软手。同样平车，应改走车三平七，一能监视黑方卧槽马，二来有炮六进八侵象腰的攻马，三可以掩护三兵渡河。

31.……　　　　卒9进1

32. 炮六平九　　士5退4

33. 炮九进九　　车9平5

34. 仕五进四　……

舍相撑仕攻马，旨在决斗，但同时也付出代价。如炮四平二，

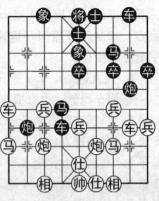

黑龙江赵国荣

河北苗利明

图 382

23. 车九平六　　车3退1

25. 炮六退二　　马4进2

27. 车六平五　　车3退3

29. 炮四退一　……

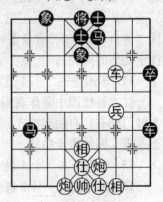

黑龙江赵国荣

河北苗利明

图 383

卒 9 进 1，继续对峙。如炮四进五，车 5 退 3，兑车后易成和局。

34. ……	车 5 进 1	35. 帅五平六	士 6 进 5
36. 炮四进七	车 5 平 6	37. 炮四退二	车 6 进 2
38. 帅六进一	车 6 退 1		
39. 帅六退一	将 5 平 6（图 384）		

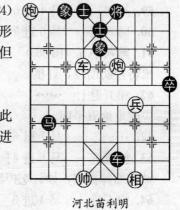

黑龙江赵国荣

河北苗利明

图 384

黑方弃马抢攻，杀掉双仕相，形成车马卒士象全对抗车双炮兵相，但黑卒尚远，红方仍占上风。

40. 炮四平五？……

红方平中炮攻士，随手棋，由此跌入"深渊"，失着。应改走兵三进一，前景乐观。

40. ……　　　　车 6 退 5！

拴牵车炮，由此得势，机灵。

41. 炮九退三	马 2 退 3
42. 车六进三	……

因为限时，红方无法细算，故选择兑车舍炮，简化求和。但从技术角度来看，宜改走兵三进一（如炮九平八，黑马 3 进 5），比较顽强。黑如马 3 退 5，炮九平五，车 6 进 6，帅六进一，象 5 进 7，相三进五，车炮相有机会抗衡车卒士象全。

42. ……	士 5 退 4	43. 炮九平四	马 3 退 5
44. 兵三进一	马 5 进 4	45. 兵三平二	卒 9 进 1

马卒单缺士攻炮兵相，虽有难度，但是黑方获胜的概率还是很大。

46. 炮四平二	马 4 退 6	47. 相三进五	马 6 退 7
48. 炮二平三	卒 9 进 1	49. 帅六进一	卒 9 平 8
50. 帅六平五	马 7 进 5	51. 炮三平四	马 5 进 4
52. 炮四退六	卒 8 平 7	53. 兵二进一	将 6 平 5
54. 兵二平三	马 4 进 3	55. 帅五平六	卒 7 平 6
56. 炮四平五	士 4 进 5	57. 兵三平二	马 3 退 4
58. 帅六进一	……		

高帅不如相五进七稳妥。

58. ⋯⋯　　　　卒 6 平 7

59. 兵二平三 ⋯⋯

还是应走相五进七。

59. ⋯⋯　　　　马 4 进 6

60. 帅六退一　马 6 进 7

61. 帅六平五（图385）　将 5 平 4

出将控肋助攻，好棋。

62. 相五退七 ⋯⋯

应改走炮五平四。

62. ⋯⋯　　　　马 7 退 6

63. 帅五进一　马 6 进 4!

踏宫靠帅捉双，妙。吃掉红相后，黑方胜定。

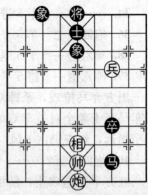

黑龙江赵国荣

河北苗利明

图 385

64. 炮五进一　马 4 进 3	**65. 炮五平七**　卒 7 平 6
66. 兵三平四　卒 6 平 5	**67. 帅五平四**　马 3 退 5
68. 兵四平五　马 5 退 4	**69. 炮七平六**　将 4 平 5
70. 炮六退一　马 4 进 3	**71. 炮六进一**　马 3 退 2
72. 炮六平五　马 2 退 4	

捉兵又伏有冲卒夺炮，黑胜。

第106局

浙江陈寒峰（红先负）湖北汪洋

（2008 年 4 月 15 日弈于惠州）

仙人指路对卒底炮

1. 兵七进一　炮 2 平 3　　**2. 炮八平五**　炮 8 平 5

3. 马二进三 ⋯⋯

这是 2008 年全国象甲联赛第 4 轮的一场激战。仙人指路对卒底炮，随即演成列炮，双方对攻。红方上右正马是一种选择，比较

多见的是马八进七，马 8 进 7，马二进一，车 9 平 8，车一平二，
马 2 进 1，车九平八，车 1 进 1，兵一进一，红方稍先。

3. ……　　　马 8 进 7　　　　**4.** 车一平二　卒 3 进 1

5. 马八进九　卒 3 进 1　　　　**6.** 车九平八　……

出车稍缓。可改走兵三进一，卒 3 平 4（如马 2 进 1，红炮二
进二），炮二进四，马 2 进 1，炮二平五，马 7 进 5，炮五进四，士
4 进 5，车九平八，红方占先。

6. ……　　　马 2 进 1　　　　**7.** 仕六进五　……

上仕嫌缓。可改走炮五平七，卒 3 平 4，马九进七，这样比较
紧凑。

7. ……　　　车 1 平 2　　　　**8.** 车八进九　马 1 退 2

9. 炮二进四　……

此时仍应改走炮五平七，红方不失主动，又可保护底相安全。

9. ……　　　卒 7 进 1

10. 炮二平九　炮 3 进 7

11. 车二进四　炮 3 退 2（图 386）

12. 车二平七　……

吃卒虽能先弃后取，但发展的局
形并不理想。不如改走仕五进六，红
势仍不差。

12. ……　　　炮 3 平 7

13. 车七进五　炮 7 平 1

14. 炮九退四　车 9 进 1

15. 车七平八　车 9 平 3

16. 车八退六　车 3 进 6

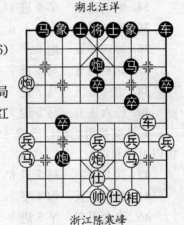

湖北汪洋

浙江陈寒峰

图 386

一阵拼抢，局面简化。红方虽多一边兵，但兵种不全，子位也
不佳，黑方已经反先。

17. 炮九退一　马 7 进 6　　　　**18.** 仕五退六　……

如炮五进四，炮 5 进 4，黑方大优。

18. ……　　　车 3 进 1　　　　**19.** 炮九退一　炮 5 进 4

20. 仕四进五　车3退3	21. 车八进三　车3平5
22. 帅五平四　车5平6	23. 炮五平四　马6进4
24. 炮九平七　炮5平3	25. 车八平六　象7进5
26. 兵九进一　炮3平4	27. 车六平八　车6进1
28. 车八退二　马4退6	29. 兵三进一　车6平7

30. 相三进一　卒7进1

31. 车八平三　车7退1

32. 相一进三　马6进7 (图387)

车马炮纵横驰骋，迫使红方处处应招，兑车后迅速进入残局。双炮双兵单缺相对马炮双卒单缺象，黑方明显占优。

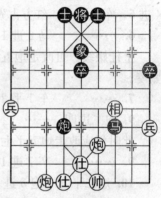

湖北汪洋

浙江陈寒峰

图387

33. 炮七进三　马7退5

34. 炮七进三　卒9进1

35. 炮四平一　炮4平6

36. 帅四平五　炮6平3

37. 相三退五　马5进7

38. 炮一进三　马7进5	39. 仕五进六　炮3平5
40. 仕六进五　马5退7	41. 帅五平六　炮5平9

兵卒交换再吃相，形成马炮卒单缺象攻双炮兵残局，黑方优势得以巩固和扩大。

42. 兵九进一　马7退6	43. 炮七退二　炮9平4
44. 帅六平五　炮4平5	45. 帅五平四　马6进7
46. 炮七退三　卒5进1	47. 兵九进一　卒5进1
48. 兵九平八　马7退8	49. 炮一退四　卒5平4
50. 炮七平六　卒4平3	51. 炮六退一　马8进9
52. 炮一平三　马9进7	53. 炮六平五　炮5平7
54. 仕五进四　士6进5	55. 炮五进二　炮7平6
56. 帅四平五　马7退6	57. 炮三平九　炮6平1
58. 炮五进二　卒3平4	59. 炮五进一　马6进4

60. 仕四退五　卒4平5　　　61. 炮五平一　将5平6

62. 炮一退四　马4退5　　　63. 炮一平四　炮1平5

64. 帅五平四　马5进7　　　65. 兵八平七　马7进9

66. 仕五进四　将6平5　　　67. 炮九进八　象5退3

68. 炮四平七　士5进6　　　69. 炮七平五　……

这一段20多个回合，双方呈胶着状态，一个是渐渐推进，一个是顽强防守，都在施展着自己的基本功。此时红方如炮七进八轰象，将5进1，炮九退八（如炮九平六，马9进8，帅四进一，炮5平9，帅四平五，马8退6，红方丢仕，黑方胜势），卒5平6，仕四退五，马9进7，帅四进一，炮5退2，黑方有攻势。

69. ……　　　　将5平6

70. 炮五平四　……

如改走炮五进三，马9进8，帅四进一，马8退7，黑方夺炮胜。

70. ……　　　　卒5平4

71. 炮九退六　……

如改走炮四进六，马9进8（亦可马9退7，仕四退五，马7退5，炮四退六，马5退3，消灭红兵，黑方胜势），帅四进一，炮5平9，帅四平五，马8退6，破仕，黑方胜势。

71. ……　　　　炮5退2　　　72. 炮九平四　将6平5

73. 前炮平五　将5平6　　　74. 仕四退五　士6退5

75. 炮五平四　将6平5　　　76. 前炮平七　士5进6

77. 炮四平三　马9进7　　　78. 炮七退三　炮5平6

79. 炮七平五　士4进5　　　80. 炮五平六　卒4进1

81. 炮六平九　士5退4　　　82. 炮九平五　卒4平5

83. 炮五平九　卒5进1

卒冲九宫，发起总攻，时机已到。

84. 炮九进三　马7退8　　　85. 炮九平五　马8进6

86. 炮三平四　马6进5

87. 炮五平四　卒5平4（图388）

兑炮破双仕，下面马卒入局。

湖北汪洋

88. 后炮进四	马 5 退 6
89. 兵七平六	卒 4 平 5
90. 帅四进一	马 6 进 8
91. 帅四退一	卒 5 进 1
92. 兵六平五	马 8 退 6
93. 炮四平一	马 6 退 7
94. 兵五平六	马 7 进 8
95. 炮一平二	马 8 退 6
96. 炮二退四	马 6 进 7
97. 炮二平三	马 7 退 5

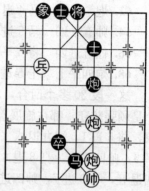

浙江陈寒峰

图 388

下面：炮三平一，马 5 退 3，炮一
进一，马 3 退 4 吃兵，黑胜。

第 107 局
上海谢靖（红先胜）浙江黄竹风
（2008 年 4 月 17 日弈于惠州）

仙人指路对卒底炮

1. 兵七进一	炮 2 平 3	**2.** 相三进五	马 2 进 1
3. 马八进七	车 1 平 2	**4.** 车九平八	炮 8 平 5
5. 炮八进四	……		

这是沪、浙两位小将在 2008 年全国象甲联赛第 6 轮中的角逐。
仙人指路对卒底炮开局，演成飞相对中炮阵式，红方进炮封车，
紧着。

5. ……	马 8 进 7	**6.** 马二进一	……

此时跳边马令人感到有点意外，在黑方已摆中炮情况下宜走马
二进三比较厚实。

6. ……	车 9 平 8	**7.** 车一平二	卒 3 进 1

弃卒让红兵过河为什么？欠成熟。应改走车8进6较为积极。

8. 兵七进一 车8进4 **9.** 兵七平八 马1进3

10. 车八进三 车2进2 **11.** 仕四进五 炮5平4

12. 炮二平三 ……

兑车腾出右翼空间，集中力量在左翼牵制中拓发展，简明。

12. …… 车8进5 **13.** 马一退二 炮3进5

兑子减少压力。另有两种应着：①马3进5，兵五进一，马5进3，兵八平七，红优。②象3进5，炮三进四，炮3进5，炮三平七，士4进5，炮七平一，马7进9，炮八平一，红方多兵占优。

14. 炮三平七 马3进4 **15.** 炮七进二 卒7进1

16. 兵五进一 车2平3 **17.** 车八平七 象7进5

18. 马二进四 ……

由于红方有过河兵的存在，进入中局争抢过程中，一直处于有利地位。现在相腰马一跳，阵形"四平八稳"，保持先手。

18. …… 车3进1 **19.** 炮八进一 马7进6

20. 马四进二 车3平4 **21.** 兵三进一 车4进1

22. 兵八进一 车4退1 **23.** 车七平八 车4进1

24. 兵八平七 车4平3

25. 车八平四 马4进3

26. 兵三进一 象5进7

27. 马二进三 马3退4（图389）

28. 炮八平七！ 车3平2

29. 后炮进一！ 马6退5

30. 兵七平六！ ……

双炮兵联动，抢攻推进，佳着。

30. …… 车2平3

31. 兵六进一 士4进5

32. 车四平六 马4退2

33. 炮七平八 士5进4

34. 炮八进二 象3进1 **35.** 车六进四 ……

浙江黄竹风

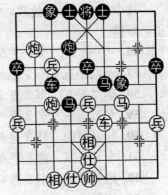

上海谢靖

图389

兑子破士，取得车马炮攻车双马的有利优势。

35. ……	马 2 退 3	**36.** 炮八退三	车 3 退 1
37. 炮八退四	士 6 进 5	**38.** 车六退四	车 3 进 2
39. 马三退四	车 3 退 1	**40.** 车六平三	象 1 退 3
41. 马四进二	象 7 退 9	**42.** 车三进四	车 3 进 2
43. 马二进四	车 3 平 1	**44.** 马四进二	车 1 平 8
45. 马二进一	……		

再劫象，红方优势扩大。

45. ……	车 8 平 2	**46.** 炮八平六	马 3 进 4
47. 车三进二	士 5 退 6	**48.** 车三退四	车 2 退 2
49. 相五进七	……		

飞相通炮，老练。

49. ……	马 4 退 3	**50.** 车三进二	马 3 退 5
51. 车三平四	车 2 平 7	**52.** 炮六平二	后马退 7
53. 炮二进七	将 5 进 1		
54. 车四进二	车 7 退 2		
55. 炮二退七	马 7 进 9 (图 390)		
56. 车四退三	……		

攻中破士，弃马抢攻，重势不恋
子，好棋。

浙江黄竹风

56. ……	车 7 平 9		
57. 车四平五	车 9 平 8		
58. 炮二平五	车 8 进 1		
59. 车五退一	车 8 进 6		
60. 仕五退四	马 9 进 8		
61. 车五平三	将 5 平 6		
62. 炮五平四	车 8 退 4	**63.** 兵五进一	马 8 进 7
64. 炮四退一	车 8 进 3	**65.** 车三平四	将 6 平 5
66. 车四退一	马 7 进 9	**67.** 兵五进一	……

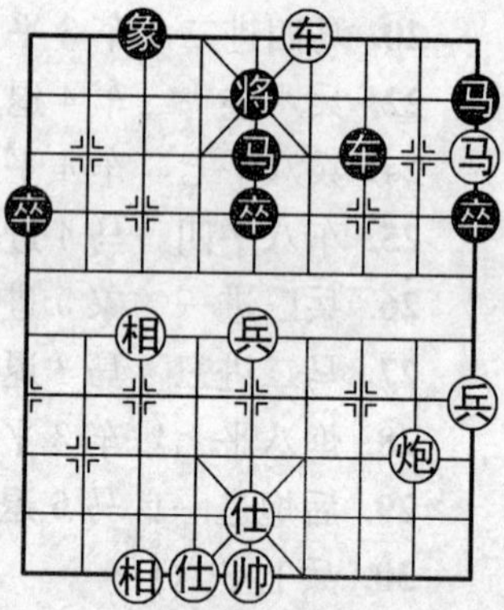

上海谢靖

图 390

黑方尽管多子，又努力抢兵，积累实力以求对抗，但九宫支离破碎，很难抵挡红方车炮兵的攻势。中兵一冲，黑势就告急了。

67. ······ 马 5 进 7　　　　**68.** 车四进二　马 9 退 8

69. 车四退四　马 8 进 7

70. 炮四平五　后马进 5

71. 车四平三（图 391）　车 8 平 6

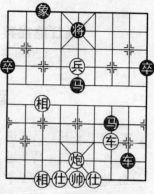

浙江黄竹风

图 391

上海谢靖

黑方弃马无奈。如改走车 8 退 2，兵五平六，马 5 进 4，车三平六，马 7 退 6，车六平五，将 5 平 6（如将 5 平 4，红炮五平六），炮五平四，车 8 平 6，车五进四，象 3 进 5，车五平四，将 6 平 5，炮四进四，车 6 平 5，相七进五！（如补仕，黑有车马杀着），车 5 进 1，仕四进五，车 5 退 2，炮四退四，红方胜势。

72. 车三进一　将 5 平 6　　　**73.** 炮五进一　车 6 进 1

74. 帅五进一　马 5 进 6　　　**75.** 帅五平六　马 6 退 4

76. 车三进五　将 6 退 1　　　**77.** 车三退二　车 6 退 3

如马 4 进 5 兑炮，红方车兵可胜。

78. 仕六进五　卒 1 进 1　　　**79.** 帅六退一　卒 1 进 1

80. 炮五平四　将 6 平 5　　　**81.** 相七退五　卒 1 平 2

82. 帅六平五　车 6 退 2　　　**83.** 兵五平六　车 6 平 4

84. 车三平五　将 5 平 4　　　**85.** 相五退三　······

归整好仕相，安顿好主帅，现在退相通炮，向胜利挺进。

85. ······ 马 4 进 2　　　　**86.** 炮四平八　卒 9 进 1

87. 兵六平七　车 4 退 2　　　**88.** 车五退三　卒 9 进 1

89. 车五平七　车 4 进 3　　　**90.** 相七进五　卒 9 平 8

91. 兵七进一　象 3 进 5　　　**92.** 车七平五　将 4 平 5

如象 5 进 7，炮八平六，马 2 进 4，仕五进六，车 4 进 2，相五退七，车兵杀局，红胜。

93. 车五进四　将 5 平 6　　　**94.** 兵七平六　车 4 退 2

95. 车五平四　将6平5　　　96. 帅五平四 ……

车兵杀局，红胜。

第108局
浙江赵鑫鑫（红先胜）煤矿景学义
（2008年4月28日弈于唐山）

五六炮对屏风马

1. 炮二平五　马8进7　　　2. 马二进三　车9平8
3. 车一平二　马2进3　　　4. 马八进九　卒7进1
5. 炮八平六　车1平2　　　6. 车九平八　炮8进4

赵鑫鑫，当今棋坛崛起的新星，在2007年全国个人赛上一举夺冠，成为"新科状元"，晋升为特级大师，令人刮目相看。本局是他在2008年全国象甲联赛第8轮力挫景学义大师的一盘功夫棋。

五六炮双直车对屏风马，黑方左炮封车是一种选择，另外可走炮2进4、炮2进2、卒3进1等，均有不同变化。

7. 车八进六　士4进5　　　8. 车八平七　马3退4

9. 车七退二 ……

先抢卒后退车，照应右翼，准备兑兵活马，红方稳扎稳打，谋小利而立足于打持久战，战略指导思想明确。亦可改走车七平八牵制黑方车炮。

9. ……　　　象3进5

10. 兵三进一　卒7进1

11. 车七平三　炮2平3

12. 车三平七　炮8退2（图392）

13. 炮六进三　车2进4

14. 马三进四 ……

挡炮、跃马，河沿争锋，保持先手。

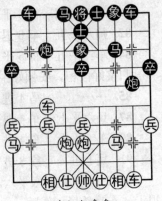

煤矿景学义

浙江赵鑫鑫

图392

14. ……　　炮8进1　　　　**15. 车七进二**　炮8进2

16. 马九退七　炮8退4　　　　**17. 车七退二**　炮8进2

18. 车七进二　车2进1

进车捉马，意在对抢先手，但步伐上总是慢一节拍，被红方牵着鼻子走。可改走车2平3，车七退一，象5进3，炮五平七，象3退5，炮七进五，马4进3。局势平稳，黑方不亏，可以满意。

19. 炮六进三　……

侵象腰，兑子抢先，力争主动。

19. ……　　车2平6　　　　**20. 车七进一**　车6平4

21. 车七进一　车8进4　　　　**22. 车二进三**　车4进3

23. 车七退四　……

再兑子透松，紧凑。

23. ……　　车4退7

24. 车二进一　车4进7

25. 马七进九　车8进1

26. 车七平二（图393）……

大兑子后，局面简化，看上去很平稳。但红方多一兵，兵种好，潜质的优势不言而喻。

煤矿景学义

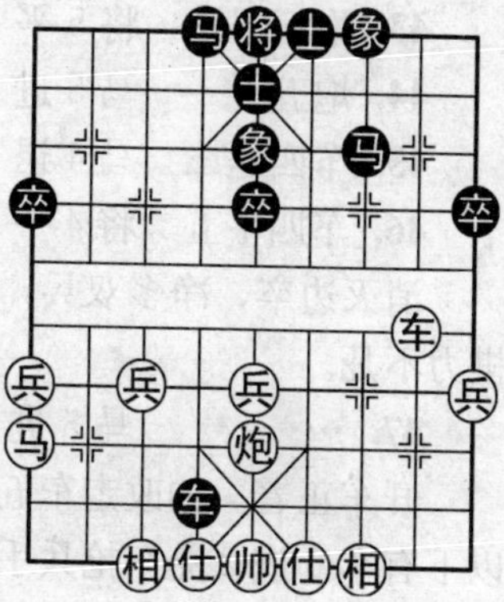

图393

浙江赵鑫鑫

26. ……　　马4进3

27. 仕四进五　马3进4

28. 车二平三　马7进6

29. 炮五进四　马4进5　　　　**30. 车三平八**

互抢中兵（卒），车马炮斗智车双马，看功力的发挥了。

30. ……　　车4退8　　　　**31. 兵九进一**　马6进4

32. 炮五退二　马5进4　　　　**33. 车八进二**　马6退7

34. 炮五退一　马7退6　　　　**35. 炮五进一**　马6退4

36. 炮五退一　前马进6　　　　**37. 车八平九　……**

抢边卒，恰到好处。

37. ……　　马4进5　　　　**38. 马九进八！……**

跃马弃兵，不让黑车抬头，正着。如改走兵九进一，马6进7，帅五平四，车4进4，黑方有反击之势。

38. ……　　　马5进3

39. 车九平四　马6退5

40. 帅五平四　马3退4

41. 马八进六　车4进4

42. 车四退一（图394）……

再兑马，进入残局，红方保持多一兵优势，现在退车牵制掌控局势的发展。

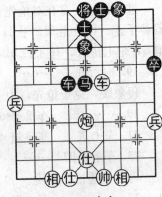

煤矿景学义

浙江赵鑫鑫

图 394

42. ……　　　车4平3

43. 炮五退一　将5平4

44. 炮五平一　马5进4

45. 车四退二　马4退5

46. 车四平五　将4平5

47. 炮一进四 ……

消灭边卒，净多双兵，红方就有胜利的物质基础。少年老成，棋力不凡。

47. ……　　　马5进7　　　**48.** 车五平八 ……

开车正着。如改走车五平三，车3平6，帅四平五，马7退5，以下有车6进2兑车抢兵手段，局面将松懈。

48. ……　　　车3退1　　　**49.** 炮一退二　车3平1

50. 炮一平二　马7退5　　　**51.** 车八进六　士5退4

52. 车八退五　车1平6　　　**53.** 帅四平五　马5进6

54. 炮二平四　马6进7　　　**55.** 帅五平四　马7退8

56. 炮四退三　车6平7　　　**57.** 相三进一　车7进4

58. 车八退一　马8进7　　　**59.** 相一退三　马7进9

60. 帅四平五　车7进2　　　**61.** 仕五退四　车7退4

62. 兵九进一 ……

黑方车马极力反扑，虽夺一相，但红方防守得当，滴水不漏。现在边兵渡河，开辟胜利之路。

62. ……　　　马 9 退 7　　　　　**63.** 仕四进五　　车 7 平 6

64. 帅五平四　　车 6 平 8　　　　**65.** 帅四平五　　马 7 退 9

66. 兵九平八　　士 6 进 5　　　　**67.** 兵八进一　　车 8 进 3

68. 炮四进一　　马 9 进 7　　　　**69.** 炮四退一　　车 8 进 1

70. 仕五退四　　车 8 退 6　　　　**71.** 车八平三　　马 7 退 9

72. 车三退一　　马 9 进 8

73. 车三退二　　马 8 退 9（图 395）

74. 炮四平七　　……

煤矿景学义

黑方发动第二波车马冲击，但都被红方一一化解，无功而返。红方平炮好棋，可以破象突破。

74. ……　　　车 8 平 5

75. 仕四进五　　车 5 进 3

76. 车三进九　　……

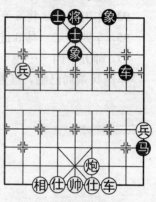

浙江赵鑫鑫

图 395

黑如车 5 平 2 吃兵，车三进九，士 5 退 6，车三退七，马 9 进 8，车三平二，车 2 平 3，炮七平九，车 3 进 5，炮九进八，车 3 退 8，炮九退七，马 8 退 6，车二平四，马 6 进 8，炮九平五，士 4 进 5，帅五平四，将 5 平 4，车四平二，红方夺马胜。红车吃象，撕开缺口，向胜利迈进了一大步。

76. ……　　　士 5 退 6　　　　　**77.** 车三退七　　车 5 平 9

78. 车三平二　　车 9 退 1　　　　**79.** 仕五退四　　士 4 进 5

如马 9 退 8，炮七平五，士 6 进 5，车二平五，马 8 退 6，车五进三，红方有攻势。

80. 炮七平五　　将 5 平 4　　　　**81.** 炮五平二　　……

封堵车马，刁。

81. ……　　　马 9 进 8　　　　　**82.** 车二平六　　将 4 平 5

83. 炮二进八　　象 5 退 7　　　　**84.** 车六平五　　将 5 平 4

如改走车 9 退 4，车五平二，马 8 退 9（如马 8 退 6，车二平四！叫杀夺马，红胜），兵八平七，红方胜势。

85. 车五进六　车9平4　　　86. 仕四进五　车4平8

87. 炮二平四　……

破双士，离胜利不远了。

87. ……　　　车8平6　　　88. 车五平二　马8退9

89. 车二退六　马9退8　　　90. 炮四退一　将4平5

91. 炮四平九　车6平7　　　92. 车二平五　将5平6

93. 车五平四　将6平5　　　94. 相七进五　车7进2

95. 车四进二　马8进9　　　96. 兵八进一　车7平5

97. 帅五平四　……

车炮兵杀局已临，红胜。

第二部分 超长局

(100 回合以上，共 11 局)

第 109 局
浙江沈志弈（红先负）广东朱德源
（1958 年 11 月 22 日弈于广州）

五七炮对屏风马

1. 炮二平五	马 8 进 7	**2.** 马二进三	马 2 进 3
3. 车一平二	车 9 平 8	**4.** 马八进九	卒 7 进 1
5. 炮八平七	炮 2 进 2	**6.** 车二进六	马 7 进 6
7. 车九平八	车 1 平 2	**8.** 车八进四	象 3 进 5
9. 炮七进四	……		

本局弈自 1958 年全国赛。双方五七炮对屏风马开局，走成双直车对右炮巡河左马盘河阵式。这个布局经久不衰，至今仍在盛行发展中。红方七炮抢卒先捞实惠。呼应过河车徐图进取。现在比较多见的是车二平四赶马。

9. ……　　　士 4 进 5

补士固中，相峙待变，稳健。如改走卒 7 进 1，车二平四，马6 进 7，炮五退一（退炮正确，如改走车八平三，马 7 进 5，相三进五，车 2 进 3。又如车四平二，马 7 进 5，相三进五，卒 7 进 1，红方都无便宜），炮 8 进 5，车八平三，炮 8 平 1，相七进九，炮 2进 5，相九退七，此时黑方有两种应着：①车 2 进 7，车三退一，车 2 平 4，炮五进五，马 3 进 5，仕四进五，车 4 进 1，帅五平四（出帅要紧！如误走车四平五吃马，车 8 进 8，帅五平四，车 8 平5，车五进一，士 4 进 5，黑胜），士 4 进 5，车四平五，车 8 进 8，车五平四，将 5 平 4，炮七平五，红方占优。②车 2 进 6，车四平二，车 8 平 9（如车 8 进 3，炮七平二，车 2 平 3，车三退一，车 3进 3，炮五平一，马 3 进 2，相三进五，车 3 退 2，帅五进一，马 2进 4，炮二退四，红方多子占优），车三退一，车 2 平 3，相三进五，车 3 平 4（如车 3 退 3，炮五平一，车 3 进 4，仕四进五，马 3

进4，车三进一，车9进1，炮一进一，红方占先），炮五平一，车
4进3，帅五进一，车9进1，车三进一，红方多子占先。

10. 车八平四　马6退7（图396）

如改走象5进3，车二退五，炮8
进4（如炮8平6，车二进八，炮6进
3，车二退五，红优），车二平八，马
6退7，车八进三，红方先手。

11. 车二平三　……

平车压马，急进，但容易引起黑
方反扑，欠稳。宜改走炮五平七，炮
8平9，兵九进一，红方先手。

11. ……　　　炮2进3

进炮打马，针锋相对，好棋！

12. 车三进一　……

广东朱德源

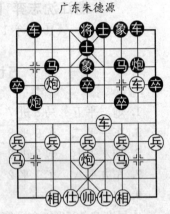

浙江沈志弈

图396

吃马是压马后的连接手，势在必走。如改走马三退五（如马三
退一，炮8进7，车三进一，车8进8，黑方先手），炮8进7，车
三进一，车2平4，黑方弃子抢攻，红方有顾忌。

12. ……　　　炮2平7　　　　**13. 车四平二　炮8进2**

14. 车二退二　炮7进1　　　　**15. 车二退一　炮7退1**

16. 车三退一　炮8进2　　　　**17. 兵五进一　卒7进1**

兑子后，黑方奋起反击。红如改走车三平二，炮8平5，仕四
进五，车8进3，车二进五，车2进3，黑方先手。黑方强渡7卒，
力在其中。

18. 车二进一　……

如改走车二平三，炮7平1，相七进九，炮8进3，兵三进一，
车8进7，黑方有攻势。

18. ……　　　炮7进1　　　　**19. 仕六进五　车2平4**

20. 炮五平八　……

如改走车二平三，炮7退2，车三退二，炮7平1，黑方先手。

20. ……　　　车4进8　　　　**21. 炮八平六　车8进4**

22. 炮七退二　卒7平8　　　23. 车三平四　车8平7

24. 炮七平六　车4平2　　　25. 兵三进一　……

如改走炮六平二，车7进2，兵九进一，车2退1，黑方占先。

25. ……　　　车7平2

26. 车四退三（图397）　后车进3

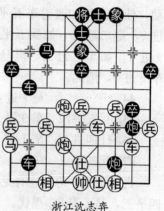

广东朱德源

浙江沈志弈

图397

27. 兵三进一　车2平1

28. 前炮平二　车1平3

29. 车四平二　车2平4

黑方抓住战机，双车抢攻，兑子夺子，确立优势，着法紧凑有力。

30. 仕五退六　车3平4

31. 后车平六　车4退1

32. 兵三平四　……

平兵失先，让黑炮开边形成攻势。应改走仕四进五，车4平7，兵三平四，炮7平6，帅五平四，炮6平9，相三进五。红方虽然少子，但多兵，阵势巩固，尚可抗衡。

32. ……　　　炮7平1　　　33. 仕四进五　车4平7

34. 相三进五　炮1进1　　　35. 车二平五　马3进4

36. 车五平六　马4进6　　　37. 车六平四　马6退8

38. 车四平五　车7平8　　　39. 炮二平三　车8进2

40. 仕五退四　车8平9　　　41. 炮三平二　……

抓住红方平兵之际，黑方及时调动车马炮运子取势，保持进攻姿态。红如改走车五平二，马8进9，炮三退一（如炮三平一，黑马9进8），卒9进1，炮三平一，卒9进1，先弃后取，黑方优势。

41. ……　　　马8退7（图398）

42. 兵五进一　……

冲中兵正着。如改走兵四进一，马7进6，炮二平四（如车五平二，黑车9退2），炮1平4！帅五平六，车9平6，帅六进一，车6退4，黑方胜势。

42. ……　　　　卒5进1

43. 兵四平五　　卒9进1

44. 兵七进一　……

广东朱德源

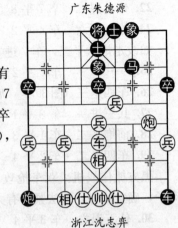

黑方挺边卒拓宽马路，静中有动，佳着。红如改走车五平三，马7进9，炮二进二（如兵五平四，黑卒9进1；如车三进三，黑马9进7），卒9进1，黑优。

44. ……　　　　马7进8

45. 兵五平四　　车9退2

46. 仕四进五　　卒1进1

47. 兵四平三　……

浙江沈志弈

图398

再挺边卒，等着，有见地。红如改走兵七进一，象5进3，兵四平三，马8退9，黑优。

47. ……　　　　象5进7　　　　48. 兵七进一　　象7退5

49. 兵七平八　　马8进6　　　　50. 车五平四　　马6退7

51. 炮二进一　　卒1进1

献卒抢相，打开缺口，契机把握得好。

52. 兵九进一　　车9平5　　　　53. 车四平九　　车5退3

54. 车九退三　　车5平8　　　　55. 兵九进一　　车8进5

56. 仕五退四　　车8退3　　　　57. 车九进四　　车8平9

一车拼抢，局面迅速简化。车双兵单缺相对车马卒，有杀对无杀，黑方走顺风棋，舒畅多了。

58. 车九平五　　车9平2

管兵，老练。

59. 相七进五　　马7退8　　　　60. 仕四进五　　马8进6

61. 车五平三　　车2平5　　　　62. 相五退三　　车5退2

63. 帅五平四　　马6进7　　　　64. 相三进一　　卒9进1

65. 相一退三　　卒9进1　　　　66. 帅四平五　　卒9平8

67. 帅五平四　　士5退4　　　　68. 帅四平五　　马7进5

69. 车三退二	车 5 平 6	**70.** 车三进二	马 5 退 6
71. 车三退二	马 6 进 8	**72.** 车三平四	车 6 平 7
73. 相三进五	卒 8 平 7	**74.** 相五退七	士 6 进 5
75. 仕五退四	车 7 平 4	**76.** 仕六进五	车 4 进 1

骑河车让红兵"暂时活动",但掩护黑马向前进,"欲擒故纵"也。

77. 兵八进一	车 4 平 3	**78.** 相七进九	……

如改走相七进五,车 3 平 1,兵九进一,马 8 进 6,相五退三,马 6 进 4,车四平六,马 4 退 5,黑优。

78. ……	车 3 平 1	**79.** 兵九进一	马 8 进 6
80. 车四平七	马 6 进 8	**81.** 车七平二	车 1 进 1
82. 帅五平六	马 8 退 7	**83.** 车二平五	卒 7 平 6
84. 帅六平五	卒 6 平 5		

广东朱德源

85. 车五平七	马 7 进 6
86. 相九退七	马 6 进 7
87. 帅五平六	车 1 平 4 (图 399)
88. 仕五进六	……

如改走车七平六,车 4 平 3,相七进九,卒 5 进 1,黑方胜势。

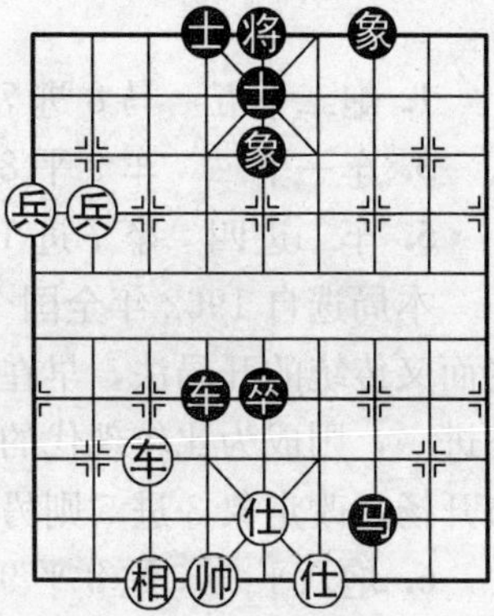

88. ……	车 4 退 3
89. 兵八平七	车 4 平 6
90. 仕六退五	车 6 进 2
91. 兵九平八	车 6 平 4
92. 仕五进六	卒 5 平 4

浙江沈志弈

图 399

93. 仕六退五	马 7 退 6	**94.** 车七平四	卒 4 平 5
95. 帅六平五	车 4 进 1	**96.** 仕五退六	车 4 平 3
97. 仕四进五	车 3 进 3		

车马卒推进入局。红如相七进九,卒 5 进 1,黑方速胜。

98. 兵七平六	车 3 退 3	**99.** 兵八平七	卒 5 进 1

卒攻九宫,势不可挡,红方难以招架了。

100. 车四平三	车 3 平 5	**101.** 车三进一	卒 5 进 1
102. 帅五平四	卒 5 进 1	**103.** 帅四进一	车 5 平 4
104. 帅四进一	车 4 进 1	**105.** 帅四退一	车 4 进 1
106. 帅四进一	马 6 退 4	**107.** 车三平五	卒 5 平 4
108. 车五进一	马 4 进 3	**109.** 兵六平五	卒 4 平 3
110. 兵七平六	马 3 进 4		

功到事成,黑胜。

第 110 局
广东杨官璘(红先胜)四川刘剑青
(1962 年 11 月 10 日弈于合肥)

中炮巡河车对屏风马

1. 炮二平五	马 8 进 7	**2.** 马二进三	马 2 进 3
3. 车一平二	车 9 平 8	**4.** 马八进九	卒 3 进 1
5. 车二进四	卒 7 进 1		

本局选自 1962 年全国个人赛。中炮巡河车对屏风马,是最古老而又传统的开局法,早在古谱《梅花谱》中就有记载。如改走兵三进一,则成为比较现代的走法。黑方再挺 7 卒成两头蛇阵式,左右开扬,改走象 3 进 5 则另有变化。

6. 炮八平六	炮 8 平 9		

平炮兑车,平稳。亦可改走车 1 进 1,车九平八,车 1 平 4,仕四进五,炮 2 进 2,黑形稳固。

7. 车二进五	马 7 退 8	**8.** 车九平八	车 1 平 2
9. 车八进六	……		

如改走车八进四,马 8 进 7,兵三进一,卒 7 进 1,车八平三,炮 9 退 1,红方无便宜。

9. ……	马 8 进 7	**10.** 车八平七	……

压马引起黑方反弹,是一步疑问手。可改走兵五进一发动中路

进攻，或兵九进一通马作等待。

10. ······　　　炮 2 退 1　　　**11. 车七退一　炮 2 平 7**

12. 兵五进一　······

黑方退炮从内线发力，防守反击到位。红方虽抢一卒，但车的位置尴尬，难以展开。现在发动中路进攻，也算是积极作为，无更好的选择。

12. ······　　　象 3 进 1　　　**13. 车七退一　炮 7 平 3**

14. 车七平六　炮 3 平 5　　　15. 仕六进五　车 2 进 4

16. 兵九进一　马 7 进 6　　　17. 车六平七　车 2 平 3

18. 车七平八　······

避兑保存主力，以求决斗。如车七进一，象 1 进 3，以后中兵不保，黑方反先。

18. ······　　　车 3 平 4

四川刘剑青

19. 炮六平七　象 7 进 5（图 400）

20. 车八进三　······

由于第 10 回合压马引来黑方反弹，红方先手已经消失。此时进车捉马也是勉为其难的试探性走法，因为别无良策。

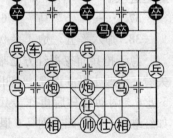

图 400

广东杨官璘

20. ······　　　马 3 进 2?

软手。同样轰车应象 5 进 3! 车八退一（如车八平七，马 6 退 5 打死车），炮 5 进 4，黑方占优。

21. 马九进八!　······

跃马反捉，兑车抢先，红方觅得战机，佳着。

21. ······　　　炮 9 平 2　　　**22. 马八进六　马 2 进 4**

23. 炮七平八　象 5 退 3?

退象失察，粗糙。应马 4 进 5 先兑炮后退象，确保中卒而持先手。

24. 炮五进四　炮 5 进 4　　　25. 相七进五　炮 5 退 1

26. 马三进五　……

跃马，二度兑子抢先，好棋。此时四马交织连环，有趣。

26. ……　　　马6进5　　　**27.** 炮五退三　士6进5

28. 炮八平九　炮2平7　　　**29.** 炮九进四　炮7进4

30. 兵七进一　将5平6　　　**31.** 炮九退一　……

退炮再兑，三度换子，以多一兵优势与黑方斗马炮兵（卒）残局，信心十足。

31. ……　　　炮5平1　　　**32.** 兵九进一　炮7平8

同样平炮，应炮7平6，让7卒过河，以利对抗。

33. 马六进四　马4进6

34. 炮五进三　卒9进1

35. 兵九进一　马6进7

36. 帅五平六　炮8平4（图401）

37. 炮五平八!　……

开炮佳着，既可渡七兵，又可沉底炮进攻。

37. ……　　　马7退6

38. 帅六平五　炮4平9?

急于抢兵而忽视红方已临的攻势，失着。应改走马6退5，马四退六，马5进6，调动红马后再作轰兵的打算，

四川刘剑青

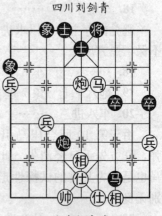

广东杨官璘

图 401

如红继续马六进四，则马6退5，不变可和；如炮八进三，则将6进1；如炮八退三，则马6退5，这样黑方尚有周旋余地。

39. 炮八进三!　……

沉底炮，捉象又捉士，取得突破机会，好棋。

39. ……　　　马6进7　　　**40.** 帅五平六　炮9平4

41. 兵九进一　马7退6　　　**42.** 帅六平五　将6平5

43. 兵九平八　卒9进1　　　**44.** 兵七进一　卒9平8

45. 兵八平七　马6退4　　　**46.** 前兵进一　卒8进1

47. 后兵平六　卒8平7　　　**48.** 炮八退三　马4进2

49. 炮八平五　将5平6　　　50. 马四退五　后卒进1

51. 马五进三　……

马炮联攻势不可挡，凶。如相五进三吃卒虽也优，但"不过瘾"。

51. ……　　　　前卒平6　　52. 马三进一　士5进6

53. 马一进二　将6进1　　　54. 炮五平一　将6平5

55. 炮一进二　将5退1　　　56. 马二退四　……

劫象杀士，黑方难以招架了。

56. ……　　　　将5进1　　57. 马四进二　将5退1

58. 马二退四　将5平6　　　59. 炮一退二　将6进1

60. 马四进二　将6平5　　　61. 兵六进一　马2退3

62. 炮一进二　将5退1　　　63. 兵七平六　炮4退5

舍炮轰兵，出于无奈。如改走卒7进1，马二退四，将5平6，炮一退三，将6进1，马四退五，马3进5，马五进三，将6退1，马三进二，将6平5，马二退四，将5平6，炮一平四，马5退6，后兵平五，红胜。

64. 炮一平六　马3退2

65. 马二退四　将5进1

66. 炮六平九　将5进1

67. 马四退五　马2进4

68. 马五退三（图402）……

一阵拼抢，形成马炮仕相全对马卒士象，红方胜势可定。但尚需不懈推进。

四川刘剑青

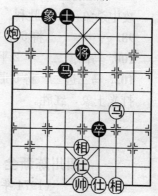

广东杨官璘

图402

68. ……　　　　将5退1

69. 马三进四　将5平6

70. 帅五平六　象3进5

71. 马四退六　将6退1

72. 炮九退五　马4进6

73. 仕五进六　士4进5

74. 炮九退二　卒6平5

75. 马六进四　将6平5

76. 马四进三　将5平6

77. 炮九平四　马6进7

78. 炮四进一	象 5 退 3	**79.** 相五进三	马 7 进 8
80. 炮四退一	马 8 退 7	**81.** 炮四进三	卒 5 平 4
82. 仕六退五	卒 4 平 5	**83.** 马三退四	将 6 平 5
84. 仕五进四	卒 5 平 4	**85.** 仕四进五	卒 4 平 5
86. 相三进一	卒 5 平 4	**87.** 帅六进一	卒 4 平 3
88. 炮四平九	……		

调整好内线，然后开炮从底线发力，残局功夫老到。

88. ……	象 3 进 1	**89.** 炮九退四	士 5 进 6
90. 炮九平五	将 5 平 6	**91.** 马四退六	卒 3 平 2
92. 马六进五	将 6 进 1	**93.** 马五退七	象 1 进 3
94. 马七退五	象 3 退 1	**95.** 炮五平四	象 1 进 3
96. 马五进三	……		

改走炮四进七轰士亦胜。但不可马五进四吃士，否则黑马 7 进 8，炮四进一，马 8 退 7，一捉一闲（其中一捉有根子），不变可和。

96. ……	将 6 平 5	**97.** 炮四平五	象 3 退 5
98. 马三进五	……		

攻中杀象，加速胜利。

98. ……	将 5 平 6	**99.** 马五退四	马 7 退 9
100. 马四退二	卒 2 平 3	**101.** 炮五平四	卒 3 平 4
102. 马二进三	将 6 退 1	**103.** 炮四进七	……

打光士象，红胜。

第 111 局
四川陈新全（红先胜）辽宁郭长顺
（1974 年 7 月 24 日弈于成都）

过宫炮对横车飞象

1. 炮八平四	车 1 进 1	**2.** 马八进七	象 7 进 5
3. 车九平八	车 1 平 6	**4.** 马二进三	马 2 进 1

这是蜀、辽两位名将在 1974 年全国赛上的精彩对局。过宫炮对横车飞象开局，双方在不定式中斗散手。黑方跳边马正常，如改走车 6 进 5，兵三进一，车 6 平 7，车一进二，车 7 退 1（如马 8 进 6，红炮二退一），炮二退一，炮 8 平 7，相三进五，车 7 进 2，车一平三，炮 7 进 5，车八进七，马 2 进 1，炮二平九，红方占先。

5. 兵三进一　卒 1 进 1　　　　　**6. 车八进四　车 6 进 5**

此时进车欠考虑，应改走士 6 进 5。红如马三进四，马 1 进 2，对轰车，黑方不亏。红如相三进五，则车 6 进 5。

7. 马七退五　车 6 退 2

退马捉车，布局中的精巧之着，妙。黑车进而复退，失先。

8. 马三进四　车 6 平 2

9. 车八平六　炮 8 进 3

10. 马五进三　炮 8 平 6

11. 马三进四　马 8 进 7（图 403）

12. 车六进四！……

车攻象腰，让黑方难受，佳着。

12. ……　　　　车 2 平 8

13. 车一平二　车 9 进 1

14. 车六退一　炮 2 进 5

15. 炮二进二　士 6 进 5

辽宁郭长顺

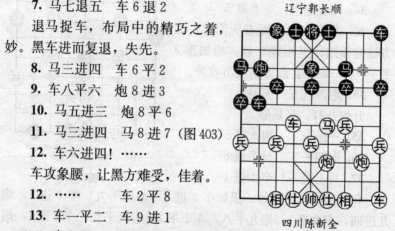

四川陈新全

图 403

16. 车六退二　车 8 平 4

17. 马四进六　……

兑车进马，红方子力开扬。布局至此，红方仍持先手。

17. ……　　　　车 9 平 8　　　　**18. 炮二进三　炮 2 退 6**

19. 仕四进五　马 1 进 2　　　　**20. 车二进三　士 5 进 4**

21. 兵七进一　马 2 进 1　　　　**22. 相三进五　卒 5 进 1?**

23. 兵五进一！……

冲中卒不当，应改走卒 1 进 1。红方弃兵抢先，好棋。

23. ……　　　　卒 5 进 1　　　　**24. 马六进四　马 1 退 2**

25. 马四进六　……

　　踏士撕开黑方防线上的缺口,凶。改走马四退五吃卒虽可,但局面趋缓。

25. ……	炮2平4	26. 马六退五	马2退4
27. 马五进三	炮4平3	28. 炮二退三	炮3平5
29. 车二平四	象5进7	30. 车四进三	车8进4

辽宁郭长顺

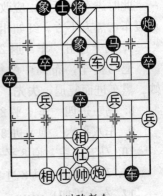

31. 车四平六	车8进4
32. 炮四退二	象7退5
33. 车六平四	炮5平9 (图404)
34. 相五退三!	车8退5

　　又一轮兑子,局面有所简化,红方继续领跑。退相轰车妙,黑如车8平7,马三进一,红方有凌厉攻势。

　　35. 炮四进五! ……

　　升炮开打,又是妙。

四川陈新全

图 404

35. ……	炮9进5
36. 炮四平三	马7退8
37. 兵七进一!	卒1进1

　　弃兵强冲,更是妙。黑如卒3进1,炮三平九! 卒3进1,炮九进四,车8平1,炮九平八,车1平2,炮八平九,车2退4,炮九退三,炮9平5,帅五平四,士4进5,兵三进一,红方占优。

38. 兵七平六	炮9平5	39. 帅五平四	士4进5
40. 炮三平四	马8进7	41. 兵六进一	卒3进1
42. 炮四退三	卒3进1	43. 炮四平八	卒1平2
44. 炮八平九	卒2平1	45. 炮九平五	卒3平4
46. 兵六平七	……		

　　黑方在抵抗红方进攻的同时,前后渡河三个卒,对红方存在潜在的威胁。很显然红方不宜久缠,横兵就是要奔袭黑宫,抢时间,争速度,战术思想对头。

46. ……	车8进5	47. 兵七进一	车8平7
48. 帅四进一	车7退4	49. 兵七进一	炮5平4

50. 炮五平八　卒1平2

51. 炮八平九　卒2平1

52. 炮九平八　卒1平2

53. 炮八平九　卒2平1

54. 炮九平八　卒1平2

55. 炮八平九（图405）　象3进1

　　小卒长拦红炮，双方不变可和。黑方沉思后决定飞象主动变着，考虑到自己多三个卒，又是个人赛抢分争名次，宁肯搏不肯和，精神可嘉。

56. 车四平八　炮4平2

　　舍卒兑子，必着。

辽宁郭长顺

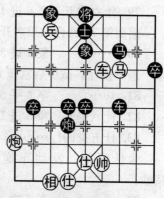

四川陈新全

图405

57. 车八退二　车7退2	58. 车八退一　车7进5
59. 帅四退一　车7进1	60. 帅四进一　象5退3
61. 兵七平六　车7退1	62. 帅四退一　车7进1
63. 帅四进一　车7退6	64. 炮九平五　车7平6
65. 仕五进四　将5平6	66. 仕六进五　士5进6?

　　车炮兵单缺相斗车马三卒单缺士，因为红兵已经深入九宫，存在着现实威胁，黑方有顾忌。现在同样支士，应改走士5进4，以后内线要宽松得多。

67. 车八平三　马7进6	68. 车三进二　马6进5

　　如改走卒5进1，炮五平八，车6平2，车三平四，车2进4，车四进二，将6平5，车四平二，将5平6，兵六平五，红胜。

69. 帅四退一　马5进3	70. 炮五平六　卒4进1
71. 炮六退一　马3退2	72. 车三平八　马2进3

73. 车八平三　……

　　同样开车，宜走车八平二。

73. ……　　　　马3退2	74. 炮六平八　车6平4

　　如改走卒4进1，仕五进六，车6进4，炮八平四！红方胜势。

75. 仕五退六　卒4平5	76. 仕四退五　车4平6

77. 帅四平五　　前卒平6　　　　**78.** 仕五进六　　卒6进1

79. 仕六进五　　卒6进1　　　　**80.** 车三平二　　……

前面第73回合如果多开一格车，则现在可以多抢一步棋。

80. ……　　　　象1进3　　　　**81.** 车二退四　　……

逼卒换仕，减少后宫压力。

辽宁郭长顺

81. ……　　　　卒6平5

82. 仕六退五　　象3进1（图406）

83. 仕五进四！……

舍仕通炮，发动车炮兵攻势，
精妙。

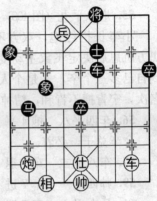

83. ……　　　　车6进4

84. 炮八平四　　卒5平6

85. 车二进五　　……

弃炮再攻，漂亮。

85. ……　　　　马2退4　　　　四川陈新全

86. 炮四平八　　车6平2　　　　图406

87. 炮八平五　　车2平3

再弃相，有魄力。　　　　　　　　**88.** 炮五进一　　……

88. ……　　　　车3进2　　　　**89.** 帅五进一　　车3退1

90. 帅五退一　　车3进1　　　　**91.** 帅五进一　　车3退1

92. 帅五退一　　象1退3　　　　**93.** 炮五进三！……

进炮关键一击，下面入局。

93. ……　　　　车3进1　　　　**94.** 帅五进一　　车3退1

95. 帅五退一　　车3进1　　　　**96.** 帅五进一　　车3退3

97. 炮五平四　　马4退6　　　　**98.** 车二平四　　车3平5

99. 帅五平四　　车5平6　　　　**100.** 帅四平五　　将6进1

红方进帅已成杀局，改走炮四退二吃车也胜。

101. 兵六平五！将6退1　　　　**102.** 车四进一（红胜）

第 112 局
湖北李望祥（红先负）河北刘殿中
（1985 年 5 月 17 日弈于重庆）

五六炮对屏风马

1. 炮二平五　马 8 进 7　　　**2.** 马二进三　卒 7 进 1
3. 车一平二　车 9 平 8　　　**4.** 炮八平六　……

本局弈自 1985 年在重庆举办的"中国象棋精英邀请赛"，是鄂、冀两位象棋大师的一盘精彩角逐。红方"提前"摆出五六炮架势，是避开熟套"离谱"而走，旨在出其不意，一般多走车二进六或兵七进一。

4. ……　　　　炮 8 进 4

左炮封车，针对性的应着，积极。如卒 3 进 1，马八进九，马 2 进 3，车九平八，车 1 平 2，成五六炮对屏风马两头蛇阵式，黑势也不错。

5. 马八进七　马 2 进 3

前面已经左炮封车，现在跳屏风马，有嫌呆板和不协调。宜改走炮 2 平 5，车九平八（如仕四进五，马 2 进 3，车九平八，卒 3 进 1，红方先手消失），炮 8 平 5，仕四进五，车 8 进 9，马三退二，马 2 进 1，双方对攻，黑方足可抗衡。

6. 车九平八　车 1 平 2　　　**7.** 车八进六　士 4 进 5
8. 车二进二　……

升车生根，过于保守。可改走车八平七，马 3 退 4，车七平八，马 4 进 3，兵七进一，红方先手。

8. ……　　　　马 7 进 6　　　**9.** 兵七进一　……

此时已不宜用车吃卒，变化如下：车八平七，车 8 进 2，兵七进一，炮 2 进 4，黑方反击有攻势。

9. ……　　　　象 3 进 5　　　**10.** 仕四进五　卒 3 进 1？

挺卒兑兵不当，造成象、马同时
受攻击。应改走炮2平1，局面平稳。

11. 兵七进一　　象5进3

12. 车八平七　　象7进5（图407）

13. 马七进八？……

黑方飞象弃马，无奈。如车2平
3，车七退一，红方大优。如图407，
红方不吃马而跳马，为什么？令人费
解。煮熟的鸭子飞掉了，真可惜。应
改走车七进一，炮2进4，相七进九，
炮2平3，相九进七，马6进4，车七
进一，红方多子占优。

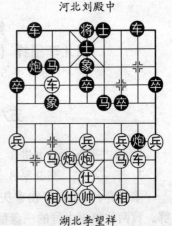

河北刘殿中

图 407

湖北李望祥

13. ……　　马6进4　　14. 马八进六　……

如车七进一，马4退2，车七退一，炮2进3，炮五进四，象3
退1，红方不占便宜。

14. ……　　马3退4　　15. 炮五进四　车8进3

16. 炮五平三　象5退7　　17. 相三进五　炮2平8

平炮弃象，既通车又加强左侧的牵制力，佳着。

18. 车七退一　前马进6

19. 仕五进四　马4进5

20. 马六进五　象7进5

21. 车七平四（图408）　卒7进1

22. 车四进三　……

图408，出现两条平行横线5子
通，整整齐齐，有趣。黑方强冲7卒
凶。红如车四退二贪马，卒7平6！
车四进一，前炮平5，仕四退五，炮
8进5，马三进五，炮8平4，仕五进
六，车8平7，黑方多子占优。

22. ……　　后炮平7

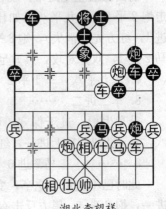

河北刘殿中

湖北李望祥

图 408

23. 车四平三　车8平7　　**24.** 车二进一　卒7进1
25. 车二进四　卒7进1　　**26.** 车三退一　车7平4

一阵大兑子，局面迅速简化。黑方避兑占肋捉炮，正着。如车7退1兑车，车二平三，卒7平6，炮六平四，红方占优。

27. 仕六进五　卒7平6
28. 炮六平四　车4进5!
29. 车二退六　车2平3
30. 炮四退二　车3进8
31. 炮四平三（图409）　象5进7!
32. 车三平八　……

以卒搏仕，继而双车马强攻，走得紧凑有力。飞象避捉盖车，好棋。红方平车不及车三退一，以后利于抢卒而斗残局。

河北刘殿中

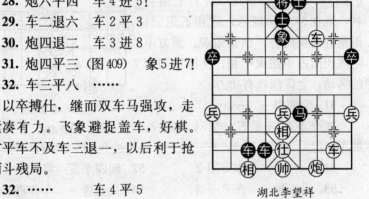

湖北李望祥

图409

32. ……　　车4平5
33. 车二平五　车3平5

兑车破仕，以后车马斗车炮，残局中见高低，黑方充满信心。

34. 帅五平六　士5退4　　**35.** 炮三进四　……

如改走车八平四或车八退一，黑马6进7有攻势。

35. ……　　车5平9

平车抢边兵，增强斗残局的物质力量，老练。

36. 炮三平五　车9退2　　**37.** 车八平五　士6进5
38. 车五退一　将5平6　　**39.** 车五平四　士5进6
40. 炮五平四　……

也可改走车四进一吃士，将6平5，炮五平三（车四退一亦可），以后可以活动中兵，变化繁复，将是一场恶斗。

40. ……　　将6平5　　**41.** 车四平五　士4进5
42. 炮四平五　将5平6　　**43.** 车五平九　马6进7
44. 车九平三　士5进4　　**45.** 车三进三　将6进1
46. 车三退四　车9进3　　**47.** 帅六进一　马7退8

48. 车三退二　马 8 退 9

49. 炮五平四　将 6 平 5（图 410）

50. 兵五进一？车 9 平 5！

图 410，已进入关键时刻，车炮双兵双相斗车马卒双士，属于很微妙的残局。红方多一兵，兵力上稍有利。现在冲中兵嫌急，应相五退三，调整好内线防务，前景乐观。黑方不吃底相而占中路灭中相，又能控制帅的活动，老谋深算有功力。

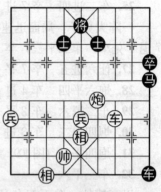

河北刘殿中

湖北李望祥

图 410

51. 炮四退一　……

如改走车三平五，黑马 9 退 7。

如车三退一，马 9 进 8，车三进一，马 8 进 9，黑方都有攻势。

51. ……　车 5 退 2　　**52.** 炮四平五　将 5 平 4

53. 兵五进一　车 5 平 3　　**54.** 兵五进一　车 3 进 1

55. 帅六退一？……

随手，应帅六进一，可以少损步数。

55. ……　车 3 进 1　　**56.** 帅六进一　车 3 退 1

57. 帅六退一　车 3 退 2　　**58.** 炮五平六　士 4 退 5

59. 兵五平六　士 5 进 4　　**60.** 车三进五　……

打将空棋，以后又要返回原地，白损一先。应改走兵九进一。

60. ……　将 4 退 1　　**61.** 车三退五　马 9 进 7！

硬进马，精妙冷着，令人不防。红如续走车三进一，车 3 平 4，帅六平五，车 4 退 3，黑方有双士，以后车卒可以胜车兵。

62. 兵六进一　将 4 平 5　　**63.** 兵六平五　车 3 平 1

弃士抢边兵，胸有成竹。

64. 兵五平四　车 1 进 3

65. 帅六进一　车 1 平 7（图 411）

巧兑车，石破天惊！可见前面闯马、弃士、抢兵之妙，令人叹服。以后马卒斗炮兵，有杀对无杀，优势在握。

66. 车三退三 ……

如改走车三平四，车7平5，车四进一，车5退1，帅六退一，马7进8，兵四进一，马8进6，黑胜。

河北刘殿中

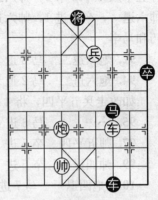

湖北李望祥

图 411

66. ……	马7进6	
67. 帅六退一	马6进7	
68. 兵四平五	马7退6	
69. 炮六平五	将5平6	
70. 兵五平四	马6退7	
71. 炮五退二	马7退5	
72. 炮五平四	将6平5	
73. 兵四平五	马5退3	
74. 炮四平五	将5平6	**75.** 兵五平四　卒9进1
76. 帅六进一	卒9进1	**77.** 炮五退一　马3进5
78. 炮五平四	将5平5	**79.** 兵四平五　卒9平8
80. 帅六平五	将5平4	**81.** 炮四平五　马5进6
82. 帅五进一	将4进1	**83.** 炮五平九　卒8平7
84. 炮九平八	马6退5	**85.** 炮八平六　卒7平6
86. 炮六平一	马5退3	
87. 炮一平五	卒6进1	
88. 炮五进一	马3进2	
89. 炮五平六	马2进1	
90. 帅五退一	马1进3	

河北刘殿中

91. 炮六进二（图412） 卒6平5

马卒攻炮兵，打先仕（士）相（象），战得悲壮惨烈。黑方攻得很耐心有韧劲，红方守得顽强不言败，可谓是绞尽脑汁，倾力而为。红方突然献炮，粗看是否出错？实质上是步诱饵，兵不厌诈也。黑如误走马3退4，

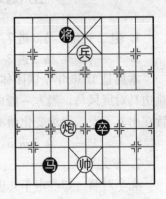

湖北李望祥

图 412

帅五平六，卒6平5，帅六进一，将4退1，兵五进一，卒5平6，帅六退一，卒6进1，帅六进一，卒6平7，帅六退一，形成单兵巧和马卒。

92. 炮六退二　马3退1　　　　**93.** 炮六退一　马1退2

94. 炮六进二　马2退3　　　　**95.** 炮六进四　······

如改走兵五平四，将4平5，黑将占中路，可以速胜。

95. ······　　　　马3进4　　　**96.** 炮六平四　马4进6

97. 帅五平四　卒5进1　　　　**98.** 炮四进三　马6进8

99. 帅四退一　卒5进1　　　　**100.** 炮四退七　马8退7

101. 炮四退一　马7进9　　　　**102.** 炮四平三　马9进7

103. 兵五平四　马7退5　　　　**104.** 炮三平二　卒5平6

105. 帅四平五　马5进7

功到事成，马卒终成杀局，黑胜。

第 113 局

上海林宏敏（红先负）河北刘殿中

（1986 年 4 月 21 日弈于邯郸）

五六炮对屏风马左炮封车

1. 炮二平五　马8进7　　　　**2.** 马二进三　车9平8

3. 车一平二　马2进3　　　　**4.** 马八进九　炮8进4

本局是 1986 年全国团体赛沪、冀两队之间的一场硬仗。中炮跳边马对屏风马，黑方一般应以卒7进1居多，现改走左炮封车，旨在出其不意，寻求变化而不拘泥于熟套。

5. 兵三进一　象3进5　　　　**6.** 炮八平六　车1平2

7. 车九平八　······

亮车对制。如改走车九进一，炮2进2，兵七进一，士4进5，车九平四，车2平4，仕四进五，炮8平7，黑方可以抗衡。

7. ······　　　　炮2进4　　　**8.** 炮六进五　象5退3

9. 兵七进一　士4进5

形成五六炮两头蛇对双炮过河局式。红方肋炮发力，先声夺人；黑方上士捉炮有嫌刻板，不如改走车8进4比较灵活。

10. 炮六退一　炮8平7

11. 炮五平七　炮2平3（图413）

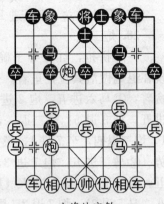

河北刘殿中

上海林宏敏

图 413

红方卸中炮窥视黑方薄弱的右马，及时。黑方双平炮，出现双兑车，阵形又近似于对称，有趣。

12. 车二进九　车2进9

13. 马九退八　炮3进3

在自己双马呆滞情况下，黑方贪相不妥。宜改走马7退8保持平稳。虽吃后手，但无大碍。

14. 帅五进一　马7退8　　　　**15.** 相三进五　炮3退1

16. 兵九进一　……

挺边兵嫌缓，可马八进九先捉炮，待黑炮3平1，兵七进一，这样比较紧凑有力。

16. ……　炮3平2　　　　**17.** 兵七进一　象3进5

18. 兵七进一　马3退4　　　　**19.** 炮七平八　马4进2

20. 炮八进五　卒5进1

斗无车棋，红方虽损一相，但双炮活跃，七兵渡河深入，优势不言而喻。同样挺卒，黑方应改走卒7进1为左马留路为好。

21. 炮六平九　卒5进1　　　　**22.** 炮九进三　马8进7

23. 兵七平六　……

红方沉底炮伏冲兵擒马杀势，佳着。黑方弃马无奈。红方横兵老练，吃子不心急。

23. ……　卒7进1

如改走马7退9，兵五进一，红方净多三兵，黑方消受不了。

24. 炮八平三　马2进1　　　　**25.** 帅五退一　马1进2

26. 相五进七　马2进3

27. 马八进六　卒5进1（图414）

28. 炮三退一　……

一阵拼抢，红方夺子确立优势。现在退炮做活其位，正着。另有两种贪着：①马六进五，炮2进1，仕六进五，马3退5！马三退一，卒7进1，炮三退四，卒7进1，黑方反占优势。②马三进五，炮7进3，仕四进五，马3退5！马六退八（如马六进八，马5退3），炮7退2，黑方优势。

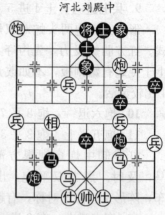

河北刘殿中

上海林宏敏

图 414

28. ……　　　　卒5平4

29. 兵三进一　炮7平8　　　**30.** 仕六进五　炮2退4

31. 兵三平四　炮2平4　　　**32.** 兵六进一　……

目前弃兵似乎还没有必要。可改走仕五进六，卒4进1，马六进八，炮8平2，仕四进五，卒4进1，仕五进六，腾空九宫，红方多子多兵胜势。

32. ……　　　　士5进4　　　**33.** 炮三平五　象5进7

如改走士4退5或士6进5，红炮五平七叫杀夺马；如将5平4，炮五平六，黑方丢卒。

34. 仕五进六　卒4进1

35. 马六进八　炮8平2

36. 马三进五　炮4进2

37. 兵四平五　炮2平5

38. 炮五退三　士6进5

39. 炮九平七　炮4平9（图415）

40. 炮七退七？……

进入残局，红方仍有多子优势。图415，关键时刻，红方褰马兑子出

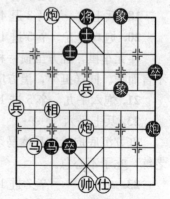

河北刘殿中

上海林宏敏

图 415

错，造成丢子后果。一步不慎累全局，前功尽弃，可惜。应改走仕四进五，红方胜势。

40. ……　　　　卒4平3

41. 兵五平四　　象7退5　　　　　**42.** 马八退九　　炮9进3

43. 仕四进五　　炮9平1　　　　　**44.** 炮五平一?……

黑方捡漏夺子，幸运。炮双兵对炮双卒，红残仕相，黑方反占优势。同样平炮应改走炮五平四，以后设法消灭过河卒，尚可求和。

44. ……　　　　炮1退3　　　　　**45.** 炮一退一?……

应改走炮一平八挡炮，以后再谋过河卒，还有机会。

45. ……　　　　炮1平4!

炮阻相腰，确保3路卒安全，好棋。

46. 帅五平四　　卒9进1（图416）

47. 仕五进四?……

图416，应改走帅四进一，炮4平2（如炮4进2，帅四进一，卒3进1，炮一退二，卒9进1，炮一平四，卒9平8，炮四进一，强兑炮，和棋），帅四进一，炮2进1，相七退五，卒3进1，相五退三，炮2进1，炮一退一，消灭黑卒，和棋。

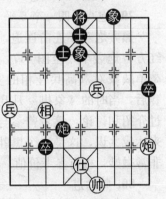

河北刘殿中

上海林宏敏

图416

47. ……　　　　卒3进1　　　　　**48.** 仕四退五　　卒3平4

49. 仕五进六　　卒9进1　　　　　**50.** 兵九进一　　卒9进1

51. 炮一平五　　炮4平5　　　　　**52.** 炮五退二　　卒9平8

53. 炮五平九　　炮5平1　　　　　**54.** 炮九平八　　炮1平2

55. 兵九平八　　卒8平7　　　　　**56.** 炮八进二　　卒7平6

57. 帅四平五　　卒6平5　　　　　**58.** 兵四平五　　将5平6

59. 仕六退五　　炮2平4　　　　　**60.** 仕五进六　　炮4退1

61. 兵五平四　　卒5平4　　　　　**62.** 仕六退五　　炮4平5

63. 仕五退六　后卒平5　　　　**64.** 帅五平四　卒5平6

65. 相七退五　炮5平9　　　　**66.** 帅四平五　象5进7

67. 兵八进一　炮9退1!

舍象调兵，利于进攻，细腻有力。

68. 兵四平三　炮9进5　　　　**69.** 仕六进五　炮9退7

70. 仕五进六　炮9平5　　　　**71.** 帅五平四　卒6进1

72. 兵三平四　炮5平6　　　　**73.** 帅四平五　炮6退1

74. 兵四进一　卒6进1　　　　**75.** 炮八退二　士5退4

76. 相五进三　炮6平5

77. 炮八进一　卒4平5

78. 帅五平六　炮5平4

79. 炮八平四　卒5平6（图417）

河北刘殿中

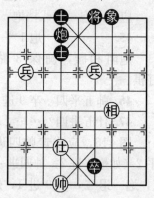

图 417

上海林宏敏

黑方炮双卒连击连追，终于迫使红方舍炮轰卒，至图 417，形成炮低卒单缺象对双高兵仕相的实用残局。赛后，当时的《象棋》月刊曾对此作过介绍和讨论，笔者曾参与其中。后来达成共识，这是一个黑胜局，而且非常微妙，极有参考价值。

80. 帅六进一　……

另有两种着法：①兵八平七，卒6平5!（卒坐宫心，控制红帅，要紧。如炮4进6，兵七平六，士4进5，帅六进一，炮4平1，兵四平五，红可守和），兵七平六（如兵七进一，士4进5，兵四平五，炮4进6，兵五平六，炮4平1，兵七平六，士5进4，兵六进一，炮1退7，兵六进一，将6进1，相三退五，象7进9，相五进三，炮1平8，相三退五，炮8进1，相五进三，炮8平4，成炮低卒象巧胜单相，黑胜），士4退5，兵四平五，将6平5，相三退五，士5进6，相五进三（如改走兵六进一，炮4进6，相五进三，士6退5，兵六平七，炮4退6，兵七进一，炮4进1，相三退五，炮4平8，兵五平六，炮8退1，红方丢兵，黑胜），士4进5，相三退五，将5平4，相五进三，炮4进6（此时吃仕，恰到好处），兵六平七，将4平5，兵七平六，炮4平8，兵六平七，炮8退4，兵七平六，将5平4，相三退五，炮8进1，相五进三，炮8平1，相三退五，炮1退1，黑方夺兵胜。②兵四平五，卒6平5，兵五平六，士4退5，兵八进一（如改走兵八平七，炮4平6，下面红有两种应着：A. 兵七进一，炮4平8，兵六平七，炮8退5，相三退五，士5进6，相五进三，士4进5，相三退五，士5进4，相五进三，士6退5，相三退五，象7进9，相五进三，将6进1，相三退五，炮8退2，前兵进一，炮8进2，相五进三，将6退1，相三退五，炮8退1，后兵进一，炮8进1，消灭红兵，黑方胜定。B. 相三退五，炮4退1，相五进三，炮4平8，兵七平八，炮8退3，兵六平七，士5进4，相三退五，士4进5，相五进三，将6进1，相三退五，象7进9，相五进三，炮8退3，兵七平六，炮8平4，兵八平七，将6退1，相三退五，将6平5，相五进三，士5进6，相三退五，士4退5，兵六平五，炮4进4，相五进三，炮4平8，相三退五，炮8退1，兵七平六，将5平4，相五进三，炮8进1，相三退五，炮8平1，相五进三，炮1退1，红方丢兵负），炮4进6，相三退五，炮4退1，相五进三，炮4平8，兵六平七，炮8退5，兵七进一，象7进5，相三退五，炮8进1，相五进三，士5进4，相三退五，士4进5，相五进三，炮8退1，相三退五，将6进1，相五进三，将6进1，相三退五，炮8退1! 兵七进一（下兵无奈，否则黑炮8平4杀），炮8进1! 兵八进一，象5进7，相五进三，将6平5，相三退五，士5进6，相五进三，将5退1! 相三退五，炮8退1! 相五进三，炮8平4，兵七平六，将5平4，兵八平七，将4平5，兵七平六，将5平4，相三退五，将4平5，黑胜。

80. …………　炮4平9

开炮作打兵姿态，好棋。

81. 兵八平七　炮9进2　　　**82.** 兵四进一　士4退5

83. 兵四平三　炮9进5　　　**84.** 帅六退一　炮9退4

85. 帅六进一　炮9平4　　　86. 仕六退五　炮4退2
87. 兵七进一　炮4退1　　　88. 相三退五　炮4平1
89. 兵七平八　象7进5　　　90. 兵八平七　象5进3
91. 兵七平八　士5进4　　　92. 兵八平七　士4进5
93. 相五进三　炮1进5　　　94. 仕五退六　炮1平3
95. 兵七平八　炮3平7　　　96. 兵三平二　……

黑方冷着进攻，运动士象，迫使红方双兵低头，为胜利创造条件。红如改走相三退五，炮7退3，以后有中路和底线攻势，红难应付。

96. ……　　　　炮7平5　　　97. 兵二平三　炮5退4
98. 兵八进一　将6进1

高将，既通底线又限制红兵活动，佳着。

99. 兵八平七　炮5进4　　　100. 相三退五　炮5平2
101. 仕六进五　炮2退4　　　102. 兵三进一　将6进1

再高将，红方双兵低头，黑方胜势已定。

103. 仕五进六　炮2进4　　　104. 仕六退五　将6平5
105. 兵七平八　士5进6　　　106. 兵三平二　炮2平1
107. 仕五进六　炮1退6　　　108. 兵二平三　炮1平5
109. 相五进三　炮5平4　　　110. 相三退五　士4退5
111. 仕六退五　炮4进1

下面消灭双兵，黑胜。

第114局
上海林宏敏（红先胜）河北李来群
（1990年10月23日弈于杭州）

飞相局对起马

1. 相三进五　马2进3　　　2. 兵三进一　……

这是1990年全国个人赛第12轮的一场关键战役。前11轮赛罢，李来群仅以 1 分之差紧随一马当先的黑龙江赵国荣。本局的得失直接关系到夺魁的前景和前列名次的排列。林宏敏以飞相开局，稳扎稳打；李来群思考了 5 分钟，才轻轻地起了一步马，可见其心理上的负担之重。红方挺三兵似不及兵七进一较有针对性。

2. ……　　炮 2 平 1

这步平炮，李来群又足足想了 17 分钟，可谓慎重其事。花 22 分钟时间走两步棋，才决定用三步虎对付飞相局，战术上可说是深思熟虑，但用时似乎太浪费了！这将影响以后的战斗历程。

3. 马八进七　车 1 平 2　　　4. 车九平八　卒 3 进 1

5. 马二进三　炮 8 进 4

红方跳马不及先走炮八进四，然后再动马为好。黑方过河炮抢先，着法积极。

6. 马三进四　马 8 进 9　　　7. 炮八进五　车 9 进 1

同样封车，应改走炮八进四，使左右子力沟通、加强呼应为宜。黑方出动主力，及时有效。

8. 兵三进一　炮 8 平 3　　　9. 兵三平四　……

横兵虽能保留过河兵，但影响大子的运动，并不合算，失先。应改走炮二平三，红方仍可占主动。

9. ……　　车 9 平 8

10. 炮二平三　象 7 进 5

11. 仕四进五（图 418）……

如改走兵四进一，车 8 进 4，马四进三，马 9 进 7，兵四平三，卒 3 进 1，黑方先手。

11. ……　　车 8 进 4

12. 车一平四　炮 1 退 1

13. 兵四进一　炮 1 平 6

14. 马四进三　马 9 进 7

15. 兵四平三　炮 6 平 3

16. 相七进九　马 3 进 4

河北李来群

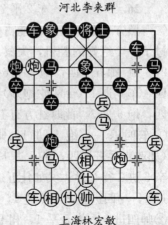

上海林宏敏

图 418

17. 炮三进二　　卒 3 进 1　　　18. 相九进七　　马 4 进 5

19. 马七进五　　车 2 进 2　　　20. 车八平七　　车 2 进 4

图 418，黑方抓住机会出击：捉马、退炮、平炮、兑马、再平炮、跃马、弃卒、抢兵再兑子，继而进车兵林点相腰，10 步棋着着掷地有声，真是手持莲花，步步生辉，使局面迅速扩先占优，显示了高超的运子功夫，令人赞叹。难怪黑龙江特级大师王嘉良在旁观战后称道："来群下得真漂亮"。红方由于封车的错位及平兵的失误，给黑方造成了进攻的时机，局势将朝着有利于黑方的方向而发展。

21. 马五进四　　前炮平 5　　　22. 车七平八　　车 2 进 3

23. 马四退二　　车 2 退 3　　　24. 兵七进一　　炮 5 退 1

25. 马二退三　……

如误走马二进一，车 2 平 9，马一进三，士 4 进 5，马三退五，炮 3 平 2，相七退九，炮 2 进 8，相九退七，车 9 平 4，黑胜。

25. ……　　　　炮 3 平 2

26. 车四进二（图 419）……

如车四进四（如车四进五，车 2 平 7，红方失子），炮 5 平 1，黑优。

26. ……　　　　车 2 平 7

黑方平车压马虽也能占优，但错过了一个绝好的胜机，失察。应改走 2 平 6！帅五平四，炮 2 平 6！炮三平四，车 6 退 1（弃车吃炮妙）！马三进四，炮 6 进 3，此时红方有三种应着：①车四退一，炮 5 进 1，帅四平五（如改走兵三平四，卒 5 进 1，下面再

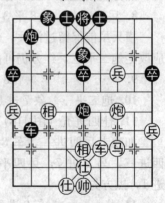

河北李来群

上海林宏敏

图 419

卒 5 进 1 得马胜；又如仕五进四，炮 5 平 6，黑方得车亦胜），炮 6 进 4，马四进五，卒 9 进 1，马五进七，炮 5 平 1，黑方多子胜定。②帅四进一，炮 5 平 1，相七退九，卒 5 进 1，仕五进六，卒 5 进 1，帅四平五，炮 6 进 3，马四退二，炮 6 平 9，黑胜。③相七退

九，卒5进1，帅四进一，炮5进1，仕五进六，卒5进1，相五退
七，卒5平6，黑胜。

27. 帅五平四　炮2进8　　　　**28.** 帅四进一　士4进5

29. 仕五进六　炮5进1　　　　**30.** 炮三平二　车7平8

亦可改走炮5平6，帅四平五，炮2退5，黑优。

31. 相五退七　炮5平6　　　　**32.** 帅四平五　卒5进1

33. 帅五退一　卒5进1　　　　**34.** 仕六退五　炮2退5

35. 炮二进二　炮2平3　　　　**36.** 相七退九　炮6平5

37. 帅五平四　炮5平1

由于开局耗时过多，此时黑方时限开始告急。尽管占有优势，
但无法细看推敲，技术上就容易出偏差了。现在平炮嫌软，可改走
车8平7，炮二进三，象5退7，炮二退八，车7退3，炮二平三，
炮5平7，黑方优势。

38. 兵一进一　炮3退3

仍应改走车8平7为好。

39. 车四平五　车8进1

同样牵制，还是宜走车8平7。

40. 帅四平五　炮1平9（图420）

41. 车五进二　炮9进3

弃马吃卒，透松局势的佳着！黑
如改走车8平7，炮二进三，象5退
7，仕五进四，车7退4，车五进四，
将5平4，车五平七，红方反占优势。

42. 仕五进六　炮3进2

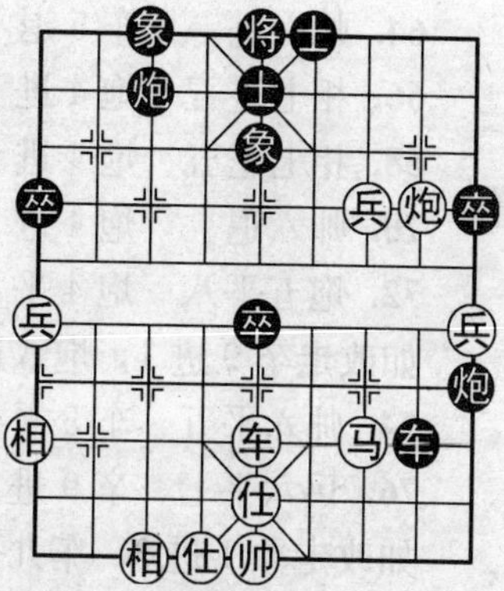

兑炮软手，将已经取得的优势丧
失殆尽。应改走士5进4，仍是对攻形势，尚可一搏。

43. 炮二平七　车8平7　　　　**44.** 兵三平四　车7平4

如改走车7平6，兵四平五，车6平4，兵五进一，象3进5，
车五进三，红优。

45. 炮七平八　车4平2　　　　**46.** 炮八平五　车2平6

河北李来群

上海林宏敏

图420

失误，应改走车 2 平 4 守将门，尚无大碍。

47. 车五平七　象 3 进 1　　　　**48.** 车七平八　象 1 退 3

49. 车八进五　将 5 平 4　　　　**50.** 车八退三　车 6 退 4

如改走车 6 平 4，炮五平九，红方多兵占优。

51. 车八平六　将 4 平 5　　　　**52.** 仕六进五　炮 9 退 3

53. 车六平九　炮 9 平 8　　　　**54.** 兵九进一　车 6 进 1

时来运转，红方边兵渡河，形成车炮兵联攻之势，黑方子力占
位又差，抵挡困难了。

55. 车九平七　象 3 进 1　　　　**56.** 车七平六　车 6 平 5

57. 帅五平六　炮 8 平 4　　　　**58.** 兵九进一　象 1 进 3

59. 兵九平八　炮 4 退 2　　　　**60.** 兵八进一　车 5 进 1

61. 兵八平七　炮 4 进 2

如误走车 5 进 3 吃仕，炮五退四，黑方即刻输棋。

62. 兵七进一　炮 4 退 1　　　　**63.** 相九进七　炮 4 进 1

64. 帅六进一　车 5 退 1　　　　**65.** 帅六进一　炮 4 退 1

66. 相七进五　炮 4 进 1　　　　**67.** 相五进三　炮 4 退 1

68. 相七退五　炮 4 进 1　　　　**69.** 帅六退一　炮 4 进 1

70. 帅六退一　炮 4 进 1　　　　**71.** 车六平九　炮 4 退 6

72. 炮五平八　炮 4 平 2　　　　**73.** 炮八进二　象 3 退 1

如改走卒 9 进 1，炮八退三打车抢卒，红方优势。

74. 帅六平五　车 5 平 3　　　　**75.** 兵七平六　车 3 平 4

76. 兵六平七　卒 9 进 1

如改走象 1 进 3，车九平一，红方多兵胜。

77. 兵一进一　车 4 平 9　　　　**78.** 车九进一　车 9 平 3

79. 兵七平六　车 3 平 4　　　　**80.** 兵六平七　车 4 退 2

81. 车九进二　炮 2 平 4　　　　**82.** 炮八退二　士 5 进 6

83. 车九退一　将 5 进 1（图 421）

如改走士 6 进 5，兵七平六，车 4 平 2，兵六进一，黑方车单
缺象对红方车炮单缺仕，难以守和，红胜。下面红方三子联攻入
局，一气呵成。

84. 炮八平四	象5退7
85. 炮四退五	象7进5
86. 仕五进四	象5进3
87. 车九平八	炮4平1
88. 车八进一	炮1进6
89. 车八平四	炮1平5
90. 相五进七	炮5退3
91. 车四平二	车4进3
92. 车二退一	将5进1
93. 车二退二	车4退2
94. 炮四平一	车4平3
95. 炮一进五	将5平4
96. 炮一平五	车3退2

河北李来群

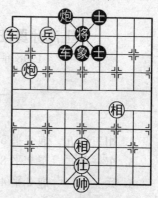

上海林宏敏

图 421

96. 炮一平五	车3退2	97. 炮五退五	将4退1
98. 车二平六	将4平5	99. 相三退五	将5平6
100. 炮五平七	车3进1	101. 车六退一	车3进1
102. 车六平七	车3平6	103. 仕四退五	车6进3
104. 车七平五	将6退1	105. 炮七进一	将6进1
106. 相五退三	车6进2	107. 炮七平四	士6退5
108. 车五平四	士5进6	109. 车四进一	将6平5
110. 车四平五	将5平4	111. 仕五进六（红胜）	

一场近6个小时的战斗终于结束，失利使李来群失去了夺冠的希望，赛后他懊悔地说："这几年我很少下出这么漂亮的棋，可我输了。"确切地讲，李来群前半盘棋确实下得漂亮，但对比之下，后半盘棋屡屡失误，使前功尽弃，太可惜了。而究其原因，输在用时上，可见再高明的棋手也要注意用时的科学合理性。要知道，用时的技巧也是象棋艺术的一个不可分割的组成部分啊。

第 115 局
上海孙勇征（红先负）河北张江
（1998 年 4 月 1 日弈于宜良）

飞相局对中炮

1. 相三进五　炮 8 平 5　　　　**2.** 马二进三　马 8 进 7
3. 车一平二　车 9 平 8　　　　**4.** 马八进七　马 2 进 1
5. 兵三进一　炮 2 平 4　　　　**6.** 车九平八　车 1 平 2
7. 仕四进五　……

这是 1998 年全国团体赛的一场精彩"马拉松"。两位后起之秀以飞相对中炮拉开战幕，柔、刚相争，攻防分明。红方补仕固中，正着，如误走炮八进四，炮 4 进 5，红方失子。

7. ……　　　　车 2 进 4　　　　**8.** 炮八平九　车 2 平 4

避兑保存主力。如车 2 进 5，马七退八，车 8 进 4，马八进七，卒 1 进 1，兵七进一，局势平稳。

9. 车八进四　卒 1 进 1　　　　**10.** 炮二进一　……

如改走炮二进四，卒 7 进 1，炮二平三，车 8 进 9，马三退二，象 7 进 9，马二进三，卒 7 进 1，均势。

10. ……　　　　炮 5 退 1　　　　**11.** 炮二平三　车 8 进 9
12. 马三退二　象 7 进 5　　　　**13.** 马二进三　炮 5 平 9
14. 车八平四　……

平车嫌软，应改走炮三进三抢卒，局势比较开扬，红占先手。

14. ……　　　　卒 7 进 1　　　　**15.** 兵三进一　车 4 平 7
16. 炮三进一　马 1 进 2　　　　**17.** 兵七进一　马 2 进 3
18. 车四平六　士 6 进 5　　　　**19.** 炮九退一　卒 3 进 1
20. 兵七进一　车 7 平 3　　　　**21.** 炮九平七　炮 4 平 3
22. 车六退一　马 7 进 4　　　　**23.** 炮三平二　车 3 平 7
24. 车六平七　炮 3 进 5　　　　**25.** 马三退四　炮 3 平 2

26. 兵五进一 ……

这一段着法双方咬得很紧，走得都很严谨，兑子后局面有所简化。现在挺中兵不如马四进二，阵形工整。

26. ……　车7平6　27. 炮二退四 ……

如改走马四进二，车6进1，炮二平三，车6平5，车七平八，炮2平3，车八平二，马8退7，黑方较好。

27. ……　炮9进5

28. 马四进二　炮9退2

29. 炮二进五　车6平8（图422）

30. 车七进三? ……

进车捉卒，战术想法没有错，但技术上有毛病，应先改走车七平八捉炮，黑炮2平3，再进车，这是必不可少的赶子抢位"过门"。由于稍有疏忽，留下后患，这在以后的变化中可以领悟到。

河北张江

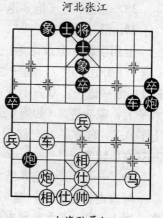

上海孙勇征

图 422

30. ……　炮9进4!

进炮吊马炮，牵制抢先，冷着，妙。

31. 车七平五 ……

此时如改走车七平八，黑可炮2退3，而不是前面只能走炮2平3也。

31. ……　卒9进1　32. 车五退一? ……

兑车急躁，不明显的失着。应改走车五平八，红势无大碍。

32. ……　车8平5

33. 兵五进一（图423）　**炮2进1!**

双炮禁马炮，谋子的妙着。至此可以看出前面红方第30回合进车之弊端。真是棋艺有内涵，一点也不能马虎。

34. 兵五平六　象3进1　35. 帅五平四　士5进6

36. 相五进三　卒9进1　37. 炮七进三 ……

马炮被禁无法动弹，现在弃马换
卒无奈，否则黑卒直入既可谋兵又可
擒马，胜势。

37. ……　　　　炮2平8

38. 炮七平一　　炮8退3

39. 相三退五？……

退相粗糙。应改走炮一进一，象
1进3（如炮8退1，炮一退一，炮8
进1，炮一进一，双方不变可和），兵
六平七，象5进3（如炮8退1，红兵
七平八），炮一平九，红兵仕相全可
和双炮单缺象。

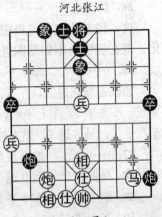

河北张江

上海孙勇征

图 423

39. ……　　　　炮8进4　　　　40. 相七进九　　……

可改走相五进三，炮9进1，帅四进一，炮8平3，兵九进一，
卒1进1，炮一平九。黑方虽然破相占优，但双炮士象全要胜炮过
河兵单缺相很困难。

40. ……	炮9进1	**41. 帅四进一**	炮8退8
42. 炮一平五	士4进5	**43. 帅四退一**	炮8进8
44. 帅四进一	炮9退4	**45. 帅四退一**	……

可改走炮五平二。

45. ……	炮8退3	**46. 相九进七**	炮8平2
47. 炮五进一	炮2进3	**48. 帅四进一**	炮2平1
49. 炮五退一	炮9平6	**50. 仕五进六**	将5平6
51. 炮五进二	士5退4	**52. 炮五退二**	象5进3
53. 炮五进一	将6平5	**54. 炮五进一**	炮6平8
55. 炮五平八	象3退5	**56. 炮八平五**	将5平6
57. 炮五退二	象5进3	**58. 炮五进二**	炮8退4
59. 炮五平八	……		

平炮欠细致。宜改走仕六进五联仕。

59. ……	象3退5	**60. 炮八进二**	炮8平6

61. 帅四平五　炮6平4！

打帅、吊仕，抓住破绽和突破口，好棋。

62. 炮八平九　象1进3　　　**63.** 炮九退二　炮1平2

64. 炮九平四　士6退5　　　**65.** 炮四退二　炮2退5

退炮打兵，正着。如炮4平1，兵九进一，炮1进4，炮四平九，卒1进1，炮卒士象全难胜兵仕相全。另如改走炮4进6吃仕，兵九进一，卒1进1，炮四平九，双炮士象全难胜炮兵单缺仕。

66. 兵九进一？……

兑兵过急，失察。应兵六进一保留过河兵。

66. ……　　　卒1进1

67. 炮四平九　炮2平4

68. 炮九进五　将6进1

河北张江

69. 炮九退一（图424）　前炮进5

双炮斗炮兵，双方又环绕边兵（卒）展开艰苦的争夺。红方防范上有所疏忽，丢兵后形势，被黑炮轰去底仕，为黑方带来胜机的可能。双炮士象全对炮单缺仕，理论上如何下结论，本例提供了一个极好的实践。

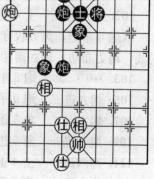

上海孙勇征

图424

70. 帅五退一　前炮平2

71. 炮九退七　炮2退6

72. 炮九平四　炮2平4　　　**73.** 相五进三　……

如改走仕六退五，前炮平5，炮四退一，炮4进5，炮四进四，炮5进2，炮四退一，炮4平5，黑方夺仕胜势。

73. ……　　　后炮进6

成双炮士象全对炮双相的实用残局。认识上黑方应该能胜，但具体胜起来却很不容易，其规律还有待于进一步摸索和总结。

74. 相七退五　前炮退1　　　**75.** 炮四平八　士5进4

76. 相三退一　象5进7　　　**77.** 相一退三　前炮平8

78. 炮八平二　炮4平9　　　79. 炮二平九　炮8进2
80. 炮九进二　炮9平5　　　81. 帅五平六　炮8退7
82. 炮九平二　将6进1　　　83. 炮二退二　炮8平3
84. 炮二平三　炮5退3　　　85. 炮三平一　炮3平9
86. 炮一平九　炮9进8　　　87. 帅六进一　炮5进1
88. 炮九进一　炮9退3　　　89. 炮九平六　炮9平5
90. 帅六退一　将6平5　　　91. 炮六退一　后炮平6
92. 炮六平七　士4退5　　　93. 炮七平八　炮6平7
94. 炮八平九　将5平6　　　95. 炮九平八　炮5平7
96. 炮八平九　前炮进2　　　97. 炮九平八　前炮平6
98. 相三进一　炮6平8　　　99. 炮八平九　象7退9
100. 炮九平八　士5退6　　　101. 炮八平九　炮7平9
102. 相一进三　士4进5　　　103. 相五退三　……

双炮斗单炮，黑方攻守子调整组织进攻，耐心运动。红方炮守内线，竭力布防，现在落相不及炮九平三比较灵活。

103. ……　　　　炮8平2　　　104. 相三退五　士5进4
105. 炮九进二　炮9平5　　　106. 炮九平六　炮2平6
107. 炮六退二　象3退5　　　108. 相五进三　炮5平8
109. 炮六进一　象5进7　　　110. 相三退五　将6平5
111. 帅六进一　士4退5　　　112. 炮六平七　士5进6
113. 炮七平八　炮8平4　　　114. 帅六平五　炮6退2
115. 帅五退一　……

如改走炮八平六，炮6平5，相五进三，炮4平5，帅五退一，将5平4，帅五平四，前炮平8，黑方有攻势。

115. ……　　　　将5平4　　　116. 炮八退一　炮6进2
117. 炮八平五　炮4平7　　　118. 相三进一　士6进5
119. 相一进三　炮7退1　　　120. 相三退一　炮7平5
121. 相一进三　炮6退2（图425）
122. 相五退七？……

退相左侧使双相失去互靠，不妥。应改走相五退三，炮5平

7，相三退一，炮 6 进 2，帅五平四，将 4 平 5，炮五进二，炮 6 平 8，相三进五，继续防守。

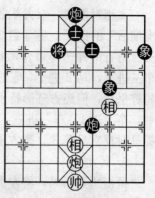

河北张江

上海孙勇征

图 425

> 122. ……　　　炮 5 平 7

> 123. 相三退一　炮 6 平 8

> 124. 炮五进二　……

如改走相七进五，炮 7 平 5，相一退三，炮 8 进 3，黑方破相胜。

> 124. ……　　　士 5 退 4

> 125. 炮五平四　……

如改走相七进五，炮 7 平 5，相一退三，炮 8 退 5，帅五平四，炮 8 平 6，帅四平五，炮 6 平 5，黑胜。

> 125. ……　　　炮 7 平 5　　126. 相一退三　炮 8 进 3

> 127. 炮四退三　炮 8 退 6　　128. 炮四进四　炮 8 平 7

> 129. 相三进一　炮 5 平 9　　130. 炮四平三　象 7 退 5

妙运双炮，冷着连连，走得漂亮，终于破相获胜。双方激战 6 小时 15 分，真是不容易。

第 116 局

广东许银川（红先和）广东吕钦

（2000 年 1 月 15 日弈于北京）

飞相对挺卒局

1. 相三进五　卒 7 进 1　　2. 马八进九　马 8 进 7

3. 车九进一　象 7 进 5　　4. 车九平三　马 2 进 1

"岭南双雄"，一个是"羊城少帅"，一个是"少年太公"，两人是继胡荣华后综合战绩最佳的顶尖高手，是当今棋坛的领军人物。本局是他俩在"中视股份杯"年度总决赛在中央电视台的公开赛。

"同室操戈"，必有好戏。

飞相对挺卒，双方斗散手，因为知根知底，所以走的是"慢功出细活"的路子。鉴于红方担子炮横车过宫，黑方跳边马有嫌刻板。另有两种选择可作考虑：①卒1进1，兵三进一，卒7进1，车三进三，马2进1，马二进三，车1进1，仕四进五，车1平6，局势平稳，但黑方阵形特别是右翼比较通畅。②卒3进1，兵三进一，卒7进1，车三进三，炮2平4，马二进三，马2进3，形成单提马对反宫马阵式，黑方子力活跃。两种布局都可满意。

5. 兵九进一　……

抢挺边兵活马，将左翼做活，而黑方右翼则相形见滞。这一步棋之争，将会影响到以后战局整体的发展，值得细细品味。

5. ……　　　炮8退2　　　　**6. 兵三进一　卒7进1**

7. 车三进三　车1进1

及时启动横车，紧着。如炮8平7，车三平二，车1进1，炮二平三，车1平6，炮三进七，车9平7，马二进三，红方占先。

8. 马二进三　炮8平7　　　　**9. 车三平二　炮7进7**

以炮换马，简化局面。但这步棋咀嚼后总感到有点不到位。建议改走车1平4，红如仕四进五，再炮7进7，炮八平三，马7进6，车二平四，车4进3，车一平二，车9平8，形成相峙之势，黑方不亏，以后变化也比较多。

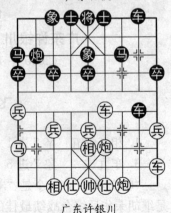

广东吕钦

10. 炮八平三　马7进6

11. 车二平四　车1平8

12. 炮二退二　车8进3

13. 炮三平四　马6退7

14. 炮二平三　车9平8

15. 车一进一　前车进1（图426）

兑车抢占河线，但难以如愿。不如改走卒1进1兑兵活马比较合理。

广东许银川

图 426

16. 车四平八！　……

平车生根捉炮，等兑，兑与反兑，妙，维护河线与先手，好棋。可见运子功力之深。

16. ……　　炮2平4

平炮避让，正着。如前车平2，马九进八，车8进4，车一平六，红方有攻势。

17. 车一平六　前车平2

此时不兑已不行。如士6进5，车八进三，以后窜出边马，红方有攻势。

18. 马九进八　士6进5　　19. 车六进三　车8进4

20. 车六平三　马7进6　　21. 车三平四　车8进1

黑方右翼呆滞，边马无出路，左马又受攻，困境一目了然。现在兑车求透松，无奈又必要。可见前面第4回合未挺边卒之不妥。

22. 车四进一　车8平2　　23. 车四进一　车2平1

24. 车四平五　车1平6

兑子后，黑方兵种，小卒并没有亏，但子力不通畅却是弱点。相反，红方车双炮活跃，随时可以发力，且有中兵存在，相比之下，红方优势无疑。

25. 仕四进五　车6进1　　26. 兵一进一　卒1进1

27. 兵七进一　车6平9?

挺七兵正确。如车五退一，卒3进1，红方无作为。黑方开车瞄边兵，让红炮有出击机会，贪小失大。应改走马1进2，呼应车炮伺机而动才大气。

28. 炮三进四! 马1进2

升炮开拓中路攻势，佳着。黑马现在跳已经慢了一拍，与前面跳，已经大不一样。

29. 炮三平五　马2进3　　30. 炮五进一　车9退1

31. 车五平二　车9平6（图427）

32. 车二平一　……

"顺手牵卒"。也可考虑炮四平三，车6退5（如将5平6，车二进三，将6进1，炮三平四，红方有攻势），车二平一，红方更有控制力。

32. ……　　车6退1

33. 炮五进一　卒1进1

34. 炮四平三　车6退4

35. 车一退二　炮4平2

36. 炮三进四　……

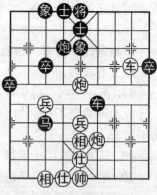

广东吕钦

广东许银川

图 427

车双炮轮番上阵，迫使黑方苦于
应付。

36. ……　　马3进4

37. 车一退一　卒1平2

38. 兵五进一　卒2平3

39. 相五进七　车6平8

40. 炮三平四　炮2平3

42. 炮四退五　马4退2

44. 炮四退一　马2进4

46. 炮四进一　马4退2

47. 车一平八　车8进9（图428）

48. 仕五退四　……

一个是左右腾挪，一个是耐心周
旋，形成一个着法重复循环，红方退
仕主动变着，寻求突破之路。如不变
判和，红方当然不肯。

48. ……　　车8退1

49. 炮四进四！……

进炮细腻，微妙，可以掩护红兵
过河参战，可圈可点。

49. ……　　马2进4

50. 仕六进五　马4退3

41. 相七退九　卒3进1

43. 车一平八　车8进9

45. 车八平一　车8退9

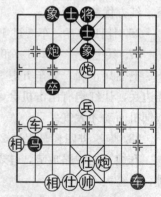

广东吕钦

广东许银川

图 428

51. 兵五进一　车8退2

52. 车八进一　将5平6

53. 车八平一　车8平7

54. 炮四退三　车7退6

55. 车一退一　将6平5

56. 炮四平八　马3退2

退车、平炮，迫使黑马退防，由此加强控制，走得漂亮。

57. 兵五平六　卒3进1　　**58.** 兵六平七　马2退1

59. 炮八进五　炮3平4　　**60.** 兵七平六　马1进2

61. 相九进七　……

炮兵联动，步步紧扣，攻势逐以扩大。

61. ……　　　　车7平6

62. 兵六平七　马2退1

63. 炮八退五　车6进3

64. 车一进六　车6退3

65. 车一退三　炮4进4（图429）

66. 车一退三　……

广东吕钦

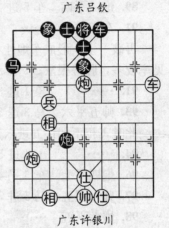

广东许银川

图429

这一回合双方都出现了疏忽。黑方进炮不当，应改走炮4进1，炮五退一（如炮五退四，黑炮4进3），车6进4，兵七平六（如车一进三，黑车6退4），炮4平3，黑方死守。红方退车捉炮软手，应改走炮八平七，以后冲七兵，黑方难应付。

66. ……　　　　车6进3　　**67.** 炮五退一　炮4退1

68. 车一进六　车6退3　　**69.** 车一退三　车6进6

70. 相七退五　炮4平6　　**71.** 炮八进二　……

抓住红方软手，黑方车炮联防，使吃紧的局面稍有透松，赢得一点喘息。红方升炮再次组织进攻，锲而不舍。

71. ……　　　　车6平5　　**72.** 车一进三　炮6退5

73. 车一退四　马1退2　　**74.** 兵七进一　炮6平7

75. 炮八平二　将5平6　　**76.** 车一平四　将6平5

77. 炮二平七　象3进1　　**78.** 兵七平六　车5退1

79. 炮七退一　马2进3　　**80.** 炮七平一　炮7进6

81. 车四平二　将5平6　　**82.** 车二进四　将6进1

83. 车二退四　炮7退2　　　**84.** 炮五平九　马3进2

舍象兑炮简化，以求松局，也是目前形势下最好选择。

85. 炮九平三　象5进7　　　**86.** 兵六平七　马2进4

87. 车二平三　……

先平兵再吃象，考虑有利的占位，老练。

87. ……　　　马4退3　　　**88.** 车三平四　士5进6

89. 炮一平四　车5进1　　　**90.** 炮四退一　将6平5

91. 车四进二　……

再破一士，形成车炮仕相全攻车马单士象，这类残局在对局中见率较多，胜势很浓。

91. ……　　　象1进3　　　**92.** 车四平六　将5退1

93. 帅五平六　马3退5　　　**94.** 相五进七　……

此时飞相不如仕五进六先化仕为好，便于以后退炮进攻。

94. ……　　　士4进5　　　**95.** 车六平七　车5退2

96. 炮四平七　车5平4

97. 帅六平五　马5进7 (图430)

98. 炮七平五　……

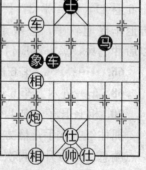

广东吕钦

打将太急，无助于攻。宜仕五进四，象3退5，仕四进五，调整好内线再图进取为妥。另如改走炮七进三吃象（如车七退二，车4平3，炮七进三，炮仕相全难胜马士），马7进6，以后有卧槽马攻势，红方反而不利。

广东许银川

图430

98. ……　　　士5进4

99. 车七进二　将5进1

100. 车七平四　车4进1

101. 相七进九　马7进6　　　**102.** 炮五平二　车4进2

103. 炮二退一　车4退2

亦可马6进8入卧槽，寓守于攻。

104. 车四退四　马6进8　　　**105.** 炮二进一　车4进1

106. 相九退七　象3退5　　**107.** 相七进五　将5平4

108. 仕五进六　车4平7　　**109.** 仕四进五　车7进1

110. 炮二退二　车7退3　　**111.** 车四进三　士4退5

112. 帅五平六　车7进2　　**113.** 炮二平一　马8进7

114. 炮一进八　车7平9　　**115.** 炮一平五　……

又破一士，红方形势看好。

115. ……　　车9进3　　**116.** 仕五退四　车9退9

117. 车四平二　车9进9　　**118.** 车二平四　车9退9

119. 车四平三　车9进9（图431）

120. 相五退三？……

黑方边车在两条底线上牵制红方，走得聪明。红方为了求胜，舍相求变，但由此给棋局带来变数，走得欠准确。应改走车三平四，车9退9，炮五进一，将4退1，炮五平四，将4平5（如车9平7，车四退三，将4平5，炮四退三），车四平八。车炮脱身，红方胜势。

广东吕钦

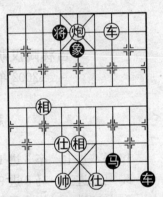

广东许银川

图431

120. ……　　车9平7

121. 车三平四　马7退6

退马盘活局形，灵巧。

122. 炮五进一　将4退1　　**123.** 炮五平四　马6退5

退马正着。如车7平6贪仕，帅六进一，车6退1，帅六退一，黑方丢子负。

124. 相七退九　将4平5　　**125.** 炮四平一　车7退3

126. 车四退三　马5进6　　**127.** 仕四进五　车7平9

128. 炮一平二　车9平8　　**129.** 炮二平一　马6退4

130. 车四退一　车8进3　　**131.** 帅六进一　马4退2

如改走马4进3，车四平七，马3进2，相九退七，黑马危险。

132. 车四平八　马2退4　　**133.** 炮一退七　车8退3

134. 炮一平四　车 8 平 4	135. 帅六退一　将 5 平 4
136. 帅六平五　将 4 进 1	137. 车八平四　将 4 平 5
138. 炮四平五　将 5 平 4	139. 车四进二　车 4 退 2
140. 车四平五　象 5 退 7	141. 炮五平四　马 4 进 2
142. 车五退三　马 2 退 4	143. 相九退七　车 4 进 1
144. 相七进五　马 4 进 5	145. 炮四平三　象 7 进 5
146. 炮三退一　将 4 平 5	147. 相五退七　马 5 退 7
148. 炮三进一　车 4 平 3	149. 相七进九　车 3 平 5

在黑方坚韧不拔防守下，红方因限时无法突破，最终"自然限着"（60 回合无吃子）而成和局。

第 117 局
吉林陶汉明（红先负）广东金波
（2002 年 4 月 2 日弈于济南）

起马对挺卒局

1. 马八进七　卒 3 进 1	2. 炮二平四　马 2 进 3
3. 马二进三　马 8 进 9	4. 车一平二　车 9 平 8
5. 兵三进一　炮 8 平 7	

这是吉、粤两位名将在 2002 年全国团体赛中的较量。辽宁的金波这次代表单列城市深圳象棋队参赛，也是市场经济中的一种跳槽流动现象。起马对挺卒开局，斗散手，演成反宫马对单提马阵式。红方挺三兵活马，如改走车二进四，炮 8 平 7，车二平八（如车二平六，黑象 3 进 5），炮 2 进 5，炮四平八，炮 7 进 4，相七进五，炮 7 平 3，黑方多卒占先。黑方平炮兑车，可以对红方三路马产生威胁，可取。

6. 车二进九　马 9 退 8	7. 马三进四　卒 7 进 1
8. 相三进五　卒 7 进 1	9. 相五进三　车 1 进 1（图 432）

抢出横车，让主力尽快登场，紧着，这在散手棋中很重要。如改走炮2进3，马四进五，马3进5，炮四平五。先弃后取，红方先手。

10. 相三退五　炮7平6

红方退相缓手。应改走炮八进四，车1平4（如卒9进1，红炮八平七），炮八平一，车4进4，炮一退二，红方占先。黑方兑炮嫌软，可改走炮2进3，马四进二，车1平6，马二进三，马8进7，马七退五（如仕四进五，炮2平8，黑方有侧攻之势），炮2平8，马五进三，炮8进1，黑方占先。

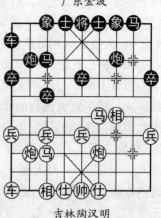

广东金波

吉林陶汉明

图 432

11. 炮四平三　象3进5　　12. 炮八进四　……

此时可走车九进一，车1平8（如车1平7，车九平二，马8进9，炮八退一，红先），马四进三，车8进5（如车8进2，红炮八进四），炮八进四，红方具有竞争力。

12. ……　　车1平8　　13. 炮八平七　……

仍可改走车九进一。

13. ……　　车8进8

14. 炮三退二　炮2退1

15. 车九进一　炮2平9

进车底线逼退红炮，退炮左调侧攻做势，黑方势力拓展，寻找机会。

16. 车九平三　炮9进5

17. 马四进六　马3退2

18. 兵七进一　卒3进1

19. 马六进八　卒3进1（图433）

红方弃兵马奔卧槽，有魄力。黑方冲卒虽凶但嫌太过，易遭反弹。宜

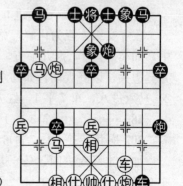

广东金波

吉林陶汉明

图 433

马 2 进 4（如马 2 进 1，红炮七平九），先防一手，红炮七进三，士 4 进 5，马八退七，马 8 进 9，车三平六，马 4 进 2，炮七平八，车 8 退 5，大致上成相峙抗衡之势。

20. 炮七平九　……

黑方多卒，过河卒又深入腹地，久缠肯定对红方不利。如何速战速决，成为红方面临的严峻课题。现在炮轰边卒，粗看好像有底线和中路两条线的进攻渠道，但都嫌缓！应改走炮七进三，士 4 进 5（如象 5 退 3，马八进六，将 5 进 1，车三进七，将 5 进 1，马六进八，炮 6 进 1，马七退五，车 8 退 6，马五进三，炮 9 进 3，马八进六，将 5 平 6，马三进一，红方胜势），马八进七，将 5 平 4，车三平六，士 5 进 4，炮三进四，车 8 退 5，马七退九，红方抢攻得势，虽然以后变化复杂，但红方不乏机会。

20. ……　　　　马 2 进 4

跳马象腰正着。如卒 3 进 1 贪马，炮九平五，士 6 进 5，车三进八，炮 6 退 2，马八退六，马 2 进 4，炮五退二，车 8 退 7，炮三进六。红方有凌厉杀势，黑难应付。

21. 马七退五	车 8 退 5	**22. 马五进三**	炮 9 平 7
23. 车三平六	炮 7 进 3	**24. 相五退三**	马 4 进 2
25. 马三进四	车 8 平 7	**26. 相三进五**	马 8 进 7
27. 马四进六	士 6 进 5	**28. 兵九进一**	……

攻守交织，互为化解，兑炮以后，局势趋向缓和。黑方补士固中，如卒 3 进 1，炮九平五，士 6 进 5，兵九进一，红方占先。红方挺边兵，以静观动，如马六退七，炮 6 进 1，马七进六，炮 6 平 2，马六进八，车 7 平 1，红方失子。

28. ……	卒 3 进 1	**29. 兵五进一**	车 7 进 2
30. 炮九平五	马 7 进 6	**31. 车六平二**	……

如改走马六进四，马 6 进 8，马四退三，马 8 进 9，炮五平三，车 7 平 6，红方无便宜。

31. ……	马 6 进 4	**32. 马八退七**	车 7 退 3
33. 炮五平八	车 7 进 1	**34. 马六退四**	车 7 平 6

35. 马四退三　车6进2　　36. 马三进二　车6退1

37. 兵五进一　卒3进1　　38. 炮八退二　卒9进1

39. 马二进三　车6退2（图434）

40. 马三退一　……

局势在胶着状态中向前推进。图434，红方退马吃卒，随手棋，由此出错。应改走炮八平六，车6平7，车二平七，红方多兵可占简明优势。

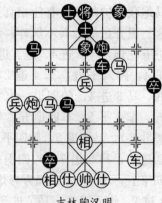

广东金波

吉林陶汉明

图434

40. ……　　　马4进3

41. 马一退三　车6平7

42. 炮八进二　卒3进1

卒杀底相，撕开红方防线上的一个缺口，而且还将侵蚀红方九宫，恰到好处。局面就此发生质的变化，向黑方倾斜。

43. 仕四进五　……

同样补仕，似乎应该仕六进五，避开黑卒"啃咬"。

43. ……　　　马3退4　　44. 车二进五　车7退1

45. 车二退四　马4进5

踏相兑子，扩大优势，可谓是"顺手牵相"。

46. 车二平五　车7进3　　47. 车五平七　车7进4

48. 仕五退四　卒3平4　　49. 帅五平六　车7平6

打光仕相，红帅"孤零"守九宫，纵然多两个兵，以后的棋难下也。

50. 帅六进一　车6退1　　51. 帅六退一　车6退3

52. 炮八退二　车6进4　　53. 帅六进一　车6平2

54. 炮八进二　车2退5　　55. 炮八平二　车2平3

56. 炮二退一　车3退1　　57. 马七退五　车3平8

58. 炮二退三　马2进3　　59. 兵九进一　马3进2

60. 炮二平五　车8进5　　61. 炮五退一　马2退4

62. 车七平四　车8退2　　63. 马五进七　马4进6

64. 兵五平四　　车 8 退 1　　　　　**65.** 马七退六　　马 6 退 4

66. 兵四平三　　马 4 进 3（图 435）　　　广东金波

67. 炮五进四　……

　　面临黑方车马奔袭骚扰，红方车马炮联手护帅，没有仕相真是苦不堪言。黑方进马，兵不厌诈。红如车四进五吃炮，车 8 进 4，炮五进四，车 8 平 4，帅六平五，车 4 退 2，帅五平四，马 3 进 4，帅四退一（如炮五退五，车 4 平 5，车四退五，车 5 进 2，黑胜势），马 4 退 5，帅四平五〔如帅四进一，马 5 退 7，帅四退一（如帅四平五，车 4 平 5，黑方夺炮胜），车

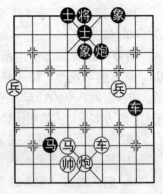

吉林陶汉明

图 435

4 进 2，炮五退五，马 7 进 5，帅四进一，士 5 进 6，黑方夺车胜〕，车 4 退 3，兵三平四，车 4 平 1，车马攻杀，黑方占优。

67. ……　　　　将 5 平 6　　　　**68.** 兵三进一　　车 8 平 7

69. 兵三平二　　车 7 平 1　　　　**70.** 帅六平五　　车 1 退 1

消灭一个兵，减轻负担，也是顺势而为。

71. 炮五退三　　马 3 退 4　　　　**72.** 马六进五　　车 1 进 4

73. 帅五退一　　车 1 退 5　　　　**74.** 兵二进一　　车 1 平 7

75. 炮五进一　　炮 6 退 1　　　　**76.** 兵二进一　　炮 6 进 1

77. 炮五退二　　将 6 平 5　　　　**78.** 车四进四　　车 7 进 6

79. 车四退六　　车 7 退 2　　　　**80.** 车四进二　　车 7 进 2

81. 车四退二　　车 7 退 4

82. 马五进六（图 436）　　马 4 进 5！

83. 炮五平一！车 7 平 9

　　劣势之下，红方顽强拼斗，与黑方展开了殊死博杀，显示了良好的棋风。图 436，双方绞尽脑汁，都使出了"诈术"。红如改走马六进四，士 5 进 6，车四进七，士 4 进 5，车四退七（如车四退五，车 7 进 4，车四退二，马 5 进 3，炮五平六，车 7 退 1，帅五平

六，将5平4！炮六进一，马3退5，
黑方夺车胜），马5进3，帅五平六，
车7平4，炮五平六，车4平2，黑
胜。而黑如改走马5进6贪车，炮一
进八，士5退6（如炮6退2，红马六
进七杀），马六进四，将5进1，炮一
退一，红胜。棋战多陷阱，处处要
小心。

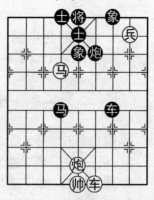

广东金波

吉林陶汉明

图436

84. 车四进二　马5进3

85. 炮一平六　车9平4

86. 马六进四　士5进6

87. 帅五进一　马3退4

车马士象全攻车炮兵，红方很难防守。

88. 车四平六　车4平5　　**89.** 帅五平四　马4退5

90. 炮六平五　马5进7　　**91.** 炮五进一　马7进8

92. 帅四退一　马8退6　　**93.** 车六平八　马6进7

94. 帅四进一　马7退9　　**95.** 炮五退二　马9退7

96. 车八平三　马7退6　　**97.** 车三进七　……

吃象于事无补。应改走炮五进二。

97. ……　　将5进1　　**98.** 帅四退一　将5平4

99. 车三退八　车5平4　　**100.** 兵二平三　马6进5

101. 炮五进一　车4平9　　**102.** 车三退一　车9平6

103. 帅四平五　车6平4　　**104.** 帅五平四　车4进4

105. 炮五退一　车4退1　　**106.** 炮五进二　车4平5

107. 炮五平六　马5进4

车马冷着，黑胜。

第118局
河北申鹏（红先负）上海孙勇征

（2006年11月18日弈于深圳）

五八炮对屏风马

1. 炮二平五　马8进7　　　**2.** 马二进三　车9平8

3. 兵三进一　卒3进1　　　**4.** 车一平二　马2进3

5. 炮八进四　象7进5　　　**6.** 炮八平七　卒1进1

7. 马八进七　……

本局弈自2006年全国个人赛，由两位21世纪"新星"对阵。五八炮对屏风马飞左象，红方跳正马，是20世纪70年代后期兴起的走法，传统都是马八进九跳边马。

7. ……　　　车1进3　　　**8.** 炮七平三　卒5进1

9. 兵三进一　炮2进2

冲三兵保持高压，亦可炮五进三直取中卒，车2平5，炮五退一，士6进5，兵三进一，红仍持先手。黑方右炮巡河，守护中卒，使阵形得到巩固。

10. 车二进六　炮8平9

11. 兵三平二　车1平6（图437）

12. 车九平八　卒3进1

双方集中兵力形成牵扯之势，竞争也由此开始。红方此时出直车似乎不及车九进一启动横车灵活，可以随时呼应右翼。黑方弃3卒抢先，紧凑。

13. 车二进三　……

如改走兵七进一，炮2平8，车二进三，马7退8，炮三退二（如炮五进三，士6进5，炮三退二，车6

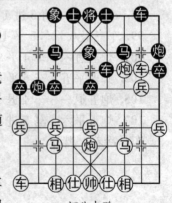

上海孙勇征

河北申鹏

图437

进 4，黑优），炮 8 平 7，黑方有反击之势。

13. …… 马 7 退 8 　　14. 炮三退一 炮 2 平 7

15. 兵二平三 炮 9 平 7 　　16. 兵七进一 ……

弃马抢卒，是目前正确的选择。如果逃马，卒 3 进 1，黑方即取优势。

16. …… 炮 7 进 5 　　17. 马七进六 士 6 进 5

18. 车八进七 车 6 进 2 　　19. 车八平七 车 6 平 4

20. 车七退一 车 4 进 1 　　21. 车七平二 马 8 进 6

22. 车二退三 ……

兑马后，局面简化。红方多兵，在物质上得到相应补偿，局势呈各有千秋。

22. …… 士 5 退 6 　　23. 车二平三 炮 7 平 8

24. 兵三平四 ……

如炮五进三，象 5 进 7，过河兵换来"空心炮"，红方无作为。

24. …… 马 6 进 4 　　25. 车三平二 炮 8 平 7

26. 仕四进五 士 4 进 5

战局在胶着中发展，双方补仕（士）都在作观望，难以贸然出手。

27. 兵四平五 车 4 平 3

28. 车二平三 炮 7 平 8

29. 炮五平三 炮 8 退 7

30. 前兵进一 车 3 进 3

31. 前兵平六 马 4 退 2

32. 相三进五 车 3 退 3

33. 车三平二 炮 8 平 7（图 438）

34. 炮三进六 ……

这一段交手中，红方卸炮调整阵形，虽然损失一个相，但红兵深入，车炮也很活跃，不失为主动。现在进炮打马，逼黑马退入九宫。如改走炮

上海孙勇征

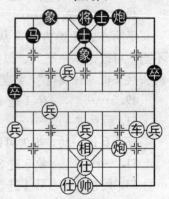

河北申鹏

图 438

三平一，车3平4，兵六平五，马2进3。黑马成活，红方不利。

34. ······   马2退4   **35.** 兵六平七   车3平1

乘机扫边兵，增加对抗砝码，机灵。

36. 炮三退二   象3进1   **37.** 炮三平五   马4进2

38. 车二平三   将5平4   **39.** 前兵进一   马2进3

40. 前兵进一   车1平4   **41.** 炮五平四   车4退3

42. 炮四进二   车4平6   **43.** 车三进六   ······

兑炮再简化，局面进入残局。如炮四平一避兑，马3进4，红方有后顾之忧。

43. ······   车6退2

44. 车三退三   马3进5

45. 车三平六   马5退4

46. 车六平一（图439）   ······

打将逼黑马回宫，继而扫边卒，形成车四兵斗车马卒残局，仍是各有顾忌局面。

46. ······   车6进3

47. 兵五进一   车6平2

48. 兵一进一   象1退3

49. 车一平六？   ······

平肋车，让黑方边卒从容渡河，

上海孙勇征

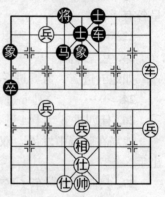

河北申鹏

图439

不当，可改走车一平九。黑如马4进2，兵七平八。吊住车马卒，河头兵又可"任我行"，红势乐观。

49. ······   卒1进1   **50.** 车六退二   卒1平2

51. 后兵进一   ······

弃一兵进一兵，损失可谓不小，但此时此景，也属无奈之举。

51. ······   象5进3   **52.** 兵五进一   将4平5

53. 兵五进一   马4进5   **54.** 车六平五   象3退5

55. 兵一进一   马5退3   **56.** 兵一进一   马3进1

57. 仕五退四   马1退2

　　退仕预防黑方车马攻势，如兵七平六，马1进2，红方不好办。黑方退马攻不忘守。如马1进2，帅五进一，车2平8，帅五平四。黑方一时杀不进，有后顾之忧。

58. 车五平六　马2进3　　　　**59.** 车六进一　车2退1

60. 车六进一　车2退1　　　　**61.** 车六平七　象3进1

62. 仕四进五　卒2进1　　　　**63.** 兵一平二　马3进4

64. 车七平六　……

　　如改走兵七平六，象5进3，车七平六，卒2平3，黑优。

64. ……　　　卒2平3　　　　**65.** 兵七平六　象5退7

66. 相五退三　车2进2　　　　**67.** 车六退二　马4进3

68. 车六退三　马3退4　　　　**69.** 兵五平四　车2退3

　　同样平兵，似应改走兵二平三。黑方乘机消灭过河肋兵，压力大为减轻，由此执掌优势也。

70. 兵六平五　士6进5　　　　**71.** 车六进一　车2进3

72. 兵二平三　车2平7　　　　**73.** 相三进一　车7平6

74. 兵四平五　象1退3　　　　**75.** 兵三平四　车6平7

76. 帅五平四　马4退3　　　　**77.** 帅四平五　车7进2

78. 仕五退四　卒3平4　　　　**79.** 车六平七　象7进5

80. 仕四进五　马3进2　　　　**81.** 车七平八　马2退4

82. 仕五退四　马4进6　　　　**83.** 仕六进五　马6进7

84. 帅五平六　车7退2　　　　**85.** 车八平四　卒4平5

86. 相一退三　马7退8　　　　**87.** 车四平八　马8退6？

　　此时双方已进入"读秒"限时阶段，攻守都很耐心，顽强，坚韧，显示了优秀棋手的良好素质。黑马随手一退有问题，授红方以攻击机会。应改走车7平4，车八平六，卒5平4，车六平二，马8退6，黑方可以安全占优。

88. 兵五进一！　车7平3

　　乘机杀象，吓出黑方一身冷汗。黑如象3进5，车八进七，士5退4，车八平六，将5进1，兵四进一，红方反取胜局。

89. 兵五进一　将5进1　　　　**90.** 帅六平五　卒5平4

91. 相三进五　　车3退2（图440）

92. 车八进二？……

关键时刻，红方有点沉不住气，高车捉马不妥，由此丢相，有损防线。在有过河肋兵存在、黑方残士象的情况下，红方应改走车八平九坚守（或车八进六打将后退回原地），黑方一时难以突破。

92. ……　　　　马6进5　　**93. 车八平五　　车3平5**

94. 车五进三　　象3进5　　**95. 仕五进四　　……**

兑车破相，成马卒象对高兵双仕的残局。从理论上讲，黑方有胜机，但临枰操作有难度。红方撑仕不及兵四平五。

95. ……　　　　马5退6　　**96. 仕四进五　　象5退3**

97. 帅五平六　　马6退8（图441）

98. 兵四进一？……

上海孙勇征　　　　　　　　上海孙勇征

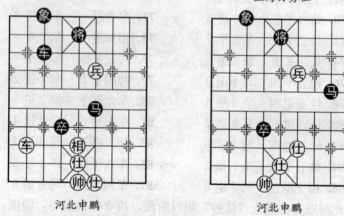

河北申鹏　　　　　　　　河北申鹏

图440　　　　　　　　**图441**

冲兵，高兵变低兵，作用大为减弱，此着一走，败局已定。应改走兵四平五，保持高位。在限时情况下，红方还有生存希望。

98. ……　　　　马8退6　　**99. 帅六平五　　马6退8**

100. 帅五平六　　马8进7　　**101. 兵四平三　　将5平6**

102. 帅六平五　　马7进5　　**103. 帅五平六　　将6平5**

104. 帅六进一　　卒4平3　　**105. 帅六退一　　卒3进1**

106. 兵三进一	将5进1	**107.** 兵三平二	卒3进1
108. 兵二平一	象3进1	**109.** 兵一进一	象1退3
110. 兵一平二	将5退1	**111.** 兵二平一	将5进1
112. 兵一平二	将5退1	**113.** 兵二平一	马5进3

这一段着法，双方都在限时情况下"凑步数"，出现不少冗着，情有可原。现在奔马一举入局。

114. 兵一平二	卒3平4	**115.** 帅六平五	马3退4
116. 兵二平一	马4进6	**117.** 兵一平二	马6进7
118. 兵二平一	马7退9		

下一手马9进8，黑胜。

第 119 局

云南党国蕾 **（红先胜）** **云 南 赵 冠 芳**
湖北柳大华 **黑龙江陶汉明**

（2008 年 3 月 19 日弈于北京）

五七炮进三兵对屏风马

1. 炮二平五	马8进7	**2.** 马二进三	车9平8
3. 车一平二	马2进3	**4.** 兵三进一	卒3进1
5. 马八进九	卒1进1	**6.** 炮八平七	马3进2
7. 车九进一	卒1进1	**8.** 兵九进一	车1进5
9. 车二进四	……		

本局弈自第3届"常家庄园杯"象棋全国冠军混双赛。有16位全国男女冠军参加角逐的混双象棋赛是21世纪的新鲜事，开拓了象棋运动的竞技领域。五七炮进三兵对屏风马开局，双方走出流行局式。红方右车巡河稳健。如车九平四，车1平7，马三进四，象7进5，则变化相对激烈。

9. ……	象7进5	**10.** 车九平四	车1平4
11. 车四进三	车4进1	**12.** 仕六进五	士4进5

13. 车四平九　炮 8 进 2

弃卒奔马抢先，黑方先声发难。

15. 兵七进一　马 2 进 4

16. 车二退一（图 442）　炮 8 平 5

平炮兑车，简化局势。在同月 5 日举行的第 6 届"威凯房地产杯"全国象棋排名赛、河北苗利明对黑龙江赵国荣时，黑方选择炮 2 进 4 抢攻中路，另有一番景象，具体可参阅前面第 105 局。

17. 车二进六　马 7 退 8

18. 兵五进一　……

如改走炮四平五，马 4 进 6，炮七退一，车 4 进 2，仕五进四，炮 2 进 5，黑方反击有攻势而占优。

18. ……　　　车 4 平 7

20. 车九进二　车 7 退 1

22. 相七进五　车 7 退 1

24. 前炮进二　马 8 进 6

25. 马九退七　车 4 退 2

26. 前炮平七　马 6 进 8

27. 车九退三　马 8 进 7

28. 马七进六　车 4 平 6

29. 马六退四　马 7 进 6（图 443）

30. 炮六平八　……

进入中局，双方互相纠缠，咬得很紧。图 443，红方平炮似乎不及炮六进六攻象腰，比较有力。

30. ……　　　卒 7 进 1

31. 炮七平九　卒 7 进 1

32. 车九平六　士 5 退 4

14. 炮五平四　卒 3 进 1

赵冠芳　陶汉明

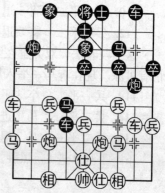

党国蕾　柳大华

图 442

19. 炮七平六　炮 5 平 8

21. 炮四进二　车 7 进 2

23. 炮四平六　车 7 平 4

赵冠芳　陶汉明

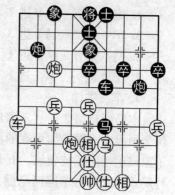

党国蕾　柳大华

图 443

33. 炮九进三　士 6 进 5

34. 炮九退六　卒7进1　　　　**35.** 炮九平七　炮8退3

36. 兵一进一　炮2进4　　　　**37.** 炮七退二　炮2退1

38. 炮八进一　士5进6　　　　**39.** 帅五平六　士4进5

40. 马四退二　炮8进6　　　　**41.** 炮七平九　象3进1

42. 马二进四　炮2平5

局势在推进中向前发展，黑炮抢兵旨在积蓄力量，以打持久战。如改走卒7进1，炮八平四，卒7平6，仕五进四，炮2平5，炮九平五，大体均势。

43. 相五退七　炮5平4　　　　**44.** 帅六平五　炮4退5

45. 炮九进二　卒7进1

冲卒准备兑子再简化，亦可改走马6退7，车六平三，炮8退4，继续对峙，保留变化。

赵冠芳·陶汉明

46. 车六平四　车6进2

47. 炮九平四（图444）　炮8平6？

怎么以炮轰马，不是白送一子吗？临枰错觉造成失误也。应改走卒7平6，仕五进四，炮8退5，均势，大致和局。高手犯低级错误是常有的事，不必苛刻。

48. 仕五进四　卒7平6

49. 炮四平一　炮4进3

50. 仕四进五　……

改走炮八进三比较紧凑。

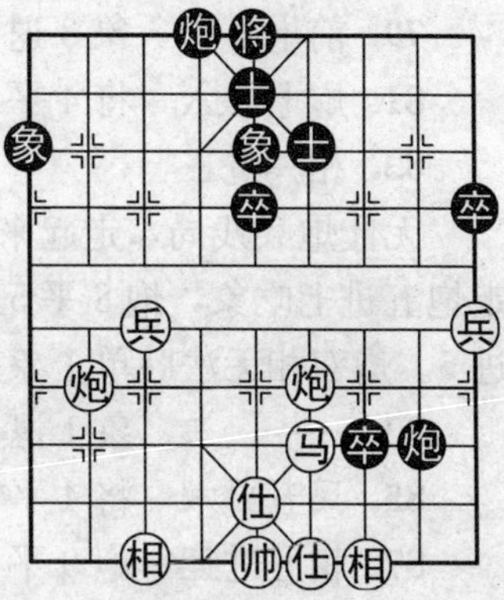

党国蕾　柳大华

图 444

50. ……　卒6进1　　　　**51.** 炮八退二　……

仍可改走炮八进三，卒5进1，炮一平五（如炮一进三，炮4平5），象1退3，兵七进一，红优。另也可考虑改走仕五进四。

51. ……　卒6平5　　　　**52.** 帅五进一　卒5进1

53. 炮八进三　炮4平1　　　　**54.** 炮八平九　炮1平2

55. 炮一进三　炮2进2　　　　**56.** 炮一进一　象5退3

57. 兵一进一　卒5进1　　　　**58.** 兵一平二　卒5平4

59. 兵二进一　卒 4 平 3　　**60.** 炮九平七　炮 2 退 1

一番争抢，形成双炮兵双相对炮士象全。从理论上讲，是一个可胜残局，但因无仕，胜起来比较耗时和吃力。

61. 兵二平三　将 5 平 4　　**62.** 兵三平四　炮 2 平 5

63. 相七进九　炮 5 平 8　　**64.** 炮一退五　炮 8 进 3

65. 炮一进一　炮 8 退 1　　**66.** 炮七平二　象 3 进 5

67. 炮一进二　象 1 进 3　　**68.** 兵四平五　炮 8 平 5

69. 兵五平六　炮 5 退 1　　**70.** 炮一平五　炮 5 平 7

71. 相三进一　炮 7 平 5　　**72.** 炮二退四　炮 5 平 8

73. 炮二平六　将 4 平 5　　**74.** 炮六平五　炮 8 退 3

75. 帅五平四　将 5 平 4　　**76.** 相九进七　将 4 平 5

77. 前炮退二　将 5 平 4　　**78.** 帅四平五　将 4 平 5

79. 前炮平七　象 3 退 1　　**80.** 帅五平六　将 5 平 4

81. 炮七平六　将 4 平 5　　**82.** 兵六平五　将 5 平 4

83. 相一进三　……

无仕炮兵残局，走起来要有耐心和磨劲，没有捷径可循。如改走炮五进七吃象，炮 8 平 5，兵五进一，象 1 退 3，兵五平四，士 5 进 6。炮双相无法胜单士象，和棋。

83. ……　　　　象 1 退 3　　**84.** 相三退五　炮 8 平 9

85. 兵五平六　将 4 平 5　　**86.** 炮六平九　将 5 平 4

87. 相五进三　炮 9 平 8　　**88.** 帅六平五　炮 8 平 9

89. 帅五平四　炮 9 平 8　　**90.** 炮五平八　象 3 进 1

91. 帅四平五　炮 8 平 9　　**92.** 帅五平六　炮 9 平 8

93. 炮九平六　将 4 平 5　　**94.** 炮八平九　炮 8 平 7

95. 相七退九　象 1 退 3　　**96.** 炮六平八　象 5 退 7

97. 兵六平五　炮 7 进 2

98. 兵五平四　炮 7 平 4 （图 445）

99. 炮八平五　将 5 平 6

腾挪推进，终于等来了破局机会。中炮打将，由此入局。

100. 炮九平四　炮 4 平 6　　**101.** 兵四进一　士 5 进 6

102. 炮五平四　　将6平5

103. 后炮进五　……

杀士夺炮，胜矣。下面完成战事。

103. ……　　　士6退5

104. 后炮退三　　象3进5

105. 前炮平五　　象7进9

106. 炮四平三　　将5平6

107. 炮五进三　　象9进7

108. 炮五平二　　将6进1

109. 炮二退二　　将6退1

110. 帅六平五　　将6进1

111. 炮二平四　　象7退9

112. 炮三平五　　象5进3

赵冠芳　陶汉明

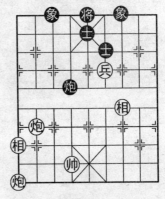

党国蕾　柳大华

图 445

113. 炮五平四（红胜）